七十年

晚清外交

WAN QING
WAI JIAO
QI SHI NAN

第四部
重建中国与皇帝逊位

李书纬/著

人民东方出版传媒
东方出版社

图书在版编目（CIP）数据

晚清外交七十年：重建中国与皇帝逊位 / 李书纬著 . —北京：东方出版社，2021.10
ISBN 978-7-5207-2361-9

Ⅰ. ①晚… Ⅱ. ①李… Ⅲ. ①外交史－中国－清后期 Ⅳ. ① D829

中国版本图书馆 CIP 数据核字（2021）第 176700 号

晚清外交七十年：重建中国与皇帝逊位
（WANQING WAIJIAO QISHINIAN CHONGJIAN ZHONGGUO YU HUANGDI XUNWEI）

作　　者：李书纬
策划编辑：鲁艳芳
责任编辑：朱兆瑞
出　　版：东方出版社
发　　行：人民东方出版传媒有限公司
地　　址：北京市西城区北三环中路 6 号
邮　　编：100120
印　　刷：北京明恒达印务有限公司
版　　次：2021 年 10 月第 1 版
印　　次：2021 年 10 月北京第 1 次印刷
开　　本：710 毫米 ×1000 毫米　1/16
印　　张：27.25
字　　数：450 千字
书　　号：ISBN 978-7-5207-2361-9
定　　价：68.00 元
发行电话：（010）85924663　85924644　85924641

Contents 目 录

Chapter 1

第一章

庚子后的『中国重建』

一、一个洋大人的重建中国建议

1900 年是中国的鼠年，有一句谚语说："一日时辰子为首，十二生肖鼠占头。"晚清中国好像从来没有过"占头"、占得先机的那份荣耀，相反，经历了义和团运动和八国联军进军北京的劫难后，大清更是处于水深火热之中。

对这一点，已经 66 岁的慈禧太后感触最深。自甲午战争之后，列强瓜分中国的行径日甚一日。渴望振作的光绪皇帝在民意的呼声中推动了维新变法。

列强瓜分中国时，被抓捕到欧洲做苦力的华工

变法无一例外地会冲击宗法体制和守旧派的利益。在一片反对声中，渴望重掌朝权的慈禧太后发动了戊戌政变。然而，自政变那一刻起，被幽禁的光绪皇帝就像一颗烫手的山芋，让慈禧太后处于十分尴尬的境地。慈

禧太后想继续垂帘听政，而天下臣民要她归政的呼声却日趋强烈。此间，列强掀起的瓜分狂潮，更把人民要求变革、抵制外侵的呼声推向高潮。

自1899年起，取名为"义和拳"的组织以山东和直隶为中心掀起的反洋教斗争使得清廷与列强各国都十分震惊。这场以"扶清灭洋"为口号的排外斗争，也遭到了西方列强的共同抵制。自1900年初开始，英、美、法、意、德、俄等国不断向清政府提出抗议，要求清政府镇压义和团这一排外组织。最初，以慈禧太后为首的"后党"对义和团采取的是纵容态度。为什么呢？因为对于慈禧太后发动戊戌政变幽禁光绪皇帝再次实现垂帘听政，列强进行了干涉，要求慈禧太后归政，这让慈禧太后又气又恨，便试图借助义和团的力量报复洋人。

终于，在"后党"的支持下，义和团于1900年6月下旬开始围攻北京城东交民巷的外国使馆和天主教堂。由于义和团的打杀、驱逐、排斥洋人，外国使馆成了洋人的避难所，也就从这一刻起，列强开始思考该如何处置中国，让中国按照西方的规则行事。

在义和团进入北京城后，身为大清海关总税务司的洋大人赫德因为房子和办公处所被义和团焚毁，也只好躲进英国使馆里。

从1900年6月13日到8月24日，赫德在东交民巷度过了他一生中最危急的两个月。使馆被围困，与外界隔绝的赫德不得不停下手中的工作。他既有一种惶惑不安之感，又为中国的混乱局面所担忧。在此期间他曾经有回国的打算，但犹豫再三，最终还是决定留在中国。至于为什么留在已经混乱不堪的中国，赫德说："我留下来，还能为海关、为中国和为公众利益继续工作。我认为，在这个时候，我，也只有我，能在这三个方面起些作用。"[1] 其实，精明的赫德明白，如果中国的局势得到控制，那么对于他来说又将是一次攫取权力的好机会，于是他决定留下来。正如他所言："离开中国将是憾事，因为考虑到中国人对我工作的赏识，经过这次事件，我

---

[1] 陈霞飞主编：《中国海关密档：赫德、金登干函电汇编 1874—1907》第七卷，中华书局 1995年版，第86页。

的地位肯定会更重要。"①

被困驻华使馆,赫德和他背后的英国政府一样也在思考着该如何处置中国。在此之前,《北美评论》杂志社曾经希望赫德写一篇关于中国时局的评论文章。他虽然一直关注中国局势,但由于海关及海关之外的其他事务过于繁重,因此他一直难以有时间写这样的文章,被困在使馆里,听到外面隆隆的炮声,忧虑之情再次袭来。

8月4日到14日这10天的时间里,他竟然寻找不到一支像样的笔,只好将就着用铅笔写成了一篇关于义和团的评论文章,取名为《北京使馆:一次全国性的暴动和国际插曲》。

1900年11月,赫德的《北京使馆:一次全国性的暴动和国际插曲》发表在英国《双周评论》上。同年12月,英国《环宇》杂志又将此文全文转载,这篇文章主要阐述了德国强占胶州湾引发的国际瓜分狂潮、维新运动以及义和团的兴起、八国联军占领北京期间赫德等外国人的遭遇和感想。文章对义和团围攻使馆期间外国人的遭遇记述得尤为详细,也对义和团的爆发、如何应对目前的局势和未来的中国问题发表了自己的看法。他认为义和团运动的爆发是中国人的民族情感的一种展现,认为这是中国未来大变革的历史序曲。他在文中写道:"今天的这段插曲不是没有意义的,那是一个要发生变革的世纪的序曲,是远东未来历史的主调,公元2000年的中国将大大不同于1900年的中国!民族情感是一个恒久性的因素,而不应该把它排除掉;而在中国的一种普遍的感情是:以中国的制度自豪,轻视外国的一切。与外国发生条约关系并没有改变这一点,如果有任何影响的话,那只是加强了这种感情;而未来也不会不受到这种感情的影响。"②

在赫德看来,中国人的骨子里有一种深厚的民族爱国情感,这种情感并不因为列强的强索、压迫而减弱,反而变成了一种加速变革的催化剂。

---

① 陈霞飞主编:《中国海关密档:赫德、金登干函电汇编1874—1907》第七卷,中华书局1995年版,第103页。

② 王宏斌:《赫德爵士传:大清海关洋总管》,文化艺术出版社2000年版,第366页。

在八国联军占领北京及列强在华利益纠葛这个大问题面前，如何处理中国，是各国都深为关注的。赫德认为，目前处理中国问题有瓜分中国、改朝换代与继续维持清廷统治三种方式。

外国人画笔下的义和团团勇

对于瓜分中国，赫德认为既有利也有弊，但绝不是解决问题的好方法。在中国长期以来的工作和生活，使他深知中国人的"民族情感是一个恒久的因素"，"中国人的情感和中国人的愿望这类东西……永远也无法根除，而且要永远在事物的深处生存下去，昂扬沸腾并且发挥作用"[1]。基于这些复杂的因素，赫德感到，这个号称"龙的传人"的民族，决不会甘心永远屈居于任人凌辱的地位，一朝崛起，便会报复参与瓜分的列强。基于此，瓜分中国绝不是长久之计，在国际政治上也难以行得通。

至于改朝换代、建立一个新王朝，在赫德看来，被传统保守思想禁锢了几千年的中国还没有出现真正能带领人民走向变革的人。其实，在赫德的思想意识里，除了清廷外，还找不到能被列强各国接受的代理人。因而，

---

① 卢汉超：《中国第一客卿：鹭宾·赫德传》，上海社会科学院出版社 2009 年版，第 201 页。

赫德在文章中又说，即使列强们勉强扶植起维护自己利益的新朝廷，这个带有傀儡和殖民印记的新王朝是否能够得到民族感情浓厚的人民的支持和拥戴，不能不说是一个很大的疑问。

庚子事变时毁于战火的北京城门箭楼（莫理循摄）

对于继续维持清廷统治这个方案，赫德将其当作唯一可行的应对之策，毕竟列强用炮舰政策同这个腐朽又混乱的王朝"合作"已有半个多世纪了。在合作中，清廷基本上还是恭顺的，因而，他认为维持清廷统治是最现实而有效的办法，"把现存的王朝作为一个正在活动着的东西接受下来，并且一句话，竭力利用它"①。既然瓜分中国或者建立一个新王朝都不是应对中国问题的最佳方案，赫德认为只有继续维持清廷统治这一条途径了。

赫德发表此文时，八国联军已占领北京，慈禧太后挟持光绪帝仓皇出逃至西安。各国正为该如何对待中国而争得面红耳赤，他很希望自己的观点引起各国的重视。他撰写此文后便委托自己在伦敦的代理人金登干尽快发表，以便给即将开始的谈判产生积极的影响。他知道，各国期待的是最佳的对华政策。

既然赫德认为瓜分中国不可取，那么他就会在文中告诉列强各国瓜分不可取的原因。赫德在《北京使馆：一次全国性的暴动和国际插曲》一文

① 卢汉超：《中国第一客卿：鹭宾·赫德传》，上海社会科学院出版社 2009 年版，第 201 页。

中说，中国是一个自大的民族，尽管这个号称龙的民族已经沉睡了很久，但列强的刺激终将使他醒来，"中国是中国人的中国，把外国人赶出去"是每一个中国人被激怒的情感。义和团运动的爆发虽然有官方纵容的因素，但这也是这个民族爱国主义的自发运动，其目的是促使中国强大，不受外侮欺负，根除外国宗教，驱逐充满"优越感"的外国人。义和团运动虽然在外力的破坏下失败了，但并非完全意义上的失败，"它证明了全体人民将如何响应号召，也进一步表明了谨小慎微的官方限定义和团团民只使用刀和矛那是不够的，必须以毛瑟枪和克虏伯大炮来补充或者代替刀矛。将来的义和团爱国者将拥有用金钱所能买到的最好的武器"①。

瓜分中国不可取，而建立一个新的王朝，在当时的中国又缺少一个可以被全中国接受的有名望的人物，这样做甚至可能造成国家四分五裂，使中国陷入严重的无政府状态，那样，各国的在华利益也将受到严重威胁。所以，他认为各国应该继续支持清王朝的统治。

义和团围攻外国使馆，英国使馆将典雅的房子做成堡垒，防范义和团的进攻（莫理循摄）

---

① ［英］赫德：《这些从秦国来——中国问题论集》，叶凤美译，天津古籍出版社2005年版，第33、34页。

值得一提的是，赫德的文章虽然有维护列强利益的成分，但为了达到影响列强制定最佳对华政策的目的，也肯定了义和团运动的正义性。他当时虽然被困东交民巷的外国使馆，但仍然相信世界上没有哪一种力量能够征服中国人民的民族情感和独立意志。此文的发表，在英国社会却遭到了一片反对之声，甚至一些人指责赫德是站在中国的立场对义和团运动进行报道和理解的，谴责他对义和团过于热诚。①

即便赫德最信任的金登干也对此文予以了批评，后来赫德写信回复道：

> 你关于《插曲》一文所激起的反应及对该文批评的来电，已于几天前收到。我寄给你的文章，是在枪炮声中用铅笔写成的。当时我们不知道是否能脱出险境，因而文章可能含有较多感情用事的内容，不宜发表。但既已发表，人们就要读，就要讨论。我可以想象，所有那些敏感的问题，都会招致尖锐的批评。②

继第一篇文章之后，赫德从解除围困的使馆里走出来，在英国商人基鲁尔夫的寓所里完成了第二篇文章，取名为《中国及其对外贸易》。赫德写此文"不是为中国人开脱，而纯粹是为了解释通商如何影响中国人"，他希望此文能够帮助西方了解中国。此文1901年刊登在《北美周报》上，文中重点就解决赔款和贸易问题进行了阐述。

对于赔款，赫德认为，每一个声索国都应该把自己放到中国的现实状况上来，"在修订税率问题上，应该适当考虑中国的财政需要，但同时应该注意避免由于负担过重而使贸易受到损害。至于新规定或新增条款，那应该征询有关的地方上的意见，特别是在涉及内地贸易的一切问题上，更应该征询各省政府的意见，并且应该研究和照顾它们的不同情况和不同要求；

---

① 参见［英］魏尔特：《赫德与中国海关》下册，陈敩才等译，厦门大学出版社1993年版，第413页。

② 陈霞飞主编：《中国海关密档：赫德、金登干函电汇编1874—1907》第七卷，中华书局1995年版，第118页。

因为要想使贸易繁荣而健康，单单做到一方所要求的一切，那是不够的，应该对双方都予以最充分的考虑"①。

八国联军侵华司令官盖斯利中将，
图为其赠给莫理循的照片

　　对于贸易，赫德在文中直言，中国人并不认为贸易会给中国带来多大好处，即便是恭亲王奕䜣、总理衙门大臣文祥这样的曾经倡导洋务的重臣也是如此。赫德举例说，有人曾问文祥，外贸带来的税收该是中国政府感到"惬意"的东西吧。文祥则反驳说："正相反，每一项增收都意味着一个新的地方上的苦难呢，我们宁可向自己老百姓征税，付相等的数额来摆脱你们。"早在 1869 年，英国驻华公使阿礼国在与文祥进行修约谈判时，文祥就曾对阿礼国说，"取消你们的治外法权，你们的商人和传教士可以走遍中国，否则我们将要把你们和我们的种种麻烦限制在通商口岸"。② 回想此事，赫德感慨，文祥作为清廷中最明智、最开放、对外国人很友好的洋务官员，他的见解尚且如此，其他的官员和中国人会是一种什么样的情形呢？

　　因此，赫德在文中强调，西方人必须了解中国，从而慢慢地引导中国，才能使中国正常地履行条约。赫德认为，中国必须重新认识它的对外关系，对于义和团事件，中国人应该向西方道歉、赔款并接受西方的安排；对内

①　王宏斌：《赫德爵士传：大清海关洋总管》，文化艺术出版社 2000 年版，第 371、372 页。

②　卢汉超：《中国第一客卿：鹭宾·赫德传》，上海社会科学院出版社 2009 年版，第 202 页。

要做好制度安排和重建工作，实行改革，解决债务，告知地方政府要保护好外国商人和传教士等外侨的生命财产安全。赫德指出，做好这些事情需要时间，西方也应该予以引导，帮助中国政府去计划、开办和执行；有多少事必须由各个列强强派或指明办理，这须视有关问题的性质、它与整体问题的联系，以及信守约言和办事能力的信赖程度而定；但是中国的诚意必须予以肯定，而且只有在当地的办法不为过多的外国限制和过多的干涉所妨碍的情况下，才能够期望成功履行义务。"谈判者们是否具有对一个问题的两方面都能看透的眼力以及为真正办好一件如此重要的事情所需要的忍耐力，这要到以后才能见分晓，但愿这个机会能充分地加以利用而不要错过。"①

赫德在撰写《中国及其对外贸易》之后，又着手写了一篇题为《中国与重建》的政论性文章。这篇文章于 1900 年 11 月份完成，1901 年 1 月发表在《双周评论》上。此文应该说是对前两文的进一步阐述和发挥。文中对之前的瓜分中国说与改朝换代说进行了进一步的辩驳。对于前者，他说："中国如被瓜分，全国就将协同一致来反对参与瓜分的那几个外国统治者，那样一来，即使无政府状态不是连年不断、年年发生，平静或者说是表面上的平静也只不过是不可避免的爆发前的一种准备，由此早晚会在各地发生突然的叛乱，表现出民族感情的存在和力量。这样做划得来吗？从利害得失的简单道理来考虑，这样一种解决办法应予以谴责，而作为一项正义、公平，或甚至博爱的问题来看，每一个不抱偏见的人都一定会声明予以反对。"对于后者，"想给中国人另外创立一个朝代，这种解决办法如果说与瓜分有什么区别，那就是比瓜分更加没有希望"，即使各国能够共同选定一个新皇帝，这个具有外国统治意味的新皇帝也肯定得不到人民的服从。赫德断言，改朝换代"企图强加给中国人民一个新王朝是比瓜分更无指望的办法"，一样都是"毫无用处、定遭失败"。②

---

① 王宏斌：《赫德爵士传：大清海关洋总管》，文化艺术出版社 2000 年版，第 372 页。

② 参见［英］赫德：《这些从秦国来——中国问题论集》，叶凤美译，天津古籍出版社 2005 年版，第 63 页。

北京古观象台的天文仪器，曾被八国联军掳走（莫理循摄）

　　既然瓜分和改朝换代都行不通，那只有继续维持清廷统治一途了，这也是唯一的良策。赫德对此强调道："有利于迅速恢复法制、秩序和平静，使生活及商业关系安全和有益的唯一可行的办法是，让现有的王朝照样存在下去，当它的气数已尽时，让中国人自己来处理它。"[①] 赫德认为只有继续支持清廷，推动重建工作才符合西方的利益。

　　此文也对义和团运动进行了评价，由于第一篇文章发表后他的观点遭到英国的批评和各列强的指责，赫德这一次在措辞上有所缓和，但仍然维持了他的基本立场。赫德认为，中国目前出现的局面是列强入侵引起了其内部民族情绪激变的结果。义和团运动的爆发也关涉英国的利益。在外国的压力下，中国也在反对和谴责这个运动，但是，应该知道，这个运动也成为中国和高官们借以反对西方的力量，尽管它没有成功。在西方的打击下，中国人也将受到惩罚，但是中国人民却是支持义和团的行动的。后来，没有了官方的支持，义和团团勇不再公开夸耀他们的华美腰带了，但是他们仍然留在北京，而在北京周围的乡间，他们则仍然在集众操练。对于此种情形，赫德用一种反问的语调说："谈判可能会使中国政府保证不赞成甚至采取有力行动来对付这些爱国者，但是，这样一种保证可以遵守到什么程度呢？中国必定要强大起来，它必定要依靠它的人民以增强自己的力量。

---

① ［英］赫德：《这些从秦国来——中国问题论集》，叶凤美译，天津古籍出版社 2005 年版，第 63 页。

种种禁止性的规定能达到目的吗？德国的铁拳难道不是企图对它的军事发展加以限制的结果吗？或者，种种惩罚性的措施能有用处吗？在殉道者的血液中难道不是有一种像不死鸟一样的力量吗？我们可以不把死去了的团民看作殉道者，但是他的活着的伙伴们会有什么感觉呢？"①

面对一个民族感情不断增强的国家，赫德不主张使用强权性质的高压政策。他说，炮舰和高压政策固然可以使西方获得成功，但这种行为必须做到绝对而彻底。事实上，这种做法并不能取得完全成功，特权效果也往往是局部、部分和暂时的，当有一天，绳索被切断，反抗呼啸而来，特权者将无法预知事情的结果。因此，他认为义和团运动的发生告诉西方，"唯有合理的行动和同情的待遇可以在目前争取到朋友，为将来播下良好关系的种子"②。

赫德再次强调，西方必须了解中国，慢慢地引导中国，设法改善中西关系，这样中国才能够更好地履行条约义务，这也是赫德《中国与重建》一文的中心目标。

那么该如何改善中西关系呢？赫德考虑到自己首先是一个英国人，在一片反华大合唱的氛围中，他不能再遭受指责；况且义和团围困使馆之时，他饱受了八个星期的困苦，经历了生与死的考验，因而，他的立场不免地要偏向西方。

赫德希望清廷在他的指导之下进行内政和外交的重建，在内政方面，清廷在军队、法制、交通、教育、政治等方面都需要进行适度的改良。他在大清官场几十年，耳闻目睹了大清军备废弛、吏治腐败，军队必须进行改革，用高薪养廉的办法来杜绝腐败，学习外国的军事经验来提高军事水平，但他又反对列强向中国出售先进武器，认为这样会助长中国人的尚武精神，因为他感觉到"或迟或早，中国将会以健康的、强大的、经验老到的姿态呈现于世界，并拥有这个世界强加给他的军事力量"③。对于内政改

---

① 王宏斌：《赫德爵士传：大清海关洋总管》，文化艺术出版社 2000 年版，第 374 页。

② 王宏斌：《赫德爵士传：大清海关洋总管》，文化艺术出版社 2000 年版，第 375 页。

③ ［英］赫德：《这些从秦国来——中国问题论集》，叶凤美译，天津古籍出版社 2005 年版，第 115 页。

革，赫德认为应该像日本那样，建立新的司法制度，并通过增加新学科来改良科举制度。

在外交方面，赫德指出，重要的是中国保持与外国的友好交往，"中国是众多独立国家中的一员，以平等的关系进行对外交往必不可免"①。但是，当时的中外关系是建立在炮舰政策和不平等条约基础上的，它们规定了西方的特权、利益，使得中外关系强行被捆绑在了一起。

八国联军高级将领合影（莫理循摄）

虽然赫德在文中也承认，中西条约关系是一种不平等的外交成果，对中国有伤害，造成了利权的丧失，但是赫德并不主张列强放弃在中国的特权，而是要求清廷遵守条约义务。这就是赫德的重建计划。

说白了，赫德所谓的"重建中国"计划是希望借此实现维护各国在华利益的目标。他清楚，经过鸦片战争以来的内忧外患，清廷已经像一艘破烂不堪的航船，要使它不致沉没，就要对他进行"改良"式的修修补补。文中说，各国对待中国应"宽容地解决现实问题，使将来的中国或许还能

---

① ［英］赫德：《这些从秦国来——中国问题论集》，叶凤美译，天津古籍出版社2005年版，第122页。

为某些事情感谢我们，而不寻求报复"[1]。这就是赫德所谓的"重建中国"的真实想法，维持列强的侵略利益，使清廷成为列强各国可以共同役使的工具。

1901年2月，赫德又在《双周评论》上发表第四篇政论文章《中国与非中国》，此文也写于1900年11月，原题为《中国与西方》，后来考虑到"西方"不包含日本，日本也是侵略中国的主要国家之一，所以改名为《中国与非中国》。文章仍从义和团问题引入，纵论整个中外关系。文章开篇以中国人的口气说话，以这样的形式告诉列强它们对中国并不了解，然后再举外国入侵的理由，指出二者的立场不同，所以在矛盾和冲突面前中外两方很少能互相谅解。

赫德引用了英国作家亚历克西斯·克劳斯1898年在《衰退中的中国》一书中关于如何对付中国的六条办法，即：进一步开放口岸；保证外国人在华安全，允许外国人在华游历；废除厘金；加强驻华公使力量；反对清廷做出有损于他国的领土割让；保证沿海贸易。[2]

老实说，赫德并不完全赞同克劳斯的观点。比如要求清廷保证外国人的安全问题，赫德认为清廷正在努力这样做，除了新近发生的义和团运动外，中国在这方面做得并不比其他大国差；对于厘金的废除问题，克劳斯认为以提高值百抽五的税率来换取中国废除厘金的损失，而赫德则认为，提高税率并不能弥补中国废除厘金的损失，海关税收不过是中国财政的一部分，而各省所征收的各种厘金不仅针对外国商品，更主要的是针对本国产品的。除非开辟新的财源，否则废除厘金对财政本就困难的大清无疑是雪上加霜；克劳斯认为迫使清廷接受了六个条件，英国的利益就可以得到保证，而赫德则认为这是一种过于乐观的想法。

---

[1] 陈霞飞主编：《中国海关密档：赫德、金登干函电汇编1874—1907》第七卷，中华书局1995年版，第124页。

[2] 参见卢汉超：《中国第一客卿：鹭宾·赫德传》，上海社会科学院出版社2009年版，第204页。

从对克劳斯观点的分析来看，赫德认为列强对中国的了解还太肤浅，要对中国存在的问题像医生那样开出治病的良方，就要多了解中国。因此，他在文章中大谈中国人的特点："中国人温顺而勤劳，他们能学会任何事物；他们讲究礼节，崇拜天才；他们坚信公理，以为公理可以战胜强权；他们喜爱文学，到处有文人结社，吟诗唱和；他们有一套完整的伦理体系，乐于行善，慷慨好施；他们认为报恩是美德，有恩必报；他们认为好的名声价值高于金钱；他们温文尔雅，讲究谦让；他们孝敬父母，忠于国家；等等。当然赫德也说中国是一个背着沉重历史包袱的民族，保守而骄傲。中国历史有自身的发展规律，任何外部力量都无法改变中国的民族凝固力。中国的历史、中国人的民族情感是无法消灭的。"①

文章的最后，赫德还以一种预见未来却又有些无可奈何的心情写道：

> 在这些"短视"的日子里，这样一种历史哲学或许会被人耻笑，他的信徒会被讥为不切实际，但是，此文得以幸存，自今而后的读者，终有一日会确信"谁笑到最后，谁笑得最好"这句话是何等正确，而草药往往是医治疾病的最佳良方。②

在赫德既有预见性又有一些迷惘的心境中，他于1900年12月应邀又为《德意志评论》撰写了《义和团，1900年》这篇文章，并于1901年3月发表。随后，英文杂志《环宇》又予以转载。此文在《中国与非中国》的基础上进一步展开。他老调重弹地说了清廷的闭关锁国，视外国人为蛮夷，但鸦片战争打破了中国的这种优越感，被迫签订了一系列不平等条约，鸦片战争以来的六十年里，中国经历了马嘉理事件、中法战争、宗主国地位被颠覆、中日战争以及之后的列强瓜分中国等。"六十年的条约关系，最终导致了义和团运动，怎样来说明这样一种结局呢？"赫德在文中予以了解答，他说："事实上，不正常的情况才是一切弊端的根源，这就是，外国

---

① 王宏斌：《赫德爵士传：大清海关洋总管》，文化艺术出版社2000年版，第378页。

② 卢汉超：《中国第一客卿：鹭宾·赫德传》，上海社会科学院出版社2009年版，第206页。

商人享有特权地位，不受中国的司法管辖；传教士也同样超脱了中国法律的束缚，他们的到来促使各种流弊滋生；外国官员根据条约采取了其他地方闻所未闻的行动。所有这些不正常现象产生的总体效果就是给中国人一种耻辱和不公平的感觉，以及一种创伤。"①

正是列强对中国的疯狂强索和一切不合理特权促使了中国人爱国主义情感的总爆发。既然不合理特权和侵略行径是排外运动爆发的原因，赫德认为就应该重视中国人的这种情感，加以认真对待和补救。接着，赫德又说，正确的方法是懂得中国的民族性格，顺其性而用之，他大谈中国人天生骄傲，并且说，中国人也有迷信的一面。他举例说，1898年中国春节时发生日食，传说这是不利于帝王的凶兆，这一年果然因为维新变法发生了政变，光绪帝被幽禁；1900年发生的义和团排外事件、八国联军侵占北京，在迷信的国人看来都是有征兆的。他虽然认为中国人迷信的思想根深蒂固，但是也承认中国有中国的规律，中国人永恒的创造力和民族情感都是无法扼杀的。因此，他警告外国人对待中国人应该有一种"友好""了解"的心态，要"善待"那个行将崩溃的王朝。

赫德写完这篇文章的时候，本想封笔，可是仍感觉心中还有一些话没有说完，他很想以《中国与列强》为题再写一篇文章，可是也担心再次遭到列强的指责，经过反复考虑，他以《中国的变法和列强》为题写了第六篇文章。在写作这篇文章的时候，《双周评论》编辑部提议将他已经发表的前五篇文章汇编成书，要赫德拟一个书名。赫德在回信中别出心裁地从《圣经》中取出"这些从秦国来"的句子作为书名，副题是"中国问题论集"。秦国是中国的古称，在《圣经》第49章有一段描述，上帝对救世主说："众海岛啊，当听我言。……我必使我的众山成为大道，我的大路也被修高。看哪，这些从远方来，这些从北方来，这些从西方来，这些从秦国来。"②

---

① 参见［英］赫德：《这些从秦国来——中国问题论集》，叶凤美译，天津古籍出版社2005年版，第89页。

② 王宏斌：《赫德爵士传：大清海关洋总管》，文化艺术出版社2000年版，第379页。

1902年1月，慈禧太后与光绪帝回銮时的护送队伍，街道边是欢迎的北京市民（莫理循摄）

赫德给自己的合集起了书名后，又写了一篇简短的序言，然后正式交付出版。《这些从秦国来》的出版，引起西方舆论界的普遍重视。此书虽然没有将他的第六篇文章收入集子，但《中国的改革与列强》于1901年5月在《双周评论》发表后，再次引发关注。

1901年9月，《辛丑条约》签订，经历了逃亡之苦的慈禧太后也感到变法推行新政势在必行。早在这年年初，她就发布了一道文告，宣称"变法一事，关系甚众"，"朝廷立意坚定，志在必行"。条约签订后，慈禧太后为了给人民一个交代而急切地表达了改革的心情，但却更加媚外。当此之时，赫德认为他期待已久的改革运动将走向中国的历史舞台，从而由衷地写道："由皇帝掌舵而皇太后提供动力，尊严得以保存，国家之航船将重新起航，起航这天的命令将是：'全速前进'！"[1]

预感到中国将推行改革的赫德，立即赶写了一篇关于中国如何变法的简短建议稿，取名为《更新节略》，呈递给了慈禧太后，其目的是希望清廷

---

[1] ［英］赫德：《这些从秦国来——中国问题论集》，叶凤美译，天津古籍出版社2005年版，第139页。

"更新"朝政。赫德在《更新节略》中说:"若问如何国事可以整顿,应知始终不外乎实事求是之一语。虽头绪纷繁,难于措手,而最要最易者,系定一开办之日,于大纲细目中,择其紧要者,次第举行。唯无论如何更张,断无止境,只可扼定主见,如行路然,认定一途,毅然前往而已。"[1]

赫德的建议认为,国家改革不外乎内政和外交两端,但是,他的建议既没有提到国家政体改革的问题,也没有涉及自由、平等的观念,只是提出了一些具体建议。在众多的建议中,虽然他提出了一些新的想法,但大多数内容都是老调重弹。他主张中国应保留东方文明中的优秀文化,摒弃落后的观念和思想,积极学习西方先进文明成果。赫德认为,大清的改革应在维护清王室的君主专制政体下对教育、军事、工商、吏治、外交等方面进行整顿。

在教育方面,赫德主张,可以在科举体制下设立新学科,他说:"即如中国取士一事,所重之学与取进之法,均属甚善,唯须知尚有各种新学,西国所长,中国所短,均应设法增添。若能另设新学科,于进士殿试后考试新学,即凭之与以官阶,如此则旧学不废,而新学可成。"[2]赫德认为改革教育的方法包括:以新学作为授官的主要途径,设立译书局,吸取外国先进的思想文化;广设新式学堂,培养新式人才;选派留学生到国外学习先进军事和科学技术等。

在军事方面,赫德认为兵不在多而在精,他主张通过外国人加强练兵,设立军事学堂培养人才。但是他又害怕先进的军事唤醒中国人的尚武精神,因而他主张练兵达到弹压地方武装叛乱的目的就可以,可见赫德是想把军事改革与维护西方利益联系在一起的。

在工商方面,赫德主张废除原有禁令,允许商民自由开矿,自由开办轮船、铁路、实业工厂等,"凡商民见为有利可图者,即任其自谋自立,毋

---

[1] 中国近代经济史资料丛刊编辑委员会:《中国海关与义和团运动》,中华书局1983年版,第47页。

[2] 中国近代经济史资料丛刊编辑委员会:《中国海关与义和团运动》,中华书局1983年版,第47页。

庸派官督办。惟此等事，虽不必由官管辖，然亦须定有善章，设立专署，以便商民报明举办某事，均能划一办理"①。

在吏治方面，赫德针对官场腐败情形，再次提出了"高薪养廉"的建议，并主张裁汰冗员，改革官制。

跪迎慈禧太后回銮的清朝官员，城楼上是在看热闹的八国联军士兵（莫理循摄）

在外交方面，赫德力图保持中外友好的局面，他认为清廷必须遵守与各国签订的条约，"其外交一端，原无难办之处，只需讲信修睦，诚意相孚，凡属约章，若有不妥之处，固应商议改正，惟于未改之前，必须一一遵守原约，毫厘不爽"②。赫德主张中外双方都应该遵守条约，若任何一方违背条约都应该受到应有的惩罚，这样才符合近代国际法的要求。

赫德希望经历了庚子之难的清廷能够痛定思痛地进行改革，也希望通过改革换取列强对清廷的支持。那么在如何处置清廷的问题上，列强各国

---

① 中国近代经济史资料丛刊编辑委员会：《中国海关与义和团运动》，中华书局1983年版，第48页。

② 中国近代经济史资料丛刊编辑委员会：《中国海关与义和团运动》，中华书局1983年版，第47页。

究竟会是什么样的态度呢？赫德在积极帮助庆亲王奕劻和直隶总督李鸿章进行议和谈判的同时，也在密切地关注着列强究竟会对中国采取什么样的措施和态度。

二、丁韪良臆想的政治变革

在义和团运动席卷北京之时，作为京师大学堂总教习的美国人丁韪良也被围困在英国使馆里。义和团团民涌进北京之时，京师大学堂遭到了严重的破坏，学生无法上课，老师无法教学。因而，当校舍遭到破坏之时，丁韪良就到英国使馆里躲了起来。

在被围困的日子里，丁韪良也在思考中国的命运，西方列强该如何处置中国和中国应该如何重建等诸多问题一股脑地袭来。也许是出于对这场排外运动的仇恨，丁韪良的言行对中国人民遭受的灾难显得很冷漠，也很有些报复的意味。

八国联军侵入北京后，特许军队公开抢劫三日。之后，更是出现了明火执仗的私人抢劫，北京市民一夕三惊，苦不堪言。时任《泰晤士报》驻京记者的莫理循耳闻目睹了贪得无厌的强盗们掠夺中国财富的罪恶行径。《北京的莫理循》一书写道，列强各国都在"疯狂地大肆"抢劫，但是俄国人和德国人的行径野蛮到了无以复加的地步。有人对窦纳乐爵士谈起"俄国人所犯下的一系列罪行，多少男子遭到他们的屠杀，多少女子遭到他们的蹂躏"。莫理循和一个中国教师共进午餐时，那教师亲口对莫理循说，他姐姐遭到俄国士兵的轮奸，她家中其他 7 个人在埋好细软，烧掉自己的房子后，全都吞鸦片自杀了。"这种事在当时很常见。"①

在列强疯狂抢掠的时刻，丁韪良对中国绝无同情之心，作为一个美国

① 参见［澳］西里尔·珀尔：《北京的莫理循》，檀东鍟、窦坤译，福建教育出版社 2003 年版，第 192 页。

人，他是维护列强的。

义和团围攻外国使馆，他充当了使馆的门卫，其职责是防止中国人进入使馆。对此，丁韪良还相当认真地履行了他的职责。被困在使馆的外国人对他充满了感激和敬佩之情。正如同样被围困在使馆的英国人艾伯特·波特记述的那样：

> 丁韪良博士在使馆期间承担了危险的门卫工作，并赢得了他那些不幸的同伴的感激。在一封私人信函中，一个人写道："我们所有人都怀着感激的心情记得丁韪良博士，他当时是多么不辞劳苦地给我们焦虑的心灵带来点滴消息。没有人比丁韪良博士更衷心和不知疲倦地从早到晚履行他的职责。他把大门变成了具有非凡荣誉的地方，因为他给了这份工作以荣誉。"①

丁韪良作品里的中国妇女插图

---

① Albert Porter: "An American Mandarin", *The Outlook*, 1907-8-24.

　　美国驻华公使康格和他的夫人当时也被困在英国使馆，康格的夫人在1900 年 7 月 2 日的日记中写道："丁韪良博士同我们在一起。他每天早晨都起得很早去站他的门岗。他在那里的任务是盘问所有进入公使馆的中国人，检查他们的证件。除去吃简单的食物外，他极少离开那里。"①

英国使馆的外交官们

　　美国公理会传教士明恩溥也是一个中国通，在中国传教多年，对中国的风土人情多有了解，因而他和丁韪良一起承担了英国使馆的门卫工作。明恩溥在《中国在动乱中》写道，当义和团排外运动发生后，他自己率领70 多名美国人和数百名中国教徒，从通州进京，住在孝顺胡同美以美会。6 月 9 日，何尔上尉率陆战队担负保卫，"把中国人编排起来，从事劳动，并给予军事操练以及参与其他与大家有关的事务。整个教会范围，均由传教士和中国人巡逻，比较重要的岗位留给陆战队……在美以美会所控制的长方形地区之内，有 15 到 20 户非基督徒家庭……我们奉武官和公使的命

---

① 王文兵：《丁韪良与中国》，外语教学与研究出版社 2008 年版，第 234 页。

令，让这些住户搬走。胡同两头儿设了障碍栅，布置了严密的监视哨……凡认为敌人可能越墙的地方，都设了带刺的铁丝网。各院子的石板、瓦，都用来修了交叉的防御工事，防栅后挖了很深的战壕……我们把那座砖瓦造成的大礼拜堂改造成了一座堡垒，用木框和马口铁将门加固，窗子用砖石堵塞，留下了枪眼"[1]。

丁韪良和明恩溥在保卫使馆的行动中，还参与了枪杀义和团团民的行动，并扮演着为列强搜集情报和传递消息的角色。8月7日，康格的夫人在给其妹妹的家书中写道："北京内外一片骚动。上谕已经送到各省，要求派军队保护首都，但各省并未随便就予以答复，南方找了很多借口。我们是从《京报》中了解到这些的，丁韪良博士成功地弄到了三十份报纸。"[2]

在外国使馆被义和团围困的日子里，洋人的士气可以说是很低落的，不时传来的枪炮声都会使他们露出惊惧、担忧之色。这时，丁韪良也常常和明恩溥一起分发明恩溥妻子抄写的《圣经》经文，借此来鼓舞士气。1900年7月15日，康格夫人在给自己妹妹的信中也讲述了丁韪良在使馆中以基督教的信念鼓舞其他被围者的情形："当我们聚在一起分享我们贫乏的食物时，我们都站着，而丁韪良博士则举起手，一字一顿地请求上帝予我们以更多的恩赐、更多的耐心以及更多的感激，这确实是我们最需要的精神食物。"[3]

富善牧师对丁韪良被困于英国使馆的印象是：在北京被围的那一天以及第一声炮响中，我遇到了丁韪良博士。他看上去面容枯槁、憔悴不堪。在将50余年的生命忠实地献给中国之后，面对着成千上万的毛瑟枪，确实是一场令人生异的经历。当我向他打招呼时，博士直起了身，如一位老预言家般说道："这是对异教的致命一击。"[4]这就是被关在公使馆围墙内的洋人当时的精神状态。

[1] 童轩：《传教士在西方列强侵略中国活动中的所作所为》，《文献与研究》2011年第48期。
[2] 王文兵：《丁韪良与中国》，外语教学与研究出版社2008年版，第233页。
[3] 王文兵：《丁韪良与中国》，外语教学与研究出版社2008年版，第234页。
[4] 王文兵：《丁韪良与中国》，外语教学与研究出版社2008年版，第234页。

　　虽然丁韪良以一种异乎寻常的精神和状态鼓舞着他的同伴们，但面对每天都有伤亡和流血的状况，他对义和团团民的恨意也与日俱增。当联军进入北京，开始疯狂地屠杀和抢掠的时候，丁韪良也投身其中，干起了强盗的勾当。

　　对于联军进入北京城的情况，丁韪良描写道："有一大半居民放弃了他们的住所，向城外逃走了。由于他们仓皇逃跑，他们的衣橱里塞满了值钱的皮货，地板上撒满了最华丽的绸缎，有些地方满地都是银锭。多么诱惑人去抢劫啊！"①

联军调戏妇女

　　当此之时联军纵容外国人抢劫，丁韪良便投身其中"干了一点小小的抢劫"。丁韪良把他的抢劫行为解释为帮助他的同伴们解决生活的困难：

　　我得知在城内邻近大学堂的地方有一家粮店无人看管，那里堆放着相当数量的小麦、玉米和其他粮食。而我们正急于为归依者找到粮食，于是我们用骡车装走了不少于两百蒲式耳的粮食。……传教士因抢劫而受到如此之多的指责。我虽然只把一条羊毛毯占为己用，但也

---

①　Martin W.A.P., *The Siege in Peking: China Against the World,* New York: Fleming H. Revell, 1990, p.131.

很乐意和他们一起分担道德责难。我承认和他们一样有罪。①

丁韪良还记述了他与美国公理会都春圃传教士在一处王府抢劫的情况。他说："美国公理会驻扎在帝国的一处王府里，在联军都在疯狂抢劫的时刻，都春圃牧师发现王府附近的一些店铺无人看管，店铺里存放着大量的皮货、绸缎和很多值钱的东西。都春圃牧师便把这个情况汇报给了军队和使馆，军队便把这些东西拉去并公开拍卖。"②

参与抢劫还不是最主要的，出于对义和团和清廷的恨意，在外国使馆被围后，丁韪良就在思考着各种可能的报复行动。

早在6月18日义和团和清军对北京使馆区的围困刚刚开始的时候，他就预感到了中国事态的结局，并且草拟了一份上书各国使节的意见书，对事变后该如何"处理中国"做了设想，提出了"以华制华"的策略。他认为庚子事变必将在联军的炮口下平息，因而中国未来的命运取决于列强的态度。为此，他提出了以下四项"重建"方案。

> 一、将慈禧放逐并恢复光绪帝的合法权利；二、取消慈禧太后发动政变后颁布的一切法令，包括对她党羽的任命，经新政权批准者除外；三、恢复光绪帝的改革方案，经各国批准以后执行；四、各国应划定利益范围，并任命一名代表控制在其利益范围内各省政府的行动。③

在丁韪良看来，他的这个方案既可以保留清廷中开明人士的势力，并能够最大限度地将外国扶持的这个政权置于列强的控制之下，又可以避免社会动荡以后因国家权力的削弱而出现的失控状态。他强调说："对于中国来说，完全的独立既不可能也不可取，上述计划可以使现有的机器保持运转，避免无政府状态，有利进步，并可以获得中国人中最开明的人士的支

---

① 何大进：《晚清中美关系与社会变革》，江西人民出版社1998年版，第294页。

② Martin W.A.P., *The Siege in Peking: China Against the World,* New York: Fleming H. Revell, 1990, pp.136–137.

③ 王文兵：《丁韪良与中国》，外语教学与研究出版社2008年版，第234页。

持。另一种选择是推翻现在的王朝，正式瓜分帝国，这是一个包含长时期和剧烈冲突的过程。按照我建议的方案，各国有时间确定他们的政策，推行逐步的改革，这能获得比公开的武力吞并所希望获得的利益广泛得多。通过中国人来统治中国是容易的，用其他办法是不可能的。"①

后来，丁韪良将他的这个计划发表在《京津泰晤士报》上，并增加了一条"列强的联合委员会对于任何敌视他们的共同利益的举措拥有绝对的否决权"。这个计划的根本目的就是在列强的监督下恢复光绪皇帝的权力以继续变法，并增强西方在中国的影响力。而扶植光绪皇帝，是作为战后重建的第一步。丁韪良认为，这样可以使中国朝着基督化方向前进，使中国向西方靠近。方案的实施就意味着促进中国的"觉醒"，罢黜慈禧太后与恢复光绪皇帝的权力就意味着让中国放弃守旧的观念，使中国在觉醒的道路上走下去。丁韪良还认为他将是这个计划中对中国产生影响的人，"可能是第一个提出恢复光绪皇帝的权力并以此作为重建计划基础的人"。为了扶植光绪皇帝，丁韪良还认为西方应该对中国的内政外交进行监督，更应该对以慈禧太后为首的保守派进行清算。

7月16日，在义和团围攻外国使馆处于胶着状态之时，丁韪良又写了一篇致基督教世界的"来自英国使馆的呼吁书"。这篇呼吁书与之前的建议方案有着一定的差别，更体现了他对中国的报复和殖民主张。他在呼吁书中先描述了公使馆被围及作战情况，随即公然主张通过外国对中国的直接统治和瓜分而使中国基督化，使中国真正与西方"接轨"。呼吁书中说："我们队伍中的死亡率是很大的，除非援军立即到达，否则我们必定会全部被消灭。我们的男子英勇作战，我们的妇女也表现了崇高的勇敢。希望这种可怕的牺牲不致成为白白的流血事件！我们是异教徒狂暴下的牺牲品。让基督教列强们把这个异教的帝国瓜分了，使中国跟着新世纪的到来而出现一个新秩序。"②

---

① 何大进：《晚清中美关系与社会变革》，江西人民出版社1998年版，第296、297页。

② 王文兵：《丁韪良与中国》，外语教学与研究出版社2008年版，第235页。

被八国联军
炸毁的北京民居

丁韪良在呼吁书中还说："这场被围困的灾难已经使教义与国家间的界线消失，不但促成了基督教徒们之间的统一，而且使日本也加入到我们兄弟关系的行列。对于他们，被围困是走向基督教的一个步骤。"①

丁韪良的呼吁书当时并没有发表，可能他还在思考，直到1907年才被收入《觉醒中的中国》一书，至此这个所谓呼吁书才真正公之于世。丁韪良后来也坦言，主张列强全面统治中国，当时可能是幼稚且一时冲动的不成熟想法，所以他很快就放弃了这种主张。

在列强使馆解围后，与赫德一样恢复自由的丁韪良也试图重新开始工作，可是京师大学堂遭到破坏，校舍被占，教学设施被毁，办学难以维持，于8月3日被迫停办，直到1902年才恢复开课。在此期间丁韪良无事可做，决定先回美国休息一段时日。

1900年9月28日，丁韪良准备返回美国，他途经上海时在新天安堂（英侨礼拜堂）发表了一场演讲。他重申了他7月份在呼吁书中提出的建议方案，并就这个方案增添了一些新的内容："若能有一个由外国官员组成的强有力的委员会来指导这位年轻的皇帝治理中国，和平与秩序就可以恢复。

---

① 王文兵：《丁韪良与中国》，外语教学与研究出版社2008年版，第234页。

像目前这样的暴乱必须采取预防措施。为此目的，就必须解散中国军队，接收所有兵工厂或加以摧毁。当你抓到了这只老虎以后，就必须拔掉它的牙齿，斩掉它的爪子。"①丁韪良的这个演讲让西方殖民中国的丑陋面目暴露无遗。

丁韪良这场颇有为殖民者张目的演讲还着重分析了义和团发生的原因，认为西方和清廷对于义和团都过于纵容，导致了群情激昂。那么对于这一事件，应该如何处理呢？丁韪良在这次演讲中的观点与使馆被围困期间的观点大致相同，但内容上更加详细具体。他认为，对于满族和汉族要区别对待，对于光绪皇帝与慈禧太后也要区别对待，西方应派出顾问进入军机处监督改革，将罢黜与惩办慈禧太后作为联军撤兵的先决条件。

10月3日，丁韪良的演讲词刊登在上海第一家英文报纸《北华捷报》上。后来，江南制造局美国籍译员林乐知等人又将演说内容译成中文，登在《万国公报》上。林乐知刊登在《万国公报》的译文是这样说的：

> 中国将来的结局怎样，此事当分别满汉论之。因汉人可造，其将来大有可望也。又当分别两宫论之。……为今之计，当先请皇帝复辟。另举西使中之贤者一人，入军机处，赞襄新政，则中国可安，而后患可免矣。次当限制中国之军备，散其营伍，毁其制造各厂。所谓获虎者，必当其翼爪牙也，否则遗祸正无穷矣。……余深望西国政府，联络南省，整顿北省，须俟太后归政，罪魁严惩，方与退兵议和。万不可先退兵也。……基督教道，为文明教化之根源。议和时，当使中国与从教之华民与平民一体优待。②

显然，丁韪良这些所谓的"建议"，是希望列强各国组成"联合委员会"，通过扶植光绪皇帝来达到殖民中国的目的，其设想的对中国的"改革计划"，也不过是试图把中国变成各帝国主义共管下的殖民地，而仅仅保留

---

① 顾长声：《传教士与近代中国》，上海人民出版社2013年版，第180—181页。
② 王文兵：《丁韪良与中国》，外语教学与研究出版社2008年版，第235页。

清朝政府的傀儡外壳而已。

1901 年，丁韪良回到美国后，他又在美国《国家地理杂志》上刊登了《导致北京被围的原因》一文，再次讲述了他被困英国使馆的经过与原因，文中再次提出了要求清廷为中国本地基督徒提供补偿的建议方案。

> 是否要在北京重建政府是一个极为棘手的问题。在我看来，我认为年轻皇帝的复位是一个最佳方案，他在伟大的列强的监督下有可能推行进步的措施，这样帝国的完整也就可以维持。欧洲的提出要求者之间可能的冲突也就可以避免。当然中国必须支付沉重的战争赔偿。这可以理解为不但各个外国的国家而且外国的个人将会得到赔偿，但是对于中国当地的基督徒的赔偿却没有做出任何的保证，这些基督徒的房子被烧亲戚被杀。外交以及军界人士已经共同认识到，没有这些本地基督徒的捐躯，公使馆的防卫是不可能的。尽管他们从事的是挖土工的微贱工作，只是修路障、挖壕沟以及挖地道对付敌人，但他们的服务是共同的安全所不可缺少的。
>
> 我不能相信任何一个基督教国家会赞同将这些本地基督徒排除于赔偿条款之外的极小公平的做法。
>
> 国家间有序和有利交往的最大敌人是异教的黑暗。因此无论如何也不应对正寻求驱除这一黑暗传播科学以及宗教的传教实体加以限制。没有这些传教实体，我们的铁路和开矿事业就会不安全，我们就不能保证现在已经打翻于十字架的士兵面前的龙那个怪物不会再一次昂起它的头，并造成与最近令世界恐怖的灾难那样的另一次大灾难。①

后来，丁韪良在其《北京被围目击记》(*The Siege in Peking: China Against the World*) 出版后，更提出了"以华治华"和在中国沿海占领并建立一个军事基地的建议。

> 假如我得在中国境内挑选任何地方，由中国割让给我们作为"立足

① 王文兵：《丁韪良与中国》，外语教学与研究出版社 2008 年版，第 236 页。

点"而代替战争费用的赔偿，那最好是海南岛，这是位于香港与菲律宾之间的踏脚石。它只有西西里岛的一半大，但却同它一样富饶多产。如此，我们就有一个踏实的基地，使我们在有关中国前途的诸多重大问题上获取发言权。60年前英国要求香港岛的目的并不只是掠夺土地，它所要的是一个根据地、一个转动世界的支点。对我们来说，为了取得海南岛而进行谈判，也不是越理非分的侵略。……美国应当像英国一样，不因惧怕发展而放弃它光荣的卓越地位。……我们将领土扩展到太平洋沿岸，并将我们的势力延伸到日本和中国，是由于自然的伸展。①

对于这些主张，丁韪良认为过去一个时期美国政府都缺乏在中国的政治影响力，借助义和团运动的发生，当前是展现美国影响的时候了。

现在有一个很大的机会出现了，上帝不允许我们任其消逝，而不加利用。在我看来，我们并不需要大块土地作为我们的立足点。如果一个海南岛不够称心的话，再有一个大陆上的海口就可满足我们的需要了。也就是说，有了一个作为我们海军舰队的避风港，一个驻防阵地，使我们军队为了反对某个贪欲的国家企图吞并中国时，或是为了镇压另一次像我们现在所经历的这种世界的暴动时，有一个集结军队的地方。②

八国联军侵入中国后，人民流离失所

① Martin W.A.P., *The Siege in Peking: China Against the World,* New York: Fleming H. Revell, 1990, pp.156–157.
② 何大进：《晚清中美关系与社会变革》，江西人民出版社1998年版，第300页。

丁韪良鼓励美国向中国进行殖民利益伸展，他认为这是一种自然规律。毋庸置疑，丁韪良的言论与主张是为美国的国家利益服务的。最值得提及的是他提出的"不瓜分、不使中国享有完全独立的这两个原则，正是美国国务卿海约翰后来所遵循的道路"①。

作为一个传教士，一个受雇于大清、口口声声希望中国进步的"洋大人"，在中国最为艰难的时刻，丁韪良本应为中国着想，帮助中国渡过危机，不应该为列强张目，提出所谓什么"善后主张"。可是，站在中西文明交锋和冲突的角度来看，对于一个传教士出身的人，丁韪良肯定要为其传教事业服务。再者，在义和团这个被丁韪良视为"异教"的团体冲击外国使馆的时刻，受复仇心理的驱使，同时也出于西方基督教在中国传播乃至产生影响的目的，他这个曾经置身于危难之中、本不应该参与什么抢掠和提出善后主张的"洋大人"，还是成了帝国主义的帮凶。对于他的这种复仇行为，他是这么想的："凡基督教人流血之处，皆当树立报仇之墓碑，以示不忘，而劝后人。因报仇乃公义之别名，非逞私见也。"②

鼓励列强对中国进行报复性打击，丁韪良希望西方以这样一个故事为参照，他说："曾经听卫理公会的牧师讲述这样一个故事，有位臭名昭著的恶霸发誓如果下次来的话一定要终止牧师唱赞美诗和布道。应该说这个恶霸的誓言是荒唐的，很欠考虑。他不知道牧师是一位很强大的拳击手。当牧师受到恶魔的攻击之时，他很快便把恶魔打倒在地。牧师跳下去骑在他的身上，并使劲地猛击，直到旁观者求情才让这位可怜的恶魔逃过一死。"③

丁韪良进一步解释说，故事中这位牧师所做的就是他希望八国联军对中国做的事，"我不反对基督教在帝国（中国）这片土地上建立，但这个帝国中一些很坏的人却给基督教带来黑暗。如果我们要像伟大的牧师那样，不使'恶魔站起来'攻击我们，我们就必须勇于同恶魔战斗，使得真正的

① 史学双周刊社编：《义和团运动史论丛》，生活·读书·新知三联书店1956年版，第122页。

② 王文兵：《丁韪良与中国》，外语教学与研究出版社2008年版，第238页。

③ Martin W.A.P., *The Siege in Peking: China Against the World,* New York: Fleming H. Revell, 1990, p.143.

光明不受任何阻碍地照进这个国家的各个角落"①。

作为复仇的象征，丁韪良在他的《北京被围目击记》中附了一张在使馆被困时期拿枪守卫的照片，该书前言中的一番言语也表达了他当时的愤怒。当时在纽约车站帮他提行李的小伙子见他穿了这身装束便问他："你必定是去什么地方打猎了？"丁韪良回答："是，在亚洲，海那边。"那位小伙子问："打何种猎？"丁韪良回答："打老虎。"②后来，丁韪良又感觉他的这种回答不甚正确，应该说打疯狗更要合适一些。

丁韪良的言行固然代表着强权者的利益，但反观义和团运动的发生，却展现了近代中西两种意识形态在接触中出现的尴尬：中西两种意识形态如同传统与潮流，西方要中国接受潮流，而清廷的守旧派认为潮流悖逆体制和传统，于是冲突不可避免。强权性质地胁迫中国接受西方的一切要求，进而也发生义和团排外运动的发生。

事件的发生，丁韪良希望通过报复性打击，重建中国秩序以推动中国进行变革。他的带有报复性的计划能够为美国政府所采用吗？事实上，在如何处置中国的问题上美国是相当矛盾的。

三、"门户开放"在中国是不现实的

在赫德呼吁扶持清廷和丁韪良建言进行打击以重建中国秩序的言行中，美国更希望继续推行其"门户开放"政策，从而实现美国在华利益的最大化。

我们知道，"门户开放"政策是美国为应对列强瓜分狂潮而提出来的，目的是均衡各国的在华利益。在义和团运动爆发之前，各国也是默认美国提出的这一政策的。现在，当列强在如何处置大清国的问题上意见不一时，美国总统仍然认为各国应该坚持"门户开放"政策。

---

① Martin W.A.P., *The Siege in Peking: China Against the World,* New York: Fleming H. Revell, 1990, p.144.

② 王文兵：《丁韪良与中国》，外语教学与研究出版社 2008 年版，第 237 页。

早在 1899 年 9 月 6 日，面对列强在中国掀起的瓜分狂潮，美国国务卿海约翰便以照会形式将其意见分别送交英、法、俄、德、日、意等国驻美大使，要他们转交给本国政府。照会宣称：

> 每一个国家，在其影响所及的相应范围内：第一，对其在中国的所谓"利益范围"或租借地内的任何口岸或任何既得利益，不得以任何形式干涉；第二，对于进出上述"利益范围"内除自由港外一切口岸的一切货物，无论属于何国，均通用中国现行约定税率，其税款概由中国政府征收；第三，在此种"范围"内之任何口岸，对进出港之他国船舶，不得课以较本国船舶为高的港口税。又，在此种"范围"所敷设、管理或经营之铁路，运输属于他国及其商民的货物，所收运费，在同等距离内不得较其对本国商品运输的同类货物为高。①

美国政府的照会内容体现了其渴望列强支持"门户开放"政策的主旨。义和团运动的爆发，打破了美国政府的设想，它一方面加紧参与到侵略中国的行动中来，一方面又担心中国被列强瓜分和肢解。那样，列强在中国的实力将被打破，美国政府通过推行"门户开放"政策为自己赢得利益的设想也将化为泡影。

反映甲午战争之后
列强瓜分中国的漫画

---

① Thomas G. Paterson, ed., *Major Problems in American Foreign Policy*, Lexington, Mass., 1989, Vol.1, p.419.

1900 年 7 月，当八国联军集结大部分兵力向北京城进犯的时候，北京的形势已是岌岌可危，美国国务卿海约翰隐隐对中国局势和对美国在华利益有可能丧失而担忧，他与美国总统麦金莱会商后，向列强各国发出了关于中国局势的照会。

值此中国情势危急之际，美国宜在目前环境许可之范围内阐明态度。美国政府的政策乃是寻求一种解决办法，使中国获得永久安全与和平，保全中国的领土和行政完整，维护各友邦受条约与国际法所保障的一切权利，并保护全世界在中华帝国境内平等公正贸易的原则。[1]

这是美国政府第二次发出这样的照会。第一次发出照会之时，列强各国瓜分中国的进程不断地遭到中国人民的反抗，同时，各国之间也急于平衡矛盾，因此各怀鬼胎的它们仍认为保持中国的现状是必要的，对美国政府第一次提出的"门户开放"政策持有限的支持态度。

现在因为义和团运动的发生，列强各国组建的联军攻占京津，害怕在华利益被打破的美国政府再一次提出了"门户开放"政策。这一次的门户开放政策与 1898 年的照会有很大不同，美国政府也做得很冠冕堂皇。

八国联军拘捕义
和团团民

---

① Thomas G. Paterson, ed., *Major Problems in American Foreign Policy*, Lexington, Mass., 1989, Vol.1, p.420.

列强瓜分中国，美国因主张所谓“门户开放”而以正义者自居

　　第二次照会等于是对 1898 年照会的补充。对于“门户开放”政策，美国政府确立了两大原则：“机会均等”和“保全中国”。“机会均等”仍然保持了原来的老调，列强各国应开放在华租界和势力范围，确保各国在华商业、经贸共享。至于“保全中国”的提法，则是美国在自身实力还不足以与英国等强国抗衡的前提下，认为应在确保大清王朝不被推翻、政权不被轮替、领土不被瓜分的条件下让清廷更好地履行条约义务。第二次照会发出后，美国没有要求各国做出答复，也没有征求中国同意，甚至没有与中国进行过任何磋商。

　　当这个照会通过美国的官方报纸公之于世的时候，大清国驻美公使伍廷芳很快看到了这一消息，这个曾经留学英国、深谙国际法和外交规则的外交官的第一感觉是：美国无视中国尊严，单方面提出“门户开放”政策是违背外交规则的。当他就此事向美国国务卿海约翰提出质询时，海约翰的态度相当傲慢。他对伍廷芳说，美国要求列强各国在华租借地“门户开放”是美国与列强各国的事情，如果美国想在此诉求之外或在中国沿海得到清朝赋予的政策方便和设施，美国自然会与中国方面进行外交管道的沟通，这个说法让伍廷芳颇为不满，但碍于八国联军进入中国后各国在如何处置中国问题上的咄咄逼人，清廷很需要美国的帮助，便默认了这一政策，清廷认为，在列强当中，美国是唯一"无意图我领土的国家，可拉拢利用之"①。

驻美公使伍廷芳

基于这样的观感，伍廷芳很希望美国在中国的危亡关头替中国说话，他一面向美国方面解释义和团运动的发生原因，一面建议朝廷积极与美国沟通，以使其帮助中国摆脱困境。

慈禧太后虽然宣了战，可战事的急转直下，使她不得不向列强妥协。在这种形势下，她希望得到美国的帮助。早在 7 月 17 日，慈禧太后就以光绪皇帝的名义致美国总统麦金莱一封国书，希望美国能为中国排难解纷。

麦金莱收到光绪皇帝的信后是一种什么态度呢？麦金莱认为要在列强与中国之间施加影响，就必须综合考虑中美关系，将之纳入美国与列强各国的关系框架中来。显然，美国政府在权衡利弊，但清廷希望得到帮助的心情却是迫切的，因而默认了美国政府提出的"门户开放"政策。

对于美国政府再次提出的"门户开放"政策，广大中国民众持什么态度呢？维新变法失败后，逃亡海外的康有为、梁启超对此是持批评态度的。

---

① 王彦威纂辑，王亮编，王敬立校：《清季外交史料》(157 卷)，书目文献出版社 1987 年版，第 17 页。

批评最激烈的当属梁启超。梁启超发文指出，美国政府所推行的"门户开放"政策名义上是保全中国，实际上是列强灭亡中国之一大发明，是一种无形瓜分，在"门户开放"名义下的保全，其目的不过是为列强在中国开办交通运输、修筑铁路等事业获取特权，寻找冠冕堂皇的理由罢了。最终的结果是中国的"商权工权政权""全握于他人之手"[1]，最终使中国沦为外国的殖民地。

梁启超还说，这种巧立名目的瓜分，具有欺骗性和危害性，也最容易麻痹中国人，他呼吁朝廷保持清醒的头脑，不要为人所愚。

梁启超的批评无疑应当让人警醒，那么美国总统的真实想法是什么呢？实际上，美国政府提出的"门户开放"政策包含了麦金莱总统对华战略的两个方面：其一是把中国问题放在美国与列强关系战略的层面来考量，其二是能否借此改变中国人对西方的坏印象。

美国总统麦金莱

---

[1] 梁启超：《灭国新法论》，见胡秋原编：《近代中国对西方及列强认识资料汇编》（第五辑第一分册），中国台湾"中央研究院近代史研究所"1972年版，第574—575页。

麦金莱 1901 年 9 月被刺身亡后，继任总统西奥多·罗斯福更坚持了这一政策。老实说，罗斯福的对华政策是有种族偏见的，他认为中国人不开化，对外国人是排斥的。基于这一偏见，在衡量中国与美国、美国与列强的关系问题上，他"把世界看作种族竞争以及国家竞争的舞台。文明种族同野蛮种族间的冲突是无可避免的；进步只能来自文明人'制服他们的野蛮邻居'"。他认为盎格鲁—撒克逊人"大胆又刚毅，冷静又聪慧"，是最先进的种族。弱小民族只能成为"天然的牺牲品"。实力的强弱是罗斯福衡量民族优劣的主要标准，因此，罗斯福对中国人一向怀有恶感，认为"中国人一味忍受、服从、懦弱、无纪律性，不值一顾"，并怀疑中国人是否有"文明化"和"现代化"的能力。[1]

罗斯福虽然对中国怀有恶感，但又舍不得拥有四亿人口的巨大市场，因而，继麦金莱之后，罗斯福的"门户开放"政策又加入了很大的海外扩张成分。1903 年 5 月，罗斯福在旧金山曾经发表过一次演讲，他说："我们来到太平洋海岸前我就是一个扩张主义者，到这里后，我无法理解，一个人除了作为一个扩张主义者之外还能是什么？"[2]

基于本国的资本过剩问题，美国必须寻求海外市场的开拓。"门户开放"是一个好政策，可以帮助美国扩展在华利益，使其获得更多的特权和利益。在演讲中，罗斯福强调，"门户开放"政策具有促进美国成为世界经济强国的重要战略价值，"美国必须参与列强在远东的争夺，美国参与在远东的角逐是由命运决定的行为，美国没有选择，美国所能选择的只能是作用发挥得好还是坏"[3]。

除了经济利益的问题外，罗斯福还设想把中国作为"美国式文明"的

---

① 参见［美］迈克尔·H. 亨特：《意识形态与美国外交政策》，褚律元译，世界知识出版社 1999 年版，第 131—133 页。

② Howardk. Beale, *Theodore Roosevelt and the Rise of American to World Power*, Johns Hopkins University Press, 1984, p.172.

③ Howardk. Beale, *Theodore Roosevelt and the Rise of American to World Power*, Johns Hopkins University Press, 1984, p.173.

理想输入地区，他不仅设想扩大美国的经贸利益，在中国获取利权，还要向中国表明美国有着优秀的文明，像中国这样落后的、缺乏生机的民族，需要优秀的文明来拯救。

此时，列强在中国东北的利益竞夺已经相当激烈，美国自然不甘落后，特别是美国商人一直把纺织品作为向中国出口的重要产品。八国联军进犯中国之前，美国的棉纺织品有 80% 销往了东北地区，面对这么大一块蛋糕以及不断上升的贸易额，美国自然不甘被他国挤压，因此"门户开放"政策尤其表现为对东北地区的关注。

甲午战争之前，俄国与日本已经开始谋求在中国东北与朝鲜地区的发展。甲午战争之后，俄、德、法三国干涉"还辽"，使得俄国"不仅将日本伸向中国东北的触角击了回去，而且博得了清廷的好感，相当一部分中国人甚至视其为'盟友'"[1]。也正是在面临着经济空间不断被挤压的形势下，美国才提出了"门户开放"政策。

侵占中国东北的
俄军合影

在义和团运动中，俄国利用八国联军侵华的时机，以"保护"铁路和侨民为借口，快速占领了东三省，并胁迫东三省地方官、盛京将军增祺与

---

[1] 黄定天：《东北亚国际关系史》，黑龙江教育出版社 1999 年版，第 188 页。

之签订了《奉天交地暂且章程》，侵占了东三省的军政大权。这样一来，美国认为这是俄国对美国利权的挑战，便更加急不可耐地宣扬"门户开放"政策。1901 年 9 月，在《辛丑条约》即将尘埃落定的时刻，虽然此时美国总统麦金莱被刺身亡，但美国官方仍然把更多的精力放在了中国东三省的问题上，美国驻华公使康格就东北局势给新任总统罗斯福致信说，就日俄不断在东北伸展势力的情况，"美国政府应采取必要措施以保证东北全境的开放"。[①]

当时，在大清海关任职的美国人司戴德也有相同的观感。他认为，中国与各国签订辛丑条约，各国都试图巩固自己的在华利益，当此之际，美国更不应该放弃中国满洲这块"新西部"，要想让"门户开放"政策在这一区域得到推动，美国有可能要与俄国进行一番角逐。

对于美国政府第二次提出的"门户开放"政策，列强各国又是什么态度呢？作为在中国东北的最大利益国，俄国也看到了自己在东北的军事占领已经引起了各国的猜忌和不安。在美国第一次提出"门户开放"政策时，俄国并没有响应，但在各国的压力之下最后才勉强接受。当美国第二次发出"门户开放"政策照会时，俄国虽然没有明确表示反对，但也没有表示支持。1900 年 8 月 25 日，俄国向在华各国公使发表声明说："俄国的目的是消除一切可能导致天朝帝国被瓜分的因素并希望遵守列强一致赞同的规定。"声明接着解释了俄国占领满洲的原因，并保证"一旦稳定的秩序在满洲确立，而且路上的安全得到保障，俄国将毫不迟延地从毗邻的中华帝国撤走它的军队，不过，如果别国的行动不会构成阻碍"[②]。

对于俄国的声明，美国表示满意，至于俄国是否会撤走在中国的军队，

———————

① 参见王玮、戴超武：《美国外交思想史》，人民出版社 2007 年版，第 221 页。

② ［苏］C.B. 戈列里克：《1898—1903 年美国对满洲的政策与"门户开放"主义》，高鸿志译，黑龙江教育出版社 1991 年版，第 57 页。

倒不是最重要的，美国最关心的仍然是在华经济利益，因而，在俄国发表声明之后，美国方面也只是让外交部长发了个声明，重申美国将坚持在给各国"门户开放"照会中提出的各国在中国商贸上的"机会均等"和"维护中国的领土主权完整"①。

那么，在俄国实现对中国东北的军事占领且美国再次提出"门户开放"政策之时，同样在中国拥有巨大利益的英国与日本又是什么态度呢？日本与俄国在侵略中国和朝鲜等问题上有着巨大的利益冲突，因此它一面竭力获得他国的帮助，共同对抗俄国；一面也在关注着美国人再次提出的"门户开放"政策，想看看美国人葫芦里到底卖的什么药。日本人明白，"俄国占领满洲其直接结果是俄国势力将统治朝鲜半岛，进而有危及帝国自卫之虞"②。

与此同时，日本国内在做着大规模的扩军计划，历年来的侵略战争使尝到了战争甜头的日本政府明白一个道理：枪杆子里出霸权，什么"门户开放"政策、什么联盟都不一定靠得住。日本的扩军计划当然是为参与侵占东北做准备，对于这个动向，俄国驻日公使很快发现了苗头。1900 年7 月底，俄国公使伊兹沃尔斯基在给俄国外交大臣拉穆斯多夫的电报中说："此间的报刊和社会舆论，对我国军队向满洲推进极为关注。"伊兹沃尔斯基说，根据许多有影响人物和报刊的意见，"我方夺取满洲的任何尝试，均会使日本在朝鲜同时采取相应的军事行动"③。沙俄当然会估计到日本力量的增强将增加美国参加反俄集团的概率。

---

① ［苏］C.B. 戈列里克：《1898—1903 年美国对满洲的政策与"门户开放"主义》，高鸿志译，黑龙江教育出版社 1991 年版，第 58 页

② ［日］信夫清三郎编：《日本外交史》（上册），天津社会科学院日本问题研究所译，商务印书馆 1980 年版，第 325 页

③ ［苏］C.B. 戈列里克：《1898—1903 年美国对满洲的政策与"门户开放"主义》，高鸿志译，黑龙江教育出版社 1991 年版，第 57 页。

在日本为捍卫其在华利益而蠢蠢欲动的时刻，英国对俄国侵占中国东北也是相当关注的。1898年，当俄国侵占中国旅顺、大连之时，英国议会就通过了一项决议，表明"保持中国的领土独立对于英国的贸易和影响是极其重要的"。英国外交副大臣寇松当即就这一决议阐述了对华政策："中国的完整和独立是政府十分关切的事情""并且可以被认为是我们对那个国家的政策的主要基础""我们的政策是，而且必须是，只要我们能够做到防止中国的瓦解，我们就要防止中国的瓦解，并且为了中国获得继续生存的机会，它有巨大的和重要的资源，它应该享有这样的机会。因此，我们反对割让中国任何部分领土，或牺牲中国任何部分的独立"。接着，他提出英国对华政策三原则：（一）"维持中国的完整和独立"；（二）"自由贸易"；（三）保持条约上的权利，特别是《天津条约》第二十四款、第五十二款及第五十四款的权利。这些权利包括：1. 绝不可要求英人交纳较其他各国更高的关税；2. 英国兵船有权访问中国所有的港口；3. 英国根据最惠国条款应自由地、平等地分享给予任何国家的一切特权和豁免权。他最后说：他们相信此次动议所要求维护的中国之完整，最有可能通过与全世界的交流和开放中国门户而获得保障，实非将其封闭为各自盘算、互不相通的小圈子所能奏功。[①]

在义和团运动发生后，俄国借各国进占北京之机出兵东北的举动是英国所不能容忍的，但是自身实力在国际上的不断下滑，又使英国感到与俄国对抗有些力不从心。因此，在美国第二次提出"门户开放"政策之时，英国政府是纠结的，徘徊于支持"门户开放"政策与寻找势力对抗两个方针之间。怎么办呢？英国主动向德、法、日、俄各国妥协，强调在中国的势力范围，以寻求联盟合作，共同抗俄。

---

① 参见 Philip Joseph：*Foreign Diplomacy in China*，*1894-1900*. London：George Allen & Unwin LTD., 1928, pp.234–235.

沙俄侵占东
北时的中国难民

在 1898 年俄国占领旅顺之时，英国就积极寻求与日本结盟，但当时日本还不想公然与俄国对抗，便没有接受这个建议。英国便又找到了德国，德国也没有接受英国希望结盟的诉求。英国便又只好求助美国的支持，于是在八国联军进兵北京之前，英国对"门户开放"政策是持支持态度的。但是，随着八国联军进入北京，中国与列强之间的关系发生了巨大变化，在列强试图瓜分中国的新形势下，英国又感到美国政府提出的"门户开放"政策有些乐观了，在中国难以实现，便再一次向日本抛出了希望结盟的橄榄枝。这样，英国对美国政府提出的"门户开放"政策既没有表示反对，也没有表示支持，而是一边做着扩军的计划，一面开始了寻求与其他强国结盟的行动。

当然，英国急于与他国结盟还有一个重要因素：当时的英国正陷入与南非布尔人的战争中，无法向中国调集兵力与俄国对抗。起初，英国也试图通过妥协、让步的办法，与俄国"协商"，达到利益共享的目的。但这个愿望没能成功。因而，英国此后对"门户开放"政策保持观望态度，进而积极寻找同盟。而日本自三国干涉还辽时，便与俄国结怨，义和团运动之前，面对俄国不断在中国东北伸张利益的现实，日本希望俄国对其侵略朝鲜持默认态度，同样也没有获得成功。

1900 年后，由于俄国对东北三省的军事占领，日本感到利益严重受挤压,有一种如鲠在喉的紧迫感,便认识到了联合他国的急迫性。1900年3月,日本政府指示驻英公使就当前局势下有什么好办法制约俄国的扩张,来试探英国政府的态度。日本政府在给驻英公使的指令中说,应向英国进行试探,"假如有一天日本必须和俄国进行谈判,英国能在多大程度上援助日本"。对于这样的试探,英国当时并没有认识到,原本只是想与日本结盟,但是怎样结盟,并没有一个全盘的计划。于是,英国国内就结盟问题开始了一场大讨论,经过一番权衡利弊的分析,日本与英国都希望借助彼此的力量与俄国抗衡,这样,两个心照不宣的觊觎者开始了旨在维护其在华利权的联合。

1902年1月,英日两国缔结同盟条约,以此反对俄国。双方协定:

> 如果日本在朝鲜的利益和在中国的利益、英国在中国的利益受到任何强国的侵略行为的威胁时,容许采取必要措施。如果同盟国之一同任何国家处于战争状态,又有第三国来援助任何国家时,则另一同盟国必须加以援助并共同作战。①

英日结盟使俄国在东北扩张的步伐受到了一定程度的扼制,俄国也被迫与清政府签订了《交收东三省条约》,同意分三期撤军,将东北三省归还中国。事情至此,列强又可以在中国东北利益均沾了。

该怎样利益均沾呢?各国都认为既然要维护清王朝的统治,那就必须让清政府按照预设的轨道走,在商贸和外交上,中国都应该遵循西方的规则。其中最重要的就是通商问题,希望推行"门户开放"政策的美国在通商问题上表现得最为积极。

自中俄签订《交收东三省条约》后,美国便向中国提出了订立商约的要求,并要求大清增开新的口岸。事实上,在此之前,英国为维护其侵略利益,已率先向中国提出了商订条约的要求,如果商约按照英美的要求签

---

① [苏]B.阿瓦林:《帝国主义在满洲》,北京对外贸易学院俄语教研室译,商务印书馆1980年版,第76页。

订，那将意味着其他强国不费一刀一枪就能在中国利权问题上与俄国平分秋色，这是俄国万万不能接受的。

英日同盟漫画

俄国听闻美国向中国提出签订商约的要求后，立即向清廷施压，要求清廷不能与英美签订商约。这个动向当然是美国不能接受的，事实上，关于与中国签订商约的问题，美国一直希望得到俄国的默认。自美国政府第二次发出"门户开放"照会以来，美国便就商约谈判积极地与俄国接触。在英日结盟后，美国借助这一有利时机，更是不断地向俄国施压。除了希望与中国签订商约外，美国更希望俄国在"满洲问题"上按照其设想的轨道走，这个设想由来已久。

1901 年 12 月，美国商界的代表性组织"美亚贸易协会"就中国"满洲问题"向美国总统罗斯福提出了一个书面报告。报告中说，根据充分掌握的材料，俄国在中国东三省的行动步骤，"让美国感到失望，因为如同以前一样……它破坏了美国公民在满洲和中国其他地区根据已订商务条约所保证的条件均等"[1]。美亚贸易协会在报告中还阐述了与满洲的贸易对促动美国经济的发展是充满希望的，满洲的资源也刚刚得到开发，当此之时，美国不应错过时机。

在美亚贸易协会向美国政府提出建议之时，美国的一些金融组织和实业团体也纷纷建议美国干涉东北问题，使东三省问题进入美国预想的轨

---

[1]　参见《俄国对外政策档案》(中国部分)，第 1574 卷，第 165、166 页。

道。在英日联盟成功之时，俄国外交部得到了美国试图干涉东三省问题的情报，美国与英日两国就中国东北问题及"门户开放"政策积极地交换意见。

美国总统罗斯福在东三省问题上并不是对中国真的同情，就连起初希望罗斯福采取默认态度的俄国也逐渐领略到了美国人利益投机的一面。罗斯福当选那年年底，俄国很快感受到了预想的落差。罗斯福在发表的国情咨文中很明显地表现出对外扩张的野心。他说，中国与各国在1901年9月签订的《辛丑条约》是各国试图重建中国秩序的依据，但是，对于中国与各国发生的事件，美国的参与是必要的，因为中国发生的一些事件大大地损害了美国的利益。美国1900年参加联军的联合行动，目的就是希望改变其在中国的商业秩序。这样，美国不仅在沿海得到扩大商业的优惠，而且使自己能通过向外人开放的河道深入中国内地。这将是一个美好的前景，基于这种前景，"我们要沿着既定的道路（也即进一步扩张的道路），继续走下去……不管将来列强同中国签订任何条约，美国都应为我国居民和我国商人在中国各地取得同等的条件和优惠"①。

现在，基于重建商业秩序与推行"门户开放"政策的多重考虑，当美国急于与中国签订商约时，俄国却横加阻挠，美国国务卿海约翰向俄国驻美公使喀西尼发出了警告。海约翰说，如果俄国不停止对中美商约谈判的干涉，对"门户开放"政策有所安排，那么美国就会加入英日同盟。随后，美国总统表示，美国有能力有信心甚至可以通过武力对付俄国的威胁。

但是，俄国并没有因为美国的警告而放松对清廷的威胁。1903年4月，俄国决定停止从东三省撤军，并向清廷提出了七点要求，其中有一条说："中国如未经事先通告俄国，将不在满洲任何地方对外国贸易开辟新商埠，并且不允许领事驻扎。"②

---

① ［苏］C.B.戈列里克著：《1898—1903年美国对满洲的政策与"门户开放"主义》，高鸿志译，黑龙江教育出版社1991年版，第98页。

② 丁名楠等：《帝国主义侵华史》（第二卷），人民出版社1986年版，第182页。

这个声明之后，俄国宣布，鉴于他国试图侵犯俄国在满洲的利益，俄国决定废止《交收东三省条约》，同时，俄国将加强在东三省的军事存在，禁止他国进入满洲。"门户开放"名义下的渗透是俄国所不能接受的，显然，俄国对"门户开放"政策是抵触的。

新的动向使美国总统罗斯福感觉到，"门户开放"政策完全按照美国的意愿实施是不现实的。在俄国重新占领东三省的时刻，美国将不得不做出让步，采取妥协的姿态，也不再坚持要俄国从东三省撤军。对于俄国提出的不得在东三省的通商口岸设立租界区的要求，美国也不情愿地予以接受。这样，俄国便不再干预中美商约的谈判，从而使美国希望改变中美商业秩序的愿望前进了一步。

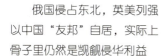

俄国侵占东北，英美列强以中国"友邦"自居，实际上骨子里仍然是觊觎侵华利益

我们知道，美国推动中美商约谈判的目的是利用一纸条约改变大清固有的商贸秩序，使中国按照西方的经济轨道走下去。对于这种包含着美国利益至上成分的谈判，清廷本来是抱抵触情绪的，但是鉴于俄国在中国东北不断形成的碾轧态势，清廷也逐渐开始接受美国以"门户开放"政策主导的商约谈判。1903年，在中美商约谈判中，清廷提出了一个共同防御俄国独占中国东北的方案，同时对美国"门户开放"政策做了修改，认为门户开放应该是中国"自开门户"保有中国主权，而至于是否开放口岸，大清有权自行决定，即便开放口岸也是在维护大清主权之下的开放。清廷认为，如果大清采用"自开门户"的办法，既达到了美国人所说的"门户开

放"，又不失国权，那便是"保全东三省"的好办法。但美国方面显然并不认同清廷的想法，认为大清的方案并不能实现美国提出的"门户开放"原则，认为"约开则彼此有权，与中国有益，自开则美国无权，设有人限制中国不能予美国以利权，美国既无如之何"①。

美国为维护其利益，让大清按照美国的经贸轨道走，对于其在"门户开放"政策下宣称的"保全中国领土主权完整"这个冠冕堂皇的招牌也不顾了。1903 年 5 月末，美国驻华公使康格照会清廷外务部，声称在美国提出有力论据且有利于中美经贸的前提下，如果中国仍不同意在商约中开放口岸，那么"这会在美国产生不好的印象，美国政府将认为中国不同意它的请求"②。

中美正在进行的商约谈判以及美国提出的开放口岸的要求，自然不符合俄国的利益，因而在谈判的进程中，俄国仍不断地设法阻挠并向清廷施加压力。1903 年 6 月中旬，当俄国驻美公使喀西尼得知美国驻华公使康格向国务卿海约翰汇报中美商约谈判的情况时，喀西尼向俄国外交大臣拉穆斯多夫建议向美国施加温和的影响，而不是采取强烈的措施。身在美国的喀西尼是知道美国实业界和商业界对俄国占领东三省的不满情绪的，况且此时的美国报纸纷纷发表言论表达对俄国占领东三省、影响美国商业利权的不满。对于这种情况，喀西尼认为俄国简单粗暴地拒绝美国提出的在满洲开放口岸的要求充满危险，喀西尼在报告中说，现在"我们拒绝满足美国的愿望，不管这一拒绝采取何种方式，都会立即并不可避免地使美国的政治战线转而对着我们"③。

事实正如喀西尼所担忧的，在美国开放东三省口岸的要求无法得到满

---

① 王彦威纂辑，王亮编，王敬立校：《清季外交史料》（175 卷），书目文献出版社 1987 年版，第 1、2 页。

② 参见［苏］C.B. 戈列里克：《1898—1903 年美国对满洲的政策与"门户开放"主义》，高鸿志译，黑龙江教育出版社 1991 年版，第 159 页。

③ 《俄国对外政策档案》（中国部分）第 3171 卷，第 16 页。

足、而俄国又不断地设法阻挠的情况下，美国国务卿海约翰在 6 月 18 日发表的备忘录中说，美国正准备放弃以前对东三省问题的"门户开放"政策，这种局面完全是俄国造成的，俄国在东三省门户开放问题上缺乏诚意，"俄国政府在原则上同意'门户开放'政策，可实际上却在竭尽一切力量去破坏它"。声明中，海约翰还阐述了当时的形势，美国政府为形势所逼不得不采取相应的立场。海约翰的备忘录中还说："我对喀西尼说，除了告诉总统不可能同俄国达成适当而体面的协定外，我看别无出路。"①

海约翰对东三省的门户开放政策做了很悲观的估计，可他又说，美国希望俄国能够抱有诚意地执行公认的"门户开放"原则，"现在，我们除了要俄国如别的国家一样同意承认'门户开放'原则外，别无他求"。喀西尼为了安抚国务卿，告诉他回圣彼得堡后，将同拉穆斯多夫面谈，以便解决牵涉美国利益的问题。可是正如备忘录所说，这并未使海约翰信服，国务卿写道："我诚恳地向喀西尼说要他履行诺言，希望不大。"②

6 月底，海约翰以照会的形式将这份备忘录函达俄国驻美公使喀西尼，希望俄国不要再阻挠中美商约谈判，并希望俄国在门户开放问题上让步。

海约翰发出这份备忘录后，在 7 月初给罗斯福总统写了一封信，信中说："我丝毫也不怀疑俄国完全清楚我对他们在满洲的行为感到恼火，我不打算让步，我年复一年地愈来愈坚信，如果在这个问题上采取坚决措施，我的国家定会支持我。"③

---

①　［苏］C.B. 戈列里克：《1898—1903 年美国对满洲的政策与"门户开放"主义》，高鸿志译，黑龙江教育出版社 1991 年版，第 160 页。

②　［苏］C.B. 戈列里克：《1898—1903 年美国对满洲的政策与"门户开放"主义》，高鸿志译，黑龙江教育出版社 1991 年版，第 160 页。

③　［苏］C.B. 戈列里克：《1898—1903 年美国对满洲的政策与"门户开放"主义》，高鸿志译，黑龙江教育出版社 1991 年版，第 162 页。

美国时任国务卿海约翰（1838—1905）

美国虽然口头上对俄国强硬，但是考虑到当时的实力也并不打算与俄国进行军事对抗。怎么办呢？美国加紧了与英国、日本合作的步伐，而日本也需要美国的支持。双方都想确保自己在中国东北的利益，于是开始了相互的勾结。对美国而言，它最渴望的是希望日本与俄国能够打一仗，最好是两败俱伤。

在日俄战争爆发之前，罗斯福在同德国驻美大使斯特恩博的一次谈话中说："我们感兴趣的是使日俄双方卷入战争，让这两个国家彼此都弄到筋疲力尽的程度，以便在和约缔结后，使这个有争议的地区得以保全。至于谈到他们的势力范围界线，重要的是如同以前一样，使双方互相对抗。"[1]

美国急于与英日合作以共同对抗俄国的举动，让俄国方面相当担心。因而，俄国外交大臣拉穆斯多夫电示驻美公使喀西尼，要他设法安抚海约翰与罗斯福。至于怎么安抚，拉穆斯多夫也没有一个准主意，只好告知喀

---

[1]［苏］C.B. 戈列里克：《1898—1903年美国对满洲的政策与"门户开放"主义》，高鸿志译，黑龙江教育出版社1991年版，第162页。

西尼：美国驻俄代办就俄国反对中国东北开放口岸问题提出了质询，拉穆斯多夫对此表示，关于是否开放满洲口岸，最好在俄美两国的驻华公使之间磋商并向中国政府提出要求，但是，俄美的磋商一直停滞不前，俄国驻华公使认为在满洲开设口岸，甚至是在距离鸭绿江不远的大孤山开设口岸，将会严重影响俄国的经贸利益，因此，美国的要求是不符合俄国利益的。

基于这样的前提，拉穆斯多夫在 6 月 23 日电示喀西尼说："美国在满洲的经济利益还未大到必须坚决要求迅速在该地派驻领事和开放口岸的程度。"① 因此，在俄国尚未彻底巩固在满洲的地位之时，喀西尼应设法使美国同意缓期解决满洲问题。

美国第 26 任总统西奥多·罗斯福（1858—1919）

但是，美国没有按照俄国预想的步骤走，喀西尼无法使美国方面同意延期满足其在满洲的利益，相反，罗斯福与海约翰都表现得相当急躁，表示不能接受也不愿意等待。喀西尼只好将这一情况向拉穆斯多夫做了汇报，他说，海约翰曾经向他表示："对美国来说，作为最后决定极为有利的时刻已经到来。"② 显然，这是指英日联盟给美国提供了机会。

---

① 《俄国对外政策档案》（中国部分）第 3171 卷，第 37 页。

② ［苏］C.B、戈列里克：《1898—1903 年美国对满洲的政策与"门户开放"主义》，高鸿志译，黑龙江教育出版社 1991 年版，第 163 页。

海约翰的话也有最后通牒的意味，那就是如果俄国满足美国的要求，美国就不会加入英日阵营采取反对俄国的行动；但是，如果俄国不能满足美国的条件，美国就会同英日联合起来反对俄国。

喀西尼立即将这个动向汇报给了拉穆斯多夫，拉穆斯多夫仍然指示喀西尼设法使美国方面稍作等待。根据电示，喀西尼再次拜会海约翰说，美国要求门户开放、在东三省开设口岸的愿望是可以理解的，但是，"要使美国的愿望同俄国在满洲的利益协调起来需要时间"。他提醒海约翰说，美国也曾对牵涉俄国利益的问题推迟做出决定，俄国也曾忍耐。可是，海约翰却固执地说，美国不能再等待了，因为日本和英国为维护"门户开放"原则而反对俄国并已结盟，美国有责任同他们合作。喀西尼竭力想使海约翰相信美国的这种行动只能损害俄中谈判，而且也不可能达到海约翰的目的。喀西尼谈到的理由并未动摇美国国务卿的立场，他不得不通知外交部说"此间局势极为严重"①。

果然，喀西尼再次拜会海约翰的第二天，即6月26日，海约翰电示驻华公使康格积极与英日驻华公使联系，三国共同向清廷提出要将哈尔滨和满洲其他城市向外国开放贸易，并要求将其写在正在谈判的中美商约条款中。

自俄国侵占东北后，哈尔滨成为俄国人的贸易中心，而它也是中国铁路的总枢纽。美国要求清廷开放哈尔滨，拥有最大利益的俄国是绝对不能接受的，这个要求也引起了俄国政府的极大不满，拉穆斯多夫再次指示喀西尼展开谈判。谈判中，喀西尼发现海约翰的情绪是急躁的，虽然表面上给人一种咄咄逼人的气势，但因为俄国的阻挠，中美之间的商约谈判迟迟没有结果，而国内实业界的大佬们一个劲地催促美国政府尽快与中国议定有利于他们的商约，所以海约翰才会表现出急躁情绪。

喀西尼在给拉穆斯多夫的报告中说，海约翰"从一个贵族和有礼貌的外交家一变而为粗鲁的美国佬，他竟然斥责我们缺乏诚信"。海约翰企图向

---

① 《俄国对外政策档案》（中国部分）第3171卷，第35页。

俄国施加压力，迫使俄国就范，满足美国"门户开放"政策下开放东三省口岸的愿望。但是，利益的背弃使俄美谈判徒劳无功。到了 1903 年 10 月，美国政府已经决定放弃与俄国的谈判了。海约翰认为，与俄国无休止的谈判只能让事情拖延下去，最终不能保证美国在满洲的利益。此时，清廷在英、日、美三国的共同施压下，已经与美国完成商约的谈判，清廷也试图通过三国来制约俄国在东北的扩张。商约规定，清朝同意在门户开放政策下开放满洲口岸。这个动向清楚地向俄国表明，美国已经放弃了与俄国缔结协定的计划，转而支持日本了。

10 月 8 日，美日两国同时与清廷签订了商约，这当然不是巧合，当天本应是俄国撤出东北的最后期限。这些商约的签订，使俄国铁了心拒不从中国东北撤军了。时间进入 1904 年，日俄战争在中国东北的爆发，使中美、中日签订的商约在日俄战争的隆隆炮声中形同废纸了。

四、美国想通过教育改革来影响中国人

对于如何变革中国这个问题，美国政府实际上在八国联军进北京之前就在思考了。义和团运动的发生给美国政府提供了契机，美国政府认为通过教育培养一大批亲美的代言人，让中国人接受美国人的思想观念，是重建中国秩序的重要手段。

1901 年 9 月 7 日签订的《辛丑条约》中关于赔款的问题，存在着巨大的赔款超索的成分，而这笔超索的赔款为美国自该条约后向中国施加影响力提供了条件。

1903 年出使美国的驻美公使梁诚，到美国后很快得到庚款超索的信息。梁诚了解到，美国政府正在讨论庚款超索部分的去向。他得此消息后立即向美国国务卿海约翰提出退还超索部分的要求。梁诚为此而积极奔走，美国却不失时机地向中国兜售美式教育。

1904 年美国圣路易斯世博会展出的慈禧太后画像（卡尔绘）

根据《辛丑条约》，清廷向各国赔款总额达白银 4.5 亿两，分 39 年还清，连利息最终将滚成 9.8 亿两。当时，中国人口约 4.5 亿，这样折合起来，每人要承担 2 两白银的赔款。但是当时各参战国提出的赔款数字总额高达 4.6 亿多两，比后来合约规定的赔款总额高出 1000 万余两。超索部分虽然未向外界公布，但对于这笔款项该怎么分配，各国仍是争论得不可开交。美国主张按比例削减，并指示美国驻华公使康格转告各参战国，美国政府愿意在庚子赔款削减到 4.5 亿两后，继续做进一步的削减，前提是其他参战国也同意做同比例的削减。美国政府的这个建议，没有得到各参战国的回应。各参战国只是同意按比例将赔款额削减到 4.5 亿两，而不同意做进一步的削减。

4.5 亿两的巨额赔款，美国约得总数的 5%，折合美金 2500 万元。对于这个数字，无论是美国国务卿还是当时的美国驻华公使康格以及参与条约谈判的驻华全权代表柔克义都明白，美国分得的庚子赔款这个数字，包含了超出美国应得的部分。对于这个数字，美国国务卿海约翰说，中国应该赔给美国的实际款数只是条约规定的一半。他曾在给柔克义的信中说："我们准备把我们的要求削减一半，如果其他列强也这样做的话。"[1] 当时，条

---

① 梁碧莹：《梁诚与近代中国》，中山大学出版社 2011 年版，第 249 页。

约正在谈判阶段，柔克义认为在这个时候提出这个问题有点不恰当，容易引起列强的不满，因而就没有提及。但梁诚出任驻美公使后，很快获得这一消息。

到美国之初，梁诚奉朝廷之命主要是就庚款支付问题进行交涉。当时交涉的主要内容是用金还是用银支付。朝廷的倾向是用银支付，为此，1904 年 12 月 1 日，梁诚拜晤美国国务卿海约翰，陈述了中国财政的困难，希望用银支付。对于他听说的庚款超索，梁诚建议美国政府将赔款数目重加勘算，核减赔款。梁诚晓之以理，动之以情。让海约翰为之动容，只好实话实说，"庚子赔款原属过多"。①

这是海约翰第一次向梁诚谈及庚子赔款的真相。海约翰承认庚子赔款列强超索，梁诚把话题从用金还是用银支付转移到超索部分的能否退赔上。梁诚说，美国"如能倡首，义声所播，兴起闻风矣"②。

梁诚明白，如果能够说服美国政府把超索的庚子赔款退还中国，比起还钱用银支付，好处要多得多。对于梁诚的建议，海约翰认为很有道理，答应将帮助促成政府退还超索的庚款。1904 年 12 月 6 日，应海约翰的要求，柔克义草拟了一份提交国会的关于退还部分庚子赔款的备忘录。备忘录中说：经调查，美国公民在义和团时期所遭受的损失以及美国军队的开支并非最初估计得那么多，鉴于这一事实，以及中国目前的财政困难和我们以前也有过向中国退还多余部分赔款的政策，向国会提出庚子赔款对中国是否存在不公正问题是我的职责；退还部分庚子赔款对减轻中国沉重的债务来说是十分必要的；如果这一建议获得国会的批准，我建议授权行政部门通知中国政府，此后美国只要求赔款总数的一半。③

这意味着美国官方以文本的形式正式承认庚款超索。从此，梁诚频繁

---

①　梁碧莹：《梁诚与近代中国》，中山大学出版社 2011 年版，第 248 页。

②　清华大学校史研究室编：《清华大学史料选编》第一卷，清华大学出版社 1991 年版，第 74 页。

③　参见崔志海：《关于美国第一次退还部分庚款的几个问题》，《近代史研究》2004 年第 1 期。

拜会海约翰，与美国外交部交涉，商讨超索庚款退还事宜。

但是，在梁诚的积极奔走和交涉过程中，美国国务卿海约翰却在 1905 年 7 月初病故。他的去世，让梁诚担心庚款退还有可能陷入停顿。但是，在此之前，梁诚的积极活动是有成效的。梁诚的好友、新任美国内政部大臣格裴路与工商部大臣脱老士都在积极呼吁。梁诚的努力，让参与辛丑条约谈判的柔克义也深表同情。

1903 年梁诚（居右的清廷官服者）在纽约莲花俱乐部出席餐会

1905 年 4 月，柔克义被美国政府任命为驻华公使。他在来中国前，向梁诚转达了美国总统罗斯福对庚款退还的意见。柔克义说，总统想知道庚款交还中国，是否会摊还民间，抑或移作别用。这无疑是在赤裸裸地干涉中国内政，但梁诚早已通过美国的朋友得知，美国的意图是将退款用于在中国办学，并选派留学生到美国学习，借此影响中国秩序。

说实在的，梁诚也是支持庚款用于教育的，特别是到美国留学。作为留美幼童的一员，自己留学美国的经历，使他十分重视中国的教育事业以及人才培养，尤其是留学教育。

梁诚深知退款用于何处与庚款退还是否成功休戚相关，于是响应了庚子超索之款用于广设学堂和派遣留学生的主张。梁诚于 4 月 8 日致电外务部：

> 今美总统所言，无论是否有心干涉，均应预为之地，庶免为彼所持，尤应明正其词，庶彼为我必折，似宜声告美国政府，请将此项赔

款归回，以为广设学堂派遣游学之用，在美廷既喜得归款之义声，又乐观育才之盛举，纵有少数议绅或生异议，而词旨光大，必受全国欢迎，此二千二百万金元断不至竟归他人掌握矣。在我国以已出之资财，造无穷之才俊，利害损益已适相反。①

然而，梁诚的积极努力并不是一帆风顺的。1905 年的中美关系处于低潮。粤汉铁路让权问题、全国性抵制美货、连州教案等一系列事件的发生，致使庚款退赔问题的交涉停滞不前。

这些事件发生后，美国驻华公使柔克义虽然致电罗斯福总统，希望他寻找一个恰当的方式推进庚款退还，但罗斯福为了美国利益，对退款一事表现得十分冷淡。1905 年 11 月 16 日，罗斯福总统在接见丁韪良时说：抵制美货及杀害传教士之事，使退还庚款之事不可能，至少目前无法向国会提出。②

1906 年初，中国抵制美货运动的平息，尤其是 3 月间清廷应美国政府的要求公开发布保护外人的上谕，消除了美国国内当时流传的有关中国正在出现第二次义和团运动的疑虑，美国总统罗斯福对退款的态度转向积极。

当时发生的一系列事件，让中国青年中的反美情绪更加高涨。这一阶段，中国青年到美国留学的人数几乎为零。这样的局面显然不利于中美关系的长远发展。美国政界和教育界的一些人士为此担心，他们呼吁总统，如果任此局面继续发展下去，美国将失去对整整一代中国人的影响力，将影响到美国对中国政治和外交秩序的重建。

这些人中，美国伊利诺伊大学校长詹姆斯是一个典型的代表，他多次呼吁美国政府加强对中国青年的教育。1906 年初，詹姆斯在写给美国总统西奥多·罗斯福的"备忘录"中说：

---

① 清华大学校史研究室编：《清华大学史料选编》第一卷，清华大学出版社 1991 年版，第 76 页。
② 参见李喜所主编，刘集林等著《中国留学通史》（晚清卷），广东教育出版社 2010 年版，第 352 页。

中国正临近一次革命。……哪一个国家能够做到教育这一代青年中国人，哪一个国家就能由于这方面所支付的努力，而在精神和商业的影响上取回最大的收获。如果美国在三十五年前已经做到把中国学生的潮流引向这一个国家来，并能使这个潮流继续扩大，那么，我们现在一定能够使用最圆满和巧妙的方式，影响中国秩序。[1]

詹姆斯对大批中国学生赴日本和欧洲留学，却很少到美国留学的状况感到不安。他强调：这就意味着，当这些中国人从欧洲回去后，将要使中国效法欧洲，效法英国、德国、法国，而不效法美国；这就意味着，他们将推荐英国、法国和德国的教师到中国去担任负责的地位，而不是请美国人去；这就意味着，英国、法国和德国的商品要被买去，而不买美国的商品，各种工业上的特权将给予欧洲，而不给予美国。这与美国的战略目标和在华的长远利益相矛盾。他的结论是："为了扩展精神上的影响而花一些钱，即使从物质意义上说，也能够比用别的方法获得更多。商业追随精神上的支配，比追随军旗更为可靠。"[2]

与詹姆斯一样有着这种思想的，还有美国公理会传教士明恩溥。1906年3月6日，在华从事传教事业的明恩溥给罗斯福总统写了一封信。明恩溥曾经深入天津、山东等地，对中国百姓的生存状况有着深入的了解，因而，他知道该用一种什么样的方式影响和改变中国。

明恩溥在中国著有《中国人的气质》和《中国乡村生活》两部书，他在给罗斯福寄信时，随信寄送了这两本书。他在信中建议重启庚款退还议案，用于开办和资助对华事业。他预言，随着每年大批中国学生从美国各大学毕业，美国将最终赢得一批既熟悉美国又与美国精神相一致的朋友和伙伴。没有任何其他方式能如此有效地把中国与美国在经济上、政治上联

---

[1] 清华大学校史研究室编：《清华大学史料选编》第一卷，清华大学出版社1991年版，第72页。

[2] 清华大学校史研究室编：《清华大学史料选编》第一卷，清华大学出版社1991年版，第72页。

系在一起。

10天后，西奥多·罗斯福接见了明恩溥。他对明恩溥说，《中国人的气质》和《中国乡村生活》两书"迥非它书所能比拟"，认真拜读了，并因此加深了对于中国的了解。他还告诉明恩溥，德国大使曾对他说："在他读过的所有关于中国的出版品中，尊著是最好的。"①

4月3日，罗斯福又给明恩溥写了一封信，他信中说道："我之所以一直怀疑是否要将赔款用于你所提的建议，这仅仅是因为我对中国人是否会把它看作一个软弱的行动而犹豫不决。"罗斯福表示赞成将退款用于派遣中国学生留学美国。但他又说，只要不发生一些不利于美国的事件，他将采取行动，争取国会通过退款决议，并指出今后将由国务卿鲁特负责处理这件事。

1906年冬，美国各教堂筹备庆祝威廉斯镇祈祷大会一百周年纪念，董事会在各大城市召开一连串的会议。这次纪念大会，组织者邀请了在中国传教的欧叟·H.史密斯博士回美演讲。他对中国的情况比较了解，在佛蒙特州的勃林顿与圣·约翰斯勃莱的演讲中，欧叟·H.史密斯博士都谈到了中国的庚子赔款问题。他说："此巨款应该真诚地归还中国，不过，必须在巩固两国友谊的方式下来实现。"②

欧叟·H.史密斯博士参加完纪念大会后，受到了美国总统罗斯福的召见。在二人的谈话中，欧叟·H.史密斯博士再一次谈到中国的庚子赔款问题。他对罗斯福总统说，用庚款资助中国学生会使中国人对美国产生感激之情，会促动两国的经济、政治关系变得紧密。史密斯的计划得到罗斯福总统的支持，罗斯福称赞说："这是一个伟大的想法，我要设法完成它。"③

美国教育界及社会人士既然认识到了资助中国教育、吸收中国学子到美国留学的重要性，那么怎样才能吸纳中国学子到美国接受教育呢？

<hr />

① 潘乃穆、潘乃和编：《潘光旦文集》第3卷，北京大学出版社1995年版，第11页。
② 刘真、王焕琛：《留学教育：中国留学教育史料》第一册，台北编译馆1980年版，第141页。
③ 李喜所主编，刘集林等著：《中国留学通史》（晚清卷），广东教育出版社2010年版，第350页。

事实上，早在 1906 年春，美国教育界就对大清国释放出了善意，当时清廷派出的戴鸿慈、端方和载泽等五大臣宪政考察团正在美国考察教育。在与美国一些大学校长会晤时，情意款款之余，耶鲁大学、康乃尔大学和威士里安女子学院都表示欢迎中国留学生，并愿意每年向中国免费提供若干留学名额。这是留美奖学金的先例。

美国名校伸出橄榄枝，清廷也是积极回应。当然，这也是时势使然。进入 20 世纪的中国，清廷经过几次惨痛事件后感觉到不能照老样统治下去了，也标榜实施"新政"。在这场"新政运动"中，清廷发现最得力的人竟是早期被撤回的留美学生。这批留美学生在久经磨难之后终于有了用武之地，于是充分发挥他们早年从美国得来的学识和禀赋，很快崭露头角。这也使清廷看到"美国学堂，结果甚善，而裨益中国者良非鲜浅"[1]。

包括慈禧太后在内的朝廷，虽然认识到了留美教育非常重要，但是，此时的清政府刚刚经历庚子之痛，创伤未复，庚子赔款犹如千斤重担压在肩上，使本就虚弱的大清难以承担。

随着中美关系的转暖，清廷也积极行动，要求梁诚积极对庚款退还问题进行交涉。于是，梁诚继续多方活动，招待记者，到处演说，游说国会议员，请求他们支持中国的合理要求。梁诚的积极努力，终于使庚款退还变得柳暗花明。

1907 年 4 月，罗斯福总统邀请梁诚共进午餐。席间，梁诚重提庚款退还一事。罗斯福当即答应会尽快解决此事。罗斯福考虑到梁诚即将任满回国，而且他在任期间为中美关系做了很多事情，因此他与国务卿鲁特商议，认为海陆军部册报支费数目过大，应该认真核查，切实核减。罗斯福要求鲁特经办此事。

1907 年 6 月，距离梁诚卸任回国的日期已经很近了，出于对梁诚的关照，新任国务卿鲁特特意在 6 月 15 日致函大清国总理衙门，表示美国总统将在下次国会中正式要求修改与中国的庚款协议，豁免和取消部分庚子赔

---

[1]　王奇生：《1872—1949 中国留学生的历史轨迹》，湖北教育出版社 1992 年版，第 14 页。

款。同时，鲁特将这个消息也告诉了梁诚，透露说总统已经表示在下次国会召开时将建议讨论退还庚款余额一事，对于庚款经核实超额部分，将退还给中国。梁诚得此消息，激动之余无限感慨。从1904年末到1907年，屡经交涉，真是好事多磨。总统和国务卿的公开承诺，意味着问题的解决指日可待了。

第一批庚款留学生合影

对于退赔庚款，美国政界都主张将其用于教育，但清政府内却存在着不同声音。一部分人不主张将全部款项用于兴学，当时的中国需要用钱的地方有很多，因而朝廷中的一些人认为，使用部分退款兴学就可以了。身为直隶总督的袁世凯主张先用庚款兴办路矿，待获得利益后，再大力做兴学的打算。朝廷中还有人主张用此款开发东三省，以抵御俄日两国在那里的扩张。

但是，庚款退还的主动权掌握在美国人手里，因而怎么使用完全由他们说了算。美国的意图是通过美式教育来影响年轻的中国人，从精神和知识上影响中国政府，从而"控制中国的发展"[1]。

基于清廷的主张，虽然总理衙门让梁诚和奉天巡抚与美国方面协商，

---

[1] 孙石月：《中国近代女子留学史》，中国和平出版社1995年版，第137、138页。

甚至与美方讨价还价，但美方坚持兴学本意。清廷中的一些意见也使美国政府多了一个心眼，为确保庚款确实用于兴学，避免挪作他途，美国方面采用了"先赔后退"的方式来保证庚款的"专款专用"。

1908年1月，美国方面开始正式讨论庚款退还提案。此时，梁诚已经卸任归国，伍廷芳接任驻美公使一职。1908年5月25日，美国国会正式通过了庚款退赔议案。决定从1909年到1937年这28年的时间，逐年用庚款资助中国派遣到美国的留学生。美国的这一举措后来被证明是高明的，它推动了中国学生留学美国成为热潮，十年之后，各帝国主义看到此举的成效，纷纷效仿。

五、控制了海关就等于控制了中国经济

为加强在中国的影响力，列强把控制大清海关视为重建中国政治、经济、外交秩序的重要一环。从第二次鸦片战争开始，列强便把争夺中国海关权利作为竞夺的目标，到中日甲午战争之后，这种趋向更为明显。控制海关的英国人赫德在甲午战败之时，曾担心日本会攻占北京，而把他从海关总税务司的位置上赶下来，换成日本人来控制中国海关，进而由日本人来统治中国经济秩序。当时法国、俄国、美国都有强烈的觊觎中国海关权力之心。1896年，海关总税务司赫德在伦敦的代理人金登干给他发电报说："法、俄政府正逼迫中国任用俄国人继您充任总税务司，因为俄、法两国目前对中国的债权地位，正如同您被派为总税务司时英、法两国的地位一样。并说在两年以前，俄、法两国在德国支持下，曾通知总理衙门，三国政府认为您留任非常不适宜，要求撤换。"①

义和团运动爆发后，列强各国图谋大清海关，借以重建中国秩序的愿

---

① 中国近代经济史资料丛刊编辑委员会主编：《中国海关与英德续借款》，中华书局1983年版，第25页。

望更是日甚一日。《辛丑条约》之后，在与大清的商约谈判中，法、美、日、俄、德都提出希望由自己国家的人来担任海关总税务司，而更重要的是，此时的赫德已是60多岁的老人了，他的身体也如日薄西山的大清王朝般每况愈下，而只有"谈起海关事务，他才会像服用了春药一般，眼睛发亮，热血沸涨"。在这样的情况下，海关总税务司继任人选的竞夺便成为横亘在列强与清廷面前的一个外交难题，特别是英国继续控制大清海关的愿望尤为强烈。

遗憾的是，海关总税务司继任人选并没有形成制度，赫德后期控制的海关更有些"家天下"的味道。我们知道，1861年，赫德继李泰国成为总税务司，是清廷与赫德共同努力的结果。李泰国因阿思本舰队事件触怒了清廷，清廷欲辞退李泰国，英国予以干涉，但总理衙门没有任由英国摆布，而是在双方纠缠不清的情况下，让李泰国自行辞职，从而任命了低调、世故的赫德。这说明在总税务司的任免上，无论是制度设计还是现实操作，清廷还是具有一定影响力的。但由于清廷在外交上的软弱和列强在海关上存在的巨大利益，这件事始终摆脱不了列强干涉的影子，这样一来，行将退休的赫德便成为中外双方利用的砝码，特别是对拥有巨大特权利益的英国来说。

被称为"北京红楼"的海关总署

众所周知，在赫德控制海关的半个世纪的时间里，他对中西方都是有一定影响的人物，出于对他的尊重，中国和英国都希望赫德推荐一个合适的人选。但是，也许是出于对权力的迷恋，赫德仍把海关视为自己的"私有财产"，希望自己能继续做海关的"太上皇"，因而他推荐了自己的妻弟裴士楷。

1897年4月，本打算退休回英国颐养天年的裴士楷从广东经香港，偶遇英国驻华公使窦纳乐，二人的谈话使他对中国海关的职务突然有了一些不舍。裴士楷后来这样回忆当时的谈话内容："赫德很快将退休，而公意希望由我来接替他的职位，无论他什么时候打电报召我回来，我都应做好准备。"[1]

裴士楷此时已经感觉到可能是有人推荐他为总税务司人选。之后的8月间，已经回到英国的裴士楷也收到了赫德的来信。关于这封信的内容，裴士楷回忆说："英国政府考虑到他（赫德）在华时间很长，并希望尽快回国，英国政府希望他退休之前安排好继任人选。其中窦纳乐和赫德已经提出'每一个可能或不可能的人选'，其中包括在北京的贺璧理。赫德已经决定要我（裴士楷）返回中国，他计划于1898年3月离职回国，由我来接替他的职位并过渡到他最终退休，他对我说英国政府告诉驻华使馆要全力支持我。"[2]

英国驻华公使窦纳乐

---

[1] *Some Notes of His Career in China by Sir Robert R. Bredon*, Now Deputy Inspector General, Imperial Chinese Customs, May 31, 1907, F.O.371/385.（英国外交部档案）

[2] *Some Notes of His Career in China by Sir Robert R. Bredon*, Now Deputy Inspector General, Imperial Chinese Customs, May 31, 1907, F.O.371/385.（英国外交部档案）

面对窦纳乐言之凿凿的话语以及赫德的来信，裴士楷认为这也许是英国的意见，便来到英国外交部询问，但是外交部次长助理伯蒂却给了他一个充满外交辞令的答复，既没有回答赫德何时离职，也没有表明英国政府的态度。一周之后，伯蒂又给裴士楷来函，信中才说明了赫德离职的时间，并表示英国政府全力支持裴士楷继任总税务司一职。于是，裴士楷打点行装，决定返回中国。

裴士楷回到中国后，赫德之前所言的"将在1898年回国"并没有发生，他的身体仍然良好，他继续控制着海关，也没有退休的迹象。赫德毕竟是自己的姐夫，裴士楷也不能说什么，他所能做的就是静静地等待机会。虽然如此，他还是对曾经向他做出承诺的驻华公使窦纳乐表达了不满。

在1900年义和团冲进北京城发生的排外事件中，裴士楷与赫德一样也被困京师，这对难兄难弟消除了猜疑，但这一时期总税务司继任人选的问题发生了新的变化。

义和团冲进北京城，赫德与裴士楷等洋员自然要躲避这一危及生命、财产安全的排外事件。事件发生后，赫德与裴士楷下落不明，海关权力也出现真空。如果没有这个变故，裴士楷会顺利继任赫德之位。但是中英双方都不知道赫德、裴士楷是生是死，经紧急磋商，便由戴乐尔临时代理海关总税务司，如果出现最坏的结果，则由贺璧理继任；英国方面还提到了安格联、杜威德二人可做继任人选，但安格联被困天津，杜威德却与南京和上海的地方官有着良好的关系，英国政府担心此人不能很好地维护英国利益。对于贺璧理，各方都是支持的，"在征求意见的时候，中国协会、各商会和驻华的领事机构也都赞成贺璧理"。金登干在与其他海关成员商议后也认为："考虑到英国政府、国际贸易、持股人和海关的利益，贺璧理先生无疑是总税务司一职的最佳人选。"[①]

义和团冲进北京城之时，如果赫德不幸遇难，贺璧理极有可能成为继

---

① ［英］魏尔特：《赫德与中国海关》下册，陈敉才等译，厦门大学出版社1993年版，第407页。

任者，但随着八国联军攻进北京，赫德又重新出现。此时，海关大楼和海关的许多档案都被毁掉了，海关不得不临时搬到上海办公，赫德与小部分人仍然留在北京。

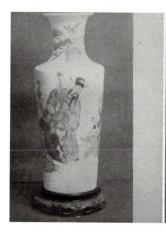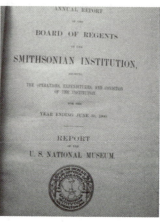

右图为 1902 年出版的英文著作《贺璧理收藏的中国瓷器》，左图为贺璧理收藏的瓷器

在义和团运动被平息后，海关又逐渐恢复了它往日的等级秩序，这让贺璧理感到相当的失望。裴士楷回忆说：

> 1900 年秋天我在上海，得知造册处税务司戴乐尔因为义和团事件得到英国驻上海领事推荐和两江总督的授权，以海关总税务司的身份主持海关事务，我还得知贺璧理当时在伦敦，因为有英国外交部的授权，他正志得意满地准备接替总税务司一职，主持海关工作。在赫德和我的命运未可知的时候，戴乐尔的声望与他现在的位置居于我之下，他认为是不公平的。我承认他做了很多工作，同时也给了我反对，义和团事件发生之后，赫德与我重新出现，使贺璧理失去了梦寐以求的机会，这使贺璧理和戴乐尔感到相当的失望。[1]

在这种失望的情绪中，贺璧理与戴乐尔结成了联盟，反对裴士楷继任总税务司。对此，1904 年 9 月 18 日，赫德在给金登干的信中写道："目前

---

[1] *Sir Robert R. Bredon to Sir Edward Grey*, PeKing, Feb.1909, F.O.371/631.（英国外交部档案）

我正把总署的工作和工作人员移回北京。裴士楷不愿意。现在他在日本，他与戴乐尔不睦，因他在上海蔑视戴乐尔，裴士楷给贺璧理和其他人写信约定去拜访溥伦亲王而没给戴乐尔写信。我听说外交部的意见仍反对裴士楷作为我的继任者，但我已把他带了出来，我在道义上有义务要任命他，那时将有一番吵闹。"①

在这场权力斗争中，英国外交部由过去的支持裴士楷转而支持贺璧理，这让赫德很有些无所适从。他既为英国政府态度的反复无常感到不满，又担心在这场继任人权力斗争中愿望落空，不免对裴士楷产生同情。他在给金登干的信中写道："总署（海关）的整个班子都迁回来了——裴士楷除外，他想在上海完成他感兴趣的各式各样的事。此外，他不愿回来后担任原职。但只要我还留在这里，他势必担任原职，而我现在还不准备离去。发生这种海关内部纠纷是件讨厌的事，但他自然有他的意图考虑他的前途，而我抓住这个职位不放的情况大概不是他所希望的。"但赫德希望在他离开后，由裴士楷继任的心情却是真诚的，他又说："当我真的离去的时候，应该由他来接任，为了开导和安慰他，我能说的就是这些。"②

英国外交部在总税务司继任者人选问题上的态度转变，除了贺璧理的人气之外，还有什么因素使英国外交部一改最初的态度，而反对裴士楷继任总税务司呢？裴士楷在回忆中写道：

> 上海的中英商约谈判期间，清廷任命盛宣怀主持谈判。贺璧理、戴乐尔没有得到提名，但驻华公使萨道义却希望他们参与，这让盛宣怀很不满，因为他提名我，而盛宣怀对他们两人并不了解。盛宣怀坚持让我参与商约谈判，因为在过去我曾协助他做过一些谈判工作。但贺璧理、戴乐尔一直反对我进入谈判小组，这让我的处境相当尴尬。

① 陈霞飞主编：《中国海关密档：赫德、金登干函电汇编1874—1907》第七卷，中华书局1995年版，第723页。

② 陈霞飞主编：《中国海关密档：赫德、金登干函电汇编1874—1907》第七卷，中华书局1995年版，第747页。

总之最后北京和英国都反对我。此后直到1903年，我与英国政府方面的实质接触都有限，就是与萨道义进行谈话，一次在1900年，一次在1902年11月。我问他是否有从外交部方面传出的有关我的消息，他两次都回答我说没听到什么好的消息，也没听到对我不利的消息。[①]

英国外交部反对裴士楷作为继任人选，公开的原因是英国政府认为裴士楷与中国政府走得较近，维护了中国的利益。其外交部备忘录中说："在商约谈判中，裴士楷有很好的理由如他宣称的那样，在商约谈判中被给予信任。……最有利于他的关键是，裴士楷的行事作风被普通的中国官员所接受，尽管他与贺璧理相比，交往中不够庄重、有尊严，而且他在商务谈判中更是积极维护中国的利益。"无疑，这成为英国反对裴士楷的重要原因。

英国外交部一改过去的态度，转而支持贺璧理出任总税务司，但1905年到1906年间不断出现贺璧理的身体状况可能不适合作为继任人选的传闻。《泰晤士报》驻华记者莫理循作为贺璧理的好友，对此表示了担心，他在给其上司瓦·姬乐尔的信中描述：听说贺璧理正在患一种怪病，一种昏睡病，这种状况导致许多人认为，在继任人选的问题上可以完全不考虑他。对此传言，英国外交部还专门做了求证，得知贺璧理身体状况确实不佳。

贺璧理身患怪病的传闻，在1905年初就传到赫德的耳朵里。当时贺璧理正在英国，赫德便给金登干去信，了解贺璧理的病情。他说：

> 你看到贺璧理了吗？阿理嗣和他一起旅行回国，应该知道近况如何。我听说他说话、吃饭或写东西时就会睡着，他的身体已坏得不成样子了。局外人对这种奇怪现象感到有趣，也对这种怪事发生在一位中国官方的代表、一位高级税务司和条约谈判人身上感到有趣！而另一方面，海关人员和朋友们看到他这样垮下来感到悲痛。在亚琛的治

---

① *Some Notes of His Career in China by Sir Robert R. Bredon*, Now Deputy Inspector General, Imperial Chinese Customs, May 31, 1907, F.O. 371/385.（英国外交部档案）

疗结果是否有益？我听一位医生说，这些症状都表明不是脓肿而是肝癌，多么可怕！①

3月间，贺璧理回到上海。此时，也不断有媒体传出贺璧理身体有恙的报道。4月2日，赫德再次向金登干提到贺璧理的病情问题。他说：

> 贺璧理已回到上海，但我没收到他的信。我想那份剪报是从《曼彻斯特卫报》上剪下来的。裴士楷也收到过并念给我听过，但近来人们说他身体很糟糕，可能患有肝癌，虽有英国外交部的提名，但各国公使和总理衙门可能因此而反对他继任。另外英国反对裴士楷为继任人，会使一些国家的使馆，或许也会使衙门倾向于支持他。现在，中国人和各使馆都要我坚持干下去，避开那不幸的日子的来临。庆亲王建议我提出另一个人以为那不幸的日子做准备——为什么不找个中国人呢？②

面对诸多传闻，贺璧理自然知道这将对自己造成不利影响。1906年11月16日，贺璧理在给新任驻华公使朱尔典的信中对传言进行了批驳。他在信中说，一些人唯恐天下不乱，前两年到处是赫德身体状况很差的传言，现在这种流言让他也深受其害，"目前伦敦涉及我的谣言说我身体不好。我已写信告知他们不要相信谣言，也努力查找谣言从哪里来。尽管从个人角度我肯定这两件事是同一人所为，但反对另一个人而采用卑鄙的、见不得人的手段，污损对方的名誉，这会给对方带来巨大损害"③。

这里需要说明的是，伤害的确存在。在贺璧理回英国的一段时间里，他确实身体欠佳，也曾到国外接受治疗，但他的病情并非如传闻中所说的

---

① 陈霞飞主编：《中国海关密档：赫德、金登干函电汇编 1874—1907》第七卷，中华书局1995年版，第788、789页。

② 陈霞飞主编：《中国海关密档：赫德、金登干函电汇编 1874—1907》第七卷，中华书局1995年版，第804页。

③ *Mr. Hippisley to Sir John Jordan*, Nov.16th 1906, F.O. 371/385.（英国外交部档案）

那么严重，他活到 1939 年，在海关也工作到了 1910 年 4 月才退休，但传闻直接造成了他继任总税务司的愿望落空。

外界的传闻造成了贺璧理难以继任总税务司之职，而赫德推荐他的妻弟裴士楷也遭到英国的反对。这样一来，赫德就仍需要在总税务司任上继续工作。但赫德很想离职回国，把手头的工作交由裴士楷打理，以便潜移默化地造成权力交接的现实。

1906 年 6 月，赫德到北戴河疗养，他在给金登干的信中明确地表达了希望裴士楷接任其职的意图，"我正在把工作交给裴士楷手中，等我回来时也不打算收回来，而是将径自着手做回国的准备工作"。赫德打算从北戴河回来就回国的消息一如贺璧理重病的传言一样，很快便传播开来，《大公报》曾报道说："传闻海关税务司赫德氏欲俟海关问题了结后请假回国。闻中国政府已电日本政府，暂委日本使臣代理中国海关所属之邮政事宜，未知确否。"[①]

赫德要辞职回国的消息也很快传到英国，加上有传闻说，清廷自《辛丑条约》后由总理衙门改设的外务部正致电日本使臣，意欲让日本使臣暂代中国海关。这样，海关的继任人选问题，也就是说由谁来代替赫德的问题更受英国国内的关注。

英国的关注相当急迫，其中有一个重要的原因。1906 年清廷外务部向海关税务司发来札文，内称：

> 为札行事。光绪三十二年四月十六日奉上谕：户部尚书铁良著派充督办税务大臣，外务部右侍郎唐绍仪著派充会办大臣。所有海关所用华洋人员统归节制。钦此。相应札行总税务司查照钦遵，并转饬各关税务司一体遵照可也。须至札者。[②]

这个札文宣告了税务处的成立。户部尚书铁良被任命为督办税务大臣，外务部右侍郎唐绍仪被任命为会办税务大臣，也意味着清廷意图设立税务

---

① 《大公报》1906 年 6 月 30 日，第 1430 号。

② 陈诗启：《中国近代海关史·晚清部分》，人民出版社 1993 年版，第 475 页。

处控制海关的决心非常明显。如果说之前中英之间在继任总税务司人选的问题上还是在打太极，但面对新的状况，英国与西方既表达了反对，要求清廷撤回上谕，英国又加快了选择能够代表其利益的继任者的步伐。

1906 年 8 月 4 日，英国驻华代办康乃吉向外交大臣格雷汇报说，裴士楷可能被中国政府承认继任总税务司之职，理由是"贺璧理身体状况不好，不适宜担任"。报告中，康乃吉认为，赫德的好友、英福公司总董事白莱喜也是合适的人选，赫德对此也无异议。

随后，格雷致电康乃吉说："在他（赫德）退休之前，我们很乐意他会选择谁继任，他的安排将给予未来海关稳定的前景，中国海关也会继承他所从事的重要事业。"①

格雷给康乃吉的回电是委婉的，包含着两层意思：一是赫德退休前应推举出继任者，但这个人选必须维护英国的利益，所以裴士楷不是合适人选；二是在继任者未决定之前，赫德应继续担任总税务司职务。

8 月 20 日，格雷再次给康乃吉发电指示，在未找出合适人选之前，希望劝说赫德继续在总税务司任上干下去。

8 月 30 日，赫德从北戴河归来。康乃吉即向他转达了英国政府的意见，赫德则同意未正式决定总税务司继任者之前将继续留任。

9 月 18 日，赫德在给金登干的信中表达了他继续留任的态度："外交部给我来信，考虑到形势的艰巨和我在公众与列强当中有信誉，希望我坚持干下去，并答应我如有必要给予支持。因此，我猜想我只得干到复活节，这六个月里将会看到新部门——税务处——经历坚定而顺利的过程安顿下来。当我在职期内，我认为不会发生变动，而我留任越久，后来发生变动的可能性就越少。"②但是，赫德又表示，他想干到 10 月就辞职，希望在回

---

① 苑琛：《海关总税务司继任人选之争与中英交涉》，硕士学位论文，复旦大学，2009 年，第 43 页。

② 陈霞飞主编：《中国海关密档：赫德、金登干函电汇编 1874—1907》第七卷，中华书局1995 年版，第 985 页。

国之前把继任人选确定下来。

9月10日，新任英国驻华公使朱尔典到达北京，正式履职。他到北京后，在一周内就同赫德进行了四次会面，朱尔典没有与他谈及清廷设税务处之事，而是希望他在任上多干些时日。在二人的多次会面中，朱尔典就继任人选问题征询了赫德的意见。

英国驻华公使朱尔典

对于税务司人选问题，赫德感到很为难。10月14日，他在给金登干的信中说："我的一个困难是继任人问题：我感觉，既然过去常常把裴士楷叫过来，从道义上理应提名裴士楷，然而就我所知，外交部并不想要他而愿意接受我推荐的别的任何人，而中国和其他国家则反对一个由英国正式提名的人，它们大概会联合起来支持一个公然使英国感到讨厌的人！怎么办？"①

赫德明白，清廷会支持裴士楷接任的，因而他在信中指出中国会提名英国政府反对的人。清廷支持裴士楷是因为他的个人能力、行事风格，在

---

① 陈霞飞主编：《中国海关密档：赫德、金登干函电汇编1874—1907》第七卷，中华书局1995年版，第1000页。

立场上有些倾向于中国，所以得到了清廷的认可，但这一人选却遭到了英国的反对。

对于这种局面，如果清廷一味地坚持，则有可能在外交上刺激英国、激化矛盾，况且清廷内部对裴士楷继任的意见并不统一。英国急于选出符合英国利益的人选，采取逼迫的手段，要求清廷不支持裴士楷继任。面对逼迫，清廷只好改变立场，以此缓解外交压力，避免过度刺激英国。

10月23日，税务处会办税务大臣唐绍仪宣布不考虑裴士楷为继任者，建议从海关之外提出人选。

1874年留美时的唐绍仪（右）和梁如浩

在唐绍仪宣布大清的立场和态度之时，英国进一步加快了排斥裴士楷和选择其他继任人的步伐。11月1日，英国外交大臣格雷向朱尔典发来指示，必须全力阻止裴士楷继任。格雷还要朱尔典加紧推动挑选继任候选人的进程。据此，英国驻华使馆的当务之急就是选择合适的人选，取代裴士楷。

英国政府原来属意的贺璧理因身体状况传闻不断，无疑也不是合适人选。这使朱尔典感觉到要选出"十全十美"的人，就像让一个厨子做一道使各方都满意的菜——谈何容易。

没有合适的人选，事情似乎就拖延下来了。僵持之中，仍在总税务司任上的赫德心里清楚，他虽然以年老之躯坚持留任，可以暂时规避给各方带来的麻烦，但自己的身体状况一日不如一日，拖延并非长久之计。1906年12月15日，赫德在给金登干的信中说：

> 可怕的问题出现了——你离职后局面又将如何？我认为，我留任时间越长，目前的工作程序和方法就会越巩固。但是我不能永远干下去，只要我一去职，这是迟早的事，继任人问题的困难不仅将出现，而且将愈来愈困难。现在就走开，继任问题相对而言比较好办，可是工作程序不稳定；晚些走开，工作程序将会确定下来，但继任问题越来越困难。[1]

1907年2月8日，赫德给海关税务司发了一个通令："因关务日益繁忙，必须更多起用华员，内外班华员今后承担较大部分工作。"[2]

12月4日，英国外交大臣格雷在给朱尔典的信中进一步证实了清廷不再支持裴士楷的立场，电文中说：中国驻英公使言说，"清廷已最终决定赫德退休时不会任命裴士楷继任，他们认为考虑决定谁将成为赫德继任者的时机未到。当然，公使肯定继任者将是英国人，他们同意此人不会是裴士楷。我对这个消息表示满意，自从我上次跟中国公使说了我私下得到消息，海关中一些最好的税务司不满意在裴士楷手下工作"[3]。但是，中国驻英公使又表示，这件事仅限于私人交流，不便于以公开的官方形式对外公布。

---

[1] 陈霞飞主编：《中国海关密档：赫德、金登干函电汇编1874—1907》第七卷，中华书局1995年版，第1017页。

[2] 孙修福主编：《中国近代海关史大事记》，中国海关出版社2005年版，第151页。

[3] 苑琛：《海关总税务司继任人选之争与中英交涉》，硕士学位论文，复旦大学，2009年，第49页。

1908 年 1 月 27 日，赫德请假得到税务处的批准，"先行暂准给假一年"，等到身体调养好，假期满后仍要返华工作，并赏给赫德尚书衔，赏给裴士楷布政使衔。如此，赫德离职休假期间，裴士楷代理总税务司确定无疑。

1908 年 4 月 20 日，海关总署呈文税务处，一切经办事宜，"已于本日交由署总税务司裴士楷接管，并经行知各银行：此后各项存款，在总税务司假期内，均听署总税务司动拨"①。

在赫德请假病休的 1908 年到整个 1909 年，税务处遭受列强特别是英国的巨大压力，要求清廷在总税务司人选问题上做出决定，这当然是要清廷在这个问题上不再拖延，这也表明了英国已经开始表达对赫德可能回任的不满。这个压力主要来自英国外交部、驻华公使以及海关内部的税务司。

1910 年初，英国驻华临时代办麻穆勒拜会了清廷外务部大臣梁敦彦，希望清廷尽快决定继任者问题。这次会见后，麻穆勒于 2 月 4 日致电格雷说："奉命与梁敦彦会面，从他口中得知安格联将被任命为副总税务司的消息，并且清政府支持废除副总税务司一职，不过希望在赫德完全退休以后。"

1910 年，赫德已经 77 岁了，年老力衰且经历了三次瘫痪之痛，他的身体更加大不如前。赫德电函税务处称，"病仍未愈，势难就道，恳请开缺"。税务处接到电报后奏请朝廷，要求再行赏给赫德一年病假，让他专心调养，不用开缺，并称赫德上一次请假，税务处已经奏明让裴士楷暂时代理海关事务，"现在臣处整理税务，合无仰恳恩施，给予升衔，由臣等令该员裴士楷在臣处另备差遣。所遗副总税务司一缺，臣等详加参访，查有江汉关税务司安格联堪以充补；倘总税务司赫德此次再蒙赏假一年，即以该员安格联暂行代理总税务司，以专责成"。这个决定于 1910 年 3 月 23 日交给裴士楷，并以谕旨形式由安格联转给赫德。这个决定让裴士楷很无奈，只好于 4 月 15 日移交署理总税务司职务给安格联，并申明"从今天起，本署总税务司退出海关"②。

---

① 陈诗启：《中国近代海关史·晚清部分》，人民出版社 1993 年版，第 522 页。

② 陈诗启：《中国近代海关史·晚清部分》，人民出版社 1993 年版，第 525 页。

安格联

清廷答应让安格联代替裴士楷代理总税务司一职，裴士楷另行任用。在裴士楷、贺璧理、安哥联三人中，英国是最属意安格联的，安格联进入海关第九年升任税务司。对于此人，赫德曾经说："安格联是我们人员中最有希望和前途的人。"但是，由于赫德与裴士楷的姻亲关系，他并没有让安格联继任总税务司的打算。然而，英国国内和在华的英国上层却是支持安格联的，在他们的努力下，继任人选问题似乎一切都尘埃落定，安格联执掌海关已是必然。然而，事情远没有那么简单。

得知安格联暂代总税务司之职后，赫德很有些无可奈何地说："这是值得庆贺的。"两个月后，他又感伤地说："我日益衰弱了，所以我怕中国再也看不到我了。"面对安格联将要取代他执掌由他苦心经营半个世纪的海关，他不顾身体状况的恶化，"扬言要返回中国"。他于3月23日向中国方面来信说，他拟于5月9日乘北德轮船"约克"号返回中国。

《泰晤士报》驻华记者莫理循得此消息后，立即向驻华公使朱尔典做了汇报，并希望外交部规劝赫德，"如果他果真要返回中国，外交部需要同

（清廷）外务部联系，他们将忍痛告诉赫德爵士，鉴于此事关系重大，他年老体弱，不能再委以管理海关的重任"①。

莫理循与安格联有着良好的私人关系，因而他是支持安格联，反对赫德回任的。但是，此时清廷并没有回绝赫德的决定，只是希望他安心治病，并延长了他的假期，病情好转后就可以回任，在其回任之前，总税务司一职由安格联代理。

事实上，此时还有一个令英国和安格联不能安下心来的动向。1910 年3 月，麻穆勒向外交大臣格雷汇报了与清廷外务大臣梁敦彦再次会面的情况，表示虽然如英国政府所愿，清廷已经作出了不会再让裴士楷担任海关职务的决定，但是，清廷税务处却在没有告知英国的前提下单方面决定聘请裴士楷为税务处的高级顾问。在英国看来，这项任命表明清廷并没有把裴士楷逐出海关，仍然给了他染指海关的机会。麻穆勒说，清廷任命裴士楷为税务处顾问，此事是"清朝政府单方面决定的，因此，我特意拜会梁敦彦询问舆论传言裴士楷为税务处顾问一事是否属实，梁回答确有其事，我已表达了抗议。因为这项任命违背了此前2 月4 日做出的保证，而且违背了1908 年2 月19 日承诺精神。梁敦彦则说'承诺'只是表示裴士楷不再担任海关职务，并没有涉及税务处的职务范围。我说我清楚地记得听说的传言，裴士楷在税务处的任命将使他有权力控制海关，对裴士楷而言如果出于荣誉，他有优先权，那么他会拒绝这个计划。梁敦彦解释这个职位没有权力控制海关，只是一个荣誉性职务。他的这个解释我表示不能理解，不是合理的理由"，但是，梁敦彦却指责英国对中国干涉太多。随后，"我拜会了军机大臣那桐，但他表示还在同其他大臣商讨此事，对英国政府和驻华舆论的关注会加以重视"②。

---

① ［澳］骆惠敏编：《清末民初政情内幕：〈泰晤士报〉驻京记者袁世凯政治顾问乔·厄·莫理循书信集》，上册，刘桂梁译，知识出版社 1986 年版，第 715 页。

② 参见 *Mr. Max Miller to Sir Edward Grey Peking*, March 21, 1910, F.O.371/862.（英国外交部档案）

格雷收到麻穆勒的电报，即电示他向清廷施加更大压力，坚决反对裴士楷担任税务处顾问之职。英国人此举当然有些"除恶务尽"的意味，他们反对裴士楷担任此职，就是要他与海关不再有任何瓜葛，不给其染指海关事务、成为海关"太上皇"的机会。

留美时的梁敦彦

面对英国的压力，梁敦彦最终承诺放弃聘用裴士楷为税务处顾问。这个结果让裴士楷既气愤又无奈，也感受到英国对于他在海关任职的问题上反对势力的强大。也许是想挽回局面，他于4月间辞职回英活动，希望能够实现复职的愿望。

裴士楷辞职是否意味着安格联继任总税务司就毫无悬念了呢？且不说裴士楷回英活动是否会给安格联带来威胁，单纯看他上任之时所面临的环境，就是一个矛盾丛生的局面。他随时都有可能像裴士楷、贺璧理那样被换掉。赫德请假离职之时，留下了许多的问题需要处理；再者，安格联并不像赫德那样能够赢得各方的信任。赫德执掌海关达半个世纪之久，各国对他的信任及其树立起来的权威保证了海关的稳定和壮大，而英国单方面扶植起来的继任者安格联，无论是能力和声望都不及赫德。要得到各国的支持，要坐稳代理职位并最终成为总税务司的继任者，安格联还有很长的路要走。他也深知自身地位不稳，所以，一有风吹草动就及时向本国政府汇报情况。

1911 年 3 月与 6 月，如风中之烛的赫德连续两次向清廷请求续假。6 月间是赫德第三次请假，只提"可否再恳续假一年，以资调摄"，而不提"开缺"了。这显然是因为裴士楷的调动，安格联暂代总税务司，海关形势巨变而引起的。税务处意识到这是赫德意图挽救局面所做的努力，于是因势就便，具折奏请："今（赫德）因病未痊愈，尚难回华供职，委系实在情形。合无仰恳天恩，再赏假一年，俾得安心静养。至总税务司一缺，事繁责重，上年经臣等奏请以副总税务司安格联暂行代理在案。该员任事年余，措施优裕，拟即请以安格联署理总税务司篆务（政务），以资熟手，而专责成。"[①]9 月 20 日，总税务司赫德在英国病逝。

驻英公使刘玉麟参加赫德的葬礼（前排右二）

对赫德之死，清廷盖棺论定并予以了褒奖，这里不妨说几句补充的话：赫德作为大清海关的最高长官，他同洋务派在海关内外，把西方的新事物带给了中国，使晚清帝国有了一些清新气息，如果清廷正确利用，将大大

---

① 陈诗启：《中国近代海关史·晚清部分》，人民出版社 1993 年版，第 530 页。

地促进中国的进步。但正如美国学者费正清所言，赫德是"维多利亚女王时代那些创立帝国殖民地的总督之一——只不过他的业绩是在中国"[①]。赫德虽然没有被维多利亚女王正式任命为殖民地总督，但他却是没有总督官衔的总督，他极力扶植腐朽的清朝统治，紧密地和清朝最高统治者——满族统治者结合起来，结果，维护了清朝的腐败统治，也维护了列强特别是英国的在华利益。海关被作为英国对华关系的基石，这种关系可以说是英国对中国的半统治关系。这种关系急剧发展，而海关又趁列强争夺中国的权益日趋激烈之机扩大了它的权力。这样，中国被步步推向半殖民地的深渊，清朝统治也没有得到拯救；但海关外籍税务司制度却在列强庇护下继续维持数十年。赫德在海关的许多措施起了很大作用。[②]

赫德死后，安格联名正言顺地成为大清海关的第三任总税务司。斯时正值辛亥革命爆发，安格联在炮火连天的革命声浪中正式就任总税务司，而此刻，心有不甘的裴士楷仍在英国活动，但他的活动却只能招致英国政府的反感。本来，清廷顾及他对中国曾经有过贡献，顶着压力，打算仍然授予他官爵，但因裴士楷不满于名誉上的任命而只好作罢。

---

① ［美］凯瑟琳·F. 布鲁纳等编：《步入中国清廷仕途：赫德日记（1854—1863）》，傅曾仁等译，中国海关出版社 2003 年版，序言第 1 页。

② 参见陈诗启：《中国近代海关史·晚清部分》，人民出版社 1993 年版，第 533 页。

Chapter 2

第二章

日俄战争中的『旁观』

一、英日同盟与日俄战争

1900 年 8 月，八国联军进占京师后，列强为各自利益而进行的重建中国经济秩序的博弈是空前激烈的。当此之时，俄国以保护中东铁路为由侵占中国东北，清廷为维护领土主权，只好与俄国交涉，但俄国妄图达到长期占领东三省的目的，借故拖延而迟迟不肯撤军。这种情况也造成了两种矛盾：一是俄国与中国的矛盾；二是俄国与英、日、美等强国为争夺利权而产生的矛盾。

义和团运动的爆发，可以说就是由于俄国不断侵吞中国领土而引发的。至俄国占领东三省后，俄国与中国的矛盾更趋尖锐。

俄国以其强大的军事实力占领东三省后，俨然东三省的实际统治者，不让清廷官员插手东三省的行政管理，通过与地方官员私立合同、章程甚至采取军事行动等方式，攫取了松花江等中国内河的航行权，取得了在东三省开矿、伐木、租用土地等特权。

此外，俄国还不断扩展中东铁路地界，在其指定的所谓地界范围内驻扎军队、遍设警察、建立法院；对俄国侨民在华的民事、刑事案件行使治外法权。俄国还以维护运营的名义设立中东铁路公司，在地界内抛开中国自行征税、管理土地和建造房屋等。俄国这种无视中国领土主权的行为引起了中国人民的强烈不满。《辛丑条约》签订后，东三省问题也成为中俄之间的主要矛盾。

八国联军俘虏的义和团团民

我们知道，甲午战争之后，列强各国在中国掀起的瓜分狂潮，成为各国分配在华利益的总矛盾，而东三省也成为列强争夺利权的一个重要组成部分。当时，英美等国在中国东北的利益并不多，英国主要掌握着京奉铁路的利权、营口口岸的经贸特权以及赫德所控制的海关——从东北海关为英国获取利权。而美国此时在东北的利权与俄国相比只有九牛一毛，美国的实业界、商业界都很渴望染指这块有着广阔前景的土地。

对于日本而言，俄国占领东三省也是不符合其利益的。俄、德、法干涉还辽，日本被迫将辽东半岛退还给中国，虽然获得了巨额的赎辽费，但渴望永久控制中国东北的日本仍然颇不甘心。

因为三国干涉还辽，日本对俄国怀恨在心，此后，日本便把俄国作为假想敌不断地扩军备武。义和团运动之前，日俄实际上已经在明争暗斗了，主要表现为两国在东北和朝鲜问题上的角力。俄国强占旅顺大连时，虽然俄国在朝鲜问题上向日本进行了让步，但日本并没有满足，两国都想控制中国东北，于是矛盾更加突出。

随着日俄矛盾的加剧，在瓜分狂潮掀起之后，试图把"门户开放"原则扩展到中国东北的美国认为机会已经来临，因而要求俄国支持这一政策。但是，俄国不肯让他国分食东北利权，因而极力反对执行"门户开放"政策。于是，美国又在义和团运动中第二次提出了"保护中国领土完整和行政完整"的"门户开放"政策，这一被美化了的政策得到了大多数强国的赞同，但俄国人仍然坚持其独霸东北的梦想。

相同的利益把英、日、美逐渐联系在一起。先是英国为维护其在中国的特权而积极寻找同盟者，英国先找到了德国，但德国一直没有接受，英国便又找到了日本。

当时日本也急于寻找同盟者来共同对抗俄国。《辛丑条约》签订后，俄国仍然在东北赖着不想撤军，这使日本感到日俄之间迟早必有一战，因而也加速了其渴望与英国结盟的试探。经过努力，双方终于在1902年1月30日签订《英日同盟条约》，条约宣布：当英国在中国的特殊利益，日本在中国及朝鲜的各种利益"因任何其他国家之侵略或者因中国或朝鲜发生动乱而受到威胁时"，英国或日本皆得进行干预，以"保卫"其利益；缔约国一方为保护上述利益而与某一国发生战争时，他方应严守中立，并应尽力防止其他国家参战反对其盟国；在上述情况下，如其他一国或数国参加反对该盟国的战争，则缔约国他方应给予该盟国以援助，共同作战，共同媾和，等等。后两点的真实含义是：如日本与俄国一国作战，英国应不介入，并尽力防止法国加入俄国一方；如法国一国或更多的国家参加俄国对日战争，英国就应给日本以援助，共同作战，共同媾和。双方还秘密约定，在平时两国海军要协同行动，并在远东海域保持优势。

英日同盟的目标是明确的，主要有两个：其一，镇压中国或朝鲜有可能发生的类似义和团那样的排外运动；其二，英日两国联合起来共同遏制俄国以及法国在中国的利益扩张。

英日联盟对俄国来说，无疑是个晴天霹雳。巧合的是，在《英日同盟条约》签订的第二天，1902年1月31日，美国向中、俄以及其他列强发出了一个备忘录，表示美国反对俄国对中国东三省利权的独占，要求俄国支持美国政府提出的"门户开放"政策。显然，这是美国在英日同盟签订之时对英日两国的一种声援，也是对俄国发出的警告。

当此之时，俄国很担心各国联合起来使它在东北的利权遭到瓜分，便急忙与法国结成联盟，但俄法的联盟远没有英日同盟那么紧密。1902年3月16日的俄法联合声明中说，俄法两国如果因为"第三国的侵略行动或因中国再度发生动乱"而对它们的"利益"构成"威胁"时，两国为保障自己的利权，将对他国采取何措施，两国有保留磋商的权力。这个声明发出后，俄国感到该声明似乎并没有达到震慑的目的，力度不够，又立即发表了一个公告，公告指责英日结盟脱离《辛丑条约》，也脱离了其他签约国，是一种试图把自己置身于特殊地位的图谋。

随后，法国外交部长又发表补充声明说，"俄法同盟也适用于远东"。这个声明有为俄国壮胆的嫌疑，但一个不争的事实是，英日同盟和美国的声援将对俄国在中国东三省的独霸野心造成冲击。基于三国都试图遏制俄国的野心，英、日、美三国又分别照会清廷，要求清廷设法抗拒俄国的独占行径。这样，从义和团运动爆发到《辛丑条约》的签订，列强各国与中国形成了一种奇怪的局面：一是俄国与英、日、美等强国怀着各自的利益目标共同对付中国；二是英、日、美三国表面上支持清廷，但实际上利用中国对抗俄国，为其获取侵华利益服务。

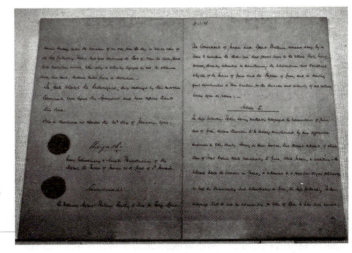

《英日结盟条约》部分内容

在《辛丑条约》签订后，各国通过庚子赔款使得共同侵华的总矛盾暂时得到缓解，但俄国在东三省的独霸地位仍然存在，于是形成了英日结成同盟、美国积极为其声援的局面。

英日同盟后，英、日、美试图把中国作为共同对抗俄国的工具、一枚棋子，因而三国向清廷表示，中国如能向各国坚持东三省固有权利，那么，英日两国将在一定程度上声援中国。当英国驻华公使就这个诉求向外务部总理大臣奕劻表明态度的时候，庆亲王奕劻是这样想的：俄国在东三省迟迟不愿撤军，也应该是得到了英、日、美等国的支持。《英日同盟条约》的签订，也让大清的高官们似乎看到了一线曙光，认为有了英日同盟这个国际形势的新变化，俄国必然会从东三省撤军，因而庆亲王奕劻以及地方实力派刘坤一、张之洞等人都主张联合英日，共同抗俄。

俄国方面自然是深怕清廷受英日同盟的影响而完全倒向英、日、美的。自亲俄的李鸿章1901年11月间去世后，清廷中亲俄的力量顿消，这对俄国来说十分不利，等于失去了中俄在东三省谈判中的一个内应。俄国方面便试图花重金在清廷中培植李鸿章式的亲俄力量。此时，与李鸿章一样肩负谈判重任的庆亲王奕劻要去河南郑州迎接慈禧太后，谈判事宜不得不再告停顿，再者，日本前首相伊藤博文也将于11月间访问俄国，沙皇尼古拉二世很想借此就"朝鲜问题"与日本达成谅解，以消除日本在东三省问题上对俄国的敌对态度，并确定东三省问题的新步骤。所以，俄国并不急于恢复中俄谈判。需要指出的是，伊藤博文此次访问俄国，名义上是"游历"，但也是出于双方急于缓和矛盾的需要。自俄国侵占东三省后，围绕着远东重新划分势力范围的问题，英、日与俄国逐渐对立，俄国要摆脱干扰，就必须调整自己的外交政策。日本想在"朝鲜问题"上得到利益，俄国则希望日本不再干预东三省问题，各自怀着不可告人的目的，才有了伊藤博文的到访。同样，英国也希望在远东扩张自己的势力，于是，英日、日俄、英俄关于远东利益的分割也在秘密地进行。

在各国为东三省利益进行博弈的过程中，已在回銮途中的慈禧太后希望抓住这个有利时机尽快与俄国交涉。11月底，前往河南郑州迎接銮驾的

法国漫画:《中
国小蛋糕》

庆亲王先期回京,他根据慈禧太后的谕旨,再次恢复了中俄关于交收东三省的谈判。对于东三省问题,他坚持李鸿章的观点,认为要是俄国人同意撤军,必须让与利益。他认为"东三省为俄人兵力所得""事实如此,让与若干利益,在所难免"[1]。

向俄国允以专利的立场,遭到了朝廷中亲英日派刘坤一和张之洞等人的反对。英日得悉中俄再次恢复谈判,也是处处防范。在恢复谈判之初,英日就通过那桐向奕劻发出警告说,如果中国依据俄国要求签订条约,必将产生非同小可的严重后果。英国驻华公使萨道义还专门跑到江苏、湖北,鼓动刘坤一、张之洞设法阻止中俄签约,日本驻华公使内田康哉甚至向奕劻提出东三省的矿山利权问题,要求中方提供中俄谈判约稿,美其名曰"以便日本政府进一步考虑向中国献言"。美国驻华公使随后也向奕劻提出了警告。

---

[1] 中国社会科学院近代史研究所编:《沙俄侵华史》第四卷上册,中国社会科学出版社 2007年版,第 242 页。

面对三国的压力，庆亲王奕劻不得不分别向三国公使通报了谈判情况和草约内容，征求三国的意见。几经磋磨，清廷与俄国签订了满足各方利益的《交收东三省条约》，该条约主要议定了四个方面的内容：一、中俄两国约定，现将东三省各地方"仍归中国版图及中国官治理"；二、俄军将在18个月内分三批从东北撤军；三、俄军撤出前，中国在东三省的驻军数目和驻地须与俄军方商定；四、俄方将山海关、营口、新民屯沿线铁路交还中国，但清廷应给予补偿。

《交收东三省条约》的签订，需要说明的有两个问题：第一，18个月的撤军期限与俄国前财政大臣微德原拟的东三省铁路全部竣工的日期大体吻合。这意味着通车后，俄军一两天内就可从赤塔、海参崴及旅大租借地进入东三省的任何战略要地，东三省仍处于俄军的威慑之下；第二，俄国撤出的只是正规军，"护路军"或其他形式的武装在中东铁路上的存在，使得俄国虽抹去了占领者的坏名声，但仍得到了占领者的实惠。

《交收东三省条约》明确了撤军的时间表，但是到了1903年春，沙俄拒绝从东三省撤军，并向清政府提出了多项无理要求。主要有八点：

一、沙俄撤出的地区，不应通过割让、租借或任何其他方式转让给其他任何国家。

二、中国政府未经各国同意，将不在满洲设立任何新的通商口岸。

三、中国如任命外国人主持任何行政机构，那么在俄国利益占优势的那一部分中国北部地区的事务要从上述机构中除外，而把它们交给一个由俄国人主持的特别机构负责管理。

四、在撤军以后，对俄国人在占领满洲期间所取得的一切权力，要予以承认。此外，给予俄国在铁路沿线采取卫生措施的权力。

五、只要北京—营口电报线路存在，俄国就要保留旅顺—营口—沈阳的电报线路，以供军用。

六、营口的海关关员和医生应由俄国国民担任，由领事们组成的行政和卫生委员会，应予保留。

七、俄国军队撤退以后，华俄道胜银行营口分行将继续作为关税代理机构行使职权。

八、保留蒙古目前的行政管理形式。①

这些非理要求遭到了中国人民的反对，很多地方都爆发了拒俄运动。1903 年 4 月 27 日，江苏等十八省爱国人士集会于上海张园，除指斥沙俄"吞并"政策外，还指斥推行亲俄外交的清政府。

1904 年日俄战争的政治漫画

此时，爱国留学生也发起了拒俄运动。1903 年 4 月 23 日，钮永键、秦毓鎏、叶澜等留日学生在东京神田锦辉馆召开各省留学生联合大会。这次大会，各省学生到会者五百余人。会议决定组织"拒俄义勇队"，计划回国奔赴东北，抗俄杀敌。会议上，蒯寿枢、钮永键、叶澜、林长民、王芳等人纷纷激昂慷慨，热血沸腾地演说，听众鼓掌如雷。会议当天，就有 130 余名留学生报名参加了抗俄义勇队，愿意在本部办事者达 50 余人。

在演讲中，15 岁的留日女生胡彬夏也跃然登台，呼吁女界同胞团结起来，"以螳臂之微，为国尽力"。她在演讲中呼吁，在此国家与民族的危亡时刻，每个人都应该担起责任。她说："中国之兴亡即我辈之生死也。"②

① ［美］安德鲁·马洛泽莫夫：《俄国的远东政策（1881—1904）》，商务印书馆编译组译，商务印书馆 1977 年版，第 226 页

② 参见孙石月：《中国近代女子留学史》，中国和平出版社 1995 年版，第 114、115 页。

在她的呼吁下，当时在场的 12 名女学生全都报名参加了义勇队。这些女学生中，林宗素、华士桂、钱丰保、曹汝锦、王莲都含泪发表了演说，表示要誓死报效祖国。此前，这些女学生已经加入了日本红十字会，学习救护工作，这为她们投入战斗做了充分的准备。

这次会议后，这些留日女生还电告上海各女子学堂，呼吁她们也加入红十字会，同抗俄义勇队一起北征作战。

5 月 2 日，这些爱国留学生又组织了一次会议，讨论通过了义勇队规程。规程指出，义勇队定名为学生军，目的是拒俄。这次会议还讨论推举陆军士官学生蓝天蔚为队长，日日操练，准备奔赴疆场。

学生们商议，义勇队的体制归于政府统治之下，但性质上代表国民公愤，要求政府抗俄。为此，他们商议先致电北洋大臣袁世凯，请求他拒绝俄国人的要求，否则就与袁世凯决裂，而且告诉他学生军的组织请求到他的麾下，寻求他的援助。

此后，学生军未得到国内各界的支持，又通电中国各省，说明组织学生军的目的和意义，学生们推举钮永键、汤尔和为特派员回国设法劝说袁世凯率领北洋新军赴东北驱敌。但是，学生中有一个叫王芳的湖北学生，开会时表面积极响应，会后却跑到清国驻日使馆向驻日公使蔡钧告密。他说，学生军（义勇队）打着反抗沙俄的旗号，实际上是图谋革命。蔡钧根据王芳的密告，立即致电湖广总督端方："东京留学生集结义勇队，共计有二百余人，名义上是抗击俄国，实则革命，现在已奔赴内地，务饬各州县严密查拿。"[1]

尽管学生军在成立之初，将其活动定位在政府允许的范围之内。但在清廷对"革命"的担忧声中，广大进步留学生的爱国举动必然难以得到清廷的支持。学生军成立不到一周，清廷驻日留学生监督汪大燮就责令他们停止活动。随后，驻日公使蔡钧还请日本政府出面干预。

勒令留学生解散学生军，制止留学生练习兵操。这样，学生军成立短短数天便被迫解散了。拒俄义勇队解散后，在日本的爱国留学生并不甘心。

---

[1] 《蔡钧致端方电》，《苏报》1903 年 6 月 5 日。

他们感到"报国无路，莫不义愤填膺，痛哭流涕。至是青年会同志乃向各省同乡会大倡革命排满之说"[1]。在学生军被解散后，燃烧的爱国情感激励着留学生们坚持斗争。

以慈禧太后为首的清廷对拒俄运动的压制，是向俄国妥协的表现。俄国拒不从东三省撤军并向清廷提出了苛刻的撤军条件，列强们当然不能接受这一现实，纷纷起来阻挠，英、日、美的反应最为强烈。

日本驻华公使内田康哉得知俄国向清廷提出八点撤军要求，便前往外务部拜会总理大臣奕劻，要求他不要接受俄国的要求，内田康哉还先后拜访了载振、那桐等人，并对他们予以贿赂，要他们与日本站在一起，共同抗俄。同时，英、日、美三国还先后对俄国独霸东三省的行径表示了抗议。英日两国向清廷表示，在俄国从东三省撤军的问题上，英日可以给予援助，但清廷对俄国做出让步的行为是不被允许的。

日本驻华公使
内田康哉

在八点要求中，针对俄国提出的禁止在满洲增开商埠，极力推动"门户开放"政策的美国反对得最为积极。美国商界和实业界纷纷向美国总统罗斯福陈情，要求美国政府干预，使美国资本在东三省获得广阔的市场。

---

[1] 沈寂：《军国民教育会与同盟会的成立》，《安徽史学》2008年第1期。

在英、日、美的压力之下，清廷没敢接受俄国的七点要求，并且希望在东三省问题上得到三国的帮助，便先后与英、日、美签订了通商条约。1903 年 10 月 8 日，清廷分别与美、日签订的《通商行船续行条约》中规定了开放奉天和安东两处为通商口岸的新内容。这一商约的签订使英、日、美开始信心满满地重建他们在中国的经济扩张计划。

但是，在东三省开放新口岸无论如何是不符合俄国利益的。英日联盟也让俄国清醒地认识到，东三省问题上的真正障碍不在清廷，而在日本。因此，当中美、中日商约签订后，俄国便终止了与清廷的谈判，转而积极寻求与日本的交涉。这样，东三省便成为此后日俄从外交分赃到战争分赃的主战场了。

事实上，关于东三省问题的谈判，日俄自 1903 年 8 月就开始了，谈判的要点是东三省与朝鲜问题的利益分割，日本的设想是通过默认俄国在东三省的"特权"换取俄国支持日本在朝鲜问题上的自由行动。对于日本的这一主张，俄国认为日本所要做的不是默认，而是公开化地完全不过问东三省问题，对于日本在朝鲜的行动，俄国认为日本可以在朝鲜"享有优越利益"，但这也不能影响俄国在朝鲜的利益。这样，日俄双方便谈不拢，日本不愿让俄国独占东三省，俄国也不愿让日本独霸朝鲜，外交分赃谈判最后还是破裂了。1904 年 2 月 8 日，日本海军偷袭了驻扎在旅顺的俄国舰队，随后日俄战争在中国领土上爆发了。

二、日俄在中国开战，大清要"局外中立"

从 1903 年 8 月到 1904 年 2 月，日俄之间关于东三省问题的谈判以失败告终。俄国坚持想独霸东三省，而日本则希望将势力扩展到中国内陆，外交上谈不拢，于是两个利益相斥的劲敌便以战争的形式解决纷争了。

1904 年 2 月 8 日，以东乡平八郎为统帅的日本联合舰队根据日本政府的密令，秘密向黄海北部进发，于当天向驻扎在旅顺港外的俄国军舰发起突袭行动，由此揭开了日俄战争的序幕。日本陆军先遣队2000多人首先从仁川登陆向驻扎在仁川港的俄国军舰发起攻击。随后的2月10日，日俄两国同时宣战，但俄国是在没有防备的情况下的仓促应战，仅仅一天，仁川的两艘俄舰便被击沉，自认为军事实力强大的俄国当然不能吃这个亏，于是在中国的土地上，日俄两国展开了大规模的军事行动。

日俄战争的交战双方一个想南侵，一个想北进，它们都把东北和朝鲜看作特权博弈的理想之地。对此，俄国外交大臣拉穆斯多夫直言不讳地说，战争的爆发，是由我们想方设法攫取满洲、朝鲜的失策造成的。

而在日本，日俄战争的爆发可谓蓄谋已久，三国干涉还辽，在日本人心里一直有挥不去的恨，到嘴的肥肉还是被迫吐了出来。因而，自甲午战争之后，日本便把俄国当作假想敌，做着一系列的准备工作，1903年就已完成了既定计划，情报工作和后勤补给工作部先于俄国展开。

当然，要争夺东北霸权，俄国也不可能对日本的动向一无所知。中日甲午战争的爆发，已经让俄国认识到了日本是一个热衷于扩张的民族，它同样也把日本作为假想敌。当英日联盟后，俄国开始积极训练陆军、海军以为战备。但由于俄国政府内部对战争问题的意见不一，加上长期以来存在的虚骄心理，所以战备工作不及日本准备得那么充分。

日俄战争版画

俄军普遍存在虚骄之气。俄国军方领导人自恃拥有当时世界上最为强大的陆军,打败一个弹丸小国日本自然不在话下。俄国的一些陆军军官甚至认为,面对战争,日本不过是虚张声势罢了,日本人根本就不敢打,"战争与和平完全操纵在俄国人手里"①。

1903 年,在俄国与日本就东三省问题展开交涉之前,陆军大臣库罗帕特金曾经访问过日本。他趾高气扬地对日本陆军大臣寺内正毅说:"如果日本发动战争,俄国将以三百万常备军攻击日本,东京将有可能被俄国所占领。"这话显然有些恫吓的意味。当年 12 月,德国得知日本有可能对俄国发动袭击,德皇威廉二世便把这个消息函告给了俄皇尼古拉二世,但是,尼古拉二世收到信后并不以为然,他给威廉二世回信说:"我不想打仗,战争就打不起来。"②就在 1904 年战争爆发前夕,俄国驻日大使罗森在东京还扬言,如果俄国出兵一个师,日本就会溃败。从这些情况看,当时俄国的虚骄之气与甲午之前的清王朝不相上下。直到俄国被偷袭、军舰被击沉,俄国人方才如梦初醒。

在日俄战争中,日本投入了大量的兵力,陆军方面有军官 7500 人、士兵 19 万人参战,另外又投入预备役 3.5 万人和后备兵 20 万人。俄国在其军舰在仁川被击沉后,也迅速投入了大量的兵力,在贝加尔湖以东的陆军 13 万余人迅速投入了战斗,随着战事的进展,俄国还计划派遣 11 万陆军投入战斗。在海军方面,俄国与日本相比虽然也有优势,但俄国舰队主要分布于波罗的海、黑海、日本海与黄海,分布较为分散,不利于调动,而日本的海军主要集中在日本本土附近海域,有利于快速调动,从兵贵神速这一点来讲,日本的海军要比俄国海军占优势。总而言之,纵观两国军力和形势,俄国有利于打持久战,而日本则有利于快速取得胜利。

日俄两个强国要在中国的家门口打仗,东三省将沦为主战场,首遭祸

---

① 中国社会科学院近代史研究所编:《沙俄侵华史》第四卷上册,中国社会科学出版社 2007 年版,第 302 页。

② 〔日〕谷寿夫:《机密日俄战史》,原书房株式会社 1978 年版,第 34 页。

殃的肯定是中国人民。这就像两个强盗因为分赃不均在被盗者家里打起来了，慈禧太后再昏庸也不可能无动于衷。对于如何消除这场战争，恢复失地，她也和群臣积极地进行了商议。

日俄沙河之战，日军在太子河左岸用一个连的兵力击溃强大俄军

实际上，在战争爆发之前，朝野上下即为日俄两国在东三省的矛盾而议论纷纷。朝廷中的亲英、亲日派认为，俄国占着中国的土地赖着不走，当此之际正可以利用英日同盟对抗俄国，进而迫使俄国从东三省撤军。两广总督岑春煊向慈禧太后上折建议，应乘两寇交战之际，"奋然一战"收复失地。

自李鸿章病逝之后，北洋与直隶大权操控在袁世凯手里。自维新变法引发的那场政变以来，袁世凯便见风使舵，投靠了慈禧太后，成为慈禧太后宠信的人，渐渐地走向了统治集团的高层。

现在，日俄战争在中国的家门口开打，慈禧太后询问袁世凯在东三省问题上有什么好办法，事实上，此时的袁世凯也一直在关注着东三省局势。自他出任直隶总督后，这个有着很强权力欲的人，一面巩固自己在直隶和北洋的势力，一面把目光放到全国。

俄国趁义和团运动之际出兵占领东三省，引起大清朝野的不满；列强感到自己的利益受到了威胁，也纷纷表示反对。而对于袁世凯来说，身为直隶总督兼北洋大臣，他当然对东北负有一定责任，因而，当东三省被强占之时，他就在关注着东北的情势。曾经在袁世凯身边工作过的张国淦后来回忆说，袁世凯的关注是其野心使然，"袁世凯政治上的野心，总是前进的。向来北洋控制东北，只在辽河以南各地区。袁氏督直后，即着手规划奉、吉、黑三省全部"[①]。

怀着一颗将东三省大权掌握在自己手里的企图心，在日俄战争爆发之前，袁世凯曾经乐观地估计俄国会按期从东三省撤军，为此他已经开始着手东三省的规划，并提出了一个关于东三省的改革方案。袁世凯提出的改革方案刊登在 1903 年 5 月 18 日的《大公报》上，随后，他又将这个改革方案呈奏慈禧太后，这个方案主要有如下六点。

1. 行政制度之改革。盛京、吉林两省仿照各省建制，总督、巡抚各一员，并设置府州县及以下官衙，隶属于该督抚。

2. 军队制度之改革。接代俄兵，镇抚两省。其军队皆采用洋式练军，所有统炮兵器一律按照洋式，又计划国防军队……设提督一员，该提督须与督抚协议，图管内之治安。

3. 对外事件之审理。凡在留满洲之外国人，一切行政民事上之刑事，系累或牵涉中国人民及关于外国人经营事业者，宜于奉天、吉林两省设立华洋审裁局，以精确而审理之。

4. 重要市府之公开。欲图商业之发达，须开放重要都市，俾中外国人自由贸易。

5. 中国税关之新设。凡满洲陆路输入外国货物，须征之某输入税，宜于国境地方及内地重要都府新设税关。

6. 教育机关之新设。欲图人民知识之发达，宜于各都市新设学堂，授以外国语及普通教育，渐次进于高等教育。[②]

---

① 张国淦：《北洋述闻》，上海书店出版社 1998 年版，第 20 页。

② 张华腾：《袁世凯对东北问题的关注与东三省改制》，《中国边疆史地研究》2010 年第 2 期。

袁世凯设想的东北改革方案，计划把东北地区由军府制改为行省制，要对这一地区的政治、军事、经济、教育等问题进行全面的改革，使东北地区和内地的各项制度相一致。此外，东北还是应该开放的，开放中也应该注意与各国的关系。应该说，袁世凯的方案在改变东北的落后面貌，巩固国防、抵御外国侵略等方面还是有很大的进步意义的。但是，由于俄国一直以各种理由拒绝从东三省撤军，他的改革方案也迟迟难以落地。

现在日俄战争爆发了，袁世凯的设想更难实现了，面对日俄两国在中国领土上发生的军事冲突，大清该怎么办？袁世凯认为应该保守中立。战争爆发之前，袁世凯曾经向慈禧太后上折说，如果日俄就东三省问题谈判破裂而发生战争，那么大清"附俄则日以海军扰我东南，附日则俄分陆军扰我西北。不但中国立危，且恐牵动全球。日俄果决裂，我当守局外"①。

在鸭绿江畔日军击败俄罗斯哥萨克骑兵，Watanabe Nobukazu 绘，1904 年

1904 年 1 月 22 日，袁世凯再次向慈禧太后陈情日俄战争爆发后中国保守中立的重要性。袁世凯在奏折中对国内外形势及大清的实力做了综合分析。他说，日俄战争一旦爆发，中国是没有力量阻止的，因为要保卫东

---

① 周厚清：《日俄战争中清政府的局外中立与列强态度》，《惠州大学学报（社会科学版）》2000 年 9 月。

北，大清至少要发动三四十万军队，即便只保卫主要的战略要地，也至少要十万人，但是，自甲午之后，大清可以调用的兵力实在是太少了，最多也只能动员三万多的兵力。再者，《辛丑条约》规定各国禁止向中国输送武器，没有武器弹药，又怎么守土呢？所以以目前的状况来看，大清恐怕是无力与列强对抗的。

奏折送达慈禧太后手里后，慈禧太后并没有回答，而是让袁世凯从天津立即回京，接受召见。袁世凯当然不知道慈禧太后是什么态度，因而他接到懿旨后，是怀着忐忑的心情进京的。袁世凯当然也不是傻子，他不能直接进宫，得先探听虚实。他一到北京，便先找到了太监李莲英，询问太后就日俄战争的态度。李莲英便说，近来太后心情有些不悦，听了不好听的话便会发火，所以袁大人进宫时还是要小心应付。这让袁世凯更犯难了，毕竟奏折已经呈上，会不会怪罪于他，他和李莲英都心里没底，李莲英就建议他，进宫后多说好听的，对日俄战争的态度，还是要听听慈禧太后的意见。李莲英还给袁世凯出了个主意："这样，你跪下对答的时候，我站在你边上，你每次回答太后的话时，注意看我脚的位置。如果我双脚并拢，你就赶快打住，不要再说，那肯定是太后不喜欢听的；如果我双脚分开，那表示太后喜欢听，你就大胆地说。"

依照李莲英出的点子，袁世凯在第二天觐见时，依计而行。袁世凯先拍了一通慈禧太后的马屁，随后就东三省问题又向慈禧太后做了分析，他说："就我现在情事而论，不得不谨守局外，然公法局外之例，以遣兵防边，不许客兵借境为要义。防之不力，守局立隳，不但人之溃卒，我之土匪，必须认真防堵，而两大拘兵，逼处堂奥，变幻莫测，亦不得不预筹地步。"不过，袁世凯又认为，虽然是据守中立，但还是应该伸张主权的，因而他又建议将北洋新军开赴东北，严防日俄动向，并向各国申明"东三省疆土权力，无论两国胜负，仍皈中国自主，不得占据"[1]。

---

[1] 张华腾：《袁世凯对东北问题的关注与东三省改制》，《中国边疆史地研究》2010 年第 2 期。

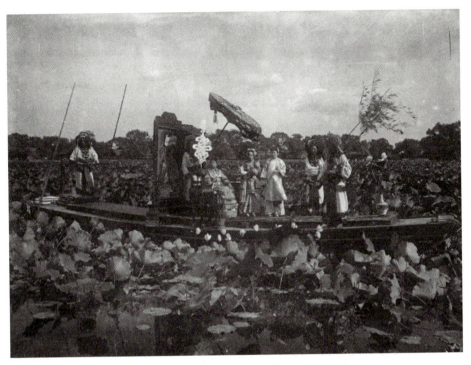

慈禧太后在颐和园

  慈禧太后认为袁世凯和自己想到一块儿去了，便点头称是。当然，袁世凯主张保守中立，是当时形势下的不得已之举，也是对中外情势综合考虑后得出的结论。袁世凯建议大清在日俄战争爆发后保持中立，在当时，英、美、德等强国也先后发表声明表示中立。袁世凯既然认为大清在日俄战争中保持中立是明智而必要的，又认为清政府应向日俄两国申明，战争应划定区域，不得在中国领土上发生，据此，清廷在 1904 年初先发了两个中立的上谕，接着向列强各国发了通电声明。清廷在 2 月 12 日发布的上谕中说："现在日俄两国失和用兵，朝廷轸念彼此均系友邦，应按局外中立之例办理。"[①]上谕中还说，朝廷已经颁予各省，各省要遵守局外中立，以巩固邦交。

---

① 王彦威纂辑，王亮编，王敬立校：《清季外交史料》(第三册)，书目文献出版社 1987 年版，第 18 页。

慈禧太后的观音扮相

当然，清廷宣称要局外中立，也不是全然无所行动的。在宣布中立的同时，清廷也重申了东北为中国领土，中国自会保护。因而，第二天，即 2 月 13 日，清廷外务部便向各国发通电说，现在日俄两国失和用兵，大清朝廷已经发布上谕，按局外中立之例办理，外务部也已经照会各国公使，中国声明：东三省系中国领土，日俄两国无论谁胜谁负都不得占据，兴京为皇家陵寝之地，该地方将军亦应认真守护，东北三省的城池，人民生命财产，日俄两国都不得侵害，"原有之中国兵队，彼此各不相犯。辽河以西俄已退兵之地，由北洋大臣派兵驻扎。各省及沿边内外蒙古均按照局外中立例办理，两国兵队勿稍侵越。倘闯入界内，中国自当拦阻，不得视为失和。惟满洲地方尚有外国驻扎兵队未经退出之地面，中国力有未逮，恐难实行局外中立之例。东三省疆土权利，两国无论胜负，仍归中国自主，两国均不得占据"①。

日俄战争毕竟关系到中国，中国会是什么立场，采取什么态度，作为交战双方的日俄也是非常关注的。当然，作为当事国，清廷要保持中立，在战争爆发之前，并不能直接地说出要保守中立的话来。在日俄谈判破裂

---

① 王彦威纂辑，王亮编，王敬立校：《清季外交史料》（第三册），书目文献出版社 1987 年版，第 19 页。

之时，庆亲王奕劻曾经拜会日本驻华公使内田康哉，奕劻曾问对方：日俄谈判破裂，一旦两国开战，中国应该采取什么样的措施？内田说，日本有强大且数量可观的军队，与英国又是同盟，相信可以单独与俄作战并取得胜利，中国只要保守中立，秘密援助就可以了。同时，日本外务省也向大清驻日公使杨枢表达了同样的意思。日本不需要"协同"作战，"秘密援助"也是友谊上的援助。如果中国参与战争，会不会影响日本对俄作战的计划？这是日本上下深为怀疑的，说白了，日本人不相信大清军队的战斗力。

日本反对大清掺和到日俄战争的行动中来，实际上也是做了一番权衡的。在1903年12月30日，日本内阁曾经召开了一次会议讨论日俄战争爆发后对中国应该采取何种态度。讨论中，日本内阁一致认为，中国应该保持中立，不必邀请中国参战。老实说，此时的日本政府也已经形成了一种狂妄的自大感，自甲午之战大清一败涂地后，在日本人的眼里，大清的军队是不堪一击的，再者，日本单独与俄作战，战胜的结果"将由我国（日本）任意处理。如与中国联合，则善后处理势将感到种种不便"[1]。

日本内阁会议在讨论中还列举了反对中国参战的五大理由：第一，中国如参战，可能"见洋人即加迫害，重演义和团事件"，列强乘机争夺，日本可能丧失华南据点；第二，如中国中立，则中国与其他中立国的贸易不受影响，从而可维持他国对日本的同情，防止其进行干涉；第三，中国如中立，交战限于日俄两国，不致因国际关系复杂化导致战争扩大；第四，中国如参战，大量财力投入战争，会影响中国清还庚子赔款；第五，中日联合对俄作战，可能使"黄祸论"再起，便于他国干涉。[2]

看来，日本要中国保持中立有着更深的用意，一是独享战争成果，二是便于日本继续在中国扩大利权。

基于日本不希望中国参战的要求，各国也希望大清保持中立，再加上

---

① 中国社会科学院近代史研究所编：《沙俄侵华史》第四卷上册，中国社会科学出版社2007年版，第304页。

② 中国社会科学院近代史研究所编：《沙俄侵华史》第四卷上册，中国社会科学出版社2007年版，第306页。

袁世凯对国内外形势的分析，所以清廷于2月13日通电列强各国，宣布中国中立。当天，驻日公使杨枢照会日本外务省，表明了大清的中立立场，并表示日俄两国开战，无论胜负如何，东三省主权都属于中国。接到杨枢的照会，日本外务省于2月15日照会杨枢，对日俄开战予以了冠冕堂皇的解释说明，说日俄开战"乃为保守其应有之权势利益而起，本无侵略宗旨""日本政府于战事结局毫无占领大清国土地之意"①。

在杨枢照会日本外务省之时，清政府驻俄公使胡惟德也将中国的中立立场照会给了俄国。俄国则谎称"中国恪守局外，俄决不侵越"，但"东三省及蒙古东北隅铁路所经，为运兵用兵要地，势难认为局外"。不仅如此，沙俄外交部还照会中国驻俄公使胡惟德，悍然宣布："辽西亦满洲境，难认局外。至东省疆土不得占据一节，目下不能谈论，应俟事后承前议续商。俄日用兵，华守局外为一事，东省交地是另一事，故不允商议。"这样，清政府原拟由关内派兵赴辽西一带加强防务以维持"中立"的计划只能作罢。无怪乎胡惟德概叹"战局无论胜败，归地日益难望"了。②

辽阳战役，俄军公爵库罗帕特金亲自骑马指挥战斗，Getsuzo 绘，1904 年

---

① 杨公素：《晚清外交史》，北京大学出版社1991年版，第324页。
② 参见中国社会科学院近代史研究所编：《沙俄侵华史》第四卷上册，中国社会科学出版社2007年版，第307页。

为了使中国中立，俄国设计了两个行动策略：其一，在尚未打败日本之前，要维持中国中立，以免清廷公开倒向日本一边；其二，当战局有利于俄国时，设法制造"中国破坏中立"的事实，以便俄国把中国官员赶出满洲，把满洲从中国分离出来。①

日俄都要求中国中立，不要掺和其中，大清只好对外宣称保持中立。但这场战争毕竟是在中国的地面上开打的，要中国完全置身事外，那是不可能的，那样全国人民对清廷将会更加不满，慈禧太后便让东北方面拟定了一个日俄两国战地及中立地章程，划定了日俄两国在东北的交战区域。这个章程指出，交战区为"西自盖平县所属之熊岳城，中间所历之黑峪龙潭、洪家堡、老岭，一面山、沙里寨、双庙子，以东至安东县界街止，由东至西……分为南北界线。界线以南至海止，其中之金州，复州，熊岳三城及安东县街为指定战地、抑或西至海岸起，东至鸭绿江岸止，南自海岸起，北行至五十里止，为指定战地"②。

在章程中，清廷除划定交战区域外，还对中国驻军、日俄两国军队的调动、越界的处置办法以及战地内中国居民的财产和人身安全等问题都做了规定。

清廷的这些规定，实际上并没有起到什么作用，虚弱已极的大清是没有力量阻止两个强盗在自己的家门口横冲直撞的。随着战事的进展，日俄已经远远超出了清廷限定的所谓作战区域。战争中，中国人民深受其害，财产被抢夺的事件更是层出不穷；日军将中国海军扣留的闯入山东烟台港的"瑞齐台尔尼"号俄舰强行劫走；俄军则无视清廷划定的交战区，在东三省大肆抢掠、为其补充物资。日俄两国在中国领土上胡作非为，无视中国政府的存在，而清廷又不敢采取相应的措施，因而这种被动的"中立"完全暴露了清廷的腐朽和无能。

日俄两国投入兵力各达百万余人，此次战争是近代世界史上规模最大的战争之一。战争中第一次使用了烈性炸药、手榴弹和自动武器，其杀伤力前所未有。在1904年5月5日金州半岛南山的一次战役中，日军消耗的弹药与在甲午战争中消耗的总和相等，由此可见其规模之大。长达19个月的战争，除日军登陆萨哈林（库页岛）之役外，陆上战事都以中国东北为战场。自旅顺中经金（州）、复（县）、海（城）、盖（县），北至开原铁岭，东起鸭绿江，西迄辽东湾，烽烟千里，铁蹄纵横，其为祸之烈，远甚于甲午、庚子两役。[1]

就拿日俄战争的辽阳战役来说吧。当时，日俄两国投入兵力约50万人，战线长达二百里，战事延续了十个昼夜。开战之前，辽阳城方圆十五里的民房均被俄军强行征用，并大量征用民夫在方圆十里内修筑炮台，挖掘壕沟，进而造成大量农田、房屋被毁。更为荒唐的是，俄军军纪败坏，大肆抢掠民财，奸淫烧杀，使东北人民的生命财产遭到巨大损失，更加丧尽天良的是，被打败了的俄军竟然拿中国人民泄愤，大肆屠杀中国人，"因邻国之衅，而局外之国，惨遭荼毒若此，言之可为痛哭"[2]。

随后的沙河战役中，景象更是惨不忍睹。战争所过，附近的村庄皆被俄军抢掠一空，大量的难民无家可归。至奉天战役，沙河的大部分村庄都被拆毁，梁木被用作俄军地下掩体的支柱，牛羊成了他们的食物，曾经欣欣向荣的村落，除了残垣断壁和孤零零的烟囱外，给东北人民留下的只有伤痛。奉天战役，俄军袭扰抢掠可谓家常便饭，如在奉天西厢蓝旗界等13屯扎营的俄兵，"无论昼夜，逐户攻掠财物，所有骡马猪羊，硬行翻取，攻坟伐树，强拉妇女，有向劝阻，重则枪打刀刺，轻则暴打不休，反赖伊等良民系红胡子"，必欲置之于死地。在省城内，俄军不但向店铺索要财物

---

[1]　参见中国社会科学院近代史研究所编：《沙俄侵华史》第四卷上册，中国社会科学出版社2007年版，第310页。

[2]　许珏：《复庵遗集》，台北成文出版社1970年版，第二卷，奏议二《敬陈管见折》，第13—16页。

酒肉，而且也四处抢掠，以致"商贾不通，省城地面百物短缺，贫民小户籴米为艰"。至于奉天历史文物古迹毁于战火者，其损失难于估计。①

日本占领金州和
旅顺时的宣传漫画

　　随着战区的不断扩大，难民的数量也不断增多。据盛京将军增祺在给朝廷的奏折中说，从日俄战争爆发到1904年冬，聚集在奉天省城等待救济的灾民就达十万之众，他们饥寒交迫，露宿街头，战争带来的沉重灾难引起了东北人民的极大愤懑，东北的许多地方不断爆发反日抗俄斗争。

　　在吉林省集安一带，日军经常掠夺、砍伐这里的森林资源，因而伐木工人与日军进行了坚决的斗争。在辽东半岛等地，为抗击日俄两军的侵略与掠夺，这些地方的人民不断地采取割断电线、阻击等形式进行着抗争。当时，丁开璋、张榕等资产阶级革命知识分子纷纷建立抵抗日俄的武装组

---

① 参见中国社会科学院近代史研究所编：《沙俄侵华史》第四卷上册，中国社会科学出版社2007年版，第311页。

织，对日俄的强盗式掠夺进行积极还击，但是，人民的反抗行动却被日俄当作"马贼""红胡子""胡匪"等匪帮组织予以打击。

在日俄战争中，清廷迫于日俄的压力，在对反抗行动进行镇压的同时，当然也感到了战争终结后，日俄两国无论谁胜谁负，东三省的主权都有可能沦丧。因此，从战争爆发之初，袁世凯就提议对东三省的军政、经济等诸多方面进行改革。不得不承认，袁世凯这么想也是有先见之明的。事实上，在战争的进行中，清廷中的当权派、驻外公使、封疆大吏乃至慈禧太后都在思考着东北的命运，朝野间对东三省命运的大讨论也甚嚣尘上。

1904 年 10 月 24 日，张之洞上奏慈禧太后，认为日俄战争正在向有利于日本的方向发展，如果日本取胜，朝廷应该对日进行补偿，给予"森林矿产鱼盐最优之利益""并将铁路利益抵扣若干"，认为"东联日，西联英，虽两国必欲要索利益，然总胜于俄国之信义全无，公然吞噬者"。后来，他更进一步地阐述了他的媚日主张，认为东三省"遍地开放"后，必须聘用外国顾问，"而日本人无妨稍多"，并主张东三省由"中日兵合力驻守"。①

依据这些建议，慈禧太后也有了开放东北的想法。1905 年 9 月 15 日，当日俄开始议和的时候，清廷以光绪帝的名义发布了一个上谕，向各国申明，大清准备在东三省"多开商埠，推广通商，期与有约各国，公共利益"②。

对于这一设想，清廷很希望得到列强各国的支持，那么，列强会帮助清廷实现这一愿望吗？事实上，随着形势的发展变化，大清的愿望再次落空。

三、战争中的"接触"

日俄战争从 1904 年 2 月 8 日开始至 1905 年 5 月 27 日结束，在这一年

---

① 参见王彦威纂辑，王亮编，王敬立校：《清季外交史料》(第三册)，书目文献出版社 1987 年版，总第 2963—2965 页。

② 《清德宗实录》，华文书局 1985 年版，卷 548，第 11 页。

多的时间里，俄国因为妄自尊大、虚骄情绪以及战备不足，整体上呈现出节节失利的态势，到了1905年日俄战争的局势已逐渐明朗。在陆战方面，1905年3月10日，俄军在奉天会战中遭遇惨败，俄军斗志全无；在海战方面，5月27日的对马海战中，俄国的波罗的海舰队全军覆没，日本海军大获全胜，最终结束了这场历时一年零七个月的战争。

俄国人绘制的
日俄战争宣传漫画

　　日本与俄国都试图通过战争一决高下来达到自己的目的，但战争一旦打响，往往是不以个人意志为转移的。双方都不服软，在两国军队打得头破血流、后方财政吃紧、人民怨声载道的反战呼声中，日俄首脑不得不重新考虑回到谈判桌上来解决问题。于是，在隆隆的炮声中，日俄双方谋求和谈的活动已在外交战线上展开。战争与外交活动的并驾齐驱于日俄两国而言都是基于国内形势的不得已。

　　就日本而言，毕竟是弹丸小国，人口、资源都不适应长期战争，日本虽然在战场上节节胜利，但资源匮乏、兵力不继、后勤补给严重不足的矛盾日益显现出来。日本虽胜，但战争的消耗让日本人的内心怎么也欢喜不起来。日本内阁早在1904年7月就有与俄国停战议和的打算，希望以此来巩固已经取得的胜利成果。

1904 年 7 月，当日军攻占辽东半岛部分地区并包围了旅顺时，日本驻英公使林董便根据外务省的指令，希望通过这一战的余威与俄国谈判，希望俄国在外交上做出让步。林董还通过德国方面向俄国财政大臣微德表示希望日俄双方停止战争，回到谈判桌上来。俄国当时虽然战场失利，但坚信坚持下去能够取得胜利。从当年 11 月到 1905 年 2 月，日军又攻陷了旅顺口，乘此胜利，日本方面再次提出和谈问题，但俄国仍然没有接受。

反抗俄国
的东北义勇军

1905 年 3 月，日本在奉天会战中再次获得胜利，但战线过长，兵源不足、后勤补给无法持续的矛盾更加突出地显现出来。当此之际，担任日军大本营参谋总长的山县有朋认为，日本政府应该抓住这个有利时机，主动与俄国议和，日本如果在战争中处于劣势，就没有谈判筹码了。山县有朋为此给日本首相桂太郎发了一个建议书，"俄国如非莫斯科、圣彼得堡被侵占，则不会自动求和""无论坐而取守势或进而取攻势，均前途渺茫，并无轻易恢复和平之希望"，原因是，"第一，敌在其本国尚有强大之兵力，与此相反，我则已用尽一切兵力。第二，敌之军官现尚未匮乏，与此相反，我自开战以来，已损失大批军官，今后亦难以补充"①。

因此，当战争取得胜利，在观感上有利于日本之时，日本的一些政客便主张通过政治和外交途径来了结这场战争，他们认为，胜利的余威正好可以使日本向俄国提出条件。

对于战事的连连失利，俄国是什么态度呢？从长远的作战潜力来看，俄国是适合持久作战的，在兵源、后备力量等方面，俄国应该说都是具有优势的，但是也面临着一连挫败导致的士气低落、国内的反战声音空前高涨等压力，甚至一些军事家也消极地认为，日俄战争继续下去，于日俄两国都是失策。这种说法当然不是没有道理的，回顾战争爆发以来，俄国国内财政、民生等方面所遭遇的冲击也是空前巨大的，俄军每天支出的军费达 6000 万卢布。俄国新任财政大臣科科夫策夫在 1905 年 3 月 26 日曾经给沙皇尼古拉二世提交了一份财政报告，报告说，战争以来，俄国已支出战争经费达 10 亿卢布，如果战争持续下去，俄国很有可能要向外国筹借外债了。但是，筹措外债"完全不可能或者困难到几乎不可能的地步"②。

让沙皇和政府官员们更感忧虑的是，战争的失败已经让人民感受到了沙皇的腐朽统治只会将俄国带到水深火热的灾难中去，反抗沙皇专制统治的呼声已此起彼伏。1905 年春天，当奉天会战失败的消息传来，俄国铁路工人大罢工席卷了全国的大部分地区。俄国农民也卷入革命的浪潮中来。3 月底，俄国的矿业和石油工业资本家组织起来，召开"私人会议"向沙皇提交意见书，要求停战，要求与日本尽快缔结条约，声称"为了和议不惜割让萨哈林岛（库页岛）和符拉迪沃斯托克（海参崴）"③。

在这种要求停战的呼声中，在统治集团上层颇有影响力的前财政大臣微德也感到如果战争坚持下去是不得民心的。况且，此时的俄国报纸《俄

①　穆景元：《日俄战争史》，辽宁大学出版社 1993 年版，第 356 页。

②　夏良才主编：《近代中国对外关系》，四川人民出版社 1985 年版，第 184、185 页。

③　夏良才主编：《近代中国对外关系》，四川人民出版社 1985 年版，第 185 页。

罗斯新闻报》和《解放》杂志连篇累牍地发表民众要求停战的报道。面对如此形势，微德曾经感慨地说："国内局势如此险恶，比近三百年来的任何时候都要糟得多，继续进行战争就不能不冒爆发革命的严重危险！"[1]

面对国内不断高涨的要求停战议和的呼声，沙皇尼古拉二世内心是矛盾的：他一方面为俄国被弹丸小国日本打败不甘心，想孤注一掷继续战争；一方面又试图通过外交途径来解决。在3月12日的御前会议上，尼古拉二世动员大臣们继续支持战争，同时动员外交大臣拉穆斯多夫设法通过法、德等国与日本接触，在不割地、不赔款的情况下与日本议和，并希望俄国的盟友法国出面帮助调停议和。拉穆斯多夫甚至向英国驻俄公使哈丁也表达了这种意愿，拉穆斯多夫对哈丁说："俄国准备承认朝鲜为日本的势力范围，将辽东半岛、旅顺口和哈尔滨以南的铁路租让权转让给日本。"[2]

这样一来，等于俄国承认了战争形成的既定事实。对于中国东北问题，俄国知道，英美等国都是倾向于日本的，因而，俄国驻美公使喀西尼向美国总统表达了这样一种愿望：俄国政府愿意私下里与日本议和，也欢迎美国政府帮助。这些动向都表明俄国准备牺牲其在朝鲜和中国部分利益的基础上与日本议和，但在外交和战争态势上仍不愿向日本示弱。

日俄战争进行到最后关头，交战双方都试图通过外交途径来解决问题，那么，列强各国又是什么态度呢？作为俄国的盟友，法国是希望尽快结束这场战争的。如果纠结的尼古拉二世要使战争持续下去，就必须向外国借款，尼古拉二世便会将借款的第一对象锁定为法国，法国会借款给俄国吗？

---

① ［苏］鲍·亚·罗曼诺夫：《日俄战争外交史纲（1895—1907）》，上海人民出版社编译室俄文组译，上海人民出版社1976年版，第375页。

② 中国社会科学院近代史研究所编：《沙俄侵华史》第四卷上册，中国社会科学出版社2007年版，第319页。。

记述日俄战争的日文报纸

1905 年旅顺口的陷落以及奉天会战的失败，严重损害了俄国的国际形象，曾经口口声声兄弟式的盟友法国对俄国的好印象开始动摇。至于俄国向法国借款一事，法国的银行家和实业家都对俄国是否有偿还能力表示怀疑，甚至一些投资俄国的法国资本开始感到担忧，这种现象 1905 年就已呈现出来了。

1905 年 1 月 9 日，圣彼得堡街头发生了沙皇政府镇压农工请愿运动的血腥事件，与此同时，俄国财政大臣科科夫策夫收到了来自法国的一封电报，电报说，已经连续四天了，那些预约认购俄国债券的法国资本家和实业家纷纷退出预约，这表明法国资本对是否给俄国提供贷款是没有信心的。到了 2 月，法国证券交易所的一位经纪人说，现在法国资本普遍对投资俄国有一种恐慌之感，这种恐慌感一旦爆发，"就会把法俄同盟关系像扫地一样扫掉"。

法国人对日俄战争形势以及对俄国国内革命运动的兴起所产生的疑虑，严重影响着俄法关系。在此情况下，法国政府也不能不审时度势，重视资本家的态度。法、英、俄的一些报纸纷纷表达希望日俄议和的主张。

日俄战争时的日
文画报《写真画报》

《巴黎回声报》在3月1日刊登文章说，"最忠实、最诚挚、最无私的朋友要求你们开始谈判"。激进的《世纪报》3月14日这样写道："目前局势到了这样的地步，已不容我国政府再有所犹像，而应在顾惜我们盟国的感情和负责保卫法国利益之间作出抉择了。"法国人在3月16日的《震旦报》上写得更加尖锐："如果尼古拉二世……已迟钝得无力作出任何决定……如果他已没有能力了解国内外形势要求他采取明智的措施，那么应当强使他听取理智的呼吁的，除了法国还有谁呢？"《人道报》指出："现在法国报刊在更合理地估计形势的同时，应劝告俄国政府勿再在战争问题上固执己见"，法国方面应"向彼得堡施加压力，使其愿意媾和"。①

俄国《解放》杂志于3月18日刊登的一篇文章也表示了同样的意思，"目前，立刻停战的要求应当越出俄国任何进步政党的纲领而居于它们的纲领之上……目前，俄国的现政府，应当在法国的调停之下开始同日本政府进行和平谈判。"3月24日，以诺贝尔为首的石油工业巨头在莫斯科召开

---

① 参见鲍·亚·罗曼诺夫：《日俄战争外交史纲（1895—1907）》，上海人民出版社编译室俄文组译，上海人民出版社1976年版，第534页。

的私人会议上也决定"无论如何要结束战争"。这是一个资产阶级大联盟。英国《泰晤士报》则言辞尖锐得多地指出："需要和平的是俄国而不是日本，因而应当乞和的是俄国而不是日本。"美国总统罗斯福认为日俄议和，日本也应采取主动，他特意召见日本驻美大使并表示"现在就应向俄国提出议和建议，这是符合日本利益的，因为俄国如果拒不接受，通过这件事情，日本亦可在全世界面前理直气壮了"。不但如此，罗斯福还对法国驻美大使说："立即缔结和约是他所极端希望的。"①

显然，面对日俄战争形势的演变，列强各国站在自身的立场上，都是希望日俄停战议和的。但是，列强的态度经历了希望日俄相互胶着到要求双方停战议和的过程。就说美国吧，罗斯福政府之所以由最初的希望双方战争纠缠下去转变为希望日俄议和，是因为他们急于在东北实施"门户开放"政策，以便美国在东北攫取利益。美国既想借日本之手，排除俄国对东三省的独占，又希望俄国在东三省保持一定的势力范围。两个强国的相互牵扯才有利于美国在东三省的利益扩张，因此，对于这场战争，美国并不想日俄双方的任何一方获得独占东三省的优势。战争发生之初，美国总统罗斯福曾经对德国驻美公使斯特恩博说："我们的（美国的）利益是：俄日间的战争应拖下去，使两国尽量消耗，而且在缔和后，它们在地理上的摩擦地区不致消灭。至于它们的势力范围，它们应仍对立，使它们保持战时状态，而消减它们对其他领土的野心。"②

1905年初，日本在陆战与海战方面都处于优势，美国政府的态度开始发生转变，希望日俄议和的愿望表现得相当强烈。一方面，美国担心俄国战败，日本独占东北优势；另一方面，美国很希望利用日俄对战争走向感到纠结、困惑之际出面调停，这样既可以增强美国在国际上的影响力，也

① 参见［苏］鲍·亚·罗曼诺夫：《日俄战争外交史纲（1895—1907）》，上海人民出版社编译室俄文组译，上海人民出版社1976年版，第534、535页。

② 王绍坊：《中国外交史：鸦片战争至辛亥革命时期（1840—1911）》，河南人民出版社1988年版，第340页。

可以使美国左右战后太平洋的局势。当时，怀有这种热情的还有德国，德国很想利用日俄战争来打乱旨在遏制德国的英法协约，并借助摩洛哥问题而可能发生的欧洲战争为德国增加筹码。所以，列强各国借助日俄战争的议和这个敲门砖又开始了外交上的博弈。

日俄战争时的日本宣传画

对于日俄战争，列强不想俄国战败，让日本独享战争果实。正如德国驻美公使斯特恩博在回忆自己与美国总统罗斯福谈话时说的："日本的军事胜利已远超过此间的期望；人们希望在未来的军事冲突中，双方的伤亡尽可能地相等。他（指罗斯福）不愿见俄国在远东大大地削弱。"①

列强的愿望就是希望日俄战争势均力敌，因而在战争有利于日本之时，各国就对日俄议和进行试探。1905 年 1 月 11 日，英国方面试探日本外务大臣小村寿太郎说："现在外界流传，旅顺口既然已被占领，和平看来是迟早的事了。"小村寿太郎则回答说："在波罗的海舰队或被击溃而返回俄国之前，在日军于沈阳取得决定性胜利之前，俄国政府是不会……提出任何和平建议的。但等这些事件发生，俄国政府……就会愿意考虑妥协问题了。俄国国内如发生严重风潮，无疑会使它更快产生这一愿望。"但他（小村寿太郎）预料，"至少在六个月内不会发生这类风潮"。因此日本政府"正在沈阳一带……做好一切准备，以便采取军事行动"。至于波罗的海舰队，他

① 王绍坊：《中国外交史：鸦片战争至辛亥革命时期（1840—1911）》，河南人民出版社 1988 年版，第 340 页。

们虽然并不认为它会"继续前进",不过"仍然已经准备好应付万一"。[①]

日本希望议和,却又希望俄国首先提出,并在战争进程中仍然试图压制俄国,尽管奉天会战还没有开始。急于推动门户开放政策的美国希望了解日俄战争动向的心情十分迫切,也就是在此时感到战争的持续有可能打破日俄在东三省的平衡,因此,美国总统罗斯福应该通过与其他强国的合作共同对日俄产生影响,希望日俄回到谈判桌上来。

1905 年 1 月 14 日,罗斯福总统请法国驻美公使朱塞朗到白宫就日俄战争问题交换意见。罗斯福特意提前半小时将朱塞朗接到了白宫,在二人的谈话中,罗斯福以一种随和、博得对方好感的语气评论正在进行的日俄战争和各国的态度。罗斯福知道法国一直对德国有抵触情绪,因而他在谈话中也努力迎合法国人的这种心理。罗斯福说,同德国人交谈日俄战争的局势是徒劳的,英国也不行,英国内阁正处于"四分五裂"的状态,对于日俄议和并没有一个明确的态度。

谈话中,罗斯福接着又说,鉴于法国与俄国的关系,相信法国会在使日俄两国回到谈判议和的轨道方面发挥积极作用。现在,日俄议和正当其时,"当然有一个前提,即俄国人不想","在既已丢失旅顺口,而又明知再无可能收复该地的情况下,不顾国内发生革命的危险",继续"进行一场残酷的斗争",显然得不偿失。

罗斯福说的这些,其实在此之前,他对德国人也是这么说的,要求俄国接受"朝鲜划归日本势力范围,旅顺口割让给日本,满洲的大部分地区应该归还给中国,不过必须置于欧美强国的保障和监管之下"[②]。

谈话中,法国驻美公使朱塞朗认为,恐怕俄国不会接受这样的建议,"俄国人会进行顽强抵抗","现在参加和谈对于他们来说,时机最为不利",俄国可能寄望于下一阶段的战争来扭转局面,既恢复在远东的影响力,又

①　参见［苏］鲍·亚·罗曼诺夫:《日俄战争外交史纲（1895—1907）》,上海人民出版社编译室俄文组译,上海人民出版社 1976 年版,第 536 页。

②　［苏］鲍·亚·罗曼诺夫:《日俄战争外交史纲（1895—1907）》,上海人民出版社编译室俄文组译,上海人民出版社 1976 年版,第 537 页。

为谈判增添筹码。

实际上，德国公使斯特恩博也有与朱塞朗相同的观点。这次谈话后，德国驻美公使斯特恩博也对罗斯福说："俄国官方在议和上是观望的，因为在目前的形势下，俄国提出议和是对其在东北的利益很不利的，俄国仍然希望挽回局面。"

与德、法两国公使的交谈使罗斯福感到，想让俄国按照美国的预想回到谈判桌上来并不是那么容易。于是，罗斯福希望通过法国向俄国施加影响，同时，罗斯福也积极地向日本施加影响。此外，他也请德国方面帮助对日本施加影响。

2月间，罗斯福同日本驻美公使高平小五郎进行了几次接触。双方在讨论东亚局势时，得知德国已经向日本表明了日俄议和的愿望。这使罗斯福感到高兴，也知道德国与日本的关系正在走向密切，因而他对日俄议和信心满满。

罗斯福在2月末的一次谈话中用一种很坚决的口吻说："美国最深切地希望，日本今后的政策会保持谨慎，有所节制，勿以过分要求去引起欧洲列强的不信任，否则对日本只会有害处，将造成意味着末日来临的、针对日本的国际联盟。"①

西奥多·罗斯福
调停日俄战争的漫画

----

① ［苏］鲍·亚·罗曼诺夫：《日俄战争外交史纲（1895—1907）》，上海人民出版社编译室俄文组译，上海人民出版社1976年版，第539页。

罗斯福还问日本是否在真正地准备与俄和谈。高平小五郎却说，在俄国未下决心与日本议和之前，日本也不会采取主动。高平又对罗斯福说："在今后两个月，日本将采取重大行动。"什么行动呢？高平没有言明，罗斯福猜测日本将可能在议和的问题上迈出实质性的一步，于是他又以私人身份通过法国驻美公使朱塞朗向俄国表明，美国愿意在日俄议和的问题上发挥作用。但是，尼古拉二世却说："俄国相信波罗的海舰队和周围数十万俄军能够取得胜利。"尼古拉二世在议和的问题上仍态度强硬，这使罗斯福感到沙皇并不是一个容易对付的人。

　　1905 年 3 月，战争的形势更不利于俄国，奉天会战的失败，让尼古拉二世很有一种如临深渊的惶惑之感。作为胜利者的日本何尝不是如此，奉天会战虽然胜利了，但日本却因此战费激增，债台高筑，战争中人员伤亡很大，补充兵源成为严峻问题，这让日本军方十分着急。3 月 14 日，满洲军司令官大山岩向大本营总参谋长山县有朋发出告急电说，俄军弥补损失存在困难，但日军要在短期内完成损失的弥补也是不可能的，因此在我军战力尚未恢复之前，切不可妄动大兵。

　　山县有朋又向日本首相桂太郎汇报了这个情况。他在给桂太郎的信中说，"无论坐守阵地或者主动进攻，前途都是十分渺茫的"，造成这种局面的原因有二："第一，俄国在其国内尚有强大兵力，而日军已投入了全部兵力；第二，俄军的军官尚不缺乏，而日本的指挥官自开战以来伤亡惨重，今后很难予以补充。"山县有朋还说，因此，希望政府重新审视国家的根本政策，尽快结束战争，以和谈的方式决定中国东三省问题。当前，日本在战场上所取得的成果，尚有利于推动议和谈判。

　　3 月 28 日，在一线指挥作战的大山岩特地让其参谋长返回东京向大本营和首相报告了日军在满洲的情况，希望政府设法促动日俄和谈。

　　日本希望利用战争取胜之机与俄国谈判，并通过美国驻日公使格里康表达了这一愿望。3 月 8 日，日本陆军大臣寺内正毅拜会了美国公使格里康，说："战争应当终止的时刻已经来到，我已经做好了停止战斗的准备。"同时，小村寿太郎也向美国方面表达了类似的态度。当罗斯福确切地了解到日本的意向时，他认为再次促动日俄议和的时机正在成熟。3月中旬，罗斯福特意召见了俄国驻美公使喀西尼，谈了日本试图议和的想法，希望俄国也提出议和的倡议。然而，此时，尼古拉二世虽然仍不愿公开示弱，但也采取了谨慎的态度，他让拉穆斯多夫与盟友法国磋商，寻求议和的好办法。

沙俄开赴远东的军队

3月21日，拉穆斯多夫指令驻法大使聂里多夫就日俄议和的一些意见和条件向法国做了通报。对于议和，俄国方面向法国外交部长德尔卡赛表示议和不包含的条件有四：第一，要求俄国割让任何一部分领土；第二，支付战争赔款；第三，禁止俄国占用通过海参崴的铁路线；第四，销毁太平洋军队。[①]

尼古拉二世的这些要求很明显是对奉天会战的失败心有不甘，幻想着战争的形势会有所逆转。但是，法国也希望俄国与日本尽快实现议和，尽快结束战争。法国仍然希望俄国在欧洲继续发挥大国的作用。显然，法国希望俄国腾出手来，在欧洲同法国站在同一战线上。当时，摩洛哥危机正在发生，法国希望俄国结束远东战争，采取积极的欧洲政策以共同对付德国的心情是相当迫切的。

4月初，法国外交部长德尔卡赛与俄国进行磋商后向日本驻法大使本

---

① 穆景元：《日俄战争史》，辽宁大学出版社1993年版，第358页。

野一郎传达了这样一种信息：在不违背俄国意愿的前提下，俄国是同意与日本议和的，不割地、不赔款是俄国议和的前提。

当法国将这个诉求告知本野一郎的时候，本野一郎立即向日本外务省做了汇报。日本政府当然不能接受这样的前提条件。本野一郎于4月13日拒绝了德尔卡赛的建议，表示日本宁肯战争持续下去，也不会接受这样的议和条件。

4月18日，日本外务省向美国总统罗斯福通报了法国出面调停及俄国议和态度的情况。在给罗斯福的通报中，日本表达了一种惋惜之情，但表示仍然欢迎罗斯福总统出面调停。

尼古拉二世送别前往远东作战的哥萨克骑兵，士兵们高呼万岁

当天，驻美公使高平小五郎也向罗斯福表达了这种愿望。罗斯福对高平小五郎说，美国甚愿看到日俄尽快结束战争，回到谈判桌上来，但美国也希望"日本继续保持东三省的门户开放政策，并以之归还中国"。对于这样的要求，日本虽然并不乐意接受，但是考虑到国内的反战情绪以及军费、军力的后继无力，日本仍然希望通过欧美强国的调停，帮助自己达成一个

令人满意的"和约"。因此,对于美国继续在东三省推动"门户开放"政策的愿望,日本外务大臣小村寿太郎向美国方面做出保证,在日俄达成和议的条件下,日本会满足美国的这一愿望。这样,美日在东三省问题上达成了默契。

美、日、法、德都希望俄国回到谈判桌上来,但战争的一再挫败让尼古拉二世并不甘心,各国也不可能强行将尼古拉二世拉到谈判桌上来。1905年5月28日,对尼古拉二世来说绝对是一个灰色的日子。这天,俄国波罗的海舰队在对马海峡被全部歼灭,尼古拉二世所寄予的最后希望也宣告破灭。沙俄政府的大员们听到这一噩耗时,心情是低落的,仿佛世界末日一般。

俄国前财政大臣微德回忆,对马海战的惨败,使沙俄政府的内阁成员全都认为议和已不可避免,这种声音相当强烈,终于传到了沙皇的耳朵边,这个情况意味着和谈时机的走向成熟。一直观望着局势的罗斯福总统加速了对日俄两国的影响,以"防止俄国从整个东亚被驱走"。罗斯福认为:"俄国作为一个东亚大国之被推翻,对我们的安定来说,将是……不幸的""最好还是让俄国和日本对峙,使一方对另一方发挥作用"。1905年5月31日,日本政府抓住对马海战获胜的有利时机,加速推动和谈。日本外务大臣小村寿太郎电令日本驻美公使高平小五郎,正式要求美国总统罗斯福为日俄和谈进行"友好之斡旋"。罗斯福看见时机已经成熟,于6月5日命令美国驻俄公使兰格克·迈耶去拜见沙皇,向他转达美国总统提出的由日俄双方代表会晤,以便讨论缔结和约的建议。①

在日俄谈判的时机走向成熟之际,以英德对立为背景的欧洲形势也在朝着有利于日俄议和的方向发展。列强各国都希望腾出精力平分东三省利益,于是,在列强要求议和的大合唱中,尼古拉二世在1905年6月6日主持召开了关系东三省命运的、关于日俄战争和战走向的御前会议。

---

① 参见穆景元:《日俄战争史》,辽宁大学出版社1993年版,第359页。

四、《朴茨茅斯条约》的签订

1905 年 6 月 6 日，沙皇尼古拉二世在战败阴影下主持的御前会议，可以说是在争吵中进行的。在会议上，沙皇的叔父阿列克赛大公声调很高，情绪也有些激昂，他说："如果战争继续打下去，符拉迪沃斯托克（海参崴）、阿穆尔河（黑龙江）口以及堪察加的局势将极为危险。""在我们尚未遭到致命打击以前，应当试探一下媾和的基础。"他打算把库页岛的南半部分割给日本。尼古拉二世的另一位叔父主战派弗拉基米尔·亚历山大罗维奇大公，在会上也坚决主张尽快开始和谈。当海军上将杜巴索夫和其他一些参加会议的人主张继续打下去的时候，弗拉基米尔·亚历山大罗维奇大公立即驳斥了他们。他说"我们是匆匆忙忙地、不自量力地闯入旅顺口的"，他打一个比喻，"我们没有打听水有多深就去涉水了"。他还提出必须停战的三条理由："（一）俄国军队再不能经受辽东、沈阳那种灾难；（二）要把日军驱至辽东半岛与朝鲜边境大约需要二年时间，十亿卢布的开支，二十至二十五万兵士的伤亡；（三）俄国没有海军不能有更大的作为。"[1]

贝加尔湖的临
时铁路

---

[1]　［苏］赫沃斯托夫编：《外交史》第二卷，大连外语学院俄语系翻译组译，生活·读
书·新知三联书店 1979 年版，第 783 页。

这时候，由于俄国国内的革命形势日益高涨，弗拉基米尔·亚历山大罗维奇认为"两害相权，取其轻者""必须恢复俄国国内的安定"。换言之，就是必须首先镇压国内的革命运动。迫于上述形势，沙皇尼古拉二世同意他叔父的意见，但同时也决定根据满洲集团军总司令利涅维奇的要求，向远东派出了增援部队。①

从这个情况看，在战与和的问题上，俄国这一次是做了两手准备的，这显然是在告诉日本：要继续开打，俄国仍然奉陪；要停战议和，俄国也乐意接受。

在这次御前会议的第二天，尼古拉二世接受了美国驻俄公使兰格克·迈耶的拜见，他是受罗斯福的指令向俄国表明美国希望日俄结束战争、回到谈判桌上解决问题的意愿的。在此之前的 6 月 2 日，兰格克·迈耶曾经给俄国外交部发出一个函，向俄国通报了罗斯福希望日俄结束战争，美国希望在议和中发挥作用的意愿。兰格克·迈耶的信函中说，很高兴看到俄国正在议和的道路上行动起来，俄国新闻界对战争发出了"大胆的批评"，俄国宫廷已召开会议，这都是积极的动向。兰格克·迈耶强调指出，有关御前会议的消息"并非来源于官方"。但毫无疑问，举凡涉及罗斯福有否可能出面调停的一切情况，华盛顿都想知道。②

兰格克·迈耶的信函是向俄国表明，美国希望在日俄议和中发挥作用，而这次拜见沙皇，更进一步表达了这种意愿。拜见中，美国公使代表罗斯福向尼古拉二世致以问候，并对沙皇说，现在议和俄国还不会丢失太多，如果战争持续下去，结果可能是好的，但也可能会更糟，因此日俄缔结条约正当其时。

---

① 参见穆景元：《日俄战争史》，辽宁大学出版社 1993 年版，第 359 页。

② 参见［苏］鲍·亚·罗曼诺夫：《日俄战争外交史纲（1895—1907）》，上海人民出版社编译室俄文组译，上海人民出版社 1976 年版，第 612 页。

俄国的运兵车

对方在议和时会提出什么条件，日俄都是相当关注的，美国总统罗斯福对此也表现出相当的关注。当对马海战俄国惨败的消息传来时，日本驻美公使高平小五郎就感到各国可能会关心这个问题，他便主动向罗斯福进行了说明，因为高平曾经向日本外务省咨询过此事。

高平小五郎询问日本外务大臣小村寿太郎：如果美国方面询问日本在议和时会提出什么条件，自己该如何回答？小村寿太郎给高平小五郎发来了一封备忘录，随后，高平小五郎将这个备忘录发给了罗斯福总统。该备忘录对这场战争做了粉饰，对议和条件予以了回答。备忘录中说，日俄战争属于保卫日本利益的防卫性质，并没有领土扩张的因素，现在日本虽然取得了战争的胜利，但也不会提出"任何过分的要求"，日本的要求仅限于萨哈林岛和赔偿问题。

关于赔款问题，日本倾向于索取同 1870 年法国对德赔款相等的数额

（50亿金法郎，约合13亿卢布）。

对于日本人给罗斯福的备忘录，俄国并不知情，但是，俄国舰队在对马海战中的覆亡，也让尼古拉二世更关心日本会提出什么条件。因而，在高平小五郎向美国总统递交备忘录的当天，俄国驻美公使喀西尼也拜会了罗斯福。罗斯福所希望的是俄国尽快回到谈判桌上来，对于日本提出的条件及日本的备忘录却只字不提，而是做出一副若无其事的样子，不断向喀西尼灌输早议和比晚议和要好的观点。

谈话中，罗斯福说，从现在的情况看来，对俄国而言，早议和比晚议和要好些，吃的亏要小一些，美国很为俄国担心，担心拖延下去，符拉迪沃斯托克会被日本占领。罗斯福相信那些认为日本在这场战争中将财力枯竭、资源耗尽或被战争拖垮的想法都是错误的，战争拖延越久对俄国越不利。

说到这里，罗斯福请喀西尼转告沙皇尼古拉二世，俄国不要抱侥幸心理，对战争抱有希望，现在应做的是俄国人与日本人尽快会晤，彼此努力在议和条件上达成一致。罗斯福还对喀西尼说："我想，美国方面是能够促使日本同意会晤的。"谈话中，喀西尼用心地聆听，并没有做出实质性的回答。这又使罗斯福"觉得"俄国方面仍然"束手无策，完全没有能力决定它究竟需要什么，即使决定了它所需要的是什么，也不知道该怎样去达到目的"。他不大相信喀西尼会将他的话转告沙俄政府，"因为喀西尼害怕向上级汇报一些不中听的话"，但那时罗斯福也不知道舍此还有什么其他办法。因此他开始"考虑"，"是否应该指派美国驻俄国大使去办理这件事"，或是"敦请德皇通过德国大使也在这方面施加其影响"。最后，他终于要求朱塞朗"请法国外交部长德尔卡赛协助此事"。由此可见，罗斯福已准备动员一切力量去促使沙皇尽快举行谈判。[1]

---

① 参见［苏］鲍·亚·罗曼诺夫：《日俄战争外交史纲（1895—1907）》，上海人民出版社编译室俄文组译，上海人民出版社1976年版，第615页。

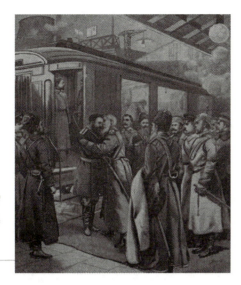

俄军总指挥库罗
帕特金离开圣彼得
堡，亲往战争前线

也正是在这样的情况下，尼古拉二世在 6 月 7 日接见了兰格克·迈耶，并表示俄国尊重罗斯福总统的建议，同意与日本展开谈判。6 月 8 日，罗斯福照会日俄两国并正式发出呼吁，美国"切望"日俄两国"不仅为两国自身而且为整个文明世界之利益，开始直接谈判"。同时，罗斯福也同意了"日本政府反对中国参加朴茨茅斯谈判的意见"。日俄两国政府分别在 6 月 10 日和 12 日表示赞同美国的建议，并派出全权代表先后前往罗斯福选定的会议地点——美国的朴茨茅斯城。[1]

在美国的积极调停下，日俄两国在 6 月间虽然都表示同意展开谈判，但谈判的进程仍然是延宕的，直到 1905 年 8 月上旬，日俄两国才正式启动会谈。为什么会出现这样的状况呢？这是因为希望通过战争获取东三省更多利益的日本一直在与英美等国进行频繁的接触，为达到其不可告人的目的及达成极其肮脏的交易。

作为战争的胜利者，日本像甲午战争要挟清廷一样，也希望从俄国那里得到更多好处。因而，日本政府接受罗斯福的建议，自对马海战后，又乘胜于 7 月底攻占了整个库页岛。罗斯福鼓动日本这样做，是想借此封堵

①　参见穆景元：《日俄战争史》，辽宁大学出版社 1993 年版，第 360 页。

俄国在太平洋的出海通道，减轻俄国在太平洋对美国的威胁。当然，日本冒着兵力与补给后继无力的风险扩大军事行动，也是希望外交上得到英美的支持。英美两国要在远东地区获得利益，也需要日本人的支持，特别是在中国拥有巨大利益的英国，日俄战争中俄国的节节失败，使英国感到俄国在远东已经不能构成威胁，但俄国如果向中亚和印度扩张，仍是英国的巨大威胁，因此，英国将日本视为遏制俄国在远东和中亚扩张的巨大力量。

经历了日俄战争中的一连串胜利，日本上下自知从长远的战略来看，日本是不适合打持久战的，战争的胜利并没有使日本感到轻松，他们时时刻刻都在担心俄国会进行报复，持久战甚至会危及日本在朝鲜获取的特权。于是，三个心照不宣的强国在私下里进行着见不得光的合作。

在对马海战俄国失败之际，英国就产生了俄国会向中亚甚至印度扩张的担忧。因而，英国政府向日本政府提出了补充《英日同盟条约》的建议，要把原条约中规定的"缔约国一方与他国交战，只有在第三国援助其敌国作战时，缔约国的另一方才可参战"这一条款改为"缔约国一方遭到他国'无端的攻击时'，缔约国另一方应立即参战支援"。对于这样的诉求，日本内阁经过会议讨论后认为援助于英日两国来说都是相互的，此时最大的敌人是俄国，于日本来说，这一条款的修改对防止俄国的报复非常有利。况且，在新的《英日同盟条约》中，英国完全承认日本对朝鲜的统治。于是，双方经过积极谈判，于8月12日签订了第二个《英日同盟条约》，条约期限为10年。条约的序言赤裸裸地道出了英日两国再订同盟条约的目的。序言中列出签订条约的三大动机：第一，联合维持东亚及印度全局之和平；第二，保全中国之独立与领土完整，及各国在华商工业机会均等主义，以保持各国在华之共同利益；第三，维持两缔约国在东亚及印度之领土权利，并防卫其在上述地域之特殊利益。

基于这些动机和目的，新的《英日同盟条约》规定：两国在序言中所规定的权益受到威胁时，要互相通告，共同保卫其权益，如果缔约国一方"若非衅由己开，因他一国或数国之攻击或侵略行动，为防护其在本协定序言中所述之领土权利或特殊利益而至于开战……则另一缔约国应立即援助其同盟,共同作战",媾和也要双方同意。条约还规定:英国承认日本在朝鲜拥有政治、军事及经济上之卓越利益,有权为维护、促进此利益而采取"指导管理及保护之权利"。这个新条约中提出的所谓"保全中国之独立与领土完整,及各国在华商工业机会均等主义",实际就是意味着不许沙俄再次侵略中国东北。同时,这个条约也实现了英国早就希望把同盟的范围扩大到印度的夙愿,防止沙俄染指印度。为了报答日本,英国率先承认了日本在朝鲜的全面统治权,企图继续利用日本来对抗沙俄在远东的扩张。非常明显,第二次《英日同盟条约》是以俄国为主要敌人的日英两国在远东划分帝国主义势力范围的协定和攻守同盟,为日本帝国主义鲸吞朝鲜和进一步入侵中国东北铺平了道路。[①]

对马海战中被
击沉的俄国军舰

对于第二次《英日同盟条约》,美国再一次表示了支持,罗斯福总统的代表陆军部部长塔夫脱在此期间访问日本时向日本表示,为了远东和平,日本和英国都应该相信,美国将与两国共同努力,"犹如承担它接受的条约义务一样"。

这样,美国就成了英日同盟"未签字的成员国""匿名的合伙人",从

---

① 参见穆景元:《日俄战争史》,辽宁大学出版社1993年版,第362页。

而为日本吞并朝鲜、扩大对中国东北的侵略提供了最重要的支持和保护。[1]
日本也投桃报李，向美国方面表示，日本承认由"美国这样强大且对日本
友好的国家统治菲律宾，并表示日本丝毫没有侵略菲律宾的意图"。美国则
承认日本军队在朝鲜拥有保护权，使朝鲜不经日本同意不得同外国缔结条
约。这都是日俄战争的必然结果。就这样，日本政府完成了与英美两国瓜
分远东的帝国主义协定，日本统治朝鲜获得了这两个帝国主义国家的承认。
在这种情况下，日本才出席了朴茨茅斯会议。[2]

那么，在美国积极活动之时，尼古拉二世此时又在做些什么呢？俄国
虽然向美国表示同意与日本议和，但他毕竟说过，议和是不能对日本割让
一寸土地，不能赔偿一个戈比的。

基于这样的原则，沙俄在派选和谈代表的问题上也表现得相当艰难、
相当谨慎。最初，沙俄政府是打算让俄国驻法大使涅利多夫为全权代表与
日本谈判的，但是，涅利多夫感到这是一个吃力不讨好的差事，再说，尼
古拉二世有言在先，"不割地，不赔款"，涅利多夫便推脱说自己身体有恙，
年事已高，很多时候脑子不太清楚，拒绝了这个差事。

接着，俄国外交部又计划让驻丹麦公使伊兹沃尔斯基来担当重任，伊
兹沃尔斯基也找了一大堆理由拒绝接受这项任务。尼古拉二世没办法，只
好让外交部电召俄国驻意大利公使穆拉维约夫回国，要他为全权代表，与
日谈判。接到任命后，穆拉维约夫的内心是无奈的，驻法公使与驻丹麦公
使都拒绝了，他如果再拒绝，沙皇肯定会大为光火。因此，穆拉维约夫起
初是打算接受这项并不情愿的使命的。但是对于这项任务的棘手程度，他
又何尝不知，正如他自己所说的，与日和谈是一件吃力不讨好的事情，无
论结果怎样，都将受到国内各方的指责。当他怀着忐忑的心情陛见尼古拉
二世的时候，他本想着能获得一笔补偿金、差旅费，以便办好这件差事，

---

[1]　参见中国社会科学院近代史研究所编：《沙俄侵华史》第四卷上册，中国社会科学出版社
　　　2007 年版，第 326 页。

[2]　参见穆景元：《日俄战争史》，辽宁大学出版社 1993 年版，第 362 页。

可是，在与尼古拉二世的谈话中，尼古拉二世不仅坚持要他不割地、不赔款，而且给他此次赴美的差旅费也只有区区1.5万卢布，穆拉维约夫明白，要想办好这项差事，没有8万~10万卢布的资金是难以完成的。显然，尼古拉二世对议和并不上心。穆拉维约夫颇为失望，回到家里便躺在床上装病不起，让人捎信请皇帝解除对他的任命。

沙皇政府中熟悉外交的人相继推脱，选派代表议和一事不得不延宕，尼古拉二世没有办法，只好让已被免职的原财政大臣微德为和谈首席代表，同时任命俄国驻美大使罗森为副全权代表。7月12日，沙皇尼古拉二世在接见微德时说，他真诚希望谈判能导致和平解决，不过他不会允许付出一个戈比的赔款，也不会允许让出一寸土地。[①]

受命于危难之际的微德率领代表团成员于7月19日离开圣彼得堡，前往美国参加和谈会议。当他途经巴黎的时候，会见了法国内阁总理卢维埃和总统卢贝。微德对卢维埃说："不论为了由于我缔约未成而必须继续作战，还是为了媾和以后消除战果，俄国都需要金钱。"卢维埃则认为法国"主要希望俄国能结束这场不幸的战争，以便在欧洲行动自由，而目前，俄国的全部军事力量都部署在远东，一旦欧洲发生纠纷，它就无力起法国同盟者的作用了"，并规劝微德必须缔结和约，因为他得到的消息是，日本要求只有得到赔款，才能签订和约。卢维埃表示"法国可以协助俄国付这笔款子"，如果在目前的局势下，"俄国无法指望从法国金融市场获得贷款"。法国总统卢贝对微德说，战争再打下去，对法、俄两国的好处不会比目前更多，"今后媾和的条件将会更加苛刻"。卢维埃的想法与俄国的主张大相径庭，微德表示他虽然坚持媾和，但是决不同意缔结赔款的和约，结果，双方没有取得一致意见。微德在巴黎期间，看到大多数的法国人对他的态度十分冷淡，把他"只当作一个蕞尔小国的使臣来对待"，很多人对俄国的失败"表示高兴"。见到这种情景，微德的心里很不是滋味，感到做一个战

---

① 参见［俄］谢·尤·维特：《俄国末代沙皇尼古拉二世：维特伯爵的回忆》，张开译，新华出版社1983年版，第317页。

败国的代表很不光彩,心情非常沉重。[1]

微德怀着相当郁闷的心情于 8 月初抵达了美国,在牡蛎湾拜访了正在休假的美国总统罗斯福后,日俄双方开始了艰难的谈判。我们知道,日俄谈判开始之时,英日第二次同盟条约已经签订,总的国际形势对俄国是相当不利的。在各方的压力之下,日本迫使沙俄在重新分割朝鲜和中国东三省的问题上做出了让步。

1905 年 9 月 25 日,日俄签订了《朴茨茅斯条约》。在条约中,俄国允诺将旅大租借权,自长春(宽城子)至旅顺口的铁路及一切支路,铁道区内所附属之一切权利财产,以及在该处铁道内附属之一切煤矿,或为铁道利益起见所经营之一切煤矿,都转让于日本。日俄之间,不但把沙俄以前从中国所掠夺的权益私相授受,而且擅自约定,在两国同时自东三省撤兵后,仍可留置守备兵,每公里 15 名,保护各自之铁道线路。按中俄交收东三省条约第二条规定,清政府"承认极力保护铁路及在该铁路职事各人",清政府从未许俄国驻兵护路,而日俄两国竟企图乘机僭夺这一特权。此外,"俄国政府承认日本在朝鲜政治、军事、经济上均有卓绝之利益,如指导、保护、监理等事,日本政府视为必要者即可措置,不得阻碍干涉"(第一条)。日本在朝鲜的地位得到了巩固,从此它蚕食、侵略中国大陆时更无后顾之忧。

日俄代表签订《朴茨茅斯条约》现场

---

[1] 参见穆景元:《日俄战争史》,辽宁大学出版社 1993 年版,第 363 页。

五、来自北洋的"抗日新政"

1904 年到 1905 年的日俄战争毕竟因中国东三省问题而爆发，且日俄战争的主要战事又是在中国境内进行，因此，列强各国无视中国存在而私相授受的所谓议和肯定是违背中国主权和利益的。这一点，清廷心知肚明。再软弱的清廷也不可能无动于衷，当议和正在进行之时，老迈的慈禧太后便要求清廷外务部密切关注此事。

1905 年 7 月 6 日，清廷向日俄两国发出照会，表明中国立场。照会中说："现在议和条款内，倘有牵涉中国事件，凡此次未经与中国商定者，一概不能承认。"①

清廷虽然早早发出了照会，但日俄两国完全无视外交规则，无视中国的存在，还是签订了《朴茨茅斯条约》，这实际上成为日俄两国重新分配东北亚利权的条约。根据条约，除库页岛南部分割给日本外，朝鲜经俄国同意完全成为日本保护国（第二条），中国的旅顺、大连及其附近的领土领水的租借权由俄国让与日本（第五条），南满铁路（由长春宽城子到旅顺）的一切权利让与日本（第六条），双方议定在东北三省继续修筑铁路，等等。这些规定事先或在谈判过程中均未同中国政府商量，只在条约中说明，这些规定"须商请中国政府承诺"。所以，在日俄签订条约后，日本派外务大臣小村寿太郎和驻华公使内田康哉为全权代表与中国进行谈判。②

在日本试图与清廷就东三省所谓"转让"问题进行谈判之时，曾经提出过改革东三省的袁世凯也以更加急迫的心情关注着东三省问题，袁世凯毕竟有过《辛丑条约》后接管天津的成熟经验，因而慈禧太后对他非常信任，问他有什么良策。未等慈禧太后做出指示，袁世凯便快速反应，悄悄派出军队和行政官员入驻东三省，形成事实上的中国主权行使。为此，袁

---

① 杨公素：《晚清外交史》，北京大学出版社 1991 年版，第 325 页。

② 参见杨公素：《晚清外交史》，北京大学出版社 1991 年版，第 325 页。

世凯在给慈禧太后的奏折中阐明这样一个道理，"日俄方分期撤兵，清理地面为目下第一要义，而已撤之区，必须以全力保其治安，方免丛生枝节。惟日人新胜甚骄，狡计孔多，又须审慎详筹，方能有济"①。

西方报纸上的
袁世凯漫画

    袁世凯派出军队进驻东三省，却遭到了日军的阻截。面对强大的日军，袁世凯认识到，北洋军要想真正地驻扎东三省腹地，恐怕一时还办不到，怎么办呢？袁世凯没有请示慈禧太后，而是灵活变通地采取秘密派出的办法，他试图在成功完成驻军后，再向慈禧太后禀报。袁世凯的设想是：在北洋新军中挑选忠勇可靠之士进入东三省招募一些壮丁，使其混入赴东北做工的人群中，先以巡警或者巡防的名义编练成营，如日俄不生阻挠，再行扩编。袁世凯还认为，为保证此项办法得以实施，必须严守秘密，暗自操作，即不必请示清廷，"此为相机试办之法，只无确切把握，暂不必具折奏明。只不必多用文牍，恐有泄露，重生阻力"②。

    袁世凯的举动显然有擅权用事的嫌疑，但在当时主权沦丧的背景下，他试图采取非常手段收复东北主权的动机是好的，这样既有利于严守秘密、

---

①②   张华腾：《袁世凯对东北问题的关注与东三省改制》，《中国边疆史地研究》2010年第2期。

快速机动，又减少了不必要的麻烦，应该说他的这个决定是颇有勇气和智慧的，这与当时大多数满汉官员的庸碌无为相比，可谓是不寻常的举动。

在袁世凯秘密做着这一切的时候，日本也加紧了与清廷谈判，要求中国接受《朴茨茅斯条约》的步伐。

1905 年 10 月 27 日，日本政府正式向清廷提出在东三省开埠、筑路、伐木、捕鱼、内河航行、无条件承认日俄合约第五和第六款"允让日本国之一切概行允诺"等项要求。

对于这些要求，清廷无论如何是不情愿接受的，但是，列强促动下的《朴茨茅斯条约》已经签订，清廷虽然抵触，但还是要面对的。因而，在日本提出要求后，清廷也很快组成了一个关于执行《朴茨茅斯条约》的会商代表团。中方的谈判代表为军机大臣兼总理外务大臣奕劻、军机大臣兼外务部尚书瞿鸿禨、直隶总督兼北洋大臣袁世凯，随员为署理外务部右侍郎唐绍仪、商部右参议杨士琦、外务部右丞邹嘉来、翰林院检讨金邦平、商部主事曹汝霖等。

11 月 7 日，中日双方就俄国转让"南满"权益给日本的问题正式展开谈判。这次谈判无疑又是一个吃力不讨好的事情，因而，谈判期间庆亲王奕劻与外务部尚书瞿鸿禨不是称病不来就是装聋作哑，真正主导谈判的只有袁世凯。袁世凯从骨子里是排斥《朴茨茅斯条约》的，要不然也不会有秘密派兵进入东北的举动。现在面对日本将从俄国人手里接管"南满"权益的举动，袁世凯只好在权限范围内积极交涉，努力减少损失，遏制日本在东三省权益的扩展。

谈判伊始，日本代表先发制人，拿出一个十一条大纲作为谈判的基础。这个十一条大纲，除第一条日、俄军队撤出后由中国在该地方布置行政机关以维持地方秩序，第十一条"满韩"交界陆路通商彼此应按照最优待国之例办理及第六条中国承认俄国转让给日本的"南满"利益外，其余八条或是对中国主权的干涉，或是对中国权益新的掠夺。

在这十一条中，对中国主权干涉的有三条：第二条，"妥实保护外国侨寓商民之命产为宗旨，应将东三省向来所施治政即行从事改善"；第四条，

"中国政府无论如何措辞，非经日本国应允，不得将东三省土地让给别国或允其占领"；第五条，要求中国在东三省16处开埠通商。

在掠夺中国新权益方面有五条：第三条，中国政府在东三省各地方保护在日俄战争中阵亡的日军将士的坟茔以及立有忠魂碑之地；第七条，铁路经营权，中国政府应允战争期间日本非法修筑的由安东至奉天省城、奉天省城至新民屯的铁路仍由日本政府继续经营；第八条，森林砍伐权，中国政府将与朝鲜交界的中国鸭绿江沿岸的森林砍伐权让与日本；第九条，内河航行权，中国政府允许各国船只在辽河、鸭绿江、松花江以及各该支流任便驶行；第十条，渔业权问题，中国政府允将奉天省沿海渔业权让给日本臣民。

对日本这种无视中国主权的要挟行为，袁世凯经过斟酌，向日本代表表达了中方的意见。他在谈判桌上向日方表明，《朴茨茅斯条约》本来就是无视中国主权的产物，但条约既然是在英美等国促动下签订的，中国本着维护与英、日、美三国友谊的考量，还是对条约的签订予以了尊重和承认，"对于日本方面提出的十一条大纲，本大臣认为其中的第三条、第六条和第十一条是对中国主权的干涉，中国权益的破坏"。袁世凯说着拿出了一个修改十一条大纲的草案清单与日本代表协商。

在袁世凯提交的清单中，除第三、第六和第十一条要求删改或去除外，他认为，第二条、第四条都有干涉中国的意味，都应该删除。

对于日本代表提出的东三省开埠通商问题，袁世凯认为第五条应当修改，改为由中国自行宣布为自开商埠，中国自定开埠章程。

除对日本代表提出的十一条大纲进行删除或者修改外，袁世凯还与庆亲王奕劻、瞿鸿禨、随员唐绍仪等人商议并提出了针对满洲问题的如下七项要求。

第一，要求日本军队从速撤离，"应请日本国政府将现驻扎军队从速撤退，自日俄定约之日起，除旅大租界外于十二个月内一律全撤"。至于保护铁路之兵队，"由中国政府特选精锐分段驻扎巡护"。

第二，退还或赔偿侵占中国的公私财产，"中国政府为尊重主权起见，应请日本国政府将因变乱或军事，所有日本官民强占擅管中国各项公私权利产业地方，均即退出交还。若系有意损坏强取擅用公私财产，应有两国委员会会同查明，分别补还，以昭公允"。

第三，在日本军队尚未撤完之时，中国方面得以酌派军队驻扎，以弹压地方，防剿土匪。

第四，所有奉省所属铁路之矿产，无论已开未开，均应妥定公允详细章程，以便彼此遵守。

第五，"所有奉省已开办商埠暨难允开埠尚未开办各地方，其划定租界各办法，应有中国官员另行妥商厘定"。

第六，恢复中国营口主权，"营口向驻之中国官应立即饬令赴任视事，所有事权一如未经占据以前完全无缺"。

第七，交收奉天税捐，"日本国军官前代收奉天税捐等项，应即交还该地方官，以备地方善后之需"。

由此可见，中国代表并非被动地接受日本方面提出的条件，而是极力维护中国主权和阻止日本对中国的进一步掠夺，并向日本提出我国的正当要求的。①

从这七项要求来看，袁世凯对于这次谈判是相当谨慎的，并不是完全被动而无作为地去接受，他也在努力地维护国家主权，阻止日本进一步掠夺、侵吞中国领土。那么，袁世凯提出要求删改日本代表的十一条大纲，并代表朝廷提出了七项要求，日本代表又是什么态度呢？中日双方争论得相当激烈，日本方面只希望清廷无条件接受十一条大纲，但袁世凯据理力争。

在交涉中，袁世凯要求日本撤出所谓的"护路兵"，但日本代表则说，如果俄国答应将"护路兵"撤出，或中俄两国另有别的解决办法，那么日本也将采取相应的措施。日本还说，日本在"南满"驻扎的"护路兵"也

---

① 参见张华腾：《袁世凯对东北问题的关注与东三省改制》,《中国边疆史地研究》2010 年第2 期。

是保护地方治安，保护外国人生命财产的需要。对于这样的说法，袁世凯表示不能接受。日本则称，如果俄国将"护路兵"撤出，那么日本也会照办。因为日本人的含糊搪塞，袁世凯只好在提交的七项要求上写明"护路兵"问题，"中国视为尚未完备"便不了了之。最后，袁世凯与庆亲王奕劻还是在北京与日本签订了《会议东三省事宜正约》三款，并签订十二款附约。这些条约的签订，使得日俄长期驻扎东三省成为现实，也使其行为变得名正言顺。

袁世凯

《会议东三省事宜正约》三款以及十二款附约的签订，再一次印证了清廷的虚弱和外交上的腐朽无能。在条约签订过程中，作为主要谈判代表的袁世凯虽然努力转圜，但清廷还是承认了日俄《朴茨茅斯条约》中关于沙俄将其在"南满"的利益转让给日本的条款。

就"南满"问题的谈判，中日双方都做了备案。备忘录中有这样一句话："中国政府为维持东省铁路利益起见，将来收回该铁路之前，允于该路附近不筑并行干路，及有损该路利益之枝路。"看来，清廷本来是想把这一备案文件作为将来收回中东铁路的依据，但日本却据此阻止中国在东三省修筑铁路，并说会议备案记录是中日双方的"秘密议定书"、与正约和附约十二款具有同样的效力。看来，以袁世凯为代表的中国代表团虽然为恢复行使在东三省的主权而做出了极大努力，但在强权即真理的时代，大清终无法阻挡日本对中国领土的侵夺。

日本就这样完成了所谓的"转让"手续，并逐渐加大了在东三省扩张的步伐。但是，日本的一举一动显然不符合美国的愿望。俄国在日俄战争中被打败，美国站在日本的立场上，当然是想利用这个机会，分食东三省利权，特别是美国的投资家希望把金融资本挤进东三省的愿望是很强烈的。早在《朴茨茅斯条约》签订之前，美国铁路大王哈里曼曾经受美国驻日公使葛里斯卡姆的邀请，到访日本。他当时访问日本有两个动机：一是希望在远东为美国扩充利益，发展商业权；二是在美国统治下建设连接日本、满洲、西伯利亚和俄国欧洲部分的交通线。据传他的设想是以自己控制的辛迪加收买即将诞生的满铁，进而收买中东铁路，获得西伯利亚铁路的运输权，形成横跨亚欧的铁路，实现由自己控制的巴西菲克·梅尔轮船公司与美国的铁路连接起来的规模宏伟的计划。[①]为了实现这个庞大的计划，他在日本到处游说。9月初，他在东京向一些元老和阁员建议，由日本政府提供物资，美国方面提供资金，共同经营南满铁路。哈里曼的提议得到井上馨、伊藤博文、涩泽荣一等人的赞同，连日本财政界的实力派也欢迎这个提议。他们赞同的动机是"把经营满洲的财政负担转嫁给美国。同时也防止俄国复仇，这是一箭双雕的策略"[②]。

---

① 参见［日］满史会编著：《满洲开发四十年史》上册，王秉忠主编校、王文石等译，东北师范大学出版社 1988 年版，第 94、95 页。

② ［日］满史会编著：《满洲开发四十年史》上册，王秉忠主编校、王文石等译，东北师范大学出版社 1988 年版，第 95 页。

日本首相桂太郎

美国的设想看起来进展得比较顺利。1905 年 10 月 25 日，哈里曼与日本首相桂太郎拟定了一个草约备忘录，即《关于收买满铁预备节略》，其中议定"为了提供由日本政府所获得的南满铁路收买及其附属事业费，即该铁路的恢复、设备、改造、扩建以及建成、改善大连终点站等费用，成立辛迪加组织。……对收买的财产共同具有平等的所有权。开采煤矿（与铁路有关的）根据另外协定，允许建立一个公司。双方对该公司具有共同的利害关系，并由双方派出代表"，使这条铁路由美日共同经营。但是，这个备忘录当时并没有经双方签字。10 月 13 日，哈里曼离开日本回国。不料，在 10 月 16 日从朴茨茅斯回国的小村寿太郎对这个备忘录坚决反对，他认为"不忍将满铁这一大战争战果，用日本人的鲜血换取的满洲，抛之于国际资本的竞争场里"。结果，日本单方面撕毁了这个草约合同。这样，美国金融资本势力企图染指东北的计划破产了，因而，美日之间的矛盾也激化起来。[①]

在美日矛盾激化的同时，日本对东三省的管控却日益加强。日本政府

---

① 参见穆景元：《日俄战争史》，辽宁大学出版社 1993 年版，第 386、387 页。

自与清廷签订《会议东三省事宜正约》后，也像在朝鲜推行的排外政策一样，除了日本商人，拒绝他国商人在南满从事经贸活动。日本政府的这一行动完全违背了其在《朴茨茅斯条约》签订之前向美国政府承诺的实行门户开放、工商业上各国"机会均等"的政策。美国人所期望的"门户开放"政策成了空头支票，这让美国政府大为不满。美国驻日公使曾经向日本政府抗议说："深感失望者乃继俄国图谋于该地（满洲）获取国家垄断实利之企图失败后，却扶植了与之相等之排外之日本利益。"①

英美在日俄战争中积极支持日本，是想打破沙俄对东北的垄断。可是，现在日本攫取胜果后，却别无二致地采取垄断政策，不甘心的英美两国便向日本提出交涉。1905 年 12 月 20 日，日本桂太郎内阁辞职，1906 年 1 月 7 日，以政友会总裁西园寺公望为首相的新内阁成立，由加藤高明任外务大臣。加藤高明反对关东总督府和陆军当局企图在南满使军管长久维持下去的做法，他要兑现日本在战前一再宣称的满洲"门户开放"。1 月 13 日，加藤高明致函陆军大臣寺内正毅，要求就满洲"门户开放"问题做出说明。在还没有得到答复的时候，英国驻日大使窦纳乐于 2 月 13 日就满洲"门户开放"问题向加藤高明发出了正式照会。2 月 14 日，加藤高明再次要求寺内正毅做出说明，但是仍无答复。

2 月 16 日，在大矶秘密会议上，除元老山县有朋、大山岩、井上馨外，首相西园寺公望和参谋总长儿玉源太郎都应邀参加。在会谈中，儿玉源太郎坚决主张 1907 年 4 月以前不能在满洲实行"门户开放"，加藤高明劝说无效，便决心辞职。2 月 23 日，美国驻日代理公使递交了有关满洲商业"机会均等"问题的备忘录。2 月 27 日，英国驻日大使也就满洲"门户开放"问题催促日本做出答复。加藤高明因为满洲"门户开放"问题与陆军发生冲突，加上他反对铁路国有方案，因而趁机辞去外务大臣职务。5 月 19 日，由驻英大使林董再次出任外务大臣。从 3 月到 4 月，英国和美国对日本陆军在中国东北南部实行军管一再提出强烈抗议。②

① ［日］井上清：《日本帝国主义的形成》，宿久高等译，人民出版社 1984 年版，第 259 页。

② 参见穆景元：《日俄战争史》，辽宁大学出版社 1993 年版，第 388 页。

西园寺公望

面对英美的抗议，日俄两个敌人竟然联合了起来。1907 年 7 月，日俄又达成新的《秘密协议》。《秘密协议》共四条，要点为：一、将中国东北三省划为南北两半，分属日本（"南满"）和俄国（"北满"）势力范围；二、俄国承认日本与朝鲜的现存政治关系，不阻挠此种关系之继续发展（注：也就是说俄国不干涉日本吞并朝鲜半岛）；三、日本承认俄国在外蒙古之特殊利益，不加任何干涉。[①]

这种情况使袁世凯感到，要真正解决东北危机，东北地区统治体制的根本改革势在必行。

适值官制改革，清廷借机加强中央集权。袁世凯的权力被削弱了许多，他在中央的各项兼差被迫辞去，北洋六镇兵权被剥夺。袁世凯心灰意冷，亲赴东北开创一番天地的想法也减弱了许多。有人记下了袁世凯的这一心理活动："官制改革之后，枢臣惟留庆邸、善化二人。项城见之，益有协以谋我之惧。自请开去八项兼差，居恒不乐，经冬足不下楼。时东三省事益迫，杨杏城侍郎说之往东北，项城心颇动。"[②]

---

① 褚德新、梁德主编：《中外约章汇要（1689—1949）》，黑龙江人民出版社 1991 年版，第 388—392 页。

② 张华腾：《袁世凯对东北问题的关注与东三省改制》，《中国边疆史地研究》2010 年第 2 期。

清廷虽然借官制改革削弱了袁世凯的权力，但东北形势危难，清廷也希望有所作为，在当时的朝廷大佬中，真正能干事的人并不多。袁世凯在天津派驻警察部队这种大智慧，也不是随便哪个官员都能想得到的，做了还让列强哑口无言，所以清廷也有让袁世凯在东三省展露身手的想法。再者，在日俄战争之前，袁世凯就相当地关注东三省问题，现在面对日俄各据南满与北满，袁世凯渴望对东三省进行改革，维护东北主权和利权的心情更为迫切。

　　1906 年 8 月，袁世凯再次提出东北改制的设想，并成功说服了慈禧太后与庆亲王奕劻，以前往吉林、黑龙江查办事件为由，派商部尚书载振、民政部尚书徐世昌以及外务部和陆军部等部门组成的考察团前往东北考察，希望他们为东北改革提出可行的改革方案。

　　考察团的成员载振、徐世昌都与袁世凯过从甚密，因而，当考察团向朝廷提交调查报告时，融入了袁世凯的改革主张。考察团的主要成员载振是清廷贵族，此人除了吃喝玩乐实在没有多少能力，故考察后向朝廷提交调查报告实际上是徐世昌在袁世凯的指导下完成的。这份调查报告阐述了东北所面临的危机，以及东北所存在的问题，如政制、经济、民生等。

　　报告对延续二百多年的军府制度进行了批判，指出自大清入关后，由盛京（奉天）、吉林、黑龙江三位将军来统辖东北，但是，东三省的高层官员多为旗人来担任，这种体制当然有朝廷维护龙兴之地的想法，但是现在的军府制已是十分腐朽没落。晚清以来，大量汉人进入东北，加上日俄等侵略势力不断染指东北，使得旧的军府制度不能适应东北的发展需要，改革势在必行。

　　除了政制需要改革外，考察团还认为东三省的财政和经济更是需要改革。日俄占据南满和北满，使得东北的财政和经济落入外国人之手，在货币的使用上就存在混杂的局面。报告中又说，东三省疆域辽阔，但是，货币流通却乱象丛生，北满使用俄国卢布，南满使用日币。外国货币在中国流通，朝廷却无抵制之法，这对民心信用是一种伤害，"而我官商所发之钱贴，则真伪分歧，流弊错出，意在利国，适以病民，则财政又尽坏矣。以外交之困难也如彼，以内政之窳败也，又如此"[1]。

贝勒载振

由于外国人的强势扩张，东三省在经贸上更是沦为外国人的天下。更为荒唐的是，日俄对东北人民大肆征税，而对其本国侨商则不征税，正可谓（奉天）"日货无一有税，华货无一不税，且再税之税"。如此乱象造成了日货在东三省十分畅销，华货却因为价高而无人问津的局面。

对东三省的改革，调查报告认为，军事方面也是重要内容。日俄达成《朴茨茅斯条约》后，大清在东三省的军事存在便形同虚无，加之日本阻止清军进驻，使得东三省列兵籍者原有的三万余人，现在与民无异，况且，他们无人监管，缺少训练，没有军饷，形成了"有兵之名，无兵之实"的局面。更为严重的是，"近年呼伦贝尔、满洲里虽设有交涉局，然俄商民有万余人，俄兵有数千人，我呼伦贝尔仅有兵二百名，满洲里则止有护兵八人，实不足以资守卫"[2]。这样，不单单东三省主权沦丧，乃至整个华北都有可能遭受侵略。义和团运动期间，俄国数十万军队开进东北，如入无

---

①② 张华腾：《袁世凯对东北问题的关注与东三省改制》，《中国边疆史地研究》2010年第2期。

人之境，应该说与这种形同虚无的军事状况有很大关系。

针对这些状况，调查报告颇为忧心忡忡地说："三省情形，既为臣等所亲睹，睽睹时事，必须大加改革。于用人行政诸大端破成例，以全国之人力、财力注重东陲，乃可望补救挽回于万一。"①

徐世昌

那么，该怎样改革呢？徐世昌等人在撰写报告时，特意向袁世凯请教，袁世凯便将他之前曾经设想的改革计划通盘告诉了徐世昌。结合袁世凯提出的东北改革方案，徐世昌向清廷提交了一个更为完备的东北改革计划。该计划主要有如下四点：第一，废除过去的军府旧制，建立新的行省制度，将东北划分为奉天、吉林、黑龙江三省，每省派巡抚一员，负责该省的行政、民事、吏治等事宜；第二，建立总督统辖的行政建制，东三省设总督一人，朝廷授予全权"举三省全部应办之事悉以委之。除外交事件关系重要者仍令与外部咨商办理外，其财政、兵政及一切内治之事，均令通筹总揽，无所牵制"；第三，考虑到东三省地广人稀，加上日俄的侵占使得这一地区人口十分稀少，大量的土地有待开发，同时，也应该改变长期以来清廷禁止内地民人移居东北的封禁政策；第四，以夷制夷，开放东北。袁

---

① 张华腾：《袁世凯对东北问题的关注与东三省改制》，《中国边疆史地研究》2010 年第 2 期。

世凯、徐世昌所倡导的开放东北是在维护大清权益下的开放，即在维护中国主权的情况下，有限度地支持美国人提出的"门户开放"政策，让外资参与到东三省的开放中来，设立东三省银行，修建铁路，抵制日俄对东三省的垄断。

当这个包含着袁世凯、徐世昌智慧的东三省改革计划提交给清廷的时候，日本的情报机构很快也获得了这一消息。日本情报机构在提交给日本外务省的一份情报中，对袁世凯、徐世昌的改革计划进行了详细的剖析，主要有如下四点。

其一，日本的情报报告指出，大清的改革计划体现了袁世凯的智慧，该计划的思想源于袁世凯、徐世昌、唐绍仪等北洋官僚。日本情报部门的报告还说："满洲的行政机构已经改革，徐世昌和唐绍仪分别被任命为东三省总督和奉天巡抚。不过，他们仍留在北京，在制定出未来的管理方案之前，他们不会动身。他们的举止极其引人注目，尤其是徐世昌新近与（直隶）总督袁世凯秘密会议时更是如此。应该相信，查明他们对满洲未来行政的意图是值得的……本月四日，新任总督徐世昌赴天津至直隶总督官邸，与总督袁氏密谈，直至深夜……翌日，他们把巡抚唐绍仪从北京召来，三人进行了认真的商讨。出席会议的还有东边道张锡銮、总督府营务处倪嗣冲……"①

其二，日本情报机构指出，北洋系提交的这个改革计划的目的是希望与日俄抗争，在领土主权上采取抵制日俄的行动步骤。对于这个问题，清廷专门做了讨论，袁世凯的发言对改革计划影响很大。袁世凯说："日本为了不致引起其他列强的非难，已公开宣布维护门户开放政策和中国在满洲的领土完整，但要预言日本的真实意图何在是不可能的。在我们和他们交涉时，（他们）提出的许多问题都是与我们的主权互不相容的，因此谈判时常中断。就与俄国有关之事而言，我们必须严加警惕；但是对于日本，我们一定要怀有极大的戒心……不管是对于日本、俄国或某个其他列强，凡

---

① 张华腾：《袁世凯对东北问题的关注与东三省改制》，《中国边疆史地研究》2010 年第 2 期。

是有关领土完整的事情我们都不应做任何让步……为了在主要问题上达到我们的目标，在次要的方面让步也许会变得必要。这就是我们在外交政策中应执行的方针。"关于主权问题的讨论，徐世昌附和了袁世凯的意见，但要实施改革东北计划，他们都明白面临的问题是要与日俄交涉，他们都对日本抱有戒备之心。

徐世昌书法作品

其三，袁世凯等人的改革计划实际上也是想打破长期以来的满汉矛盾，鼓励汉族人到东北开垦、开发东北，就是希望解决这种矛盾的手段。情报中列举了徐世昌的观点："黑龙江是一个有战略意义的边疆地区，但因人烟稀少，因此没有办法开发它。不过，居民（旗民）具有非常强烈的排外情绪，以至在考虑从直隶、山东、河南等地吸收汉族移民定居该地区时，要解决的第一个难题就是如何克服他们反汉族的偏见。"①

---

① 张华腾：《袁世凯对东北问题的关注与东三省改制》，《中国边疆史地研究》2010 年第 2 期。

其四，东北改革计划实际上也是袁世凯希望染指东北、扩大自身权力的一个体现。因为他为此希望朝廷赋予总督充分的权力，比如排除军机处的干扰，这一点，徐世昌也是与袁世凯站在一起的。

从日本情报机构对东北改革计划的调查情况看，以袁世凯为核心的北洋系对东北改革是寄予很大希望的，也倾注了很多努力。徐世昌向清廷提交报告后，于1907年2月又给朝廷上了一道奏折，再次陈述了东三省改革的急迫性和重要意义。徐世昌说，东三省地域辽阔，幅员之广甚至有两个日本之大，且交通运输发达，土地肥沃，适于耕种，森林、矿产资源十分丰富，东西各国都把东三省看作世界宝库，中国财富之源，"盖其自然之美利，求诸宇内，诚有罕与伦比者也。臣等出关以来，周历三省，亲见其土壤之膏腴，山川之雄厚，乃知开创之初，国家能以一隅之地制胜中夏，固由植基深厚，亦以先得地利之故"①。

奏折还说，自日俄战争后，日俄两国分食东北，"南满""北满"虽为中国领土，但却无中国容足之地，更为可悲的是，日俄以"南满""北满"为根据地，不断地蚕食东北，且呈不断扩张的态势，如此，"恐不数年间而西蔓延蒙古，南则逼处京畿，均在意计之内。盖根本既定，则以高屋建瓴之势，破竹而下，固地理形胜有以使之然也""臣等使车所至，刺戟在心，仰思缔造之艰，近鉴目前之患，惊心动魂"②。

徐世昌的《密陈考查东三省情形折》一出，便使慈禧太后陷入了沉思，国势的衰微，日俄在东北的横行无度，她何尝不知。当年的3月间，慈禧太后不断地召见袁世凯、徐世昌等人，询问东北改革的详细举措，乘着这股东风，徐世昌征求袁世凯的意见，第三次上奏慈禧太后，名为《密陈通筹东三省全局折》。奏折再一次阐述了东三省所面临的危难形势，改革、开发东三省之迫在眉睫，"及日俄战定，形势一变，北界隐属之俄，南界隐属之日，势力所及，范围略定。欧美列强，亦已明认默许，不复视为我有。

---

① 徐世昌：《退耕堂政书选编》卷5，黑龙江人民出版社2011年版，第214页。
② 徐世昌：《退耕堂政书选编》卷5，黑龙江人民出版社2011年版，第214、215页。

于此而欲谋挽回之策，实已左支右绌，绝无把握可言。然听其沦胥，则今日东陲已蹈之覆辙，即异同全国前车之鉴，况发祥所自，陵寝在焉！卫此而不保，更将何以与天下相见"①。因此，东三省改革箭在弦上，不能不发。

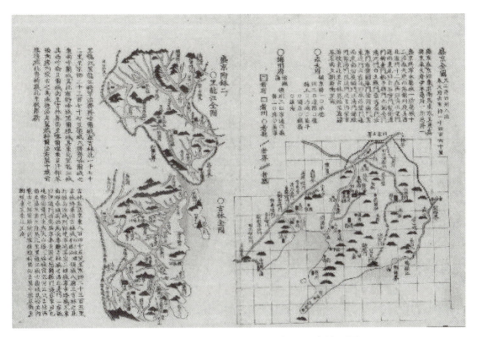

清朝提出东北改革时的盛京、黑龙江、吉林全图

　　结合袁世凯的改革思想，徐世昌三次上折慈禧太后，内容涉及外交、政治、经济、民生等诸多方面。慈禧太后悉从其议，于1907年4月17日以光绪帝名义下诏："东三省吏治因循，民生困苦，亟宜认真整顿，以除积弊而专责成。盛京将军著改为东三省总督，兼管三省将军事务，随时分驻三省行台。奉天、吉林、黑龙江各设巡抚一缺，以资治理。徐世昌著补授东三省总督，兼管三省将军事务，并授为钦差大臣。奉天巡抚著唐绍仪补授，朱家宝著署理吉林巡抚，段芝贵著赏给布政使衔，署理黑龙江巡抚。"②

① 徐世昌：《退耕堂政书选编》卷7，黑龙江人民出版社2011年版，第364页。

② 朱寿朋编纂：《光绪朝东华录》，中华书局1958年版，第5646页。

从这个上谕来看，清廷实际上是把改革东北的重任交给北洋系了。对于这一点，作为皇帝近臣的恽毓鼎看得明白，他在日记中写道："东三省建立行省，以徐世昌为总督，兼管三省将军，充钦差大臣。唐绍仪为奉天巡抚，朱家宝为吉林巡抚，段芝贵为黑龙江巡抚，皆北洋（即袁世凯）所保荐也。"①

徐凌霄、徐一士兄弟也评论朝廷的这个人事任命说："东三省实行省制，主之者世凯，意在扩充势力，所谓大北洋主义也。丁未三月，徐世昌简东三省总督，并授为钦差大臣，兼三省将军，地位冠于各督。奉吉黑三巡抚，唐绍仪、朱家宝、段芝贵，四人皆出袁荐。东陲天府，悉为北洋附庸。"②

从这些史料来看，东三省改革，袁世凯是费了很多心思的，虽然有使北洋势力染指东三省的倾向，但在当时大清朝野无人能改变东北形势的情况下，他与北洋系的大佬们提出东三省改革，无疑是一种在政治和外交上向日俄抗争的进步。

---

① 张华腾：《袁世凯对东北问题的关注与东三省改制》，《中国边疆史地研究》2010年第2期。
② 徐凌霄、徐一士：《凌霄、一士随笔》（二），山西古籍出版社1997年版，第577页。

Chapter 3
第三章

连州教案与中美交涉

一、令华盛顿错愕的连州教案

在大清上下思考着如何应对日俄分赃东三省时，1905 年 10 月，在广东连州发生的 5 名美国人被杀事件，使得本就困难重重的中美关系陷入低谷。美国人被杀，震惊中外，这一事件的发生地连州是一个距离广州城 200 余公里的小市镇，晚清时已有居民五万余人。

当时，连州的教育、经贸并不发达，但美国传教业却异常兴盛。早在 1889 年，美国长老会的本杰明·亨利传教士就把在广州的传教活动移到连州，并在连州设立了医所（也称为医局）与教堂。到 1897 年，本杰明·亨利手下已经有迈克尔、林格夫人、路易丝和约翰斯顿等多名既有传教经验又有行医资格的传教士在他开办的教堂及医所里工作。

晚清时的教堂

但是，本杰明·亨利在连州开办教堂和医所时常常与当地的村民发生矛盾，碍于地方官的保护，矛盾被一直按压着没有爆发出来。按照当地习俗，每年秋天的十月初一，连州菜园坝百姓都会在鹅公山的镇龙庙旁举行隆重的祭奠仪式，祭拜各路神仙，保佑来年风调雨顺。一九〇四年农历十月初一，菜园坝村民在镇龙庙附近搭建祭祀的建醮棚（道场），虽然村民们设立的醮棚是临时性质的，但教会的迈克尔医生认为村民占用了教会的土地，影响了医所内病人的休息，要求村民将醮棚拆去，但村民们认为醮棚所在的位置是全体村民的，外国人无权干涉，争吵不可避免地发生了。很快，闻讯而来的官兵前来调解，官兵让愤怒的民众安静下来，经过商定，村民同意把醮棚建在别处。

损毁前的女医局

一九〇五年十月初一，又是村民们一年一度的祭祀之日。一九〇五年是一个丰收年，村民们非常高兴，祭祀活动也相应地更为隆重，建醮棚举行祭祀活动计划为三天，但是，醮棚又搭在去年的地方，这让迈克尔传教士非常恼火。这天上午九点，正式的祭祀活动还未开始，村民们大多还在家中，愤怒的迈克尔医生似乎是想引起村民的重视，来到醮棚处，把村民们用于祭祀鸣放的三眼火铳拿到了寺庙附近的医所里。

当负责祭祀活动的罗德欢与村中的三四名长者得知美国传教士拿走了火铳后怒火中烧，便率领十几名村民来到医所与迈克尔理论。经过双方的一番争论，罗德欢承诺以后村里不会再把醮棚建在迈克尔医生所认为的属于教会的土地上，迈克尔也退让了一步，把火铳归还给村民们，让祭祀活动继续下去。

事情到此本来应该是一个比较满意的结果了。但是，迈克尔医生归还火铳后，村里的一些年轻村民并不肯从医所离开，在年长村民的劝说下，虽然没有酿成冲突，但迈克尔医生返回医所后，一些年轻的村民却向医所大门投掷石块。

迈克尔预感到自身可能遭遇危险，便带着妻女和其他传教士、医生从医所回到了位于鹅公山山腰的教士居所，并迅速派人向官方求助，要求官方保护。连州地方官署闻讯后，派出两名文官和30名没有携带武器的士兵很快赶到了鹅公山。

当天近午时分，来参加祭祀活动的村民逐渐增多，但村民们没有听到祭祀的炮声，便向罗德欢等人询问情况。得知缘由后，更多的村民大为愤慨，便有百余人再次来到医所找迈克尔医生理论。一些村民听说迈克尔医生拿走火铳之事，但不知他已经归还火铳，这些不明就里的村民便强行闯入医所搜寻，"民众在医院寻出药浸孩尸两具，民情更为激愤，尽管该牧令百方开导，言孩尸系洋人医院应有考究之物，并非谋害幼孩，无如众口不听劝告，必欲得洋人而甘心"[1]。

事情的发生往往就是这样，群聚而起的民众就像一团火焰越烧越旺。当愤怒的群众聚集达数千人的时候，村民由最初的投掷石块演变为向教堂纵火，虽然官兵极力规劝，但面对2000人左右的在场民众，30多名官兵显然有些力不从心。村民们纷纷纵火，加之当时秋天天气干燥，教堂与医所迅速成为一片火海。官兵此时所能做的就是尽力保护美国人的安全，他们本来打算护送美国人坐轿子或骑马到连州衙门躲避，但被迈克尔医生拒绝了。后来，迈克尔医生在官兵不注意的情况下，带领6名美国人逃到山

---

[1] 广东省档案馆《申报》广东资料选辑编辑组：《申报：广东资料选辑六（1902.1—1907.6）》1995年版，第255页。

上一个洞穴里，但还是被村民们发现了。等到官兵赶到时，除了迈克尔医生和帕德森小姐外，其余五名美国人已被村民杀害。

义和团运动后，中国就已经很少发生大的教案，原因是义和团具有排外性质，引发了八国联军侵略中国，因此清廷很重视压制此类事件的发生。1905 年连州教案造成了 5 名美国人被杀，教堂和财产被烧毁殆尽，这一事件立即引起地方官员的惊慌。为这一突发事件感到震惊的广州官员温宗尧在给外务部的报告中说："详究颠末，事起仓卒，非有预谋。"①《北华捷报》11 月 17 日上的文章也评价连州教案的"爆发是突然的。在连州呆了整个夏天的两名女医生都没有预感，也没有看到村民敌意的表露"。

需要说明的是，与义和团运动不同，连州教案不是一起盲目的反洋人、反洋教的排外运动，而是对美国人无视中国人利益、风土人情和文化传统而引发的一种本能反抗。同样在连州，这一事件并未殃及他国教会。法国传教活动在连州也较为活跃，但在这次事件中，法国传教士的人身和财产安全却没有受到威胁。看来，中国百姓的反洋教活动与维护自身的利益和文化传统息息相关。

追溯晚清中国所发生的大部分反洋教事件，事实上都与西方传教士侵犯中国民众利益和文化传统有很大的关系。第一次鸦片战争爆发后，西方就希望清廷对传教事业进行开放。美国传教士伯驾就向美国国务卿韦伯斯特提出，希望美国政府通过外交努力迫使清廷就范。当时，伯驾趁中国在鸦片战争中失败之机回到国内，向美国政府报告，以期能对政府有所帮助，如有可能促使政府能有兴趣在目前采取行动，……间接地促进中华帝国福音事业的前进。②

---

① 中国台湾"中央研究院近代史研究所"编印：《教务教案档》(第七辑第二册)，1980 年版，第 973 页。

② 王立新：《美国传教士与晚清中国现代化》，天津人民出版社 1997 年版，第 64 页。

传教士伯驾

伯驾的努力没有白费，美国随后强迫清政府签订《望厦条约》，使得美国获得了在通商口岸建立教堂的权利。作为当时中美《望厦条约》的重要参与者，伯驾回忆道，为了感激他对其父母的治疗，潘仕成主动提出在条约草案中增加一项条款，允许在每个通商口岸建立医院、礼拜堂和殡葬处，这些在后来的正式条约文本中均已载明。①

后来，美国一位传教士也记载了伯驾的这一说法。他说：一个简单的事实是，由于顾盛先生对伯驾的完全信任和二人之间亲密无间的关系，《望厦条约》中与我们目标最相关的部分直接是由他来策划的，而且还有足够的理由相信，他对条约中增补的有关传教的条款具有重要影响。这说明伯驾利用其声誉在谈判中为美方攫取了众多利益。②

继美国与清廷签订《望厦条约》之后，中法签订的《黄埔条约》也规定了传教士在五口传教、建立教堂的条款。但是这些条约并不能满足传教士企图使整个中国开放传教的愿望。这些条约墨迹还未干，传教士就开始

---

① 梁建：《伯驾与早期中美关系》，《经济与社会发展》2008 年第 10 期。

② 王立新：《美国传教士与晚清中国现代化》，天津人民出版社 1997 年版，第 67 页。

表达自己的不满。他们抱怨说，中国人"把宣讲福音限制在五口和邻近地区是丝毫没有理由的"。

第二次鸦片战争的爆发，为外国传教士进入中国提供了机会。在《北京条约》签订后，另一个重大的变化就是外国传教士在中国的活动扩大了。《天津条约》和《北京条约》中都明定了"护教"条款，而中法《北京条约》文本中又有法国人私自加入的关于准许传教士在内地置业的规定，这个强迫性的开放政策，使得外国传教士可以毫无顾忌地进入内地，准许购房置地，更为他们进行文化侵略大开方便之门。当然啦，购房置地，得有产权证，才显得合法，列强还算给清廷一点儿颜面，还知道这是大清的国土，置地的产权需要由大清来确认。这样，主导传教士可以在华购房置地的法国政府说话了，1865年，法国驻华公使柏尔德给恭亲王奕訢发了个照会。怎么说呢？坚决要求总理衙门给在中国购房置地的法国传教士一个明确产权的"法律根据"，说白了也就是类似于今天的产权证。荒唐的是，对于法国的要求，总理衙门竟然稀里糊涂地答应了，有了这样的政策基础，根据"利益均沾"原则，英、美、法、德等外国传教士赶潮似的涌入中国，不用说，他们成了帝国主义列强对中国进行文化侵略的急先锋。

传教士涌入中国，积极培养中国信徒为他们服务。同时，列强们与清廷的"合作政策"也使西方的传教事业在中国得到了极大的发展。当时在广西活动的法国天主教徒富于道在给法国皇帝拿破仑三世的信中汇报他们在中国的传教情况，道出了这样的一种情形。他说："我们这些传教士，能进入长期封锁的中国传教，完全靠着1860年签订的条约，靠陛下的关怀和法国驻北京公使馆的调停和监督条约的忠实执行。……的确，往往由于中国人对条约不够忠信，给我们的事业带来严重的损失。但也不能否认，由于有了传教特权，我们的教徒人数在逐日增加。因此，那些违反或不执行条约的事，也能变成好事，它能催促我们法国去寻找争取中国人回头的办法。……由于陛下英明的督促，使1860年签订的条约，能按时得到审核，这将是我们法国强盛的好时机。……我们将始终努力使他们都成为教徒，到那时，他们必将更忠于执行签订的条约。我们的教徒已经在爱法国了，由于法国给他们带来了自由。"①

穿中国服饰
的西方传教士

　　这些打着"传教""自由""慈善事业"招牌的宗教活动终究掩盖不了列强的文化侵略本质。美国洛克菲勒基金会的一位负责人盖茨曾经这样说：对传教事业应当引起爱国者和慈善家们，一切有宗教信仰或者没有宗教信仰的人们，一切我国的商人、企业主、财政家、银行家和进出口商们和一切心目中怀有对本国的幸福关注的人们的兴趣。我认为，从长远的观点看，英语国家的人民所从事的传教事业，所带给他们的效果必定是和平地征服世界——不是政治上的支配，而是在商业和制造业，在文学、科学、哲学、艺术、教化、道德、宗教上的支配，并在未来的世代里将在这一切生活的领域里取回收益，其发展将比目前的估计更为远大。②

　　因此，传教士涌入中国后，在奉行其文化侵略的同时，利益的驱使使得他们中的大多数人已经脱离了传教的轨道。作家丹涅特虽然是美国人，但他的观感却直接扒了西方传教士的画皮，他说："凡是乘坐横渡太平洋轮船的人们，一上船就没有不听到这句话的，即'传教士都是坏蛋，他们来

①　庚裕良：《广西人民反洋教斗争》，广西人民出版社 1986 年版，第 25 页。

②　顾长声：《传教士与近代中国》（增补本），上海人民出版社 1995 年版，第 113 页。

到中国，为着享乐，为着抓钱'……"①

　　这样一群上帝的"信徒"，以不平等条约和炮舰政策作为护身符，在中国各地为非作歹，横行不法，尽情地欺压和剥削中国人民，以图自肥。他们到中国后做了很多倒行逆施的事情，仅《北京条约》签订后发生的事件就可谓罄竹难书。

　　连州教案的发生当然也是因为他们与中国民众的利益纠纷，购买土地成为一个主因，自 1880 年美国长老会到达连州开始传教活动后，试图购买土地作为地产修建教堂的行动就开始了。购买土地当然影响到了民众的利益。1882 年，美国长老会传教士试图购买在连州县城所租用的房子，但遭到民众和官方的反对没有获得成功，所租用的房子也被要求不得再行续租。这样，长老会的传教士不得不在连州河上的船屋中进行传教活动。

　　尽管面临如此局面，美国长老会的教士们并没有气馁，一直在寻找机会，他们把目光瞄向了连州河对岸的鹅公山。1895 年初春，美国传教士本杰明·亨利再次打算购买土地，这次他选中了鹅公山下菜园坝村民的一块地。但教会方面和部分村民发生了纠纷，一些暴怒的村民袭击了本杰明·亨利。他回忆说："我跑走了，没有受伤。但我的儿子和一名祷告者被暴徒抓住扭送到了衙门，被打了 500 大板后投入了监狱。"本杰明·亨利愤怒地冲入衙门，一番争吵后，地方官释放了他的儿子和中国教徒。事后，连州的美国传教士林格把这次冲突报告给美国驻广州总领事，向广州的总督衙门提出抗议。②

　　面对美国驻广州总领事的抗议、胁迫，当时的两广总督同意美国传教士进入连州城租房传教。但是，1897 年，本杰明·亨利却利用广东官方的妥协，再次打起了购地建房的主意，并成功从村民手中购得了位于鹅公山下的一块土地。对于本杰明·亨利的这个举动，总督衙门和连州地方保持

---

①　王绍坊：《中国外交史：鸦片战争至辛亥革命时期（1840—1911）》，河南人民出版社 1988
　　年版，第 132 页。

②　唐金花：《连州教案与中美交涉》，硕士学位论文，中山大学，2009 年，第 8 页。

默认态度，但此举违背了菜园坝村民的利益，引起了公愤，使得村民与传教士的矛盾开始加深。

1897 年，本杰明·亨利在购得的土地上开始建造医所，此举遭到了村民的反对。他们威胁说，会把建起来的医所拆掉，但由于当地官方的压制，村民的威胁没有奏效，医所还是很快建起来了。具有传教士身份的迈克尔医生及其家人、本杰明·亨利教士都搬到了医所里居住。此后，在连州的美国人逐年增多。

八国联军侵略中国，清廷被迫与列强签订《辛丑条约》，民众的反洋教情绪被压制，这也助长了外国传教士在中国传教的热情。1902 年，迈克尔医生看中了靠近医所的一块土地，试图强行购买用于建造教堂，这更引起了村民巨大的反弹。迈克尔要在鹅公山上建教堂，在村民们看来，这将冲撞鹅公山镇龙庙里的神灵，村民们每年举行盛大的祭祀仪式就是祈求风调雨顺的，可是现在外国人不仅在鹅公山下建了医所，还要在鹅公山建教堂。外国的耶稣会不会影响到中国神灵的灵性？感觉自己的宗教信仰受到伤害的村民自然是极力反对美国人建教堂之举的。再者，"鹅公山是菜园坝村的后山，本为村人耕种放牧的处所，山上又有村人的祖坟"，这片土地向来被认为是菜园坝全体村民的共有土地，传教士试图购买这片土地，在产权上是难以界定的。可是，有不平等条约撑腰，仗着官府的暗中默许，胆大妄为的迈克尔医生通过中间人从村中贪财无赖之徒手中"购买"了这块土地。可是"并无预早标贴告白，俾众周知，既未由官印契，亦没订立界址"[1]，因而在法律上，美国教会不拥有这片土地的产权，绝大多数村民更不会承认这片土地已经属于教会所有。

美国传教士恃强占地确属不法行为，它既触及了中国当地民众的实际利益，又冲击了民众祭祖信仰和宗教节日的习俗，这无疑为后来土地纠纷和教案的发生埋下了祸根。正如负责此案交涉的广州官员温宗尧等所禀报

---

[1] 中国台湾"中央研究院近代史研究所"编印：《教务教案档》(第七辑第二册)，1980 年版，第 973 页。

的："伏维本案启衅之因，因菜园坝村民在镇龙庙建醮酬神，麻教士以所建醮蓬（棚）之一隅在教会地段，取去火铳三尊，收存医局，以为抵制之计。村民以该处系阖村公地，并非教会之地，遂起争端。"据查，"麻教士（迈克尔）与村民争地段，系阖村公地，麻教士暗向村中二三无赖买受，并无预早标贴告白，俾众周知，既未由官印契，亦没订立界址。今麻教士认为教会之地，实属无理取闹，以致酿成交涉重案"①。

二、中美官方的最初动作

美国人不经过中国民众同意就强权性地在中国建造建筑物的行为，使得冲突成为必然。这一点，自连州教案发生后，参与联合调查的美国驻广州长老会的传教士也承认，"（美国传教士）购买土地和建造外国建筑加剧了当地长期存在的排外情绪"②。

本来，鹅公山镇龙庙建醮棚祭祀神灵就是连州民间最大的祭祀活动，村民怀着对风调雨顺的期待，因而对镇龙庙的神灵充满着敬仰之情。在村民们看来，神灵是神圣不可侵犯的，周边的风水、建筑都不能冲撞神灵，庙里的一切之物也都被视为圣物。

美国人不仅购买了土地，建造了教堂，现在还公然拿走了祭祀用的火铳，村民们压制了许久的愤怒终于爆发。迈克尔医生的本意是想通过拿走火铳一事来引起村民的重视，告知村民他们占用的祭祀场所乃教会的土地，但他根本没有想到村民们对神灵信仰的膜拜如此之深。他对连州民俗的无知，被村民们视为是对镇龙庙神灵的大不敬——如果神灵降罪迁怒于连州百姓，将给连州百姓带来灾难。

---

① 中国台湾"中央研究院近代史研究所"编印：《教务教案档》（第七辑第二册），1980年版，第973页。

② 唐金花：《连州教案与中美交涉》，硕士学位论文，中山大学，2009年，第9页。

迈克尔的妻子及
女儿（非杜布森拍摄）

《教务教案档》记载："查上年连州闹教之案，因教士将火铳取去三尊，愚民以为亵侮神明，地方必遭灾，激动公愤，致酿焚杀之事。盖愚民之视神炮亦犹教士之视十字架也。"[1] 这充分说明了百姓对祭祀之物敬畏的神圣之感。

一位叫邓哭王的乡民回忆当时的情形说："我数十个乡村的人民迎神打醮，系求全人口平安，美教士霸占我们的土地，干涉我们正当行动，破坏我们乡俗。"因此乡民就有了"夺取火铳以为不祥"的痛觉，从而"群抱不平""闯进医局搜寻"。在连州美国医院供职的中国教民章、李两人，目睹了连州闹教情形，他们在美领事的再三诘问下，讲到该案发生的第一点原因就是"土人迷信神权，以美教士取去火铳为不吉利"。香港宗教史专家李志刚讲到连州教案的起因时，也归结为"完全起因教士的无知，所引致各种的损失，教士应有其咎"[2]。

还有一层原因，中国百姓对近代西方医学、西方科学知识还处于认知的空白状态。村民们因在医所里发现了用药水浸泡的孩童尸体，很自然地

---

① 中国台湾"中央研究院近代史研究所"编印：《教务教案档》（第七辑第二册），1980年版，第987页。

② 李志刚：《基督教与近代中国文化论文集》（二），台北宇宙光出版社1994年版，第159页。

联想到这是传教士在谋害生命，进而也加剧了矛盾冲突。纵观晚清中国发生的许多教案，都与中国民众对西方文明缺乏认识有一定关系。当误会成为煽惑民众情感的谣言，冲突便像失控的洪水猛兽一发而不可收。1870年天津教案的发生便是如此。当时，人们传言说："有些婴儿失踪了，被传教士买通的人们拐去了；修女们把他们害死，挖出他们的眼睛和心脏，备作迷魂药和各种奇怪药物之用。"①1870年6月，当地天主教堂大批儿童因瘟疫死亡，在流传甚广的此类谣言的煽惑下，震惊中外的天津教案便发生了。

回归到连州教案上来。广东虽为开化较早的区域，但连州地处广州北部内陆，没有沿海那样天然的口岸优势，百姓与外部接触较少。总的来说，连州仍处于封闭的状态，教育也不发达，愚昧无知使得当地百姓的迷信思想相当严重。再者，民众对西方世界的误解加剧了矛盾冲突爆发的可能性，正如有学者认为"暴力在多数情况下都是被这样的事件大大夸张了的谣言煽动起来的"②。所以在连州教案中，知道迈克尔医生拿走火铳的民众起初只是向医所投石泄恨，可在闯进医所并搜出两具药浸孩尸后，民情激愤，必欲寻出"凶手"而甘心。尽管地方官百般开导"孩尸系洋人医院应有考究之物，并非谋害幼孩"，但无知乡民众说纷纭，不听劝告，最终还是将该医院纵火焚烧，将洋人从山洞中搜出，杀后剥尸示众才泄恨。

我们知道，自鸦片战争后，在一系列不平等条约以及清廷、地方政府对外国传教士的保护之下，一些外国传教士变得更加飞扬跋扈。连州教案发生之前，美国传教士与菜园坝村民的矛盾已经很深，但广东与连州地方都没有重视这些矛盾，也没有想办法化解这些矛盾，对美国传教士的不法行径采取漠视的态度，不去管控可能发生的后果，从而使得传教士与民众的矛盾日积月累，更加紧张。

连州教案因传教士与民众的矛盾根深蒂固，借助迈克尔在连州百姓祭

① ［美］马士：《中华帝国对外关系史》中册，张汇文等译，生活·读书·新知三联书店1958年版，第266页。

② ［美］伊恩·罗伯逊：《社会学》下册，黄育馥译，商务印书馆1991年版，第756页。

祀活动中拿走火铳这一举动而迅速爆发了。美国传教士购买菜园坝土地的企图，早就引起了村民的不满，这一点地方官员也是知道的，但迈克尔医生强行"购买"鹅公山下属于村民共有的土地以及地方官方对传教士的祖护，使得村民对传教士和地方政府都产生了不满。但是，话语权在地方政府和教会方面，因而，在连州形成了"百姓怕官，官怕洋人，村人敢怒不敢争"的局面。①

早在 1904 年，迈克尔医生与菜园坝村民发生矛盾后，村民们的怒火被连州地方政府强行压制下去，表面上风平浪静，但问题仍然存在，村民们对洋教士的仇恨并没有消除，相反的，他们对洋人和地方政府的不满进一步增强，就像一堆干柴，只需一根火柴引燃它。但连州地方政府没有认识到这种潜在的危机，自然不存在采取有效办法化解这种危机的措施，从而使得村民与传教士的矛盾继续恶化。

1905 年秋天，当村民再次建醮棚祭祀神灵的时候，迈克尔拿走火铳的举动终于使矛盾爆发了，后果相当严重。当时，连州地方官采用惯性思维来处理双方的矛盾，并没有认识到事情可能带来的严重后果。当迈尔克向连州地方官求助时，衙门派出的官兵只有三十人且没有携带武器，可是当时欲抓洋人泄愤的村民已达数千人，群情激昂。连州地方官员派出的兵力明显不足，对此，迈克尔在事后写给教会人士的信中表示"士兵数量非常少，因为地方实行新兵计划，一下子淘汰了所有的旧式士兵，新士兵招募不及"②。刚刚入伍的新兵，缺乏训练，又没有佩带长枪，对愤怒村民的威慑力实在有限。

美国传教士所建医所分为男医与女医两部，事发之时，官兵要分到两处处理冲突，这就使得官兵的力量更显得不足。虽然官兵们已尽最大的努力规劝并试图驱散越聚越多的村民，但在民多兵少的情况下，一切都是徒

---

① 杨芝泉：《连州教案：披着宗教外衣的帝国主义分子侵入广东的史料之一》，见《广州文史资料》第五辑，1962 年版，第 134 页。

② 唐金花：《连州教案与中美交涉》，硕士学位论文，中山大学，2009 年，第 12 页。

劳。当官兵计划把传教士护送到连州官府保护起来时，迈克尔等人并不愿接受这种善意的保护，而是自行其是地带人从后门躲进山洞里，结果造成了五名美国人（包括一名儿童）被杀的悲剧。清廷对此相当紧张，害怕再像义和团运动那样带来不可收拾的列强侵占京津的后果。事实上，广州民情浮动，清廷早已谕令地方要做好防范，避免发生排外事件，可事件还是发生了，慈禧太后立即让外务部电责连州地方官"既知教士与村民早有微嫌，乃平日既不调和防范，临事又不力为保护，犹属异常玩误"，就连地方官自己也承认"防护不及，遭此重案，咎无可辞"①。

教案未发生前，传教士所办医院内，男女患者在不同区域候诊

对于连州教案案发的原因，两广总督岑春煊在给外务部的奏折中说道，"实因天主教徒与麻教士素有嫌隙"。在中美两国官员组成的调查团询问案发目击者时，基督教教民也说"有别教教民从中煽动"②。因而，当时有观点认为连州教案的发生，和天主教与基督教间的矛盾及天主教会的挑唆有

①　参见中国第一历史档案馆、福建师范大学历史系编：《清末教案》第三册，中华书局1998年版，第797页。

②　广东省档案馆《申报》广东资料选辑编辑组：《申报：广东资料选辑六（1902.1—1907.6）》1995年版，第255页。

一定关系。

虽然说美国传教士在义和团运动之前已经开始在连州活动，但当时民教间的冲突矛盾还不显著，主要是民众反对传教士购买土地、侵占村民集体利益方面的纠纷。但自《辛丑条约》后，外国传教士大量涌入中国，此时，美国长老会与法国天主教也为吸纳各自的教民和信众而产生了日益显著的矛盾。天主教自1904年以来在连州的传教活动逐步得到加强，并迅速建立了教堂，连州成为法国天主教的永久传教点。长老会属于基督新教，与法国天主教在归宗、礼仪上有所不同。天主教会为耶稣亲立，而基督新教是脱胎于天主教的一个分支，而且改革了大部分的天主教礼仪，是宗教中的自由派。这自然不能让遵循宗教成法的法国天主教所接受，矛盾难以避免。

荒唐的是，连州的天主教神父为吸引村民加入教会、成为他们的信徒，竟然向村民们承诺，只要加入天主教会，就会获得治外法权的保护，而不受官方的御制。这样，天主教信徒便形成了横行乡里的坏毛病，此举也引起了不愿加入天主教的基督新教信徒的不满。但天主教利用治外法权增强了其在民众间的影响力，天主教神父甚至鼓动自己的信徒公然反对在连州的长老会基督新教。

被焚毁的惠爱医局（男医局）

1904 年连州百姓第一次与长老会传教士发生矛盾，就有天主教神父施加影响的成分，而事发后，连州地方官正是在天主教神父的帮助下才让冲突得以平息的。1905 年，冲突与血案发生后，中美调查团在后来的调查报告中曾说"在教案发生的开始，若天主教会能够施加他们的影响力去镇压此次骚乱，教案可能得以避免"，这也证明了天主教会对村民有很大的影响力。

连州村民视天主教会为对抗美国长老会欺压村民的后盾，有了此后盾，村民反抗美国新教传教士欺压的勇气大增。1904 年村民和美国新教传教士发生矛盾时，一个愤怒的村民高喊："我们是天主教徒，我们要杀死你们全部，烧毁你们的建筑。"[1]

对于连州教案的发生是否与法国天主教会有一定关系，中美调查团持相当谨慎的态度。尽管调查团也发现烧毁长老会财物和屠杀医所医生的人中的确有天主教信徒。这一点，迈克尔也予以了指认并表示，天主教的中国信徒曾经在 1904 年威胁过他，此次血案发生时这名信徒也在现场，但调查团"觉得在没有十足证据的情况下，指责天主教会是非常不明智的"[2]。

也有美国人认为连州血案与中国人的抵制美货运动有一定关系。两广总督岑春煊诱捕广东抵制运动领袖马达臣和冯夏威等人，以及这两人在美国驻上海领事馆自杀事件，使得抵制美货运动达到新的高潮。实际上，抵制美货运动是中国人反对美国社会排华浪潮的对应性事件。

美国社会排华，驱逐、限禁华人进入美国，不可避免地造成了广东人民对美国人的反感情绪，因为当时的广东是跨国劳务输出最多的省份。抵制美货运动难以避免民众对美国人产生过激行为。

在抵制美货运动中，广东百姓曾向美国驻广州领事馆的中国雇员发出

---

① 广西师范大学出版社组织整理：《美国驻中国广州领事馆领事报告（1790—1906）》第 24 卷，广西师范大学出版社 2007 年版，第 196 页。

② 广西师范大学出版社组织整理：《美国驻中国广州领事馆领事报告（1790—1906）》第 24 卷，广西师范大学出版社 2007 年版，第 184 页。

恫吓信说：中国人不得在美国的领事馆工作，必须立即辞职，如不辞职就将遭到枪杀。同时，广东民众还有人向美国驻广州总领事雷优礼发出了要求他"立即滚出中国"的威胁信。

基于这些事态，连州教案发生后，美国人不可能不有所联想。虽然抵制美货运动广州总部立即对外宣称，连州教案与抵制美货运动无关，但美国人与美国舆论坚持认为与中国抵制美货运动有关联。

得知连州教案造成五名美国人被杀后，美国驻广州总领事雷优礼立即联想到他曾被广州民众恫吓之事，因而认为此事与抵制美货运动有关。尽管抵制美货运动组织发出了连州教案与己无关的声明，但无法消除雷优礼对抵制美货运动组织的怀疑。连州教案的当事人，也是幸存者迈克尔医生也怀疑此事与抵制美货运动有关。他事后向美国长老会提及这样一件事：有一次，他从广东携妻女回连州的路途中，在一个离连州只有一天路程的小镇，从他手中购买了书籍的一名小商人对他说，如果他是美国人，就不会买他的书。此事让迈克尔医生怀疑抵制美货运动扩展到了连州地界，连州民众也有了反美情绪。

连州教案事件发生后，西方报纸更是表达了这种倾向。英国人在上海创办的《北华捷报》发表文章说："如果中央政府不采取进一步措施压制'杯葛'，就会出现杯葛发展为反王朝和反外国的运动的巨大危险。一旦如此，'杯葛'就会变成骚乱，这种转变在广东比在其他省份更有可能发生，这也是造成连州暴乱的部分原因。"[1]

美国在南方的浸礼会传教士张柏士从迈克尔的口中了解到教案事件的一些情况后，便在香港《德臣报》发文说，连州教案与抵制美货运动让中国人产生了强烈的反美情绪，他们预谋发动了杀美国传教士的事件，案件"和抵制美货运动、法国天主教神父有关联"[2]。

---

[1] 唐金花：《连州教案与中美交涉》，硕士学位论文，中山大学，2009年，第14页。

[2] 广西师范大学出版社组织整理：《美国驻中国广州领事馆领事报告（1790—1906）》第24卷，广西师范大学出版社2007年版，第143页。

　　而广大中国人认为抵制美货运动和连州教案没有关系。广州抵制美货运动总部——广济医院在连州教案消息传出后就立即否认与此有关。当时，广州比较重要的报纸《有所谓报》上的几篇文章讨论了连州教案和拒约的关系，它们都认为拒约和连州教案无关。其中署名贤公的《吁连州教案乌得牵涉拒约》一文，反驳了雷优礼"硬谓（连州教案）非教案而实为拒约之暴动"之论，认为"连州群处一隅，风气未启，于抵制之事，不能如内地之应声举行，苟能举行，则未集议而劝不可暴动，观于各处抵制之文可见也"①。

　　为了弄清连州教案是否和拒约有关，当教案的两名幸存者（迈克尔医生和帕德森小姐）到达广州后，广州官员和美国驻广州领事馆官员联合对他们进行了询问，但两人都没能提供抵制美货运动和连州教案有关的具体证据。11 月 10 日成立的中美联合调查团到达连州后，"到附近墟市游览，并无见仇洋揭贴，亦无抵制美约告白"②。

参与调查"连州教案"的中美双方官员

　　中美联合调查团在调查中也询问了 50 多名目击证人，都没有得到连州教案与抵制美货运动有关联的证词。事发后，连州乡绅在写给抵制美货运

---

①　参见《有所谓报》1905 年 11 月 10 日。
②　中国第一历史档案馆、福建师范大学历史系编：《清末教案》第三册，中华书局 1998 年版，第 798 页。

动广州总部的信中表示"非常遗憾在连州没有成立抵制美货运动的组织"，认为"因为如果有这样的组织，那么演说者就会规劝无知的民众不要诉诸暴力的行为。连州没有成立抵制美货运动的组织也是非常幸运的，因为美国可能会说，抵制美货运动是事故的起因"①。

这封信是连州乡绅的抱怨，说明了连州教案与抵制美货运动并无关联。没有看到这封信的广州领事仍然大为怀疑，但是，美国驻广州副领事韩瓷敏却持不同意见，他说："不同意《德臣报》上，认为抵制美货运动、法国天主教神父和连州教案有关的说法。"②

粤海关税务司梅乐知也认为此说没有真凭实据，他在撰写的《光绪三十一年广州口岸华洋贸易情形论略》中说："十月间，连州闹教，戕害教士数人，据云系因抵制风潮所至，推此说并不足据也。"③

但是，具体而言，认为连州教案与抵制美货运动有关的说法是占上风的，甚至美国外交部也认为连州教案与抵制美货运动有关联。况且，连州教案发生时，抵制美货运动又掀起一轮新的高潮，使得民众的排外情绪进一步加深。当然，美国外交部此说是出于外交目的，是希望清廷拿出有力的措施去压制抵制美货运动。

三、美国方面的连锁反应

对于连州教案的发生，雷优礼是从法国代理领事口中得知的。五个美国人被杀的当天，连州的法国传教士给广州法国天主教社团描述了这一事件的经过，认为"颇感意外"。广州法国天主教社团把此信誊写了一份，转

---

① 参见广西师范大学出版社组织整理：《美国驻中国广州领事馆领事报告（1790—1906）》第24卷，广西师范大学出版社2007年版，第116页。

② 广西师范大学出版社组织整理：《美国驻中国广州领事馆领事报告（1790—1906）》第24卷，广西师范大学出版社2007年版，第144页。

③ 唐金花：《连州教案与中美交涉》，硕士学位论文，中山大学，2009年，第15页。

交给了法国驻广州代理领事。

随后，法国驻广州代理领事又将这封信的誊写稿交给了雷优礼，雷优礼看到这封信才得知五名美国人在连州被杀。此时，总部设在广济医院的抵制美货运动组织也收到连州乡绅寄来的信件，从中得知了五名美国人被杀的消息。

广济医院是英国传教士建立的。在医院工作的一名英国传教士又将此事告知了美国长老会广州传教士毕提博士，于是，毕提博士亲自到广州总领事馆向雷优礼告知了此事。

这样，雷优礼确定了五名美国人被杀之事，他立即向两广总督岑春煊发了一封电报，向岑春煊求证美国人被杀之事的详细情况。岑春煊不敢怠慢，立即发电报要求连州地方政府迅速"查明起衅事情，迅拿该匪究办"①。

岑春煊

连州地方政府接到电报后，立即回电表示，这起事件是真的，确有五名美国人在连州被杀。连州的回电还说："（十月）初一该州美国医院教堂村民醮会，教士不准放炮，起衅，被焚洋人男妇被害五人，尚有酪教士

---

① 中国第一历史档案馆、福建师范大学历史系编：《清末教案》第三册，中华书局1998年版，第794页。

（迈克尔医生）、趴姑娘（帕特森医生）幸均救出。"①

岑春煊接到电报后，一面决定派出一支炮艇和 60 名士兵前往连州帮助稳定局势，一面向雷优礼发电报做了说明，同时岑春煊也向外务部电告了连州教案一事。

雷优礼从多方面了解到美国人在连州被杀的事件后，立即给美国国务院发了电报，汇报了此事。电报中，雷优礼颇有些情感成分地指出，连州教案与"煽动人心的杯葛宣传单引起的反美情绪"有关，认为"总督要为此事负责"。

像 1875 年发生的马嘉理事件一样，连州教案是又一起没有及时向上级汇报，使清廷处于被动局面的涉外事件。事件发生后，连州地方政府并没有认识到此事的严重性，也有可能是担心上面怪罪，因而没有立即向两广总督岑春煊汇报。岑春煊被雷优礼追问后才知道此事，他只好被动应对，这也加剧了美国政府对中国的不满。再者，当时对于这一事件有种种传言，总之，舆论形势对于清廷是相当不利的。

11 月 8 日，岑春煊派出官员温宗尧向幸存者迈克尔医生、帕特森小姐了解案情。通过对迈克尔、帕特森小姐的问询，温宗尧初步认为此事与抵制美货运动并无关系，因而他向岑春煊汇报说："细按起衅情节，是与拒约一事丝毫无关。"② 对于这个结果，岑春煊比较满意。他认为这样一来，美国方面就不能无限上纲，将这一事件定性为国与国的外交事件，而可以认定是中美两国国民的民事冲突。

但雷优礼仍然坚持己见，并设法使自己的态度影响到美国国务院。11 月 8 日，雷优礼再次给国务院发电说："抵制美货运动是否和连州教案相关还需调查证实。但是，一个非常需要注意的重要事实是，最先得知连

---

① 中国第一历史档案馆、福建师范大学历史系编：《清末教案》第三册，中华书局 1998 年版，第 797 页。

② 中国第一历史档案馆、福建师范大学历史系编：《清末教案》第三册，中华书局 1998 年版，第 797 页。

州五个美国人被杀的广济医院是杯葛组织的总部，写信告知医院消息的连州乡绅曾请求广州的杯葛组织给他提供反美的传单和口号。"①

　　当然，雷优礼之所以坚持已见，也是因为当时的抵制美货运动已经进一步升级，从广东蔓延到了中国北方的很多地区，湖北、湖南、河南、山东、山西、陕西等省份都爆发了声势浩大的抵制美货运动，反美情绪空前高涨。因此，雷优礼不能不有所联想。

　　有这种想法的美国人不止雷优礼一个，得到报告的美国驻华公使柔克义也持这一态度，认为二者有关联是肯定的。他在 11 月 4 日向国务院发出的电报中说："抵制美货运动和连州屠杀有密切关系，不彻底压制抵制美国运动，美国公民的安全就得不到保证。"他还说："在过去的四个月，一直警告中国政府，若不完全禁止反美运动，尤其是反美的文字印刷品，在中国的某个偏远地区很有可能会发生一些不幸的事情。广东官府没有采取足够的措施去扑灭反美情绪，使其传播范围越广，反美情绪越强，最终导致了连州屠杀的发生。"②

美国驻华公使柔克义

---

① 广西师范大学出版社《美国驻中国广州领事馆领事报告（1790—1906）》第 24 卷，广西师范大学出版社 2007 年版，第 77 页。

② 唐金花：《连州教案与中美交涉》，硕士学位论文，中山大学，2009 年，第 19 页。

两个驻华外交官都把连州教案的起因归结到抵制美货运动上，这对美国政府的决策产生了影响。由于雷优礼早一步向美国国务院致电汇报，因而，国务院致电柔克义，要他务必"督促总督颁布更严厉的告示，使中国政府认识到给予足够的惩罚和保护的重要性。美国的公众情绪会非常激愤，要避免恶劣的影响，中国政府必须采取有效的行动"。

对于美国方面的压力，清廷不能不有所反应。11月3日，清廷颁布了一道上谕，上谕说：

> 广东……省民情浮动，前经谕令地方官随时认真防范，妥为保护。乃该州漫不经心，出此重案，实属咎无可辞。著查取职名，先行革职……著岑春煊严饬派出之员，赶紧查拿首要各犯，按律治罪，毋稍宽纵。教士五名无辜被害，情殊可怜悯，著即妥为抚恤。其余各处教堂教士，并著一律认真保护，毋在疏虞。[1]

美国驻华公使柔克义对这个上谕并不满意。他认为清廷没有看清中国民众对美国存在偏激的情绪，如果不采取有效的措施，不幸的事件有可能再度发生。在柔克义的要求下，清廷外务部派出官员于11月4日与柔克义进行了会谈。会谈中，柔克义仍是直言要求清廷采取有效措施防止再次发生针对美国人的暴乱，他还对外务部官员说，中国针对连州教案的应对措施不力，他认为这是连州地方官员和两广总督对反美运动表示出的明显同情，正在让中国人变成抵制美国的非法者，正在怂恿民众成为美国的敌人，连州地方官员和两广总督的怂恿行为就像催化剂随时都会使灾难爆发，演变成为对无辜美国人的屠杀暴行。

柔克义在会谈中要求清廷对两广总督岑春煊和连州地方进行惩罚，该降职的降职，该问罪的问罪。为迫使清廷采取行动，柔克义还警告说："美国国内公众对此事极为激愤，中国政府若不采取强有力的措施，最不幸的

---

[1] 中国第一历史档案馆、福建师范大学历史系编：《清末教案》第三册，中华书局1998年版，第794页。

局面将会出现。"柔克义所说的不幸局面，言外之意就是美国要派兵到中国，就像对义和团运动那样，帮助中国进行弹压。

美国方面赤裸裸的要挟和恫吓背后，当然也有对中国局势恶化的担忧。柔克义认为，连州教案的发生就是因为中国与美国都忽视了抵制美货运动所产生的强烈仇外情绪及其带来的后果。他认为如果对这种民族情绪不加以遏制，那将是义和团运动的重演，因此，对于抵制美货运动有必要进行强硬的军事弹压，主张向中国派兵。驻广州领事馆总领事雷优礼也有这样的想法。在抵制运动爆发之初，雷优礼就担心"集会激起了人们的仇美仇外情绪，如果不设法制止，将会造成混乱，有碍广州的治安以及中美两国的睦谊"①。9 月，广州抵制美货风潮再起，领事馆收到两封匿名死亡威胁信后，雷优礼更是预言广州地区将会爆发暴乱，请求美国政府派兵保护。在雷优礼的眼里，连州教案的发生恰恰证明了他对局势的正确估计，美国政府早就应该同意他派兵的要求，现在派兵还不晚，至少可以避免又一次义和团运动在广东的发生。在中国的部分英文报纸也叫嚣着要给中国一个教训，鼓吹采取炮舰政策，迫使中国在镇压抵制美货运动中能够积极地采取行动。

美国总统西奥多·罗斯福采纳了柔克义与雷优礼的建议，在 11 月 15 日下达总统令，要求美国海军部派出"一支足够强大的海军力量向中国沿海集结"，同时加强在菲律宾的军事力量，并加紧训练美军。

根据《芝加哥论坛报》的报道，罗斯福总统下达命令后，美国海军部已经决定向中国水域派出四艘战列舰，并让在远东地区服役的两艘护卫巡洋舰也做好准备向中国集结。当此之时，又发生了一件影响中美关系的事件，12 月间，一位美国船长在打鸟时不慎击中一名中国妇女，因此他立即遭到了中国人的围攻。同时，在上海，一场骚乱造成了二十多名中国人死亡和几名中国人受伤。

---

① 广西师范大学出版社组织整理：《美国驻中国广州领事馆领事报告（1790—1906）》第 24 卷，广西师范大学出版社 2007 年版，第 264、265 页。

西奥多·罗斯福在讲演

这些事件的接连发生，使国外舆论不断传出中国可能再次爆发义和团运动那样的具有排外性质的暴乱的声音。曾于 1905 年 9 月到访过广州的美国陆军部长、后来竞选美国总统成功的塔夫脱也危言耸听地说："中国处于混乱状态，目前那里的形势与义和团暴乱前的情况非常相似，这是许多人的共识。"①

这使罗斯福坚信，中国的局势是混乱的，若不采取强硬手段压制抵制美货运动造成的混乱，那么，在中国的美国人的生命、财产安全就得不到保障。因此，美国决定采用强硬的军事政策，迫使清廷镇压抵制美货运动。

当时的《芝加哥论坛报》还报道说，为应对中国可能出现的危机，美国陆军部从 2 月起已经向菲律宾派遣了两个步兵团和两个野战炮兵连。就在此次向菲律宾派遣了大量军队后的第五天，《华盛顿邮报》引用某位高级官员的话称，如果中国的局势再不改善，将会向菲律宾派遣更多的军队。从这一连串的军事调动中，我们不难看出，如果中国的抵制美货运动得不到压制，再出现类似连州教案的意外，西奥多·罗斯福很有可能对中国采取军事行动。

---

① 唐金花：《连州教案与中美交涉》，硕士学位论文，中山大学，2009 年，第 21 页。

实事求是地说，义和团运动之前，美国传教士与中国民众发生的矛盾冲突并不多，这主要是因为美国传教士在华的工作重心大都放在医疗、教育、文化等事业方面，传播福音则位居文教、医疗事业之后，且发展的信徒、教众也不如英法等国那么多。再者，美国政府对其在华传教士的保护和支持，也不如英法等国那么鲜明。这样一来，美国传教士在中国的行为就相对比较检点，所发生的矛盾和冲突也比较轻微和单纯。据统计，中美教案从 1854 年到 1898 年共发生 53 起。在这 53 起教案中，教堂、医院及教士住宅等被毁 17 处，教士、教民被打伤 4 人。李定一的《中美早期关系史》一书中总结义和团运动前与美国有关的教案时也说："中美之间教案，涉及美国传教士生命者，罕见。"[①]

但是，义和团运动之后，情况就不同了。在义和团运动中，义和团团勇提出"扶清灭洋"的口号，不问国别，对外国传教士一概排斥，并进行了大规模的杀害。在义和团运动中，中国人杀害了 32 名美国教民，包括 8 名中国教徒，其他国家的教士被杀者达 157 人。形势发生的新变化，使得美国政府不得不负起保护在华美国传教士的责任，从而也使中国民众针对美国传教士的教案问题呈上升趋势。1905 年的连州教案就是在这样的一种情形下发生的。《字林西报》的一篇报道叙述了当时的惨况："乱党……先将墨克尔（迈克尔）之女联谊抛入河中，继将亟斯纳脱小姐之衣尽行剥去，一并抛入河中。嗣后即有人持长矛投入河将二人乱刺。墨克尔夫人被石块击中头额，脑裂身死。乱党亦复裸其体而投入河。随后又将披勒夫妇二人寻获，杖毙之，亦投入河中。"[②]

当时的《纽约时报》也详细报道了连州教案的情况，多篇文章使得美国人对中国可能发生"拳乱"的担心更为严重。连州教案不仅是中美教案中最为严重的事件之一，也是自义和团运动后最为触目惊心的一个事件。《字林西报》发表评论说："连州教案是一长串反对外国人暴行名单中最新

---

① 李定一：《中美早期关系史》，北京大学出版社 1997 年版，第 477 页。

② 《申报》1906 年 11 月 12 日。

的一个，如果中央政府不切实执行（认真善待外国传教士）法令，这类暴行就不会消失""各国放弃受到质疑的炮舰政策后，中央政府承担了避免暴乱的全部责任，如果中央政府的行动不能让各国的放弃是合乎理由的，各国必须回到原有的炮舰政策"。

香港的《德臣报》也发表评论说，杯葛运动让人们如此地激动，以至他们图谋发动了如此的暴乱，并号召"西方各国联合起来让中国从高到低的官员明白，装糊涂的时期已经过去了"[1]。

这些一边倒的舆论以及美国驻华外交官柔克义、雷优礼带有倾向性的电文，极大地影响了罗斯福政府以及美国国民对这一事件的判断，为美国调遣军队、恫吓清廷营造了氛围和舆论基础。

四、组成了中美联合调查团

在希望美国向中国派出军队，迫使清廷就范的人中，雷优礼表现得最为积极。在连州教案发生之前，中国抵制美货组织就曾有成员向他发出过恐吓信，对此，他也曾拿着信找两广总督岑春煊交涉，但是，他认为岑春煊在这个问题上的态度是不明朗的。从那个时候起，他就萌生了希望罗斯福总统下令向中国出兵的想法。

连州教案的发生更使他认定这种想法的正确性。教案发生后，他又收到中国"暴民"正试图烧毁英德传教士房屋的信件，这更使他感到外国传教士在中国的处境非常不安全。

1905 年 9 月，美国陆军部长塔夫脱与罗斯福总统的女儿爱丽丝一起访问广州市。当时的抵制美货运动正风生水起，塔夫脱看到广州街头到处张贴着谴责美国排华政策、号召人民站起来抵制美国种族歧视、发起运动抵

---

[1] 广西师范大学出版社组织整理：《美国驻中国广州领事馆领事报告（1790—1906）》第 24 卷，广西师范大学出版社 2007 年版，第 143 页。

制美国的大字报。对于塔夫脱的到来，广州方面已做好了安防措施，但他还是感受到了一种紧张的气氛。塔夫脱在一幅描绘广州人为美国妇女抬轿子的漫画前停了下来，漫画的主题是"龟抬美人图"，这使塔夫脱感到此刻的中国人是不友善的，这个时候罗斯福总统的女儿出现在广州街头也是不安全的。

1905 年抵制
美货运动宣传画

本国外交官和舆论的倾向性给刚刚被提名为美国国务卿的鲁特一种错觉，他认为抵制美货运动是一场有可能越过所有界限，在某一天就会发展成义和团运动那样的排外事件。

美国方面虽然在声势上表示要对中国采取军事行动，并派出军舰在广州河游弋，但是从根本上说他们仍然是希望通过外交途径来解决问题的。一方面美国国务卿鲁特让雷优礼继续与广州方面交涉，一方面要求组成调查团前往广州调查此事，并电令柔克义在北京敦促清廷认真彻查此事，惩办凶犯。据此，外务省要两广总督岑春煊负责查办此案。

岑春煊与美国驻广州总领事雷优礼商谈后，双方组成了一个调查团。美国方面由雷优礼为代表；中国方面，岑春煊则派出具有外交经验的交涉局官员温宗尧为代表前往连州调查。温宗尧曾经做过岑春煊的秘书，又是他与外国人打交道的参谋，也接受过西学教育，因而，岑春煊对他相当信任。

以调查团的形式对连州教案进行调查实际上是有成例可循的。早在

1895 年，四川成都爆发教案，虽然美国传教士并没有受到身体伤害，教会所遭受的损失也较小，但当时的驻华公使田贝对此事却相当重视，认为成都教案的发生是官方纵容的结果。他要求清廷指派由四川总督、藩司会同美国传教士组成一个调查委员会，调查成都教案的起因、经过以及给英美传教士带来的损失。田贝为给清廷施加压力，甚至向美国总统提出，要用火炮轰击反传教暴动的地方。田贝还要求对当时的四川总督予以解职并加以惩办，正如 1875 年的马嘉理事件一样，外国人的这种非礼要求都有干涉中国内政的嫌疑，清廷自然也是拒绝的。

美国驻华公使田贝的著作《大清国及其臣民》中的插图

荒唐的是，田贝竟然不顾中方反对，从驻华公使馆中选出三名美国人组成独立调查团，作为向清廷施压的一种措施。当时，美国国务卿支持了田贝的这一意见，从此，美国对传教士在中国的传教活动也由相对"温和"改变为相对强硬的支持政策。

在成都教案中，田贝组织的独立调查团没有清廷和地方的配合不可能取得成功。在中国的反对下，美国国务院又向田贝发来指令，要求他将组成的调查团与中国方面重新组合，组成一个由美国驻天津领事、传教士、美国海军军官与中国方面派出的同等级别的人组成联合调查团。但是，总理衙门仍然认为这样的联合调查在大清没有成例，对美国并无好处，要求由中方与英国方面联合调查。总理衙门提出，关于四川教案的调查，可安排与英国驻重庆领事共同进行。但美国方面坚持认为，美国组成独立调查团对成都教案进行单独调查，于美国而言具有重大意义，也体现了美国保护海外侨民和财产安全的态度与决心，美国的行动不单为世人所共知，也是提升影响力的见证。美国人希望"展示实力，使中国政府和中国内地人民不再怀疑美国政府有决心维护在华居留的美国人的应有权利"①。

美国方面还依据中英《烟台条约》中的有关规定指出"第三条凡遇内地各省地方及通商口岸有关系英人人命盗案，议由英国大臣派员前往该处观审"和"最惠国待遇"，美国也有权这样做。

说到底，美国方面仍然是希望派出独立调查团调查成都教案。最终，美国如愿以偿，总理衙门被迫同意美国的独立调查团前往成都，同时还电告从京师到成都沿途各省官员做好保护和接待工作。独立调查团成立后，田贝发出指令说，调查团的目的是彻查成都教案发生的情况，写出调查报告，为美国政府的决策提供依据，因此，要求调查团"务必要询问目击闹事的洋人和当地人，按法律程序搜集证据"②。

连州教案遇难美国人的墓地

1905 年 11 月上旬，中美联合调查团在 100 名外国士兵和 100 名清军的护卫下，踏上了前往连州的行程，仅用了不到 10 天的时间就到了教案事发地。11 月 18 日，中美联合调查团开始了调查工作，调查团对大火烧毁

---

① 中国第一历史档案馆、福建师范大学历史系编：《清末教案》第五册，中华书局 2000 年版，第 401 页。

② 中国第一历史档案馆、福建师范大学历史系编：《清末教案》第五册，中华书局 2000 年版，第 412 页。

的教堂、医所进行了仔细勘查，并观看了美国人曾经躲藏的那个山洞。11月21日，中美调查团正式会审，主要成员有三名美国人和三名中国人，分别是：美国驻广州总领事雷优礼、美国海军军官康伯·G．R．埃文斯上尉和道格拉斯·E．迪斯米克上尉，温宗尧道台、驻扎在连州的八旗军指挥官和绿营军指挥官。

联合调查团在连州期间每周休息一天，其余大部分时间都是在持续提询、询问目击证人及验证相关的证据等工作中度过的。通过从11月21日到12月6日历时半个月的密集会审，中美联合调查团对连州教案的发生有了较为详细的了解，也有了大致明确的判断。调查团美国成员、广州总领事雷优礼就调查情况和他的认识向美国国务院发电做了汇报。

雷优礼的电报着重分析了事件发生的间接原因、直接原因以及相关责任。报告中指出：

> 事情发生的间接原因：（1）中国一直存在着排外情绪。大屠杀前，抵制美货运动又使排外情绪进一步加深。（2）在过去的两年，连州地区处于无序状况，特别需要提及的是，人们抗拒总督设立新式事务的尝试。去年连州出现了暴民反对官府的示威，民众的无畏、放肆降低了官府的权威。（3）麻医生／教士购买和保留土地的方式造成了民众对传教士暗中的不满。（4）附近地区的走私团伙怀疑麻医生／教士向官府打报告。

> 直接原因：（1）麻医生拿走3个火炮，干涉了本地民众的宗教活动。麻医生／教士归还了火炮后的很短时间里，还不知道麻医生／教士归还了火炮的民众聚集了起来。麻医生／教士拿走火炮的做法导致年长者的不满，他们走进麻医生／教士的医所，告诫他不要在土地上搭建临时的简易房。这些土地归麻医生／教士所有，虽没有地契，但确实是麻医生／教士购买了的。（2）暴民在医院搜寻火炮时发现了胚胎样本。民众把当地婴儿的丢失归因于麻医生／教士的不法行为。责任：（1）麻医生拿走3个火炮干涉了本地民众的宗教节日。（2）混乱的情

况使屠杀不可避免。地方上的官员是不称职的，没能保护生命和财产。连州官员称无力应付这一局势。①

事件发生后，美国一些人认为此案与法国天主教传教士有关联，不过调查报告指出"天主教会似乎与此次事件没有直接联系"②。

这次调查中，中国成员也有自己的看法，认为连州教案的发生有五个方面的原因：（1）麻医生不准醮会放炮，并将炮取去，致激众怒；（2）乡民在医院寻出药浸孩身，乡愚无知，愈为愤激；（3）连州地方官员，既知教士与村民早有微嫌，乃平日既不调和防范，临事又不力为保护；（4）守卫的官兵劝麻教士等下船，骑马乘轿入城，麻教士等不听，私自逃到山洞；（5）此案实因天主教徒与麻教士素有嫌隙。③

从中美双方成员各自向自己的政府汇报的结果来看，双方对认识的结论是有差异的，不同的地方在于：美国仍然将责任全归结于中国，认为抵制美货运动、连州及两广地方对教民的保护不力，是事件发生的主要原因；而中国成员则认为事件的发生具有单一性，系美国传教士购买土地与连州百姓之间发生的民事纠纷，美国基督新教与法国天主教会在中国所发生的竞争也是事件发生的导火线。

这次调查，中美调查团除向各自国内汇报了事件发生的原因及结果外，还向各自政府提交了一份关于教案中生命与财产损失的报告。报告中说，连州教案中被烧毁的建筑物有男医所、女医所、教士和医生的住所，损失估价是二万一千九百三十七两，修复费用为二万九千二百五十两九钱，教会、教士、医生的财产损失估计是二万三千五百三十五两五钱，总计

---

① 广西师范大学出版社组织整理：《美国驻中国广州领事馆领事报告（1790—1906）》第 24 卷，广西师范大学出版社 2007 年版，第 185 页。

② 广西师范大学出版社组织整理：《美国驻中国广州领事馆领事报告（1790—1906）》第 24 卷，广西师范大学出版社 2007 年版，第 184 页。

③ 中国第一历史档案馆、福建师范大学历史系编：《清末教案》第三册，中华书局 1998 年版，第 797 页。

七万四千七百二十三两四钱。报告中还说，这次事件，华人信徒也遭到了
损失，总计损失三千四百八十八两三钱六分。

被焚毁的女医局

根据这个结果，双方应该如何应对，采取什么办法挽回危局，是两国
政府都必须面对的现实问题。

当中美联合调查团将调查报告由本国成员呈递给各自政府的时候，两
国政府都没有迅速做出答复。美国国务院只是让雷优礼继续在广州总领事
任上待命，再者，美国政府接到报告之时，正值一年一度的中国春节，美
国方面自感不便在这个时候向中国进一步提出交涉。而在中国方面，清政
府的官员们正在喜庆、迎来送往的气氛里奔走，自然无心顾及连州教案会
是一个什么样的结果。

五、该用什么方式了结连州教案

1906 年 3 月，美国国务院向美国驻广州总领事雷优礼发来指示，要他
与中国方面继续交涉，试探中国的态度。中国方面则回应性地根据外务部
的指示，由广州方面继续派员具体商议连州教案的解决方案。

在雷优礼接到的电令中，美国国务卿让他全权负责此案，要求清朝政
府就教案所造成的一切被损毁的赔款、死者的抚恤拟订一个妥善的方案。

于是，岑春煊派出温宗尧继续与雷优礼交涉。经过双方此后三个多月的交涉，美方于 1906 年 6 月 26 日向清廷外务部发出了一个照会，照会提出了了结教案的九点要求：

> 一者，须偿银四万六千一百二十九两六钱五分，交本总领事收，转交长老会代表及管理银两人罗牧师，以作赔偿教会在连州所失产物之用。此款尽余五月十九日以前交本总领事。二者，杀教士焚毁教堂之逃犯，须加重花红悬贴追拿，至拿获为止。三者，须切实允许以后竭力保护美国牧师。四者，该处每年建醮之庙，即该教会男医所相近者，须即改作学堂。五者，该学堂附近，将来须由华官建一石碑于众目共见之处，内刊明去年十月初一所颁上谕。六者，已各牧师回连州时，须将该上谕张贴于连州城及州属各众目共见之处。七者，除以上所论之石碑外，须由华官另建一纪念碑，俾纪念各牧师因此案被害。此碑刊明由华官所立。八者，此碑须建于近龙崖庙前之树下，即各牧师被匪由崖内搜出，惨加非刑后，并掷打河淹毙之处。九者，以上各碑均于本年八月二十三日以前建妥，将来倘有毁坏情事，应由华官修复。①

外务部接到照会后，两天后即予以了答复：对于美方提出的九条意见原则上是同意的，对于第二条至第九条意见都没有要求，只是对关于赔款的第一条，希望美国政府考虑连州的实际情况。

清廷的复照中诉了一大通苦，说连州地瘠民贫，百姓衣食无着，穷得都快揭不开锅了，希望美国政府彰显基督教义的"博爱"放弃赔款的要求，如此，连州绅民必然为美国人的宽宏大量所感动，这种恩情永世也不会忘怀。如果美国不愿放弃向大清索要赔款，外务部又退而求其次说，鉴于连州地瘠民贫，难以一时凑集四万余两赔款，操之过急，必至激成事端，如果不能免除赔款，也希望美国驻广州总领事能转告教会，将赔款分作五期

---

① 中国第一历史档案馆、福建师范大学历史系编：《清末教案》第三册，中华书局 1998 年版，第 977 页。

收取，每期六个月。

看到外务部的复照，雷优礼不免感到好笑，他笑大清官员的幼稚，杀了人，给美国教民带来极大的伤害，怎么可以不了了之呢？但是，雷优礼又不好直通通地表示拒绝，他在给外务部的回文中表示自己与教会都没有分期收取赔款的权力，至于放弃赔款之说，他更没有权力做出这样的决定，因此，他要求外务部在7月12日前将赔款汇存到万国宝通银行。

面对雷优礼的拒绝与不肯通融，外务部只好将此事告知慈禧太后，慈禧太后谕令两广总督岑春煊设法筹措款项，先为垫付连州教案赔款。但是，令岑春煊气愤的是，当广州方面将筹来的款项汇到万国宝通银行后，雷优礼却再次告知温宗尧，说现在美国受害传教士亲属提出了抚恤赔款需求，虽然清朝已经做出了财物损失的赔偿，但基于美国教民家族的新要求，此案尚无法了结。这个新变化让温宗尧、岑春煊甚至清廷外务部都万分惊诧，本来，对于连州教案的发生，美国长老会原想表示对中国人的宽恕，并不打算向民众索要抚恤赔款的。

被毁前的
连州基督教堂

在联合调查团进驻连州之前，美国的一份报纸曾报道了事情发展的经过以及教会被攻击，迈克尔夫人、安妮·迈克尔等五名美国人被杀的情况。美国长老会纽约总部看到这份报纸，从中首次得知连州教案事件，其很多重要人物看到报道的情况后感到相当愤怒和震惊。但是，考虑到传教事业仍然需要在中国继续发展下去，美国长老会除了惋惜遇害的五名传教士所遭遇的不幸外，也赞美他们是为上帝事业而献身，认为"殉难者的鲜血是教堂的种子,（相信）连州的传教事业在惨案后会得到更大的发展"[①]。因此，美国长老会不会要求中国就死亡者做出抚恤赔款。

遇难者车姑娘
的家书外文报道

1905 年 11 月 22 日，美国长老会纽约总会会长写信给驻美公使梁诚表达了同样的态度，美国"被害教士性命为教捐躯，性命之尊，非金钱所能抵易。若索偿巨款示罚，诚恐派及无辜"[②]，为了表示教会对中国及中国人

---

① 唐金花:《连州教案与中美交涉》，硕士学位论文，中山大学，2009 年，第 32 页。

② 中国台湾"中央研究院近代史研究所"编印:《教务教案档》(第七辑第二册), 1980 年版，第 976 页。

民之友谊，美国长老会纽约总教会已经开会决定，不向中国索请恤款，只索取财产损失的赔款。梁诚迅速把这一消息电告了国内。在此后 6 个多月里的几次商谈中，美国驻广州总领事都向中方负责人温宗尧表示，在连州教案中，美国不会向中国政府索取恤款。所以清政府上下都以为在此次教案问题上，美国方面放弃了索取恤款的要求。

事实上早在 1906 年 5 月，美国国务院致电美国驻华公使柔克义，询问在连州教案中死亡的美国公民的家属是否有提出抚恤赔偿款的要求，柔克义表示并不知情，随后便致电美国驻广州总领事雷优礼询问情况。雷优礼回答说，得到总部授权的广州长老会提出了两个赔款要求，一是就美国人的财产损失，另一个是就信徒的财产损失，但教会不打算索取恤款。

从这个情况来看，美国长老会是不打算向连州民众索要抚恤款的，他们希望以此博取中国民众的信任和好感。但现在教案受害者家属却提出索要恤款，美国政府便让雷优礼继续向中国方面交涉此事，并致电雷优礼说，不要和中国方面达成阻止向美国教民赔偿的决定。美国国务院还电告柔克义，应尊重教民家属的合理诉求，将赔付恤款作为美国政府同意了结连州教案的重要条件。

柔克义则告知美国国务院，清廷早在连州教案发生之时就发布过上谕，承诺可以对被害的传教士家属给予适当的补偿，因而，他相信，当美国政府代表受害者家属向清廷索偿时，中国应该会接受这个要求。

美国长老会在事发之初表示不会向连州百姓索偿，现在美国方面却出尔反尔，索要赔款，这是令清廷无法接受的。为此，清廷电告驻美公使梁诚询问美国国务院和长老会总会，在连州教案发生之初的表态还是否有效。两广总督岑春煊也致电梁诚说，柔克义提出美国政府准备代受害者亲属索取抚恤，这与美国长老会做出的表态相背，希望梁诚帮助确认美国政府和美国长老会的确切态度。

清政府为死难者所立石碑
上的碑刻

梁诚接到两封来电后，便立即向美国国务院和长老会总会去信，希望
教会坚持原来表态的不向中国索要抚恤的决定。美国长老总会接到梁诚的
信后，即向美国国务院重申了教会只索取赔款、不索取恤款的立场，表示
即使中国政府给予恤款，教会也不会收取丝毫。8月3日，美国国务院回
复教会表示，美国已经决定要代教士家属向中国政府索取恤款。针对教会
反对索取恤款的立场，国务院申明："美国人在国外被杀，美国政府向所在
国索取恤款是依照国际法进行的交涉，不管被杀之人和教会是否有关系，
也不管政界以外之人是否同意索取恤款。"[1]在美国坚持要代被害传教士家
属索取恤款的强硬立场面前，教会只能回复梁诚之前去信表示不索取恤款
是教会的决定，不能代表教士家属的看法，教会无权决定是否向中国政府
索取恤款，也无权干涉教士家属向中国政府索取抚恤款的要求。

美国教会此说显然是在推脱，也有些出尔反尔的嫌疑，这让梁诚非常
不满。他认为："彼既请恤款非教会可以代谋，何以有公议不收恤款之说。
既谓教士家属非教会所能管辖，何以竟代表家属推辞恤款。如未商该家属

---

① 中国台湾"中央研究院近代史研究所"编印：《教务教案档》（第七辑第二册），1980年版，
第990页。

而自行武断，则教会应有对付家属之责任。如其已商该家属而甘食前言，则教会实有欺罔友邦之罪状。"①梁诚给美国教会去信诘问此事，希望教会不要自毁前言，做出有损教会声誉，增添中国百姓与教士之间仇恨的事情。

收到梁诚具有质问性质的信，美国教会只好向国务院申诉，但是，美国国务院坚持前说，要求代受害者家属索取赔偿款。国务院还表示，美国教会所做出的放弃索要恤款的意向表示不能代表美国政府的态度，也不能代表受害者家属的态度，更不能成为清朝政府因此而拒绝赔付抚恤款的理由。

8月中旬，美国国务院再次致电柔克义："考虑英国和法国政府曾为他们国民在中国被杀而索取恤款的数量和性质，美国政府坚持向中国索取恤款。美国政府将代连州教案遇害者的亲属向中国政府索取五万两恤款。被害者亲属索取恤款的要求包括一个被害者留下的两个婴儿所需的抚养费1万美元和其他遇害者的财产损失费2.5万美元。"②

接到美国国务院的电示，柔克义迅速制定了一份关于议结连州教案的草案，提交给美国国务院审阅。草案是在原来雷优礼提出的九条要求基础上完成的，美国国务院对此表示同意，柔克义遂将草案提交给了清廷外务部。在这份草案里，除了原来的九条内容外，柔克义还加上了"在此约签字盖印之日，中国政府应备五万美元交付美驻华公使柔克义代收转交被害五人家属丁照领作为抚恤"之款，作为美国同意了结连州教案的条件。清政府在抄录草约时，把五万美元错误写成了"五万两"，柔克义发现后，要求清政府修改草约，把五万库平银改为五万美元。

外务部收到草案并没有急着表态，清廷仍把希望寄托在梁诚身上，希望梁诚努力说服美国国务院，使其认可美国长老会曾经做出的声明，放弃索取受害传教士的抚恤款。当年10月底，梁诚在美国的努力有了结果，美国国务院虽然没有放弃抚恤款，但同意将受害者家属抚恤款从五万美元减

---

① 中国台湾"中央研究院近代史研究所"编印：《教务教案档》(第七辑第二册)，1980年版，第989页。

② 唐金花：《连州教案与中美交涉》，硕士学位论文，中山大学，2009年，第34页。

少到两万五千美元。后来，两广总督岑春煊又与美国驻广州总领事雷优礼商议，将草案第四款中的"将庙宇改建学堂"修订为"将庙宇拆去"。

经此磋磨，岑春煊让温宗尧向雷优礼转交了一张两万五千美元的银票，至此，连州教案宣告落定。连州教案了结后，原来的军事威胁也不复存在，这使大清上下都长嘘了一口气。

对于连州教案，需要说明的是，美国政府之所以要代受害者家属索要抚恤款，有两方面原因：一是美国方面认为清廷没有采取有效措施遏制抵制美货运动的发生，认为中国的这种民族运动对美国的危害是巨大的，并最终发生了连州教案。因此，美国方面有此态度，正如美国国务院在给柔克义的指令中所言，之所以向中国索取恤款，主要是惩戒中国官员在保护美国教民的保护不力。雷优礼在阐述美国坚请恤款的理由时也说："本国政该恤款藉戒效尤，是本案必须之款，务须坚请。而贵国官员即不能禁遏乱事，亦应赔偿。"①

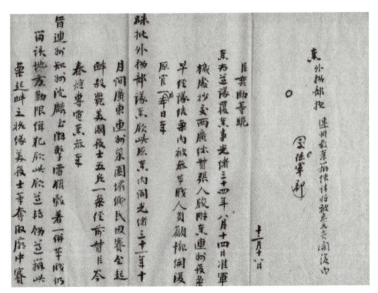

教案发生后，知州沈麟书、游击雷镇谷、守备王昭麟的革职奏报

---

① 中国台湾"中央研究院近代史研究所"编印：《教务教案档》（第七辑第二册），1980年版，第986页。

二是清廷的弱国外交，也使列强在所有的索偿中尝到了甜头。回顾清廷与各国的外交纷争以及人员生命财产的事件，不管是非曲直，清廷都会息事宁人地给予外国赔偿。连州教案发生后，清廷曾经主动颁布上谕表示要对受害者妥为抚恤，因此柔克义曾对美国国务院信心满满地说，如果美国政府向中国人索取恤款，中国人必会接受。

况且，美国索取恤款，其自认为是鉴于他国已有成例，清廷都曾在此类命案后做出了赔偿，故鉴于"英国和法国政府曾为他们国民在中国被杀而索取恤款的数量和性质"，美国政府坚持向中国索取恤款。梁诚在分析美国坚请恤款的缘由时，也分析道："各国命案……我国无不抚恤优加，在彼视为固然，动辄希图厚获。此案恤款苟尽减让，则将来命案索偿不能不稍费唇舌。美国政府故不欲开此先路，各国尤不愿有此成案。"①

---

① 中国台湾"中央研究院近代史研究所"编印：《教务教案档》(第七辑第二册)，1980年版，第992页。

Chapter 4

第四章

走向欧美的五大臣

一、迫不得已的新政

义和团运动爆发后，在各国为如何处置中国而绞尽脑汁之时，清廷也在思考着自己的命运，特别是面对日俄在中国东三省交战的现实，清廷中要求改革的呼声更加高涨。

自甲午战争之后，改革就成为一种呼声。此后，维新派在光绪皇帝的支持下，推出了一场包括宪政、外交、军事、文教等在内的救亡图存的变法运动。在政制上，维新派试图构建君主立宪政体。但是由于这场运动冲击到了以慈禧太后为首的保守派的利益，因此维新派在慈禧太后发动的戊戌政变中遭到致命打击，改革的声音短时间内便遭到压制。义和团运动发生后，八国联军进占京津，慈禧太后挟持光绪皇帝逃亡西安，清廷被迫与列强签订了《辛丑条约》。经历了这样的大动荡，国人很为国家遭受如此奇耻大辱感到痛心，也对朝廷的腐朽大为不满，要求变革图存的声音再度兴起。

经历了逃亡之苦的慈禧太后要维护自己的权力，就得给人民一个交代。再者，逃亡途中，一路困顿风尘，颜面尽失，她不得不一面惩治坏事的顽固派官僚，一面急切地表达自己进行改革的决心。

1901 年 1 月 29 日，逃往西安的慈禧太后表现出振作的姿态并发布上谕，要求王公大臣、封疆大员"各就现在情形，参酌中西政要，举凡朝章国故、吏治民生、学校科举、军政财政，当因当革，当省当并，或取诸人，或求诸己……各举所知，各抒所见，通限两个月，详悉奏议以闻"①。

1902 年 4 月 5 日法国《世界画报》刊登的漫画：狼狈西逃的慈禧

慈禧太后的谕令发布之后，朝臣和地方大员反应颇为强烈。在众多呈上来的条陈中，两江总督刘坤一、湖广总督张之洞的联合会奏引起了慈禧太后的注意。刘坤一、张之洞给慈禧太后上了三道折子，即《变通政治人才为先遵旨筹议折》《遵旨筹议变法谨以整顿中法十二条折》《遵旨筹议变法谨以采用西法十二条折》，史家称为"江楚会奏三疏"。它们的中心思想是，只有变法学习西方，才能积聚大量的经国人才，军事才能强大，教案才不会发生，与各国签订的条约才能公平，矿务才能开辟，洋人才不敢在中国横行，乱党才能得到平息。

慈禧阅罢，认为里边有很多建议是可以实行的。因此，她要求朝廷根据轻重缓急"随时设法，择要举办"。

当年 4 月，慈禧太后就谕令设立了督办政务处，由奕劻、李鸿章等重臣负责督理。自此，慈禧太后主导的"新政"开始上演。虽然慈禧太后在人们的眼中是一个专横、阴险、敛权的女人，但是实事求是地说，庚子之后的新政并非全无可取之处。慈禧太后推行的"新政"与康党的维新变法

① 中国第一历史档案馆编：《光绪宣统两朝上谕档》第 26 册，广西师范大学出版社 1999 年版，第 460 页。

相比有很大的区别，它既能够使朝廷中的保守派和洋务派都可以接受，也更适合当时中国的国情实际，更具有实践意义。

庚子之后的新政，在政治上借鉴了维新派裁汰冗员的思路，设立了外务部、商务部、学部、巡警部、邮传部等新的政府部门，意在变革传统的六部体制；经济上，在维新派提出的奖励工商、发展实业的基础上，制定了《商人通例》《公司律》《破产律》《商会简明章程》等多种经济法律，为工商业的发展提供了保障；军事上，在维新派整顿团练、改革八旗兵的基础上，提出编练新军、建设现代化军队的新主张；文化教育上，在袁世凯、张之洞的积极推动下，废除了延续几千年的科举制度，使新式教育和国外留学成为潮流。

慈禧太后推行新政，是时势所迫。自她发动戊戌政变以来，国内外环境的巨大变化，使她不得不回到改革的轨道上来。庚子之后，慈禧太后痛定思痛，作为朝政大局的直接操纵者，她对新政寄予厚望，渴望通过变革给国人一个交代。但是列强的索要多端以及国内政治、社会的动荡，并没有给她一个稳健改革的条件。

1904年，日俄战争爆发，弹丸小国日本战胜了专制帝国沙俄。这个新动向使得国内外的舆论认为，这是君主立宪国（指日本）战胜专制帝国的铁证。由此，朝野上下很多人士开始认为中国的出路在于君主立宪。在强大的社会呼声中，慈禧太后不得不把新政归于宪政改革一途。

慈禧太后推动的新政改革，应该说是其为维护王朝统治、巩固自己权力的一次自我调节，功利性目的与她垂帘听政之初所推动的洋务运动颇有相通之处。洋务运动由于只学习西方的军事、技术，没有触及政治体制，所以那场运动最终以失败告终。作为对洋务运动的一场大检阅，甲午战争说明了修修补补的改革并不能改变王朝日渐衰微的国运。同样，慈禧太后推动的新政改革在执行上也是缓慢的。清朝皇室为巩固自己的皇权，借改革之名，行专权之实，激化了满族与汉族、中央与地方的矛盾，最终将腐朽的王朝推向了辛亥革命的断头台。

慈禧太后

　　在日俄战争之前，所谓新政改革实际上并没有什么大的动静。虽然清廷将总理衙门改为外务部，新设立了商部、学部、巡警部、练兵处和财政处等与西方接轨的职能部门，但终归的目的是将地方权力收归中央，以维护王朝统治。

　　以巩固中央集权为目标的新政改革，引起了朝廷中汉族士大夫的不满，因为清廷推动的新政改革不仅削弱了地方督抚的权力，也压制了汉族官僚在王朝中的话语权。于是，大清朝野出现了要求迅速实行君主立宪的"立宪派"，要求大清来一场实实在在的宪政改革。

　　1904 年日俄战争在中国领土上爆发，大清朝却宣称"保守中立"，这让全国上下对清廷的妥协外交非常不满。可以说日俄战争对当时宪政改革思潮的勃兴有非常大的影响。

　　战争爆发之初，立宪派感到这场战争关系到中国的安危，如果应对不当，必然引起列强新一轮的瓜分狂潮。立宪派一面呼吁朝廷"宜速派明于交涉之员为之周旋其际"，以促日俄之和议，"庶东三省人民土地不致全属外人"；一面呼吁朝廷加快新政改革以图强中国。

　　立宪派不仅希望中国也像日本、英国那样实现立宪政体，还对日俄两国进行了对比研究，认为俄国在战争中失败是因为士兵不肯为专制王朝效力："夫立宪国之兵，所以为国为民，以不得隶籍军人为耻专制国之兵，所以为一家一姓，故人不肯牺牲其最尊贵之生命，以效死于私朝。"若把日俄战争看作专制王朝与君主立宪制的试验场，胜负之间孰优孰劣也就一目了然了。

　　因此，当日俄战争胜负分晓之际，立宪派要求实行立宪改革的声音更是不绝于耳。他们认为中国只有迅速推行新政，才能改变内忧外患的局面。持这种观点的，维新派领导人物梁启超可谓典型的代表。在慈禧太后西狩、要求王公大臣参酌政要条陈强国之策的时候，流亡他国的梁启超在海外的观感使他已经认识到，立宪才是当时中国的出路。1900 年 8 月，梁启超为指导唐才常的自立军起义匆匆回国，但他回到上海后，自立军起义已经宣告失败。梁启超前往南洋拜见康有为后，又作澳洲之旅，到 1901 年才又踏上日本的土地。将近一年的海外之行，使梁启超亲身体验到宪政国宪政制度下的社会生活，认识到了中国的出路在于立宪。

　　1901 年 6 月，梁启超在《清议报》上发表《立宪法议》一文，说中国的出路在于宪政。所谓宪政，在他看来，就是统治者行使有限权力的政治。在中国要限制统治者的权力，必须推行宪政。宪政还权于民，民有权才能保证宪法贯彻执行。

　　梁启超在文中还详细阐述了中国实行宪政的步骤和办法。主要内容是敦促朝廷颁布谕令，宣布实行君主立宪，安定民心，派出朝中重臣考察宪政国政体经验，设立立法局，拟定宪法，公布宪法草案，令全国士民讨论，形成宪法定本，颁行天下。

　　当时，慈禧太后虽然是情非得已地推行新政，但她并没有放松对康梁的通缉。在这样的情况下，梁启超的主张就不可能对慈禧太后产生影响。而将立宪思想引入朝廷的是体制内的一些开明官员，特别是那些驻外使节，他们身居国外，亲身体验国外宪政生活，其中一些人提出了立宪主张。

　　梁启超发表《立宪法议》的当月，出使日本的李盛铎在条陈中就向慈禧太后提议实行君主立宪。李盛铎在条陈中说："查各国变法，无不首重宪纲，以为立国基础。惟国体、政体有所谓君主、民主之分，但其变迁沿改，百折千回，必归依于立宪而后底定。"①

李盛铎的这个条陈，在当时是否引起了慈禧太后的注意不得而知。但是，1905 年清廷派出了宪政考察团，李盛铎就是五大臣中的一员。

让立宪声音进入朝廷并最终影响朝政的其中一个人物，是状元出身的著名商绅张謇。张謇和教育家吴汝纶一样，都不喜为官，热衷于办教育和创办实业。他 1894 年高中状元，但并没有应朝廷的要求入朝为官，而是返回南通老家创办教育，开办实业，在这些方面，他倒真的颇有建树。

1903 年，日本举办博览会，一位日本友人邀请他前往参加。张謇接受了要求，在日本居留了两个多月，考察了日本的政治、社会、教育等各个方面。这次日本之行让他的人生坐标发生了很大变化，在致力于实业和教育的同时，他也积极呼吁朝廷实行宪政，并成为江南立宪派的首领。

江南立宪派不同于康梁所领导的维新派，他们没有形成特别严格的政治团体，但江南立宪派的代表人物张謇、汤寿潜、张美翊、赵凤昌等人较维新派更为务实，他们以文字启迪民智，在宣扬立宪主张的基础上，更善于联合从中央到地方实力派的力量。他们认为，只有在权力体系中得到强有力的支持，自己的政治主张才能得到推行。回观维新运动的失败，江南立宪派明白，推行变革的人必须是从中央到地方的当权派，所以他们充分地认识到这一点：要立宪，必须联合那些能影响朝廷的当权派。

当日俄战争爆发后，江南立宪派怀着务实的宪政改革思想，希望通过地方实力派将他们的主张上达清廷。1904 年初，当张元济、张美翊、赵凤昌以及时任奉天提学的张鹤龄、盛宣怀的幕僚张景端得知日俄将在中国东北开战时，他们认为，战争甚至日俄和谈必然涉及中国领土主权，中国不能无视。于是他们紧急磋商后草拟了一份奏章，建议朝廷派出代表分赴各国申明中国在东三省的主权立场。张元济等人还计划将这份奏折通过盛宣怀和吕海寰等呈送给两江总督魏光焘、湖北巡抚端方、署理两广总督岑春

---

① 侯宜杰：《二十世纪初中国政治改革风潮》，人民出版社 1993 年版，第 28 页。

煊，再由三督抚会衔呈奏给朝廷。

江南立宪派这样做正是基于三督抚在大清官场的重要地位，同时，三督抚对东三省局势也是甚为关注之人。1903 年 12 月 16 日，魏光焘在给外务部的电报中说，日俄争夺东三省"关系甚大"，朝廷应设法维护东三省主权。1904 年 2 月 8 日，端方在给盛宣怀的信中也说："战事一开，势将掣动全局，中国今日情事，安能支乎？"①

基于三督抚对东三省的关注和当时的实力，江南立宪派希望通过他们将奏折转呈朝廷，以便受到重视。1904 年 3 月 4 日，张元济、张美翊等人的奏折分别呈送给了魏光焘、端方、岑春煊三人。盛宣怀在给端方的电文中说："张鹤龄来电，所拟奏稿，承公嘉许。鄙见惟有请派重臣，以考求新政为名，赴各国面递国书，以维均之势立说，东三省开通商埠，利益均沾为宗旨，乘其胜负未分，先站地步，伦贝子正将就道，如可兼办，尤无痕迹。弟拟电奏，若得一二疆臣会衔，更可动听。"②

盛宣怀像

---

① 盛宣怀：《愚斋存稿》，沈云龙主编：《近代中国史料丛刊续编》第 13 辑（125），中国台湾文海出版社 1974 年版，第 2041 页。

② 潘崇：《清末五大臣出洋考察研究》，中国社会科学出版社 2014 年版，第 31 页。

从这个电文来看，在盛宣怀发出此电之前，端方已经向立宪派表达了对奏折的支持态度。因此，盛宣怀给端方去电，希望他会衔上奏，同时也去电请求魏光焘联合会奏。端方、魏光焘都表示赞同。

　　3月7日，盛宣怀联名工部尚书吕海寰、代理两广总督岑春煊、两江总督魏光焘联名会奏。四人呈递的奏折中说，日俄战争的爆发，无论两国谁胜谁负都会对中国主权造成极大危害：俄国战胜则更加明目张胆，无视中国主权；如果日本战胜则肯定会派出军队代管满洲，兵威所至，与虎去狼来有什么区别？盛宣怀等人提出宜乘美国宣布保全中国土地主权的机会，以考求政治为名，迅速派出大臣到欧美有约各国访问，向他们承诺东三省开埠、各国"利益均沾"，从而达到以夷制夷的目的。

　　出使大臣同各国商谈时应申明四点：一、中国拥有东三省主权，不得误认东三省为中国已失之地。二、日俄战争有损各国商务，请各国调停，以保和平。东三省人民遭日、俄军队蹂躏，应予抚恤。三、以北京为各使会商之地。四、战争结束后，中国允以东三省遍开商埠及厂栈路矿诸项利益以为酬劳，然必须以不能损害中国主权为前提。

　　四人在转呈立宪派奏折的同时，还建议朝廷在派大臣出使的问题上应秘密进行，建议由已经前往美国参加世博会的贝勒溥伦顺道出访欧美各国，阐明中国在东三省问题上的立场，"此次派使出洋，因应之方，辩难之策，在在关系紧要，自非寻常使节所可比伦。但目前遣派专使，未便遽著痕迹。除日俄两国外，有约各国自宜先从美国入手。今美国赛会正监督贝子溥伦正将就道，且闻先赴日本，系出彼国之意，似莫若周历欧洲，既免他国猜疑，尤于大局有益"[①]，并希望朝廷降下谕旨，让溥伦等人顺道考察政治，为朝廷推行新政做准备。

　　从这个奏折来看，不管是江南立宪派还是盛宣怀、魏光焘、端方、岑春煊等人，他们与袁世凯的东北政策是一致的，都希望通过"利益均沾"

―――――――――――

① 吕海寰：《吕海寰奏稿》，沈云龙主编：《近代中国史料丛刊三编》第58辑（571），中国台湾文海出版社1966年版，第325—328页。

吸引他国利权进入东三省，从而达到"以夷制夷"的目的，也希望朝廷利用一切机会考察他国政治。但是这个奏折并未引起慈禧太后的重视，为什么呢？一来是朝廷认为，奏折原拟稿之人人微言轻，并未有多少政治外交经验，所以将奏折留中不发，等待战事有眉目后再行商议；二来，立宪派认为东三省危急之时的立宪改革主张并不为朝廷所重视，慈禧太后虽然提出要推行新政，但立宪尚未进入朝廷视野。

对于联合会奏的失败，立宪派并不甘心。作为立宪派领袖人物的张謇积极游说张之洞、魏光焘，希望二人再次联合会奏，借东三省危难之际，呈请朝廷立宪，意图更张。张謇还替张之洞和魏光焘写了一个拟请立宪的折子，奏折中说，颁行宪法有"理财练兵兴学其事易举"、"上下志通，官吏自无从锢蔽"、消弭革命等好处。其中还援引日俄战争谈道："观日俄近事，尤为明证，是宪法行，虽至小至弱之国，亦足以图存而自立。"[1]

立宪派领袖人物张謇

这个奏折虽然也以保全东三省、派使欧美为要点，但在立意上却站得更高，陈情立宪改革是中国富强的必由之路。奏折明确指出，朝廷应当学习日本维新后改行宪政的成例，派使到各国进行考察，为中国宪政改革寻

---

[1] 潘崇：《清末五大臣出洋考察研究》，中国社会科学出版社 2014 年版，第 33 页。

找出路，现在形势紧迫，如果等日俄战争结束，故到外国干预中国改革之时，恐怕朝廷推行改革就变得艰难了，因此，"拟请皇太后皇上密饬议复，断自宸裁，仿照日本明治变法，五誓先行，宣布天下，定为大清帝国宪法。一面派亲信有声望之王大臣游历各国，考察宪法，按照日本初行宪法章程办理。臣等悬揣实行之期，已须数年以后。为目前救急计，但求速宣明喻，则政体先立。外而眈眈环伺之列强，内而狡焉思逞之匪党，皆当改易视听，革面洗心"①。

为了使这个代拟的奏折能够被朝廷采纳，《大公报》还对其进行了报道："某某督抚等奏请立宪早纪本报，兹悉当时原折并未呈递，因反对者多也。闻张季直殿撰意谓，日俄之战，其结局无论谁胜谁败，我中国必有大变动，如火之及屋，恐不易救，欲预防之，必宜急为变法，而变法之要者即首宣立宪云云。并为之详陈立宪之利益。所言极为恳切，惜原折未能上达也。"②

同时，张之洞还向张謇建议，设法与袁世凯联结，取得他的支持。当时，张之洞与袁世凯虽然都是朝廷重臣，但二人的权力暗争使得他们的关系并不太和睦。但是，张之洞明白，主张立宪改革绕不开袁世凯的支持，为什么这么说呢？自李鸿章去世，袁世凯成为直隶总督兼北洋大臣，加上慈禧太后的信任以及他与奕劻的联络，他便成为能对朝廷政策起影响作用的重要人物。这就是说，要实现君主立宪，如果没有袁世凯的支持，立宪改革很难启动。袁世凯曾经是张謇的学生，后来因为政治立场不和，张謇痛骂过袁世凯，二人已经多年不相往来。此番有求于他，张謇也只好拉下面子给袁世凯写信，希望他效法日本的伊藤博文、坂垣主持立宪。但此时的袁世凯对立宪改革并不热心，善于投机的他在观望，因而，回复说"尚须缓以竢时"③。袁世凯没有答应，张謇又找到时为军机大臣的瞿鸿禨。瞿

---

① 章开沅等主编：《辛亥革命史资料新编》第2卷，湖北人民出版社2006年版，第41、42页。
② 潘崇：《清末五大臣出洋考察研究》，中国社会科学出版社2014年版，第33页。
③ 张謇研究中心、南通市图书馆编：《张謇全集》第六卷，江苏古籍出版社1994年版，第865页。

鸿禨对立宪十分感兴趣，态度也甚为积极。当年 9 月，张謇又找到兵部侍郎铁良，将自己刻印的《日本宪法义解》和《议会史》送给他，希望他对朝廷产生影响。1904 年的后半年里，张謇积极活动，拜访各路大臣，畅言立宪。在社会各界的积极推动下，朝廷中形成了一股声势浩大的立宪力量，载泽、张之洞、端方、瞿鸿禨都是宪政的积极支持者。

1905 年 5 月，日本海军在对马海峡全歼沙俄太平洋舰队，当时日本指挥官是东乡平八郎，这个自诩为"一生伏首拜阳明"的海军统帅，书写了立宪国战败专制国的历史。这一战，使得大清朝野上下出现了越来越大的立宪呼声。

对马海峡的战败决定了俄国在战局中的完全被动，也使得沙皇尼古拉二世被迫回到谈判桌上来。当此之时，清廷也不能不为东三省的前途命运感到担忧。1905 年 6 月 23 日，慈禧太后谕令外务部、各省督抚、驻外公使就日俄和议，中国该如何保全东三省问题征询意见。当时，对于该如何保全东三省的问题，朝廷和地方大员中持有两种意见：以外务部会办大臣那桐为代表的一派认为，中国应该积极地参与到日俄议和中来，那桐甚至曾"亲至英日俄各公使馆详述其意，并请转电各该国政府，准许中国派员与议日俄和局"①。

但是，当时的军机大臣张之洞等人认为中国不应该参与日俄议和谈判，而应从长计议，设法保全东三省主权。张之洞在给慈禧太后的奏折中认为日俄议和，日本并不能料定双方最终会达成一个什么样的和约。"日之待俄不能定，则其待我亦不能定，故此时即中国有员与议亦无益，况彼不允乎？"于此之际，"惟有俟其与俄定议后，我方能与之开议，大抵抱定日本宣布许我之完全主权为定盘针"②。

---

① 《那尚书力主干预议和》，《申报》1905 年 8 月 3 日。
② 王彦威纂辑，王亮编，王敬立校：《清季外交史料》第三册，书目文献出版社 1987 年版，总第 2964 页。

张之洞

面对即将展开的日俄议和谈判，身为驻俄公使的胡惟德致电庆亲王奕劻与袁世凯询问该如何应对，二人经过商讨，回电说，现在的形势是，日俄议和不容别国干预，"我若派员前往，其势亦难挽入"[①]。

这不仅是庆亲王奕劻与袁世凯的看法，当时的报纸也发表文章说："日俄和议之事，中国政府势难干预，尚须从长计议。"[②]此外，当时的驻外公使中，除驻俄公使胡惟德积极关注事态之外，驻英、法、美等国公使都在积极地大谈各国对日俄议和的动向和态度。驻美公使梁诚认为朝廷不应参与日俄议和。驻意大利公使许珏很有先见之明地认为，日俄议和必有中国所不能接受也无法接受之事，届时如果拒绝则可能再开战端，从之则主权尽失，因此他主张派代表与两国另行谈判接收东三省问题。

但是，对于该如何收回东三省主权，如何从长计议，朝野上下很多人是没有自己的见解和主张的，能拿出具体对策的是时任湖南巡抚端方和江苏巡抚陆元鼎。二人在给慈禧太后的奏折中说，虽然日俄议和之际，大清派出代表参与议和合乎情理，但如果日俄两国趁机要挟，大清就将处于被

---

① 《外部致胡惟德日俄直接议和望密探电闻电》，王彦威纂辑，王亮编，王敬立校：《清季外交史料》（第三册），书目文献出版社 1987 年版，总第 2963 页。

② 《那尚书力主干预议和》，《申报》1905 年 8 月 3 日。

动局面。至于请列国保全东省之议，又不免"蹈甲午中日战后之覆辙"。

二人向慈禧太后建议，饬令驻美公使梁诚在美国就近了解日俄议和的详细情况，以便设法以夷制夷；同时饬令驻日公使与日本政府密商善后办法，设法保全东三省主权，设法亲密中日邦交。

为什么要这样做呢？二人在奏折中阐述了维护中日邦交的重要性，"盖此次战事为环球列强所注目，目为亚洲全局之关系，若一有错误，世界各国乘隙群起，离开中日邦交，逞封豕长蛇之欲，我国或从此启瓜分之祸"。进而，他们提出六项亟待解决的要务：一、议定撤兵限期，期满之后，选派重兵分驻险要以预防俄军南侵；二、议定限期，撤退日本军政局；三、议开东省沿海各口岸为通商公埠；四、议定东清铁路章程，将该铁路让与日本；五、磋商从前租与俄国各地；六、议定新政实力奉行。此外，如设督抚、选牧令、救恤难民、肃清马贼。[1]

在慈禧太后的谕令之下，随着清廷上下对日俄议和及维护东三省主权问题的讨论逐步深入，更多的官员和有识之士把目光集中到了如何摆脱内忧外患的困境上。这种趋势进一步刺激了人们渴望朝廷尽快推动立宪政体，使国家实现富强的愿望。

目睹东三省的危机形势，各省督抚、驻外公使深深地感受到，维护领土主权、推行宪政政体才是国家能像日本那样走向强大的重要途径。此时，关注着东三省形势的袁世凯积极地站了出来，他提出了东三省改制的政策方略。袁世凯在给慈禧太后的奏折中建议，要使大清实现自强，宜到海外强国考察宪政，归来后变通施行。

曾为李鸿章幕僚的两江总督周馥也表达了相同的观点。1905 年 6 月 27 日，周馥在奏折中说，对东三省问题，朝廷应该申明无论是何国，都不得侵越中国领土主权的态度。他还提出"改行省、添州县、变刑章、订税则"的主张，通过效仿欧美等国的立法、执法、行政三权分立制度，"预立地方自

---

① 潘崇：《清末五大臣出洋考察研究》，中国社会科学出版社 2014 年版，第 40 页。

治之基"。^①显然，周馥对三权分立的政治体制是认同的。

两江总督周馥

随后的 7 月，出于挽救东三省危机、改革政制的责任所需，张之洞与袁世凯这两个关系不睦的人走到了一起。二人联合周馥上奏慈禧太后"立宪一事，可使我满洲朝基永久确固，而在外革命党亦可因此泯灭。俟调查结束后，若果无妨碍，则必决意实行"^②。

五大臣出洋考察，就是在这样的背景下实施的。对于这次出洋，朝廷精心遴选各种人才，五大臣兵分两路，对东西方各国进行宪政考察。

二、地方实力派的一个奏请

在慈禧太后决定派五大臣出洋考察这件事上，袁世凯、张之洞、周馥发挥了重要作用，其中袁世凯的态度由原来的观望转变为后来的积极支持。

---

① 周馥：《秋浦周尚书（玉山）全集》，沈云龙主编：《近代中国史料丛刊正编》第 9 辑（82），中国文海出版社 1964 年版，第 694—696 页。

② 故宫博物院明清档案部编：《清末筹备立宪档案史料》，中华书局 1979 年版，第 1 页。

事实上，在晚清的官员中，袁世凯应该说是为数不多的新派官员。当日俄战争胜负已成定局之时，东三省问题何去何从成为列强与大清朝野更为关注的问题。袁世凯也认识到了解决东三省问题不是想象的保全领土主权那么简单，重要的是国家的强大，通过改革使大清强大起来，如此才能真正达到保全主权完整的目的。也就是从这时候起，袁世凯对宪政改革变得热心起来。1905 年 6 月，日本议员平冈浩太郎来到中国，试探清廷在东三省和内政外交上的态度，并要求大清在日俄议和中置身事外，这引起了袁世凯的极大不满。

7 月 1 日，袁世凯给张之洞写了一封信，信中对东三省的命运表示了担忧，也说明了推动新政改革的重要性：要推行新政，大清也应该像日本那样实行立宪政体，自庚子以来，全国上下、英美列强都希望中国变法自强，虽然朝廷也屡屡颁下谕旨推行新政，但取得的成效却是微不足道的，这也使列强更加轻视中国，"现筹办法宜对症下药，亟需雷厉风行，革弊兴利，以实心行实效，举庚子后各项新政谕旨逐一考询内外臣工，已否实力奉行，有无明效。并饬王公大臣分班出洋游历，又遣专员分赴各国考察各项专门政治，以资采访而减阻力，使外人咸晓然知我发愤修政，非从前粉饰敷衍可比，庶有以阴服其心而杜其藉口"[1]。

日本议员平冈浩太郎的北京之行，出语狂悖，东三省本属中国领土，却要求大清置身事外。联想到日本自明治维新实行立宪政体，走向强大的经验，袁世凯认识到日本的政体模式值得借鉴，因而也促动了袁世凯奏请慈禧太后，希望朝廷派大臣出国考察世界强国的举动。当时的媒体评论说，袁世凯在日本议员平冈浩太郎离开中国后曾经对人说，日俄之战，日本在短时间内能够全歼波罗的海的俄国舰队，看来其是非常强大的，作为日本的近邻，若不图强振兴，怎么能够保证领土安全呢？因而便有了希望朝廷派出大臣出洋考察的奏请。

平冈浩太郎访问中国之时，中国南方正在发生抵制美货运动，这一事

---

[1]　苑书义等主编：《张之洞全集》第 11 册，河北人民出版社 1998 年版，第 9341 页。

件是因美国社会排斥华工、虐待华工而引起的。1905 年 5 月 10 日，上海商务总会呼吁社会各界及海外华侨，为抵制美国的排华运动发起全国性的抵制美货运动。这一号召迅速在南方地区得到响应，抵制美货运动很快蔓延至全国，到 1906 年底，这一运动在清廷的压制下才得以平息。这一运动的发生对中国人民要求改革政治的愿望也是一种促动。媒体评论说："抵制运动将民族觉醒载负而前，民众认识到了自己的力量，增强了信心，更积极地对内争取有关国是的发言权，对外争民国族的独立平等。"还有论者指出："立宪运动显然从抵制美货运动中汲取了力量。"①

美国社会排
斥华工的漫画

抵制美货运动发生之时，张謇曾经再次致函袁世凯，希望他不要破坏和压制国人抵制美货运动的爱国热情，并希望他以朝廷中枢的身份影响和推动立宪政体的改革。张謇在给袁世凯的信中说："万几决于公论，此对外之正锋，立宪之首要。……公但执牛耳一呼，各省殆无不响应者；安上全

---

① 参见章开沅：《张謇传》，中华工商联合出版社 2000 年版，第 191 页。

下，不朽盛业，公独无意乎？"①

袁世凯看了张謇的信，即做了回复。此时，全国上下要求立宪的声音已经协调一致。为缓和民众在东三省问题上的不满情绪，清廷便决定利用民众的意愿，缓和局势。袁世凯看准了这一时机，所以他一改前态，开始积极地支持立宪。他在给张謇的回信中说，各国立宪之初，大多都是由具有影响力的人物宣扬立说来影响国民的，"公夙学高，才义无多让。鄙人不敏，愿为前驱"②。

随后不久，便有了袁世凯联合张之洞、周馥上奏请求立宪、派员到国外考察政治的奏请，慈禧太后在7月初发布上谕同意了这个奏请。那么，该如何派使出国考察呢？袁世凯在7月20日再上奏折，他说，在选出各类官员之前，应该先赴宪政改革颇有成效的日本考察，"参观行政、司法各署及学校实业大概情形"，然后赴任。显然，袁世凯是想为遣使考察积累经验。

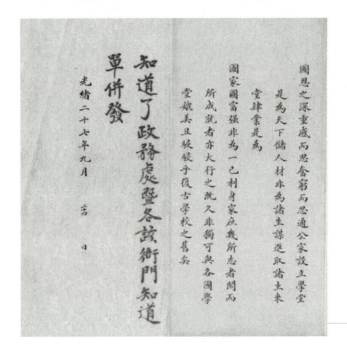

袁世凯上奏的奏折

---

① 潘崇：《清末五大臣出洋考察研究》，中国社会科学出版社2014年版，第44页。

② 章开沅：《辛亥革命前后的张謇》，《社会科学战线》1986年第1期。

袁世凯这次上奏派使到国外考察政治的奏折之前，清廷实际上已经有了初步的人选。据户部尚书、军机大臣荣庆记载，自慈禧太后决定推行宪政之后，派遣大臣出洋考察动议在 7 月 9 日便有了人选。派使出国考察，荣庆也在人选之列，但他没有记载选拔考政大臣的详细细节。然而，当时的报纸报道却是详细的。根据报道，清廷当时设想考证大臣应从皇室宗亲、枢臣、户部、督抚大员中各选一人，最初的人选包括皇室宗亲贝子载振、军机大臣荣庆、户部尚书张百熙、湖南巡抚端方。但是，荣庆说自己身体不适，不愿前往，清廷又决定改派军机大臣、外务部尚书瞿鸿禨前往。可是，瞿鸿禨也不愿意前往，说前往西洋道路遥远，他已年近六十，身体多有不适，难以胜任。清廷又只好改派徐世昌前往，徐世昌是在不知情的情况下，突然接到谕令的，只好硬着头皮接受了。另外，张百熙也拒绝前往，他说，自己有头痛的老毛病，时常会发作，复发则如坐舟船，远海航行更是难以承受病痛之苦。他还说，户部正在整顿，他一时也无法离开，便举荐自己的属下户部右侍郎戴鸿慈为考政大臣人员。这样，朝廷确定了载泽、戴鸿慈、徐世昌、端方为考政大臣人选。

　　而据考政大臣随员李宗侗的记载，考政大臣的选拔与确定实际上是政治斗争的结果。

　　　　其内幕，只是由于军机中的内争而起，或者简单说来，是其中的庆亲王奕劻与瞿鸿禨的暗斗。在军机中，奕劻专政，受贿巨万，子玖（瞿鸿禨）不太听他的话，所以对子玖极不满，必欲去之而后快，乃商与袁慰庭世凯，中间奔走者是徐菊人世昌。于是袁徐商妥为预备立宪，必须先派大员往各国考察其立宪的方法以为根据。目的所派大员中有瞿子玖，以便借题目挤他出军机。当时子玖兼外务部尚书，自辛丑以后就办理外交，所以派他去是顺理成章的。这种意见由徐菊人在军机中提出，奕劻已先说妥，当然赞同，但子玖亦心知其用意在于排挤他，就说：吾老了，不能远涉重洋，这当由年轻的人去作。徐菊人既提出这意见，而在军机中又最年轻，不得不告奋勇请行，这就是五大臣出洋的内幕，清廷又何尝存立宪的诚意。①

李宗侗的记载不是没有道理的，从当时瞿鸿禨等人的借故推托来看，政治斗争是真实存在的。张百熙得知自己将进入朝廷中枢，不愿错过升迁机会，所以找借口不愿出洋考察，载振、张百熙、瞿鸿禨三人甚至说，派他们前往，恐权位太重，恐外人疑我干涉和局。这样，朝廷只好确定载泽、端方、徐世昌、戴鸿慈为考政大臣人选。

随后，清廷在1905年7月16日颁布了派遣大臣出洋考察政治的上谕。上谕说了一大通大清准备派员出洋考察政治的原因：历年以来，朝廷虽然锐意振兴，希望振作，但取得的成效并不尽如人意，此次派员考察政治目的就在于"起衰弱而救颠危"，因此，"兹特简载泽、戴鸿慈、徐世昌、端方等随带人员，分赴东西洋各国，考求一切政治，以期择善而从，嗣后再行选派，分班前往"。②

从这个上谕来看，所谓的考察政治，仍有政治投机的动机。上谕中所称的"考求一切政治，以期择善而从"，在很大程度上顺应了民众要求政治改革的愿望诉求，有利于巩固大清的统治地位。上谕未以"宪政考察"作为名头，实际上借鉴了袁世凯"可有立宪之实，不可有立宪之名"的策略。为什么要这样做呢？

当时，慈禧太后虽然没有明言反对立宪政体，但她内心对立宪是反感的，再者，当时清朝的一些王公贵族对立宪也抱有恶感。因此，考虑到要让各方都能够接受，对于这次出洋考察政治，在名义上采取了避重就轻的措施，规避了"考察宪政"的旗号，而以"考察政治"为名开始了近代中国的一次宪政考察之旅。

对于立宪考察，慈禧太后具有投机性，并非空穴来风。9月17日，考察政治大臣请训时，慈禧将这种目的取向表达得淋漓尽致。她言道："各国

① 李宗侗：《五大臣出洋与北京第一颗炸弹》，《传记文学》1964年第4卷第4期。
② 中国第一历史档案馆编：《光绪宣统两朝上谕档》第31册，广西师范大学出版社1996年版，第90页。

政治均应择要考察，如宪法一事，现在虽不能宣露，亦应考察各国办法如何，以备采择。"①

看来，在是否立宪的问题上，清廷的态度是不确定的，所以清廷在7月16日的上谕中没有提出立宪，而是选择"考求一切政治"这个宽泛的概念，这样做当然是"考虑到条件的复杂性和信息的不完整性，认为可以在确定清晰的目标特别是具体目标之前，先制订出一个大致的方案，即可进入实施阶段。渐进政策只要求有一个大致的方向，根据环境的变化，灵活地调整政策"②。

清廷遣使出洋考察政治的上谕发出后不久，身为清廷贵族、皇室宗亲的载泽单独给慈禧太后上了道奏折，他希望添派满族正黄旗人、时为商部右丞及高等实业学堂监督的绍英一同出洋考察。这个奏请很快得到了批准。

7月27日，慈禧太后让军机处颁布上谕，派绍英随同四大臣出洋考察各国政治。在接到上谕之前，绍英并不知情，可以说他是被动上岗的。绍英接到上谕的心情是忐忑的，他立即来到承泽园拜见庆亲王奕劻了解情况。庆亲王奕劻告诉绍英，上谕让他一同前往考察，是载泽推荐的。于是，绍英又在当晚拜访了载泽，话间，二人大略谈了日本立宪实现自强之事。

绍英

---

① 潘崇：《清末五大臣出洋考察研究》，中国社会科学出版社2014年版，第49页。

② 梁素珍、吕建营主编：《政治学原理》，河北大学出版社2003年版，第440页。

依载泽之意，绍英在考察团中的身份为自己的副手，以尽辅助之责，地位在钦差、随员之间，所有奏折并不列衔。8月7日，绍英面见奕劻谈及出洋考察之事，"请示奏事列衔否"，奕劻答道："应一同请训，应列衔，因同是钦派，不过前派四位已经明降谕旨，不便再明发，故由军机处交片。"①

这样，绍英从载泽设想的副手改为考政大臣，与端方、戴鸿慈、载泽、徐世昌等人平行，身份地位都是一样的，至此，考政大臣由原来的四人确定为五人。

当社会各界得知清廷将派出考察政治大臣出洋之事时，认为这是顺应民心、顺应形势之举，大多数人是持支持态度的，也纷纷建言献策。舆论认为，考政大臣出洋考察是探明列强各国的政治得失，为大清立宪寻找范本的顺应民心之举。建议考政大臣应深入发掘各立宪国的宪政精神之要髓。当时的《时报》发表评论说，欧美立宪诸国"制度之疏密，官司之多寡，法律之繁简，与夫中央集权、地方自治之畸轻畸重，国各殊异其制"。又言，"外国文化日进，政治亦日以繁赜，且任举一端，皆无不与他端互有关系，而各有精意存于其间，举一遗一则良法亦弊，非从容稽考则必不足见其内容之真相"，作为立国根本的宪法的制定亦各"视其立国之元气，制治之精神以为之根"。②

《时报》认为，考察团不能走马观花式地对各国宪政条文进行简单描摹，而应为中国立宪寻找神髓。

> 立宪云者，固非谓采掇欧美诸国百数十条之宪法移而布之，吾国即可改易政体，而享欧美诸国之幸福也。必先有立国之元气，制治之精神，然后其用乃神，其治乃效。……既负考求政务之重任，则固当务其远者、大者，深求泰西立国之本原，吸收文明之精髓，归输吾国，以立政治不拔之基，而后可以报我国家，而此行庶几不负，否则徒眩于西政之形式，掇拾一二以塞责，昔之一误者今且再误，我国前途将遂不可问也。③

---

① 绍英撰，张剑整理：《绍英日记》，国家图书馆出版社 2009 年版，第 591 页。
② 潘崇：《清末五大臣出洋考察研究》，中国社会科学出版社 2014 年版，第 56 页，
③ 《读十四日上谕书后》，《时报》1905 年 7 月 21 日。

在社会各界的积极建言中，考政大臣端方的好友罗振玉撰写的《调查政治管见》一文值得一提。罗振玉是晚清中国热衷新式教育之人，他与端方一样喜欢收藏，在教育事业上的见解也颇多一致，因而两人有颇多交集。当罗振玉得知端方等五大臣将出洋考察政治时，出于对老朋友的关心，他撰写了此文，提出了十条建议，然后交给了端方。

罗振玉的十条建议包括：第一，考察国外政治应广泛聘请国外通晓宪法的专家，向他们咨询、交流，进而认识中国与外国的差异，明确中国的宪法该如何制定；第二，日本为立宪国，宪法依欧美而成，中国与日本民风国情相近，因此考察政治，应多了解日本宪政；第三，考察政治应多研究外国政治上的精髓，即"上下相感孚之道是也，民与国何以有极坚固之爱力"；第四，了解国外政体的组织结构，如何使各级官员各尽其职而无牵掣之弊；第五，订立宪之期，根据考察成果，预定立宪之期，建议以三年为预备期，三年后订立宪法，大清为形势所迫，不能像日本那样下诏十年后才订立宪法，"万不能行之于今日之中国"；第六，建议考察团兵分两路，调查归来后，共陈调查心得，商定妥善之办法，"万不可有歧异之处"；在第七、第八、第九、第十条中，罗振玉则提出了设立法制局、译书局等建议，为起草宪法做资料准备。

罗振玉的十条建议相当具体、详细，与当时舆论界的泛泛而谈形成鲜明对比，端方看后，连连称赞，这些建议也全部为考察团所采纳。

罗振玉

在大清朝野纷纷为宪政考察提出建议的同时，国外的舆论与政界对清廷派团赴洋考察之事也表现出了极大的关注。

德国对此积极呼应，著名汉学家福兰阁在《科隆日报》上发表《中国访问团学习外国的国家管理》一文，对遣使的动机、考政大臣的情况都予以了介绍，说大清此次遣使"是为了学习日本、美国和重要的欧洲国家的宪法、政治制度和经济体系，特别是有着极大的可能，将西方的宪法、政治制度和经济体系结合中国的情况移植到中国去"[①]。

法国《亚洲殖民会报》则报道说，清国这个动向是鉴于日本明治维新以来的崛起，试图振作而采取的政治考察之举，其目的是清除积弊，振兴中国。该报甚至预言，五大臣到各强国考察后，归国进行改良，从此大清必成强国。

除了德、法的舆论关注五大臣出洋考察之外，英国的报纸更是连篇累牍地进行了报道。英国与日本一样也是君主立宪国。英国《司葛司门报》报道说，大清派遣考察团出洋考察外国政治之举意义重大，现今世界，令人瞩目之事，不在于日俄的议和成功，而在于大清国派出大臣出洋考察之举，这于大清于世界来说都可谓令人感到意外的壮举，相信"使节此行必有所获，吾知一千九百零六之新年必为黄人新时代肇端之日矣！"[②]

《司葛司门报》在报道中认为，考察团先赴日本是很得当的举措。中国如果真能效法日本，通过考察取得改革成效，这不仅有利于大清，也有利于世界各国。该报在刊文中还指出，宪政改革是一个相当艰难的政治举措，中国的知识界应该积极参与配合政府的行动。英国具有影响力的《泰晤士报》则以《中国的改革》为题，指出中国政制改革所面临的困难，改革能否成功则取决于中国政府与社会对困难的排解程度。报道说：

> 中国近来已开始步履维艰的改革之路，有消息说，皇太后尽管已经七十岁高龄，将在新年颁布12年的预备立宪期，她的这一重大决定

① 张国刚：《德国的汉学研究》，中华书局1994年版。
② 参见《论中国派遣大臣考察政治》，《司葛司门报》1905年8月30日。

促成了现在的这个使团。……据说，除研究宪政，使团还将致力于研究经济问题，同时，他们还希望了解他国的道德和风俗习惯等等，通过适当途径引入中国以提高国民道德素养。……对于这些试图获得文明之光的努力，我们除了表示同情和赞成，不可能会有其他想法。出国考察是日本人的做法，他们通过模仿欧洲，将一个更新的文明嫁接到自己古老的文明之上。中国希望通过模仿日本获得相似的结果，这是有可能的。……然而改革牵涉问题太多，中国幅员辽阔、政治管理松散，国家体制的改组不会像一个人换衣服那样简单。这种变化最终只能通过缓慢且有可能是痛苦的过程才能到来。[1]

英国人在上海创办的《北华捷报》对大清派使出洋考察也予以了积极的关注。由于该报对湖南巡抚端方素有好感，所以其记者通过与端方的接触，对这次遣使出洋考察的报道可谓详细，甚至详于当时国内的报纸。《北华捷报》介绍端方的情况说，端方在江苏巡抚任上对匪徒、盐贩、赌徒等进行了严厉打击，而此前的官员对此则置若罔闻。……中国正在经历最为关键的阶段，为掌控国家命运，尤其是控制当前长江流域一带的局势，具有自由主义思想的强硬派官员是极为需要的，而端方即具备完成上述使命的所有政治素养。以端方的才能，如果能够出任两江总督，他完全可以为国家做出比出任考政大臣更大的贡献。就目前来说，端方在国内任职远比出洋考察更为需要。

该报还报道说，在四位考政大臣中，端方最得慈禧及中枢机构信任。慈禧曾经说，端方廷见时表现出的智慧和坚定给自己留下了深刻印象，使她相信端方能够承担考政大臣之责，而徐世昌在智慧和精明方面则稍逊端方一筹。慈禧在最近一次召见端方时对他表示了充分的信任，通过长时间谈话，试图使端方相信自己以及皇帝将考察成功的希望寄托在了他身上，并且告诉他将来国家是否推行立宪政治将取决于考察团归国后的报告以及

---

[1] 潘崇：《清末五大臣出洋考察研究》，中国社会科学出版社2014年版，第59页。

考政大臣的建言。据称，端方之所以没有被指派领衔考察团，在于其职衔相对较低且没有皇室血统。

同时，《北华捷报》亦对考察团提出建议："端方和徐世昌皆精力充沛且富于改革精神。我们对年轻的载泽了解较少，希望他不要重蹈溥伦的覆辙。溥伦在 1904 年参加散鲁伊斯（圣路易斯）赛会时，其态度是'不屑一顾'，归国后不得不临时看一些书籍，以应付廷见时的答问。较之于上述几人，戴鸿慈则失之于保守。我们希望他们通过出洋考察开阔视野，认识到中国已经落后于世界各国，不要再认为中国是世界的'中心'。"①

端方

在国内外舆论对大清遣使出洋考察政治的关注中，正在进行议和的日俄两国也对此事表现出相当的关注。日本人怀疑大清此举的目的是借考察之名到各国活动，进而参与日俄议和。日本《每日新闻》骇人听闻地说，中国最近最重要的事情就是对满洲善后政策、日俄议和的关注以及大清派出大臣考察政治之事："此三者必其相关之政策所发现者乎？非因不安于满

---

① 潘崇：《清末五大臣出洋考察研究》，中国社会科学出版社 2014 年版，第 60 页。

洲善后乃希望参与和议，因竣拒参与和议乃为此简派大员之举乎？"①

因此，日本很希望通过考政大臣到日本的考察，给中国人施加一种压力。日本对华政策智囊机构东亚同文会曾表示，日本的对华政策应是"于不强不弱之间保持支那之存在，常使之畏我，使之敬我，而不能相背，此乃我帝国之至计"②。

怀着这样的用心，日本一面对中国遣使的动机进行调查，一面又对遣使之举表达欢迎，说欢迎大清考政大臣考察日本维新以来的改革气象。日本《外交时报》说："今日中国力行新政，竟至派遣大臣出洋考察，回溯曩昔之酣睡未醒，殊非意料所及，前后相交，变化实甚。"③

出于对中国考察政治动机的防范，日本《外交时报》对当时的国际形势和中国局势进行了分析。文章说，大清遣使之举可能是因为日俄战争以及俄国改行宪政的刺激，在过去，大清上下麻木无知，在政制、教育等诸多方面从来不思改革，日俄战争爆发后，日本战胜俄国，俄国又陷于内乱之中，感到危机的大清立宪之意才坚决起来，遂有遣使出洋考察的决策。

但是，对于清廷遣使考察欧美政治之举能否真给中国带来益处，日本持怀疑态度。日本外务大臣大隈重信对此发表看法说："中国做事自来就没有准儿，今天说了，明天就许不算，今天说极慎重的，明天就许不照那样做。"④

大隈重信骨子里是不希望这次宪政考察能够取得成果的。他在《盛京时报》刊登的《大隈伯爵演说中国创设宪政论》一文中又说，清朝的预备立宪是关乎国家能否崛起的一件大事，如果大清从此转为强大，将来必会成为日本的劲敌，因此，我同胞（日本人）可别当着儿戏看了就得。

---

① 潘崇：《清末五大臣出洋考察研究》，中国社会科学出版社 2014 年版，第 61 页。

② 参见郑匡民：《西学的中介：清末民初的中日文化交流》，四川人民出版社 2008 年版，第163、164 页。

③ 《论各国派遣大臣考察政治》，《外交时报》1906 年 6 月 6 日。

④ 《大隈伯爵演说中国创设宪政论》，《盛京时报》1906 年 10 月 18 日。

日本外务大臣大隈重信

三、考察前的准备

在国内外舆论及社会各界对大清决定遣使出洋考察政治这一大事的关注中，清廷自颁布遣使上谕后，即对资金的筹备、考察团成员的选拔和考察对象国的选择等问题开始了积极的准备。

清廷在遣使谕旨中明确地说，考政大臣"随带人员"出国考察一切政治。这就是说，出洋考察，要由五大臣组成考察团前往海外。根据这个谕旨，五大臣的一项重要任务就是选拔合格的随行人员。

出洋考察政治，对大清来说，虽然洋务运动时期曾经有过斌椿跟随英国人赫德前往欧美考察，但那只是游历性质，并不是真正意义上的考察，而考察政治，应该说这还是开天辟地的头一遭。因此，对随行人员的文化程度、观念、素质等方面的要求都非常高，这个问题也是社会各界所关注的。

当慈禧太后同意遣使出洋考察的谕旨下达并确定了五大臣人选时，舆论界认为五大臣大多接受的是传统的中式教育，其中只有端方与外国人多有接触。最大的问题是，这五个人都不通外国语，因而，舆论对五大臣出洋考察能否取得成效不免忧虑。

《时报》报道说，考政大臣均不通外文，一经辗转通译，不免蹈隔膜之弊。因此，社会各界对随行人员的选拔相当地关注。

《大公报》报道说，这次出洋考察与既往的出国游历不同，"事体重大，调查为难"，因此必须选拔得力的随员辅助才能达到预期的目的。该报还建议应从那些具有留学经历或京师大学堂中选拔语言和专业能力优秀之人加入考察团，建议还列举了严复、何启、胡礼垣这些留学生中的佼佼者，认为若他们参与其中，考政之事必有建树。

选拔随员，五大臣也是相当重视。他们也知道，朝廷既委以重任，随员的选拔便直接关系到这次考察的成败，因而对随员的条件要求较高，既要正直、善良，还要对西方文字精通或擅长外交交涉，总之，选拔一人即收一人成效，"决不似出使各国随意奏调"①。

朝廷确定五大臣人选后，端方还致电徐世昌，谈了自己对选拔随员的看法，并列举了一个随员名单，征求徐世昌的意见。

端方列举的名单中有精通外国语且有过参与外交事务的候补郎中李维格，有曾经留学美国的曾广钧，有对西方政情比较了解的钟文耀、林秉忠、伍光建等。时任长沙知府的刘若曾也在名单之中，但他不愿前往，身为顶头上司的端方一再坚持，且用强迫手段将长沙知府委以他人署理，"则刘太守不容辞也"②。

对于端方提供的名单，五大臣都是赞同的，特别是名单中的伍光建，戴鸿慈、端方、徐世昌都认为此人中西学问皆可应付自如。在随员的选拔中，袁世凯希望自己的儿子袁克定出洋长长见识，便通过与徐世昌的老关系，让袁克定也随同出洋考察，经过一个多月的选拔，五大臣联合上奏，奏调随员40人，其中京官20人，外地官员17人，军事人员3人。

① 《议带随员近闻》，《大公报》1905年7月22日。

② 《强迫调用随员》，《大公报》1905年8月16日。

留美幼童也成为考察团随员，图为钟文耀和他的耶鲁大学赛艇队队员（正中为钟文耀）

　　五大臣联名上奏，慈禧太后依议批准。为免除随从人员的后顾之忧，五大臣奏请所有随带官员一律免扣资俸，保留其原本的薪俸待遇，并将其详细履历，由吏部、户部查照存案。这就是说，随从人员出使归来后仍然可以回到原来的岗位上，这无疑给随从人员吃了一粒定心丸。

　　经费的筹措也是五大臣出洋考察准备工作的一项重要内容。当清廷的谕令下达之时，舆论与社会同样对这方面表达出极大的关注之情。当时的大清经历了数次的战败和割地赔款，政府财政相当困难，因而，社会舆论对经费的筹措表现得尤为关注。大清当时虽然经费紧张，但民众普遍认为出洋考察是实现国家富强的大事，"万不可因简就陋，吝惜财用，使出洋考察者以费绌草率从事"[1]。

　　对于经费难题，实际上自慈禧太后发布上谕那一刻起，朝廷也是相当头痛的。慈禧太后曾经有过让各省分摊的想法，她在颁布的遣使上谕中曾说，"所有各员经费如何拨给，著外务部、户部议奏"，这让外务部和户部都很犯难。户部当时财政仅有库银三百万两左右，东三省改制也需要分拨一部分，如此库款存银就更显得微不足道。因此，户部与外务部一时难以筹措考察经费，由此，户部与外务部便具折上奏，认为应该让各省分摊经

---

[1] 《论出洋经费太薄》，《新闻报》1905 年 8 月 9 日。

费。慈禧太后听此建议，也因没有别的办法，只好表示依议让地方筹措。

那么，该筹措多少呢？慈禧太后让朝臣们商议讨论。对于这笔经费的数额，清廷上下并没有一个明确的数字，考政大臣们对经费的需额也缺乏认识。在大清官员中，有人认为需筹三十万两白银，也有人认为当需银五六十万两。根据这个讨论情况，户部取了最大数，决定给考察团筹银五十万两，由各省分担。

但是，这个数字公开后，立即遭到社会各界的指责，人们认为朝廷对出洋考察之事并没有表现出应有的重视。

基于此，袁世凯向朝廷建议，筹银八十万两。五大臣都赞同这个建议，拒绝出使的张百熙也认为这个数目当能满足考察团的出洋活动所需，于是，朝廷遂决定将数额定为八十万两。但是舆论仍然认为这个数额不一定够用，如果因为经费问题而使考察草草了事，不能达到尽扼其要的目的，那么五大臣出洋之举实在是难以功成的憾事，"中国之政治不合于今日国度久矣，必参以各国之善政，乃足救中国之颠危，故四大臣在外洋多调查一日即多一日调查之益，归而改良政治，庶无率尔操觚之讥"[1]。

有了明确的数目，清廷决定由各省分摊。外务部和户部考虑到直隶总督袁世凯、两江总督周馥、湖广总督张之洞这三位地方实力派在大清上下所具有的影响力，便致电三人请他们起表率作用，并在电文中说明此项经费系按年认解的常年经费，谈了朝廷的难处，说朝廷很难支出这么一大笔经费，只有各省合力分摊一途了，"公皆素顾大局，肯任其难，望先迅筹巨款，以资提倡。"[2]

这三人曾经联名上奏推动出洋考察政治一事，他们在大清地方官员中的影响力是有目共睹的。清廷希望他们起表率作用，也说明了朝廷对他们的依赖，实际上，地方多数官员对他们也是敬重的，五大臣也是如此。当五大臣人选确定后，徐世昌、端方、戴鸿慈都曾请教过袁世凯和张之洞。

---

① 《论出洋经费太薄》，《新闻报》1905 年 8 月 9 日。

② 苑书义等主编：《张之洞全集》第 11 册，河北人民出版社 1998 年版，第 9352 页。

徐世昌与袁世凯有着很好的私交，因而徐世昌曾经奔赴天津就随员问题与袁世凯面商。

现在朝廷筹措经费，希望袁世凯、张之洞、周馥起表率作用，三人接电的第二天即互相通电询商。

周馥在给张之洞的电报中询问："尊处拟先筹若干？每年认解若干？"袁世凯则致电张之洞说，直隶府打算每年认解十万两白银。三人经过商议，决定三省各认解经费十万两。张之洞、袁世凯、周馥的表率作用使得各地认筹款项进行得相当顺利，到八月底各地认解款项已达八十万两。

出洋考察的经费问题解决后，究竟选定哪些国家为考察对象国成为舆论与社会各界关注的重要问题，慈禧太后颁布的谕旨中只是提出了考政大臣随带人员分别前往东西洋各国，考察一切政治，但并没有明确去哪些国家。因而，这个问题在当时的朝廷官员和社会中存在颇多异议。

在遣使谕旨颁布之际，一些外国人，特别是日本人认为清廷此举是想参与到日俄议和中来。当然，外国人有这种疑虑也是有原因的。早在日俄议和开始之前，清廷曾在 7 月 6 日照会日俄两国：日俄战争是在中国领土上发生的，"现在议和条款内倘有牵涉中国事件，凡此次未经与中国商定者，一概不能承认"[1]。

日俄两国拿中国的土地私相授受，这是中国人民所不能接受的，清廷发出这样的照会也是有安抚民众情绪的意味。遣使出洋考察政治的动议与日俄议和在时间节点上的一致性，让日俄甚至美国对中国的举动产生了一些联想。日本驻华公使内田康哉得知此事后于 7 月 22 日致电日本外务省，电报中说，"清朝遣使出洋近来往往被人臆测为假调查政务之名而实为赴各国游说满洲问题"，并对此"颇有微词"[2]。

美国促动日俄议和试图让列强尤其是美国自己在东三省利益均沾，这

---

[1] 杨家骆主编：《清光绪朝文献汇编·清光绪朝中日交涉史料》，台北鼎文书局据 1932 年故宫博物院排印本影印，第 1324 页。

[2] 潘崇：《清末五大臣出洋考察研究》，中国社会科学出版社 2014 年版，第 73 页。

一举动很令国内舆论和民众不满。在考察对象国的问题上，舆论认为考察政治不应前往日俄美等国，当时的《南方报》刊文说："俄尚专制，美主共和，其情形亦似不适于中国，故无所用其参考。至于日本则相距既近，随时可游，亦未必定以此时前往也。"①

在选择考察对象国的问题上，清廷也很重视听取五大臣的意见。慈禧太后遣使谕旨发布之前，军机处就致电端方，要他尽速进京，商议考虑此事。端方接到谕令后，便于 7 月 19 日乘轮北上。7 月 21 日，他到湖北，拜见了湖广总督张之洞，二人在当天和次日进行了多次密谈，然后又于 7 月 24 日启程北上前往天津。在天津，端方拜见了袁世凯，也是商讨考察之事，希望袁世凯提出建议，袁世凯则认为端方应等考政大臣人选确定后才能确定考察国别。

慈禧太后接见外国公使夫人，以此标榜自己的开明与革新

在五大臣人选确定后，舆论认为，考政大臣应该把考察的首选地选在日本，因为袁世凯、张之洞都有此意，端方也有这样的想法，再者"日本甚尊重端午帅，必当受异常之欢迎"②《大公报》甚至建议，考政大臣应兵分两路，载泽与戴鸿慈一路，徐世昌与端方一路。

由于各界对考政的关注，朝廷已在端方抵京前颁布了遣使谕令。于是，端方积极拜访京师大员，征求意见。8 月 2 日，端方拜见庆亲王奕劻，"谈

① 《出洋四大臣定见不往日俄美》，《南方报》1905 年 8 月 31 日。
② 《端午帅定期入都》，《大公报》1905 年 7 月 26 日。

及出洋事宜,拟考查一切政治之次第"①。端方拜会庆亲王奕劻后还拜访了军机大臣瞿鸿禨。瞿也建议,考政大臣应兵分两路出洋考察,认为端方与载泽两位满族官员应先赴日本考察,徐世昌与戴鸿慈一路宜缓期启程赴美,端方表示赞同。

端方在京师拜访了朝廷要员,心里已有了几分主见。他在 8 月 4 日接受了慈禧太后的召见,召见中,端方将事先拟写的《立宪说略》呈递给慈禧太后,并详细向慈禧太后讲解了一番,陈述了大清推行立宪政治的必要性。在这次召见中,端方还提出了大清应该像西方那样发展女学,使女子也有机会接受教育。对于当天的召见过程,《南方报》予以了详细的报道:

> 端中承召见时,于军机大臣退后又请叫起,详陈立宪之要。太后云:如果立宪,岂不于君权有碍? 中丞谨对云:现在君权不专即因不立宪之故耳,又力陈各国立宪事及其条例,并将日本宪法天皇万世一系之义奏明。太后闻奏遂谓:汝等此去务当详细考查。②

接受慈禧太后召见的当天下午,端方与载泽、戴鸿慈、绍英来到徐世昌府邸商定考察事宜,五人初步确定了分途考察的计划:载泽、戴鸿慈、绍英为一路,考察日、美、奥、意、俄五国;徐世昌、端方为一路,考察英、法、德、比四国。

庆亲王奕劻

---

① 《宫门邸抄》,《大公报》1905 年 8 月 3 日。
② 《端抚条陈立宪》,《大公报》1905 年 9 月 14 日。

当天晚上，五大臣乘着五顶官轿来到了庆亲王奕劻的家里，向奕劻通告了他们确定的分途计划，奕劻对这个计划表示赞同。按照外交惯例，五大臣的出洋计划需要事先告知对象国的驻华公使，方便各国事先做好接待工作。因此，初步确定了分途问题后，五大臣开始拜会各国公使。8月5日，五大臣拜会了意大利、英、俄公使，本来当天五大臣也想拜会美国驻华公使的，但美国驻华公使因有事外出未能接见。6日，五大臣又拜会了奥地利、比利时、法国、德国、日本五国公使，向各国公使通报将前往该国考察政治的事宜。8月8日，清廷又让曾经留学日本的陆宗舆专门到日本公使馆洽商前往日本考察的详细事宜。陆宗舆转达五大臣的意思说，希望日本政府对大清考政大臣赴日本考察提供充分而切实的帮助。

陆宗舆还说："今日清国政府派遣大臣以求从外国引进制度之际，最为着重于日本，固属确实。"① 陆宗舆此说，旨在向日本表明大清是重视中日关系的，对日本的改革成果尤为赞赏。五大臣在征询奕劻意见时，奕劻建议端方再赴天津向袁世凯通报商讨结果，征询袁世凯的意见。在天津，端方向袁世凯谈了五大臣出洋考察的商讨结果，二人的谈话还谈到了废除科举之事。因为袁世凯正准备在河间举行新军大阅操，计划在当年的十月底进行，袁世凯希望徐世昌能够参加这次规模庞大的军事检阅，所以他向端方建议，希望将徐世昌、端方一路原计划的欧洲之行改为先赴日本考察。

根据袁世凯的建议，五大臣对考察国别做了调整，并最终确定了考政大臣的分途问题。戴鸿慈在自己的日记中有所记述："泽公与徐、绍两大臣分往英、法、比、日本等国，余与端午帅分往美、俄、德、意、奥等国。"②

---

① 潘崇：《清末五大臣出洋考察研究》，中国社会科学出版社 2014 年版，第 75 页。

② 戴鸿慈：《出使九国日记》，岳麓书社 1986 年版，第 312 页。

戴鸿慈

　　端方拜见袁世凯征询意见后，外务部会办大臣那桐携同端方、张百熙、铁良等大员又于 8 月 16 日赴天津就出洋考察之事与袁世凯进行了深入的协商，商谈内容主要包括五大臣出洋的名片、官衔、致各国国书的撰写等。经过这次商讨，庆亲王奕劻在家中宴请了考察对象国的驻华公使，将如何分途考察事宜通告各国公使，希望他们电告国内，对考察团予以协助，沿途保护，并向各国申明此次考察并无干预日俄议和的意图。对于清廷五大臣将出洋考察一事，各国公使表示支持，美国驻华公使柔克义受罗斯福的指令表示支持，他还照会清廷说："本大臣兹已转达本国政府，行饬该管官员优为接待矣。"①

　　继美国之后，英、日、法、德等国也致电清廷表示会接待，"决不致有怠慢"。为表示好感和热情欢迎之意，各国使馆纷纷设宴宴请五大臣，了解动向。9 月 5 日，日本驻华公使内田康哉宴请五大臣的宴会上，对五大臣行将成行表示了祝贺，并说了一些鼓励的话。五大臣对内田康哉之说表示

---

① 　广西师范大学出版社编：《美国政府解密档案（中美关系）中美往来照会集（1864—1931）》第 10 册，广西师范大学出版社 2006 年版，第 250 页。

感谢，席间也谈了对日本改革、政治体制的赞赏，日本自明治维新以来，政制虽然也是仿效欧美诸国，但制度的完备却是优于欧美诸国的，现在大清考察政治，希望将来变法自强，日本自是学习的榜样，"今日中国时事日棘，无论官民皆思变通，此次本大臣等出洋实为变法自强起见，故一经考察各国要政，择善而从，回国之时聊期报效，帷恐樗栎庸材，不堪此重任，特请贵大臣加意照料"[①]。

应当看到，各国公使纷纷宴请五大臣，既有联络邦交，向清廷表示各国欢迎五大臣前往考察之意，又有了解清廷遣使真实动机的意味。虽然五大臣在与各国公使互动的答词中曾经数次提到中国政体改革应效仿日本，但这只是五大臣的政治倾向而已，并不能说效仿日本将成为大清政治改革的既定方针。大清的政治改革将走向何方，只有等五大臣实地考察之后，通过对国外政治模式的了解，以报告的形式呈报清廷，才能据此进行整体改革的决策。

四、发生了谋刺事件

不论慈禧太后颁布上谕派遣五大臣出洋考察是否出于大清王朝的本意，但有一点是可以肯定的，大多数国民是持赞扬态度的，立宪派对此更是充满了期待。但是，革命党并不愿看到这件事发生，他们认为清廷一旦实行宪政改革，革命党将失去民意支持，到那时"驱除鞑虏，民主共和"将失去民意基础。于是革命党人在五大臣行将出洋之时，悍然制造了炸弹袭击五大臣的事件。

1905 年 9 月 24 日，是考察团出国考察的日子，然而这一天，革命党人吴樾不惜牺牲自己的生命，悍然制造了炸弹袭击五大臣的事件。这一事件的发生令国内外震惊，不少人惊慌失措，出洋考察的热情骤减。炸弹袭

---

① 《纪日使内田宴出洋五大臣事》,《申报》1905 年 9 月 14 日。

击对考察团成员的冲击也是很大的，徐世昌、绍英退出了考察团，换成了尚其亨和李盛铎。吴樾不惜牺牲自己性命而阻挠五大臣的行动，在当时遭到了社会各界的谴责。

被炸的火车

　　实施谋炸五大臣的吴樾是安徽桐城人，他起初也是在大清官办的学堂里读书。1903年，他就读于保定高等学堂，这是北洋大学的预科，在这里就读的人，不经考试就可以进入北洋大学，成为根正苗红的北洋系的一员。如果吴樾按照这个路子走下去，认真读书的话，那么他的前途将一片光明。可是他入学后不久就接触到陈独秀、潘进化，这两人使他的思想、言行发生了另一种变化。当年暑假，吴樾与同学马鸿亮等人到上海探望亲友，吴樾等人特意到租界探望了章太炎、邹容等革命党人，并拜访了当时在革命党中比较有影响力的陈独秀、张继等人，听他们讲解革命道理。

　　与革命党人的频繁接触，加上吴樾阅读的章太炎的《訄书》、邹容的《革命军》、谭嗣同的《仁学》以及《嘉定屠城记》《扬州十记》等书，使他形成了强烈的反满思想。此后，吴樾一边读书，一边联络同人进行革命活动。1904年春，革命党人赵声听说袁世凯在扩练北洋军，便北上保定，希望到袁的麾下弄个一官半职。老实说，此时的赵声是有投机心理的，他知道袁世凯手握北洋兵权，很想获得袁世凯的信任，进而为革命党积蓄力量。但是，袁世凯绝不是等闲之辈，对于赵声的情况，袁世凯早有了解，知道他是一个口无遮拦的革命党人，因而，虽然委以他文书一职，但对他仍是防范的。尽管如此，赵声在保定不断地搞秘密串联活动，他发现吴樾是一个好苗子，便频繁地与之接触，从而使吴樾萌生了为革命事业不惜牺牲身家性命的决心。后来，赵声又将杨笃生介绍给吴樾。

1904 年秋，杨笃生至保定与吴樾等人会面，双方一见如故，在两江公学翠竹轩，杨笃生亲自监誓，吴樾、马鸿亮、杨积厚、金猷澍、侯景飞、庄以临六人刺血加入军国民教育会。同时，他们成立保定支部，又称"北方暗杀团"，随即开始试制炸弹，以备刺杀清廷要员，然而当时土制的炸弹没有电器装置，引爆的线头又不能过长，点燃后若来不及掷出就可能爆炸，投弹人就会首先牺牲。吴樾加入军国民教育会后，与杨笃生更是"时相过从，密与谋议"，积极筹划暗杀行动。当时吴樾常患失血症，但他仍慷慨地对马鸿亮说："丈夫不可病转床榻，使家人围泣送终，当烈烈有所为。吾同胞数千年来为暴君污吏所压抑，而清朝以外夷入据，其专制之术尤精刻。……不有雷霆震撼之威，拔山盖世之气，乌足以旋乾转坤，而警觉吾同胞之梦也？吾志已决于是矣。"[1] 吴樾决死之心由此可见一斑。

1904 年革命党人王汉刺杀铁良对吴樾来说又是一个促动。虽然王汉没有成功，但受此事件影响，吴樾急于为革命做一些事情的心情却是迫切的，他也在积极寻找着机会。

清廷要派五大臣出洋考察政治，当吴樾等人听说这一消息后，便放弃了杀铁良的计划，决定刺杀五大臣，他们认为这样更能引起轰动。他对杨笃生说，制造谋杀五大臣的行动将是更有影响力的事件。于是吴樾、杨笃生开始密谋刺杀活动。杨笃生买通关系，谋得了考察团随员的差事，计划作为谋杀五大臣的内应。原本吴樾、杨笃生是计划自制炸弹炸死五大臣的，但考虑到自制炸弹不安全，可能会殃及自身的安全，于是，革命党人决定趁日俄正在东北开战、方便购买武器的时机，购买性能良好的炸弹以便在考察团登轮出洋之日实施爆炸。但是，这个计划没有成功，日俄两国军方

---

[1]　潘崇：《清末五大臣出洋考察研究》，中国社会科学出版社 2014 年版，第 79 页。

都没有出售炸弹给吴樾、杨笃生等人。

革命党人吴樾

从日俄军队手中购买炸弹的计划没有成功，杨笃生、吴樾遂决定自己制造土炸弹实施暗杀行动。为赢得民众的支持，在制造土炸弹期间，吴樾还撰写了《意见书》准备在实施暗杀行动之时向公众发表。《意见书》极具煽动意味地说，满人骑在汉人头上作威作福，增加汉人的负担，现在为巩固其皇权，借考求政治、实行立宪之名，愚弄我汉族百姓，"哀哉！我四万万同胞，稍有知识者相与俯首仰目，怀此无丝毫利益我汉族之要求，谬说流传，为患益剧"。《意见书》还说，为了革命，推翻清王朝，哪怕牺牲身家性命也在所不惜。

在革命党对五大臣实施暗杀的准备过程中，民众和舆论对五大臣的出洋之行是充满期待的，希望五大臣尽快成行，虽然清廷没有公布准确的出行日期，但社会各界和舆论纷纷猜测追踪着五大臣及其出行的相关信息。《时报》从遣使谕令发布之后就在关注着五大臣的行踪，8月31日的报道说，"定于本月初六日请训，初十日起程"；9月1日报道说，"改期初九日请训，十六日起程"；9月5日报道说，"改期十三日请训，十九日启程"。同时，《时报》对考察团迟迟不行的原因也是多方打探，称其原因为"太后之意拟令赍送密书于某某一二国，为此颇费踌躇，故致稽延时日"；又报道，某御史奏日本之所以让地议和，恐将有向中国索取酬报之事，政府因令袁世凯及考政大臣调查此事，故考察团行期又复改延。[①]

因为当时清廷对五大臣的行程并未采取安保和保密措施，民众终于等来了一个消息，启程日期定在 9 月 24 日。消息传开，民众欢欣鼓舞，对大清新政改革充满了期待。《时报》发表评论说，朝廷准备派五大臣考求政治，准备立宪，这是值得期待的顺应民心之举。

有了社会与舆论对五大臣出行的关注，出行之日，民众欢送的场面空前热烈。当时前往北京正阳门火车站送行的立宪派知名人物康继祖记述了民众的热情场面，出行当天，"天未破晓即闻金鼓喧天、欢声匝地，则军界排队来也；继则乐声、唱歌声，声调悠扬，亦向车站而去，询之则学界也"[②]。

袁世凯对于这次政治考察之旅也是寄予厚望的，身为直隶总督兼北洋大臣，又在军机处当职，他组织新军、高等实业学堂学生及地方官员组成欢送队伍到车站送行。外务部、商部以及京师各部司员甚至外国公使也到车站送行。

清廷和民众都对这次考察之旅充满着期待，乐观的氛围似乎懈怠了安保措施，站台一如既往地没有戒严，上车的人也没有受到盘问或检查，这给革命党人实施爆炸提供了可乘之机。9 月 24 日上午 11 时，当载泽、徐世昌、绍英乘坐一辆马车；端方、戴鸿慈乘坐另一辆马车进入正阳门火车站，与送行者告别之际，吴樾燃爆了事先准备好的炸弹。康继祖回忆说，炸弹爆炸时"惊天动地，石破城摇"，车站随即乱成一团，"纷纷焉，攘攘焉，齐向站外而逃者，若似顾命之不遑，人喊马嘶，拥成一片，当争先恐后之际，亦不辨孰为钦使，孰为参随，孰为学界、军界、绅商界也"[③]。

这次炸弹袭击事件造成的结果是：载泽、徐世昌都被炸弹引发的烈焰烧伤，绍英身负重伤，立即被送往法国医院救治，前来送行的伍廷芳以及考察团随员萨荫图都身受重伤，现场受轻伤者达百余人。

---

① 《电报》，《时报》1905 年 9 月 22 日。

② 潘崇：《清末五大臣出洋考察研究》，中国社会科学出版社 2014 年版，第 80 页。

③ 潘崇：《清末五大臣出洋考察研究》，中国社会科学出版社 2014 年版，第 80 页。

车厢窗户都被炸
烂，碎片散落一地

吴樾袭击五大臣，总体上来说是失败的，载泽、端方等人无一死亡，但这一事件带来的影响却是巨大的，五大臣如惊弓之鸟，民众对革命党的暴力行径极为不满。

爆炸事件的发生，让慈禧太后大为震惊，政府官员人人自危，端方担心性命之忧，竟然不断地变换住处，紫禁城、京师各部、军机处、庆亲王奕劻府邸都加强了防卫力量，内庭及万寿山通御河水闸全部关闭，防范革命党人泅水而入，慈禧太后的休憩地颐和园的围墙都加高三尺，并让军兵加强了巡逻，袁世凯谕令城防衙门加强了对内城的戒严力度，来往人等都发给腰牌，对出入人等的姓名、何处任职等都进行了详细登记。

对于清廷的这种恐慌心态，有人用"蛇影杯弓"来形容。对于革命党人袭击出洋考察五大臣事件，主张立宪的张謇等人也是大为吃惊。立宪派担心经历这一事件后，出洋考察之事会被迫中止，于是纷纷谴责革命党的暴力行为。张謇在给端方的信中既表达了对五大臣的慰问，又表示了考察政治不能因此停顿的期望。

倾向立宪的各大报纸也纷纷对吴樾的暴力行为进行了抨击，并呼吁朝廷及考察团应迎难而上，不能因为革命党所实施的炸弹袭击就改变初衷，那样正好被革命党所利用。与此同时，上海学界、商界也纷纷致电五大臣表达慰问之情，江苏学会、上海教育研究会、上海高等实业学校等三十余所学校和机构在案发第一时间即致电五大臣表达问候。对此，五大臣纷纷回电，端方回电称："反对立宪，致有暴动，殊为磋叹。一身原无足惜，惟中国前途为可虑耳。承电慰问，实深感谢。"徐世昌回电说："火车炸药暴发，幸得无恙，惟此等暴动于中国前途殊有关系，曷胜慨叹！辱慰问之至感。"①

爆炸袭击事件，在外交上的影响也是巨大的，在华的外国人人人自危，担心革命党像义和团运动那样演变成一场排外运动。身为大清国海关税务司的英国人赫德在给他的好友金登干的信中说，革命党制造的爆炸案在中国引起了相当大的不安，并言及自己当时的感受："我们又处在危险的边缘，下星期五将看到我们被消灭掉！我并不认为那是谣言，但它发生在炸弹事件之后，这就使一些人惊恐，并使大家都紧张起来。传说那些愚蠢的军队演习的根本或接近根本的原因是他们要把我们赶走。"②

炸弹爆炸之后，吴樾体无完肤

---

① 《大臣覆谢学校》，《大公报》1905 年 10 月 19 日。
② 陈霞飞主编：《中国海关密档：赫德、金登干函电汇编 1874—1907》第七卷，中华书局1995 年版，第 869—870 页。

在事件发生后，由外国人创办的《北华捷报》也描述了外国人的感受。9月29日,《北华捷报》刊载《北京的炸弹案》一文对革命党进行谴责,"暴徒在光天化日之下行使炸弹袭击,表明他们眼中毫无法律可言。罪犯如果被抓到,应当受到最严厉的惩处,以警告那些无视法律存在的人"。同时,"那些值班的工巡局及铁路方面的人员,他们的疏忽、缺乏警觉亦应受到相应惩罚"①。

英国《泰晤士报》在事件发生的第二天就对这一事件进行了报道:"北京火车站今天发生了一次严重的炸弹袭击暴行,正当使团出发的时候,在他们的私人车厢里发生了爆炸。考政大臣绍英受伤严重,伍廷芳受轻伤,凶手在车内被炸得粉碎。"第三天,《泰晤士报》又对该事件进行了追踪报道,介绍了爆炸案给清廷和民众造成的紧张情绪:"炸弹案引起了轰动,人们普遍担心宫廷和政府官员的安全问题,各衙门及车站都加强了警戒。"②

对于这一事件,各国驻华公使表现得相当关注。法国驻华公使吕班在给法国外交部长的报告中说:"似乎所有的人都在担心被谋反者可能泄露的情况牵涉进去。最保守的人们认为,巡警部队的发现将危及他们期望的改革,而这种改革已经得到了朝廷的允诺。"③

对于五大臣出洋考察,日本是相当关注的,也做了接待准备。然而,炸弹袭击事件的发生打乱了日本的接待计划,也使日本政府颇为震惊,因而发出了一道训令,限制革命党在日本的活动。日本外务大臣致函袁世凯,询问其子袁克定是否受伤。袁世凯复函对日本的关心表示感谢,并表示考察不会中止,只是暂缓其行,"将来观光贵邦,必令奉教于阁下之前,以增其智识"④。

---

① 参见潘崇:《清末五大臣出洋考察研究》,中国社会科学出版社 2014 年版,第 88 页。

② 潘崇:《清末五大臣出洋考察研究》,中国社会科学出版社 2014 年版,第 89 页。

③ 章开沅等主编:《辛亥革命史资料新编》第 7 卷,湖北人民出版社 2006 年版,第 8 页。

④ 潘崇:《清末五大臣出洋考察研究》,中国社会科学出版社 2014 年版,第 90 页。

五、清廷的调查与计划重启

在国内外各界的关注中，清廷除了加强内城及宫廷的安防外，外务部会办大臣、步军统领那桐以及庆亲王奕劻立即对革命党采取了行动。

案发后，那桐即面见载泽等人了解当时的情况。除绍英在疗伤外，载泽、戴鸿慈、徐世昌、端方四人认为应该起草一个奏折，向慈禧太后详细禀明当时的情况。庆亲王奕劻、那桐都认为奏折中对此事不能说得太过详细，只能说考察团仅受轻伤，这样才不至于使考察之事流产。

9月26日，慈禧太后召见了徐世昌、载泽、端方等人，庆亲王奕劻也在场。对于这次召见，《时报》报道说："皇太后闻讯后一宵未曾安寝，及召见端徐戴三大臣时，皇太后为之泣下，半晌不能问话，经三大臣面奏一切情形，皇太后详问泽公、绍右丞究竟受伤如何，尚恐三大臣不敢实奏。"①

在慈禧太后召见时，端方、徐世昌、戴鸿慈主张严办，而庆亲王奕劻仍然认为此事不宜太扩大影响，主张尽量避免声张。当时，光绪皇帝虽然也在座，但被幽禁的他不敢发表任何主张，只是像木偶一样坐着，一言不发，任凭慈禧太后发号施令。慈禧太后以光绪帝名义颁发上谕，表达了清廷要严厉对待凶徒的态度，上谕说："光天化日之下，竟有匪徒如此横行，实属目无法纪，著责成步军统领衙门、顺天府、工巡局、督办铁路大臣等，严切查拿，彻底根究。从重惩办，以儆凶顽。"②

慈禧太后召见端方、徐世昌等人的第二天，她还让庆亲王奕劻、会办大臣那桐将事情经过通报各国驻华公使，同时申明考察团不会因此就放弃出洋考察计划，五大臣仍会择日启程，考求各国政治，希望各国公使转告国内，不要轻信谣言。

---

① 《本馆特别紧要访件·出洋大臣召见纪闻》，《华字汇报》1905年9月29日。
② 中国第一历史档案馆编：《光绪宣统两朝上谕档》第31册，广西师范大学出版社1996年版，第131页。

那桐

在清廷积极应对之时，袁世凯、张之洞等地方实力派对事件的发生也表现出了相当的关注之情。湖广总督张之洞也认为五大臣出洋考政之事，不能因为遭到革命党的炸弹恐吓而终止，五大臣仍应速定日期继续出行，以安朝廷、民众的期待。但是，清廷官员也有对此事件后能否继续出洋泼冷水的论点。驻意大利公使许珏在给清廷的电报中说："考察政治大臣出都之日，忽有炸弹轰震之事，殊骇听闻。此等举动，日本暴徒、欧洲虚无党常常有之，在吾华则创见。数年来，中国议行新政，风气渐开，然往往未得其利，先受其害，每一念及，不免杞忧所冀。"又说："各国政治头绪繁多，非一时考察能尽，各大臣轺车所至，势难旷日持久，且言语不通，动须传译"，认为"目前研求西政，与其虚冀未来之利，不如实袪已然之弊"。[①]

除了许珏泼冷水外，曾经积极支持立宪改革的盛宣怀更是一改前态说，立宪改革不利于国家。这样，朝廷中出现的泼冷水论调使得考察团的成行一再拖延。

不过，北洋大臣、直隶总督袁世凯认为这一事件不能影响考察团的

---

① 参见潘崇：《清末五大臣出洋考察研究》，中国社会科学出版社 2014 年版，第 92 页。

出行，因而，袁世凯积极调查炸弹袭击事件。案发当晚，他就派天津海关道梁敦彦、天津巡警总办赵秉钧各带一队人马前往北京协助查办。第二天，袁世凯上奏慈禧太后，认为此事应该严查究办。经过短暂的调查，袁世凯、外务部会办那桐、胡燏棻联名上奏慈禧太后，奏报了调查的情况。三人在调查报告中说，可以确定车内死尸即系凶手，建议朝廷颁谕悬赏严拿同党，凶手使用的炸弹系用手投掷，且炸弹产生的冲击波向外冲击，当系凶手临时混入车内投掷行凶，"该犯系装作仆丁，乘车上送行之人往来杂沓，混入车厢夹道，藏弹胯下，以双手取出，将欲抛掷，乃夹道窄小，适碰窗板，因而炸轰。……此案情节重大，恐有党伙，并悬重赏访缉，其京城地面暨芦汉、京榆各铁路以及由津开驶之轮船均分派员弁严密查探"①。

根据这个调查，慈禧太后也认为炸弹袭击案系革命党所为。她要求袁世凯以及铁路总办、工巡局以及京畿地方都贴出告示，悬赏破案。直隶之地是袁世凯的管辖范围，他立即命人深入戏院、饭馆、茶楼、客栈等人员流动、活动密集之地严查暗访。但革命党的这次行动毕竟系秘密行动，现场除了吴樾血肉横飞的死尸外，并没有留下什么线索，因而，袁世凯让他的幕僚张一麐撰写悬赏缉拿凶犯同党的告示，张一麐颇为犯难，编写了一篇四六不通的告示张贴于闹市之中。

在袁世凯积极张贴悬赏告示的同时，清廷也连续发出了几个上谕。9月30日的上谕说，凶徒可能有同党混迹京师，有可能会再造事端，要求北京地方严密查拿。10月7日颁布的上谕要求前锋护军统领严令各城门士兵严格把守，严查冒充当差者或闲杂人等，不许他们任意出入城中。10月8日，清廷又颁谕袁世凯，按照其在天津设立巡警部的模式，在北京设立巡警部，京城内外工巡事务均归其管理，以专责成。各省巡警亦由该部督饬办理。

---

① 故宫文献特刊：《袁世凯奏折专辑》第七册，台北广文书局有限公司1970年版，第2021、2022页。

袁世凯组建
的巡警总局中的
队员

这样，袁世凯在直隶的实权又进一步扩大。在清廷与地方实力派对吴樾炸弹袭击案的积极调查中，舆论和民众对此也表现出相当的关注。舆论认为，对于这一事件，不宜过于深入地调查追究，而应积极地重新安排考察团尽快成行。《大公报》的报道说，悬赏缉拿之下"必有贪夫"，捕风捉影之事在所难免，与其牵累无辜，"不如急求政治，克期立宪，以弥祸于无形，防患于未然"①。

《大公报》另又刊文对这一主张进行了解释，认为炸弹袭击案没有穷究的必要。为什么不必穷究呢？《大公报》解释说，一在于刺客自古有之，未闻尽得而处治之；一在于刺客之所为在于反对立宪，如果政府坚持立宪宗旨，反对派的反对计谋难以得逞，久而久之，自必会溃散；一在于案件爆发后，舆论界即纷纷扰扰，倘必获真正之党羽，"则株及连累亦无已时"，于此之际不如专意立宪。②

在清廷要求严办与舆论的关注中，袁世凯的悬赏与秘密查拿很快取得了成果。10月3日，袁世凯派出的侦探人员在北京保安寺抓获了四名疑犯。经审问，四人供认出施暴者吴樾的姓名、籍贯，但是对于这四名疑犯，袁世凯并没有全部逮捕，除一名叫张榕的疑犯外，其他三人都被释放。张榕

---

① 《恭读十月二十九日上谕不得株连无辜致滋扰累谨注》，《大公报》1905 年 11 月 28 日。
② 参见《炸弹破案汇志书后》，《大公报》1905 年 11 月 16 日。

被羁押后，其同乡京官翰林侍读世荣、工部主事安海澜以及三品衔分省补用道黄中慧，拜会袁世凯请求将其释放，认为证据不足，不能认为张榕就是吴樾的同案犯。

10月30日，黄中慧还联合六名关系相好的官僚一同将此事呈报朝廷，但朝廷支持袁世凯的意见，判处张榕永远监禁。

在调查中，袁世凯派出的人员了解到，案发前吴樾曾与一个叫汪炘的人有过接触。于是，袁世凯派调查人员伪装成革命党前往汪炘的住处，说担心吴樾遗留有证物，那将会连累到汪炘。汪炘相信了调查人员，遂将事件的底细和盘托出。汪炘是顺天府候补知县，却参与革命党的行动，这是袁世凯所不能接受的，遂让巡警部尚书徐世昌亲自审问他。但袁世凯考虑到汪炘是他治下的官员，与铁良密商后，决定给汪炘实际官职，目的是希望汪炘不再与革命党为伍。于是，汪炘果断脱离了革命党。同时，袁世凯还让自己的亲信倪嗣冲前往保定高等学堂调查吴樾在学堂时的情况，及该学堂是否还有革命党人。但调查的结果是，吴樾此人"貌似安分，并无异常举动"，学堂也未发现有革命党人活动迹象。基于这样的调查结果，袁世凯以学堂监督王景禧与学堂其他管理人员未能事先洞察革命党人的动向，给予王景禧记大过处分。这样，吴樾炸弹袭击案算是基本了结。

在调查吴樾谋炸五大臣事件的同时，考察团人员的重组及行程的安排也在有序进行着。在袭击事件中，载泽和绍英的伤势较重，载泽受炸弹响声的冲击，时常出现耳鸣现象。慈禧太后想让载振代替载泽出洋考察，但经历了吴樾事件，载振很担心性命之忧，不愿意前往。

载振好吃懒做，又贪图享受，和他老爸庆亲王奕劻一样都有贪腐的毛病。慈禧太后对此都是知道的，碍于皇室宗亲，也不好过多指责他们父子二人。载振不愿往，慈禧太后只好再次召见了伤势初愈的载泽，慈禧太后说：乱党谋炸，你虽然受了伤，这一点朝廷也是体谅的，但考求政治之事十分重要且刻不容缓，你还是应该继续前往的。载泽在答语中亦表明了志在出洋的决心，表达了对慈禧太后关心的感激，说，现伤势已经基本痊愈，随时可以与端方等人商定出洋考察事宜。由此，载泽仍然出行。

清末民初
的天津警察厅

　　绍英伤势最重，有报道称，绍英受伤后，几次上折请求辞去考政大臣职务，朝廷体谅其受过伤，便让他负责考察政治馆事宜，考政大臣另行选拔。其他考政大臣徐世昌、戴鸿慈、端方虽仅受惊吓，然而思想上所受冲击颇大，这从初选随从人员沈曾植致家人信函中可以看出，"自经炸弹后，有戒心而难明言，风传有换人之说。徐得警部已揭晓，端文部尚未揭晓，各有心事，行期遂阁起不谈"①。清政府在调查吴樾案的过程中成立巡警部，徐世昌出任尚书，且北洋秋操在即，也不再出行。

　　这样，原来的五位考政大臣变成三位，由于此前分途考察的安排已经确定，这就需要补充两位考政大臣以顶替徐世昌、绍英。对此，报纸也多有报道。

　　《北华捷报》报道说："没有阻碍的话，考察团将仍有五位考政大臣，他们是载泽、戴鸿慈、端方、李盛铎、曾广铨。曾广铨是前驻英大臣曾纪泽的侄子，后来成为其养子，他接受过很好的教育，能说流利的英语、法语，他毫无疑问将胜任这一使命。"但是，呼声很高且熟悉外交事务的曾广铨最终落选了。落选的原因是没有人保荐，舆论对此不免感到惋惜。《北华捷报》不无遗憾地评论道："此前我们以为曾广铨会入选，这对中国来讲无

---

① 上海图书馆历史文献研究室编：《历史文献》第六辑，上海古籍出版社 2004 年版，第 193 页。

疑是一个很好的选择。但是我们明白，如同曾广铨在伦敦被人们所知道的
那样，在当下关头，他在朝鲜亦是必不可缺的人选。……尚其亨也许是一
个不错的人选，但是他不懂外语，并且毫无与外国人打交道的经验。"

出国考察的载泽考
察团，左侧为尚其亨，
中为载泽，右为李盛铎

　　取代徐世昌和绍英的人选，清廷最终确定了曾经出使日本后被任命为
驻比利时公使的李盛铎和尚其亨，选派李盛铎为考政大臣，各国并不看好，
因为他在任驻日公使时，名声是很糟糕的，很为外国人所鄙视。对于清廷
这个出人意料的安排，舆论也是议论纷纷。有媒体推测李盛铎、尚其亨填
补五大臣的空缺，系因徐世昌与庆亲王奕劻的推荐力保，尚其亨还与朝中
某重臣为儿女亲家。这样，李盛铎、尚其亨的入选就增添了些许神秘色彩。

　　10月26日，清廷颁布上谕，着尚其亨、李盛铎会同载泽、戴鸿慈、
端方前往各国考察政治。同时，清政府特电即将期满回国的驻外使臣仍然
暂留国外，待考政大臣出洋后，随同各大臣一同考察。

　　新的五大臣人选一公布，革命党便利用其媒体制造舆论，指责他们都
是腐朽老派之人，难当革新先锋重任。虽然五大臣中只有李盛铎曾经有出
使日本的经历，其他人均未曾出过国门，但事实上，应该说他们是清廷所
能派出的合适人选：载泽年轻，在宗室中以年少有为、通达时务著称；戴
鸿慈是一个热衷于宪政改革的人，他提出设立上议院的建议，亦很得立宪
派的赞赏；端方也是一个积极主张改革之人，在立宪派的眼里，有着很高

的威信；只有尚其亨进入五大臣序列，出乎人们的意料，而后，他在考察过程中的荒唐表现也证明他并不是一个合适的人选。在重新选定考政大臣人选之后，清廷也对随行人员进行了调整。当然，其中也因为炸弹袭击案的发生，一些人由之前的争相前往变为借口推脱出洋。清廷不得不通过选拔、朝中重臣推荐、五大臣从自己的幕僚属吏以及同乡中选调、他人保荐等方式选用合适的随行人员。

受炸弹袭击案的影响，还有一个重大变化是考政大臣、驻外使臣以及清廷的一些官员对宪政改革的紧迫性有了更深的认识。这些人认为当务之急是朝廷应该宣布立宪期限，尽快设立编订宪法的机构，为制定宪法做准备。驻法公使孙宝琦奏请清廷"早颁名谕，定为帝国立宪政体"，并呈上刘式训所译《法国政务考》，供考察团参考。

孙宝琦

孙宝琦的建议得到了各大报纸的积极支持和纷纷响应。与此同时，驻美公使梁诚、驻英公使汪大燮也联名上奏，直陈国际国内危急形势。在东边，有倭寇日本，北边有强邻沙俄，欧美诸强又对中国虎视眈眈。如此，在外有列强环伺，内有革命党作乱的情况下，尽快实现宪政，以五年为限实行立宪，应先举行者三事：一为"宣示宗旨"，将朝廷立宪大纲公布于众，使国民奉公治事，"以宪法意义为宗，不得稍有悖逆"；一为"布地方自治之制"，择取各国地方，自治制度之合宜者编订成册，颁发各省督抚照行，"限期蕆事"，一为定集会、言论、出版之律。①

在新的出洋考政人选确定后，五大臣以及一些地方实力派也纷纷上奏朝廷，希望尽快宣布立宪。端方在给慈禧太后的奏折中说，朝廷应昭告中外，先行颁布立宪之期，然后出外考察外国政情，"以慰舆情而树风声"。李盛铎也联合载泽、戴鸿慈等人奏请朝廷，希望朝廷设定 1909 年元旦为实行立宪之期，云南巡抚林绍年在《速定政体以救颠危折》中建言："此时必先定政体预为宣示，使考察奉行者均有所依据，而民心之奋起，其收效必有百倍寻常者。拟恳皇太后、皇上立奋乾断，决定于某年起改行立宪之法，使天下臣民趁此数年各自考求。"②

五大臣出洋之前，还专门就立宪之期进行了一次会商，认为立宪亦拟定 15 年为宜，并致电袁世凯、张之洞等地方实力派，希望联名会奏皇上、皇太后，请朝廷早颁谕旨，实行立宪。

在五大臣致电地方实力派，希望联名上奏立宪之期的同时，当时的《南方报》《时报》《大公报》也纷纷予以报道，以表达关注。

> 立宪一事端中承主之最力，前与袁慰帅商妥拟请先降谕旨，定以十五年为期实行宪政，目前先立宪法调查局一所，俟游历各大臣在外详考求各国宪法，随时函报该局斟酌情形、详慎编辑等因。闻此事并经端午帅电商各省将军、督抚，业经周玉帅、赵留守先后覆电附和；岑云帅并嫌十五年期限太久，拟更改速，惟于调查一节则不甚谓然；而张香帅电覆独谓，此时降旨立宪未免过早，其意以为中国虽宜立宪，然亦不可过急，总须教育普及之后，始能议行。目前办法宜由渐而入，不如俟五大臣游历归国，酌夺地方民情，再行妥议，云云。慰帅颇讯

①　参见潘崇：《清末五大臣出洋考察研究》，中国社会科学出版社 2014 年版，第 113 页。

②　林绍年：《速定政体以救颠危折》，《闽县林侍郎奏稿》，沈云龙主编：《近代中国史料丛刊正编》第 31 辑（301），台北文海出版社 1964 年版，第 483 页。

香帅此论为模棱，然立宪之事因此固不无稍梗。[①]

《大公报》说，袁世凯颇不能接受张之洞的观点，认为张之洞对立宪的观点模棱两可，立宪之事宜急不宜缓。《大公报》甚至还认为，早日立宪可使国家利权得保，人民早一日享受立宪带来的福利，如果说国民程度太低，未必适应立宪，则是因噎废食之举，如此拖延下去，恐大清永无立宪之期了。在五大臣、驻外公使及一些地方官员的陈情和舆论的关注下，慈禧太后专门召集军机大臣们商讨此事，但是，慈禧太后没有明确表态，军机处竟然也无一人表态。因此，慈禧太后谕令庆亲王奕劻，"从长计议，设法安抚民众"。奕劻得此谕令，立即召集会议，做出两个对策："一是拟派各省举贡诸绅出洋游历，调查地方自治之法"；二是待五大臣考察归来，再行宣布立宪之期。同时，奕劻还致电各省督抚，向他们说明大清与俄国政治形势不同，因此对立宪政治的推行也有不同，"俄国此次顿改专制、申民权，实非常举动，盖迫于众仇，非如此不能弭乱也。我朝深仁厚泽垂三百年，今日两宫远稽上古成谟，近考泰西良法，简派亲贵前往各国考求政治，为实行变法自强基础，一切举动较俄国此次办法迥然不同，忠义臣民无不欢欣鼓舞。惟各省之情形不同，务望贵大臣懔遵历次谕旨，将吏治、民情随地详加考察，为将来措施地步。幸勿忽于近安，致滋远虑，是为至要"。[②]

这样，清廷便没有宣布立宪的预备之期。虽然如此，但清廷还是接受了设立宪政调查局的奏请。慈禧太后曾经为此致电袁世凯、张之洞询问二人的意见，他们表示，立宪之举刻不容缓。但张之洞仍然认为，国民对西方的宪政制度认识不够，尚处于盲目追风的情况，因此，立宪之举应等五大臣考察归来，再行拟定。

11 月 23 日，五大臣进宫请训，听取慈禧太后对出洋考察的意见。五大臣再次向慈禧太后说明了设立宪法调查局的意义，慈禧太后亦颇以为然，但建议按照张之洞意见将宪法调查局改为考察政治馆，五大臣也表示赞成。

---

① 《立宪意见不同》，《大公报》1905 年 12 月 7 日。
② 《政务处致各督抚电》，《时报》1905 年 11 月 18 日。

两天后，慈禧太后颁布上谕，为配合五大臣出洋，特颁谕设立考察政治馆，"前经特简载泽等出洋考察各国政治，著即派政务处王大臣设立考察政治馆，延揽通才，悉心研究，择各国政法之与中国体治相宜者，斟酌损益，纂订成书，随时进呈，候旨裁定"[1]。

慈禧太后颁谕设立考察政治馆，使得国民对立宪政体予以了更多的关注和期待。舆论认为这是大清决心立宪改革的标志，更有论者认为，大清此举"已隐然以预备立宪之举动昭示于人民"。清廷虽然没有明确宣布立宪之期，但这一举动赢得了舆论的广泛支持，也为考察团的出行奠定了良好的舆论氛围。

清廷颁布上谕
设立考察政治馆

---

[1] 中国第一历史档案馆编:《光绪宣统两朝上谕档》，广西师范大学出版社 1996 年版，第 191 页。

六、走向大洋的考察之旅

在清廷颁谕设立考察政治馆的形势下，民众期待立宪政体早日施行的同时，也盼望着五大臣尽快率团出行。《大公报》发表的《祝速行》一文从四个方面阐述了考察团应当快速成行的意义。

一、时届履霜坚冰将至，若不作速首途，恐再耽延势须改岁，旷日持久无论，其将来实行政策何如，而今日开宗明义已委靡，而无政体之精神。二、国民想象立宪如久旱之盼霖雨，大病之望良医，即以国民捐而论，凡学界商界之乐输恐后者，非必皆沽名钓誉之人也。三、免遭外人之讥诮。外人论我中国，尝谓有空言而无实行，故一再施其强权之手段，而不虑我之反抗，以为华人无坚固不摇之定力，无百折不回之意气，……逡巡不前以为他人所齿冷。四、立定方针志在必行，以息余党之潜谋。……五大臣既无生命之忧，应作出洋之计，克日束装，不少濡滞。前日之变置若罔闻，凡彼凶党应自悔谋害之无成，……岂非策之最善者耶？①

载泽考察
团在英国

---

① 《祝速行》，《大公报》1905 年 11 月 13 日。

在民众和舆论的期待中，慈禧太后也希望考察团能够尽快成行。《时报》对此进行报道说："日前军机大臣召见时，两宫谕及考察政治实为当今急务，应饬各大臣速即前往，不可任意延缓。"①

但考虑到吴樾炸弹袭击案的发生，这次出洋是秘密进行的。考察团仍然计划兵分两路，约定于1906年夏天在瑞士会合，商讨考察成果，以避免两路考察团彼此不互通声气，造成调查报告的各说各话。

考察团兵分两路，这一次小心翼翼，没有大张旗鼓。五大臣和随从人员分期分批出京，先抵达天津，在天津稍作停留后，由塘沽乘轮船前往上海。12月17日，载泽一路抵达上海吴淞口时，出于安全考虑，清廷希望考察团直接由吴淞口出洋，不必登岸。

但是，载泽却很想登岸，经历了革命党炸弹袭击事件，他倒有一种凛然的气势。上海毕竟是两江总督的治下，两江总督周馥很担心发生北京正阳门火车站炸弹袭击案那样的事件，因此，周馥登上轮船劝说载泽最好不要登岸。周馥为此还给袁世凯发电报，请他劝说载泽等人不要登岸，袁随即致电载泽、尚其亨、李盛铎三人，向三人说明利害，希望三人直接出洋。上海道台袁树勋在登轮迎接载泽时也转告说，庆亲王来电也表示最好不要登岸。但面对这些劝告，载泽却说："吾只知有国家不知有性命，自亲临炸弹之后，更已视险如夷，若竟不登岸，其如外人观听何？且此去沿途如香港、西贡等处，能不登岸乎？……吾当另电政府，明告以登岸之故。"②

这样，载泽一行便登岸在上海停留。三天后，载泽一行接到外务部来电，电文中说，日本新年已到，举国上下正忙着过年，希望中国考察团暂缓前往日本，免得招待不周，考察团可以在西历一月中到访日本。事实上，此时的日本正在发生中国留学生罢课风潮，因为在日的中国留学生大多系革命党人，日本方面很担心考察团的安危，便有此电。

① 《考察政治大臣出洋日期》，《时报》1905年10月27日。
② 《五大臣抵沪情形详志》，《华字汇报》1905年12月28日。

五大臣与部分随员合影。
端方（前排左起第七人）与
随员在意大利罗马合影

　　发生这样的情况，载泽曾有先考察英德等欧洲国家，待回国后再往日本考察的打算，但李盛铎等人认为此次考察宪政日本是重点，可以在上海停留一段时间再前往日本。于是，考察团在上海停留了近一个月的时间，在此期间，考察团成员也积极与各国驻上海领事接触，了解各国政体情况。

　　1906年1月中旬，日本方面发来电报表示考察团可以前往日本了。日本方面已做好接待准备。于是，考察团于1月14日起锚放洋，两天后抵达日本神户，与先期到达的唐保锷、戢翼翚等人会合，日本外务省也派出官员前来迎接。唐保锷、戢翼翚先期抵达日本是为考察做准备工作，他们在1905年11月底就抵达日本，行前，五大臣曾经叮嘱戢翼翚，日本有革命党人活动，发生谋刺事件也未可知。因此，戢翼翚奉命先期抵达日本，做好安全防范工作。

载泽考察团在法
国获取的考察资料

考察团在神户稍作停留后，于1月22日抵达东京，日本方面予以了高规格的接待，按照外国皇族正式访问的礼仪举行了欢迎仪式。根据《清国镇国公载泽殿下来航接待次第》所列，接待程式如下：

> 一、皇族享受帝室贵宾之待遇；二、附以接伴员二名；三、以芝离宫充为旅馆；四、接伴员须至港口迎接皇族，但出入国之港口的县知事及市长于便宜场所迎接；五、皇族入京离京之际，宫内次官、外务次官、外事课长、警视总监、东京府知事、东京市长皆至新桥停车场迎送；六、皇族入京离京时，警部三骑前后分卫，途中及暂停之际须巡查警备；七、皇族入京离京之当日，迎送及关系人员著常服，警察官著制式服装；八、安排适当日期时间，拜访皇居，与陛下会面并共同进餐，参拜大内之次第由式部职官取调后安排；九、在芝离宫内各所配置皇宫警员承担警备事宜；十、于适当日期时间，安排访问我在京之皇族。①

从这个程式来看，日本方面对中国考察团的到来是相当重视的，对他们的安全采取了严密的防护措施。革命党人宋教仁曾在日记中记载："日政府派有巡查三人守《民报》社，云因载泽来东，防御革命党甚严密，故出此手段，并言余等出门亦尾之于后。"②

日本政府方面对考察团考察日本也相当重视，考察团进入日本当天，日本内阁就对载泽等人的考察日程做了安排。据《时报》报道，考察团的行程如下：

> 元旦：递国书；初二：东京市长招宴；初三：穗箕博士讲宪法，大藏省某局长讲财政；初四：鸭狩，打球，伊藤侯讲宪法；初五：近卫师团参观；初六：病院，赤十字会；初七：地方幼年学校，中央幼

---

① 潘崇：《清末五大臣出洋考察研究》，中国社会科学出版社2014年版，第122页。
② 陈旭麓主编：《宋教仁集》下册，中华书局1981年版。

　　年学校，士官学校，振武学校；初八：帝国大学，炮兵工厂；初九：
贵族院，众议院，警视厅；初十：邮便，正金银行；十一：东洋妇人
会，劝工场，吴服点；十二：赴箱根；十四：回横滨；十七：横滨解
缆赴美洲。①

　　载泽、尚其亨、李盛铎所率领的考察团在日本停留了 28 天，拜访了多
名政要，对日本的政治制度有了详细的了解，在考察日本的政治制度时，
日本政府也予以积极的配合。日本舆论评述说："此次清朝赴日考察活动是
在外务省、内务省及各县知事的紧密连携中得以推行的。"②

　　在结束日本的考察之后，载泽考察团登轮向美国进发，不过团内成员
刘彭年、钱恂、唐保锷、戢翼翚等人留在日本继续考察。

　　载泽所率领的考察团则经过半个月的航行于 2 月 28 日抵达美国。美国
属于民主共和政体，因此并不是清廷重点考察的对象，但考察团仍在美国
停留了两周的时间。此间，美国总统罗斯福和国务卿都对考察团予以了热
情接待。

　　在美国，载泽考察团受到了康有为领导的保皇会的热烈欢迎。自维新
变法失败后，康有为、梁启超流亡海外。康有为先是流亡日本，然后又流
亡美国和加拿大，并在加拿大设立保皇会，为达到让美国干涉中国内政的
目的，保皇会频繁地在美国活动。对于考察团的到来，康有为表达了欢迎
之情，并在 3 月 1 日举行演讲会，邀请载泽、李盛铎、尚其亨三人到会演
讲。但是，载泽、李盛铎并没有接受邀请，因为康有为给三大臣的邀请函
太过敏感，康有为认为既然朝廷有意立宪，慈禧太后就应该归政光绪皇帝，
这样才能消除满汉矛盾，杜绝革命党的革命气焰。

---

① 《泽尚李三大臣行程日记》，《时报》1906 年 2 月 10 日。
② [日] 福田忠之：《清末五大臣出洋政治考察与明治日本》，浙江工商大学日本文化研究所
　《日本思想文化研究》编委会编：《日本思想文化研究》2007 年第 9 期，日本国际文化工
　房 2007 年版，第 18 页。

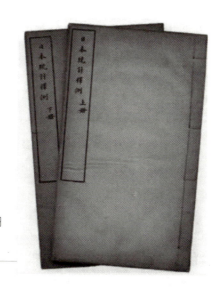

载泽向朝廷咨送的《日
本统计释例》一书

　　康有为本来就是慈禧太后的眼中钉、肉中刺，又发出如此敏感的邀请
函，载泽等人自然不可能参加演讲，但立宪这件大事终究还是要面对公众
的，便让左秉隆代为前往，尚其亨也参加了演讲会。演讲会上有华人华侨
七百余人、西方人士五百余人到会，场面相当隆重，华人华侨对朝廷立宪
充满了期待。

　　考察团在美国的两周时间里，除了拜会美国政要外，大多数时间都在
考察美国的工矿实业和教育机构。

　　载泽一行结束在美国的考察后，于 3 月 14 日踏上了前往英国考察的行
程。英国与日本一样也是立宪政体国家，因而，考察团对英国予以了积极
的关注。英国方面对中国考察团的到来也相当重视，在载泽考察团还在日
本之时，英国外务部得知考察团将要到访英国，即照会驻英公使汪大燮说，
欢迎中国考察团到英国考察，英国将对中国考察团提供便利和帮助。

　　在载泽考察团抵达英国之前，端方、戴鸿慈所率领的一路考察团已经
先期到英国做了短暂停留，可谓来去匆匆。因此，"英政府每以如何考查为
问，其意深虑走马看花、无裨实用，且疑我国办事专尚虚文"[1]。

---

① 潘崇：《清末五大臣出洋考察研究》，中国社会科学出版社 2014 年版，第 123 页。

因此，英国方面很希望载泽考察团不要走马观花。汪大燮也希望载泽考察团取得实效，他提前与英国联络，拟定了考察行程，其致汪康年函中曾言及此事：

> 兄已定见，将泽、尚、李到后应看应问各事排定一单，请其照行，延请政治各专门数人先讲一事，随即往看一事，以便稍有头绪。三公同行亦可，分班亦可，有不能亲到者，派员代往亦可，但必需看完，虽三公不愿，亦当强之。①

按照汪大燮的安排，考察团到英国后，载泽等人先邀请英国政治名家到驻英使馆向载泽等人讲解政治事宜，以便提前对接下来的考察有所了解。当然，从考察的行程看，考察团也并不完全是先听讲解再实地考察，很多时候，也是先实地考察，再听取讲解。载泽一行到英国的时候，适逢英国国王外出未归。汪大燮便与英国外交部商议，考察团可以先前往法国考察，等英王回来了，考察团再返回英国拜见英国国王。4月中旬，英国国王外出返回，考察团得知此消息后便于5月9日重抵英国，拜见了英王，并呈递国书及中国皇帝御笔信。此次转道至英，载泽考察团又留驻16日之久，弥补了考察团第一次至英国时主要考察英国政治制度，无暇顾及其他方面的缺失。载泽一行不仅考察了著名的伯明翰铁路车厂等工矿企业，还与各界人士进行广泛接触，几位考政大臣还接受了牛津大学、剑桥大学赠予的荣誉学位。

当然，英国方面希望考察团在英国多停留时间以充分考察英国政治，也有增强英国影响力的成分，因而，载泽一行在英国受到了很高的礼遇。大清海关总税务司英国人赫德在伦敦的代理人金登干在给赫德的电报中说："载泽公爵已偕同代表团其他成员返抵伦敦，国王昨天'非常亲切地'接待了他们。"②

---

① 上海图书馆编：《汪康年师友书札》第一册，上海古籍出版社1986年版，第840、841页。
② 陈霞飞主编：《中国海关密档：赫德、金登干函电汇编1874—1907》第七卷，中华书局1995年版，第948页。

载泽考察团在英国期间除受到英国国王的接见外，英国下议院也为他们举行了欢迎宴会。在英国，考察团不断邀请专家进行讲解，并结合实地考察的方法进行。英国之行前后两次共计43天，被载泽认为是欧美考察之行中最有实效的。

载泽考察团第一次抵达英国之时停留了近一个月的时间，然后于4月18日启程前往法国。在前往法国之前，驻法公使刘式训即照会法国外交部说明载泽等三位大臣所率大清考察团将抵达法国。法国政府对此甚为重视，表示将热情接待，并准备派员陪同到法国各处考察。法国方面还拟定了一个考察日程单交给刘式训，向他通报了法国的接待计划，日程单安排了20天的行程，应该说是做到了巨细无遗。

在法国，载泽考察团主要考察了陆军学堂、枪炮厂、汽车厂等先进的军事和技术基地等等。结束对法国的考察之后，载泽考察团第二次抵达英国，得知消息的比利时驻英公使于5月13日拜会了载泽等人，并表达了比利时国王希望中国考察团到访该国的愿望。

载泽接受了这个邀请，并让李盛铎、参赞严璩先到比利时做好考察行程安排。由于事先已确定了比利时国王的接见时间，载泽一行结束了16天的英国考察后于5月25日抵达比利时。比利时对载泽考察团的到来相当重视，派飞费大佐代表国王前往港口迎接。比利时民众对载泽一行的到来也给予了相当的热情，"观者拥挤，不可胜数，咸欲一睹泽公以为快"[1]。

比利时是考察团的最后一站，受经费不足的影响，载泽一行在比利时的考察时间最短，仅13天，考察项目亦是四个正式考察国中最少的，涉及议会、教育机构、企业等，尤其详细考察了著称于世的比利时路政。大清驻比利时公使杨兆鋆亦是积极接待、辅助考察，将其译成的《比利时国志》《比国宪法》赠给考察团，又向比利时外务部商借政治书籍20余种，以备考察团参考。

就在载泽考察团考察比利时之时，大清驻荷兰公使陆徵祥致电清廷说

---

① 康继祖：《预备立宪意见书》（前编下·无尘行使记·比国欢迎）1906年刊印，第6、7页。

明荷兰国也希望考察团前往该国，荷兰与比利时是邻国，荷兰希望三大臣顺访荷兰。但是，朝廷接电之时，端方、戴鸿慈一路考察团已经抵达荷兰，清廷便没有批准这个奏请。这样，载泽考察团在结束比利时的考察后，又返回法国考察了三天，然后启程返国。

载泽考察团从1916年1月16日抵达日本到6月9日结束对法国的考察，在国外的考察时间为145天。6月10日，载泽考察团从法国登轮返国，归国途中，考察团受到沿途各地华侨的热情欢迎，考察团也对他们在海外的生存状况进行了了解，了解到华人在海外受歧视，得不到教育，医疗无保障成为普遍现象。这使考察团认识到：唯有大清强大才能真正保护海外华侨。载泽考察团抵达上海后，本来打算待端方、戴鸿慈考察团返程抵沪后一同回京，共同向朝廷提交考察报告。但是，载泽又考虑到这样将耽搁时日，因而决定先行回京。据考察团某随员称，考察团欲先至湖北与湖广总督张之洞商定国是，然由于当时郑州铁路被水冲坏，只好沿海路回京，并没有与张之洞相见，也是一件遗憾之事。

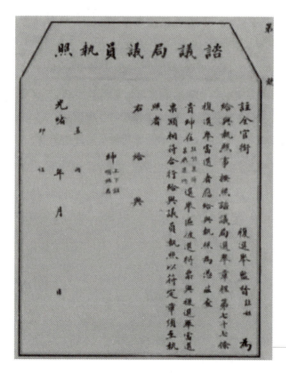

考察归来，清廷下诏令各省速建咨议局，图为政府颁给议员的执照

　　与载泽、李盛铎考察团的出洋考政相比，端方一路是在极秘密的状态下出行的。1905 年 12 月 7 日，正阳门火车站和巡警局突然得到消息，有要员出京。于是，车站和巡警局都慌忙布置，北京城内的巡捕、巡警以及铁路巡带调集一千余人，荷枪实弹，沿途警戒。因为民众都不知情，官方刻意防范，送行的人也非常少，只有那桐、胡燏棻等几十人将端方考察团送至正阳门火车站。当天下午，端方考察团从天津坐船车到秦皇岛，然后乘兵船于 16 日抵达吴淞口。在上海，端方一行比载泽考察团要谨慎得多。端方、戴鸿慈只要求上海道台袁树勋来见，但是，又声明说，袁树勋只能一个人前来，不得带兵丁、随从。端方、戴鸿慈接见袁树勋实际上还有一个原因，就是利用袁树勋上海官员的便利，帮助兑换外国钱币。戴鸿慈、端方这次出国考察，朝廷给了他们 26 万两经费。经过袁树勋的帮忙，兑换美元 3.9 万元、德币 13.625 万马克、奥币 7.9375 万勒尼、俄币 3.78 万卢布、意币 5.3125 万里拉。

　　端方、戴鸿慈考察团此次出洋考察途经国家分为三类：一是正式考察的国家，带有"钦颁国书"的包括美国、德国、奥地利、俄国、意大利；二是游历国家，考察团临时得到该国邀请，不必递交国书，但一般觐见其元首，包括丹麦、挪威、瑞典、荷兰、比利时；三是过境国家，没有递交国书和觐见仪式，只是顺便参观浏览，包括日本、英国、法国、瑞士。

　　端方考察团在上海仅停留了三天时间，于 12 月 19 日乘美国"西比利亚"号开始了考察之旅。12 月 21 日，端方考察团抵达日本。由于事先的安排，日本属于载泽一路的重点考察国，端方一路则不再把日本视为重点考察对象。因此，端方考察团在日本仅停留了 7 天时间，考察目标也不是宪政，而是对长崎、神户、横滨等地的华人学校、华侨和留学生的状况进行了解，并考察了日本的金融机构及女子学校等。

　　虽然日本不是考察重点，但由于端方、戴鸿慈考察团在出行时的准备工作做得不充分，一些需要的物资都不完备，因而，他们在日本又进行了购买补充。如此，离开日本之时，端方考察团已经花费了多达九万两的白银，考察团尚未抵达正式考察国，已经花掉了超过三分之一的经费，这不仅使端方、戴鸿慈忧心忡忡起来。

12月28日，在前往美国的邮轮上，戴鸿慈在自己的日记中写道："彼都旅处，用度殊奢。侈费固非所以体时艰，过简则亦无以尊国体，权衡丰啬，极费踌躇也。"邮轮在万里波涛中航行，端方、戴鸿慈常常把心思放在此后考察和经费如何使用上来。12月30日，端方、戴鸿慈召集温秉忠、施肇基、伍光建等人召开了一次会议，就考察和用度问题进行了大讨论。会议投票选举温秉忠、施肇基、伍光建三人为干事，负责考察及费用等具体事务。会议还提出，考察团成员应该根据自身的优势长处，各司其职，"或查学务，或查财政，或查裁判，分途并出，俾以短期而收速效焉"[①]。

考政大臣亦负责不同方面，端方负责考察政治，戴鸿慈负责考察财政。据施肇基回忆，由于随行人员众多，为便于考察，考察团每至一国，"将旅行应酬等一切庶务皆委某员总理"，在美国期间由施肇基负责，在法国期间由岳昭燏负责，在德国期间由温秉忠负责，在俄国期间由管尚平负责。每一考察国的具体负责人很可能亦为此次会议所定。[②]

会议还讨论制定了《敬事预约》，规定了考察团的考察纲领和工作准则。《敬事预约》有六条，其一为"立宗旨"，确定考察重点为各国"政体""宪法""财用兵制"等富强之道，而"其余庶政"不在考察团考察重点之列，"次第及之，在提其纲"而已；其二为"专责任"，要求考察团每一个成员都应各尽所长，恪守尽责，"或认专门，或兼数诣，或聚而谋，或分而纪"；其三为"定体例"，将重要的考察所得按照"国以类编，冠以通论"的体例写成报告，做到分析严谨，条理井然。《敬事预约》明确指出，这次考察不要想着游山玩水，而应以国事为重，"若夫游览，风景山川，无

---

① 戴鸿慈：《出使九国日记》，岳麓书社1986年版，第349页。
② 参见潘崇：《清末五大臣出洋考察研究》，中国社会科学出版社2014年版，第142页。

关宏旨，概从缺焉"；其四，指出考察团成员之间要通力合作，相互之间不要抱有成见，不要互相推诿，确保此次考察取得成功；其五，"勤采访"，指出"著乃形式，藏乃精神""片言启牖，胜彼遗文"，由此，考察团尤其要重视对各国学者、官员的实地采访，登门造访，求得其真"；其六为"广搜罗"，无论是"图籍"或是有关"政界学界"的资料，都要大量收集，"多多益善"，然后整理加工，编译成书，以供参考。

在端方、戴鸿慈于航行中筹划即将正式开始的考察之时，驻美公使梁诚受端方、戴鸿慈的委托，在美国进行着相关的准备接待工作。美国为考察团的第一个正式考察国，因此，当端方电告梁诚时，梁诚即照会美国总统罗斯福，希望美国方面指令檀香山地方政府予以接待，迎接考察团的到来。梁诚还将端方考察团的大概行程告知了罗斯福总统，据此，美国外交部为端方考察团制定了详细的行程，凡是有关议例、行政、司法、政治甚至国计民生等需要考察且大清认为可以考察的事情，都做了安排。美国外交部甚至还安排财政专员精琦专门前往旧金山迎接考察团，但是，国内由此有了一种传言，说端、戴将建议政府聘请精琦为财政顾问，于是产生了对外人干涉中国财政的忧虑。针对这一误解，有报道指出："精琦来迎系卢总统（指西奥多·罗斯福）所拜，不过外交上照例接待之使者，并无他意，即精琦见面亦不过将命而已，并无有揽中国财政之意。"①

1906 年 1 月 24 日，端方考察团抵达华盛顿。在拜见罗斯福总统时，端方向他说明，此次访问的目的主要就是考察。当时，因为美国排华浪潮造成的中国南方抵制美货运动与连州教案，虽然交涉已近尾声，但考察团为避免考察受到影响，便向美国方面表明此次来访与外交交涉无关，仅为专务考察。

---

① 《端戴两大臣请聘精琦事辨证》，《南方报》1906 年 5 月 20 日。

端方考察团
在美国芝加哥

　　端方考察团在美考察的范围很广，包括政治、经济、教育、科技、实业等，行程也很紧凑，自然也无暇关心中美两国外交之事。对于这次考察，美国的报纸也报道说："参赞、随员、翻译奔忙异常，日则赴各处调查考究政治，以及游览学堂工厂等事，夜则分门翻译章程、各种书籍。"①

　　端方考察团在美国停留了 41 天，除去从檀香山到旧金山这 6 天的行程，实际考察了 35 天。在结束美国的考察之后，端方考察团第二个正式考察国为德国，考察团计划由法国转道德国。当考察团抵达法国北部港口城市瑟堡的时候，大清驻英公使汪大燮前来迎接。英国并不在端方考察团的考察计划之内，但既然有英国方面的邀请，端方、戴鸿慈遂决定先考察英国、法国，然后考察德国。在英国，考察团得到了大清海关总税务司赫德在伦敦的代理人金登干的帮助，他在给司赫德的信中说："我拜会过了中国考察大员戴鸿慈和端方，是由中国汪公使引见的。在交谈中，他们中的一个人说他们打算在中国开办一家国家银行和国家造币厂。因此，我问他们是否愿意参观英格兰银行和皇家造币厂，他们答称那将使他们感到非常高

---

① 《考政大臣在美考察略述》，《新闻报》1906 年 3 月 30 日。

兴。我为他们安排在上星期二去参观那两个地方。"①

考察团在英国、法国停留了 9 天时间，然后于 3 月 7 日抵达德国首都柏林。端方、戴鸿慈认为，德国的政体、政治制度有许多可以借鉴的地方，应该详细考察，清政府则专门致电考察团，令其详查该国军政，于演操之法细心参阅。综观考察团在德国的考察，确实将军政列为考察的重中之重。

端方考察团在德国的考察分为两个阶段：第一阶段从 3 月 7 日抵达柏林到 4 月 16 日离开，前往丹麦、瑞典、挪威三国游历；第二阶段为结束三国的游历后，复又返回德国，对萨克森、巴伐利亚进行了为期 8 天的考察。萨克森为德国开放较早的城市，这里的教育、工艺、医学、实业等都较为发达，因此，考察团必须留意这些方面。考察团在德国的考察至为详细，对"政治界、学术界、经济界甚为留心访察"，德国的陪同人员亦称"考察团顾不上疲劳，对所有的都表现出了浓厚的兴趣"②。

端方考察团在德国

端方考察团在德国前后两次共进行了为期 48 天的考察，当时，考察团

---

① 陈霞飞主编：《中国海关密档：赫德、金登干函电汇编 1874—1907》第七卷，中华书局 1995 年版，第 926 页。

② 潘崇：《清末五大臣出洋考察研究》，中国社会科学出版社 2014 年版，第 145 页。

的经费已经所剩不多，此后的考察便显得行色匆匆。5月9日，端方考察团抵达奥地利，在这里停留了7天，对奥地利的政治、议会以及工矿实业进行了考察，日程是相当紧张，可谓有走马观花之感。随后，考察团又于5月16日对匈牙利进行了考察。匈牙利与奥地利是联盟国家，1867年组成了奥匈帝国，端方考察团在匈牙利首都布达佩斯停留了两天，主要考察了国家机器公司和匈牙利枪炮厂。

5月19日，端方考察团又抵达俄国首都圣彼得堡，俄国是端方考察团此行的正式考察国之一。在端方、戴鸿慈抵达之前，清廷已经先行派出陆宗舆、陈琪等人前往俄国安排考察事宜。端方考察团仅在俄国停留了8天，主要参观了博物院、水师学堂、国家船厂、国家瓷器厂、国家银行，尤其观摩了各军军操，这给考察团留下了极为深刻的印象。此外，考察团在俄国的考察借鉴了载泽考察团的办法，在实地考察的基础上，就中国立宪问题向俄国政界要人请教，拜访了外务大臣伊兹沃利斯基及前财政大臣微德。

端方考察团在俄国考察之际，大清驻荷兰公使陆徵祥向清廷奏报说，荷兰城市海牙是政府与议会所在地，且又以公断公会闻名于世，水利建设也较为发达，内政、外交都有可采纳的地方。与此同时，荷兰驻华公使也向清廷表达其政府希望端方考察团访问荷兰之意。于是，清廷批准端方考察团考察荷兰。荷兰驻华公使还建议说，考察团到荷兰后，应对荷兰国的学堂、财政、河工等进行考察，荷兰这些部门"颇有专门名家，擅长一时"，"果能逐细考察，于贵国不无补区区之意"①。

因此，端方考察团又打破计划对荷兰进行了为期9天的考察，着重考察其渔业、港口、议院以及机器制造业，并到设于海牙的保和会参观。端方考察团结束在荷兰的考察后，向意大利进发，意大利是此行的最后一站，但由于途经瑞士，所以端方一行又在瑞士进行了3天的考察，并拜见

---

① 鸽子：《隐藏的宫廷档案：1906年光绪派大臣考察西方政治纪实》，民族出版社2001年版，第6页。

了瑞士总统，参观了瑞士巧克力公司、瑞士纺织品公司以及瑞士旅游胜地伯尔尼雪山。端方了解到瑞士宪法是西方国家中最为完善的，政治体制也颇为健全，但考虑到经费问题，便留下张想全等少部分人继续在瑞士考察，他与戴鸿慈则率团于 6 月 11 日抵达意大利。意大利是文明古国，名胜古迹非常知名，考察团在意大利停留了 10 天时间，考察了意大利的上下议院，游览了斗兽场、圣彼得大教堂、罗马古城、庞贝古城等，于 6 月 21 日返国。

端方考察团从 1905 年 12 月 21 日抵达日本考察到 1906 年 6 月 20 日结束对意大利的考察，在国外考察的时间计有 178 天。7 月 21 日，端方考察团抵达吴淞口，上海地方予以了严密的保护，由上海北上的行程也是极为隐秘，有报道说，"端、戴已动身后，沪上行辕供张如旧，上轮船时甚秘密，行后数日人方知两大臣已北上也"。①端方考察团于 8 月 10 日抵达北京。两路考察团经过会商后，即开始着手考察报告的起草工作。

1906 年 1 月，端方一路抵达东京时，随员熊希龄邀请正在日本留学、同为湖南人的杨度帮助撰写关于东西洋宪政国的情况报告，作为将来考察宪政报告的范本，杨度答应了熊希龄的请求，并找来梁启超帮忙。当年夏天，杨度即为五大臣代撰了《中国宪政大纲应吸收东西各国之所长》与《实施宪政程序》两文，梁启超撰《世界各国宪政之比较》。五大臣的考察报告，即由杨、梁二人报告略加修改而成。②

朝廷根据考察报告，下诏预备立宪。消息传出，全国上下一片欢腾，上海、天津等城市甚至张灯结彩以示欢庆。但是，人们很快便发现了这不过是朝廷愚弄百姓的骗局。1906 年 11 月，新官制案公布，人们发现，涉及皇室权力的部门变得更加巩固，责任内阁全无踪影。相反，满族官员的比重加大，袁世凯的北洋六镇也被铁良拿走了四镇。这样的立宪，让立宪

---

①　《本馆访稿·端戴行踪神速》，《华字汇报》1906 年 8 月 8 日。

②　李喜所主编，刘集林等著：《中国留学通史》（晚清卷），广东教育出版社 2010 年版，第418 页。

派们大感失望。杨度看到朝廷轻轻松松地宣布预备立宪，而官制改革却无任何成效的现实，提出"政府宁肯与人民以一尺之空文，不肯与人民一寸之实事；人民与之争者，宜与争实事，而不与争空文"。所谓"空文""实事"，即宪法与国会的代名词。这就是说，立宪将成为一纸空文，这自然要引起全国人民的反对。

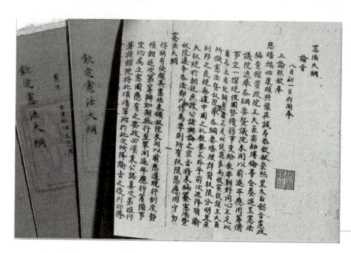

1908 年 8 月 27 日颁布的《钦定宪法大纲》

Chapter 5

第五章

满洲开发计划与『联美抗日』

一、美国人司戴德提出了开发满洲计划

在清廷指派五大臣出洋政治考察、为立宪改革而不得不有所动作的同时，列强实际上也在关注着中国的政治改革动向。日俄战争后，一直宣扬"门户开放"政策的美国对中国的改革更为关注，在东北问题上犹是如此。

日俄战争后，交战双方在美国总统罗斯福的积极斡旋下签订了《朴茨茅斯条约》，但是这一条约却使日俄在中国东北抢得了先机。本来，日本政府是承诺支持美国政府提出的东三省"门户开放"政策的，可是，当中日两国签订《东三省事宜正约》及附约十二款后，日本借此在大清那里确认了沙俄转让给其在"南满"的利益之后，却变了卦，否认向美国做出的承诺。不仅俄国人反对"门户开放"政策，日本也开始了驱逐外国人染指"南满"的行动步伐。

1906 年，美国铁路大王哈里曼向日本提出共同经营南满铁路的计划，却遭到了日本首相桂太郎和外务大臣小村寿太郎的反对。更令美国政府和实业界不满的是，日俄这两个曾经为争夺东北利权而大打出手的敌人，为了维护自己的利益，竟然在清廷推动东北改革、美国希望分享满洲利权之时捐弃前嫌握手言和了，当然这也与法国的影响有很大关系。日俄战争后，国际形势发生了新的变化，在美国试图增强自己影响力、分享东北利权的同时，法国也在努力提高自己的外交影响力。

日本首相桂太郎

我们知道，日俄战争之前，日本与英国、沙俄与法国已形成同盟关系，但它们的结盟并非铁板一块。日俄战争爆发后，英法都害怕卷入其中，于是两国在 1904 年 4 月也缔结了一个条约，宣称英法不存在利害冲突关系，法国还主张英法共同对抗德国。基于此，法国虽然与俄国结盟，但并不想与日本发生矛盾，俄国向日本转让"南满"利权后，法国立即向日本表示友好，并于 1907 年初在法国为日本募集公债。法国还积极促动日俄关系走向缓和。为达到共同对抗德国的目的，法国先后与日本、英国都签订了和平协约。1907 年 8 月，法国还积极促动了英俄关系走向缓和，并形成了英法俄协约国集团共同对抗德国的局面。法国的促动，尽管有抵制德国的动机，但于日本、俄国而言，在东三省的共同利益也使得两国迫切希望达成谅解。

早在 1906 年秋，俄国新任外交大臣伊兹沃尔斯基便频繁地向日本传递渴望和解的信息。10 月间，伊兹沃尔斯基在访问法国时，法国向俄国表达了希望俄日英达成和解的愿望。伊兹沃尔斯基则向法国外长毕逊表示：俄国对日本不存在报复之心，与法国一样也希望保持全面和平。

伊兹沃尔斯基回到国内即致电俄国驻日公使，要他通过日本新外务大臣林董向日本政府表达这样一种愿望：俄国对日本"不持报复之念"而最关注于维护全面和平。1907年1月，伊兹沃尔斯基又通过俄国驻日公使告诉林董说：俄国政府将限期撤退在满洲的军队，一心一意希望和平，对满洲不存在任何秘密策划；愿意加强同日本的关系，倾注全力恢复远东常态。[1] 同时，俄国也向英国表达了同样的愿望。

俄国伸出橄榄枝，在法国的积极促动下，日本外务大臣林董也表现出积极的姿态。1907年2月2日，林董给日本驻俄公使本野一郎致电说："帝国政府通过与俄国达成此种协议，加深对它的信任，或能得到经营东亚的利益，或在东亚能保留一切行动的自由，此机会已来临。如果帝国政府认定采取与俄国友好的政策，符合帝国政府的利益，那么今天遇到了千载难逢的机会。因此，迫切希望迅速作出决定后予以落实。"[2]

2月8日，林董再次致电本野一郎，希望日俄和平友好的精神更加具体化。他说："帝国政府希望增进日俄两国的友谊，确立东洋永久的和平，获悉俄国外交大臣也在为同一目的而努力，对此帝国政府深表满意。"

根据林董的指示，2月9日，本野一郎会见俄国外交大臣，转达了日本政府对日俄协商的意见。伊兹沃尔斯基表示：对日俄协商的具体化极为满意，准备在不久的将来将框架性协议案密示本野。[3]

有了这些积极的动向，两国把握时机，于1907年7月签订了《日俄密约》，即日俄第一次密约。8月间，日俄两国向其同盟者通报了协约情况，但对于当事国中国和一直试图跻身东三省利益的美国，除了公开协定外，其他内容都予以保密。《日俄密约》的签订，是日俄继《朴茨茅斯条约》之后又一项分赃条约。通过该约，沙俄以承认日本在朝鲜的支配地位和在"南满"的特殊利益为条件，换取日本承认俄国在外蒙和"北满"的特殊利益。事实上，这就是俄国和日本瓜分了中国东北、外蒙古和朝鲜。

1907年《日俄密约》的签订，是缔约双方为在远东确立各自的势力范围，

---

① 参见蔡凤林：《日俄四次密约》，中央民族大学出版社2008年版，第8页。

② 《日本外交文书》，第40卷，第1册，日本国际联合协会发行，昭和三十五年版，第101页。

③ 参见蔡凤林：《日俄四次密约》，中央民族大学出版社2008年版，第12页。

由武装对抗变为合伙打劫的转折点，标志着日俄侵华联合战线的初步建立。①

《日俄密约》，等于把美国人提出的"门户开放"政策完全抛在了一边，日俄两国在东北构建了一道排斥第三国特别是美国资本的壁垒。同时，日俄对于清廷希望东北改革、恢复主权的愿望也不断地加以阻挠和破坏。《日俄密约》的签订，使日俄赢得了法、英的支持，分别与它们签订了法日、英俄协定。这种国际局势的新变化，不仅使大清感到无助，也让美国感觉到了外交上的"孤单"。在这种扑朔迷离的新变局中，美国开始尝试与清廷合作，清廷也希望与美国结盟来对抗日俄在东北的不断扩张。日本在"南满"及俄国在"北满"的特权利益不断扩大，使美国的实业界和政府深感痛恨。

美国驻奉天领事馆

一个叫威廉·迪克曼·司戴德的美国人，也在密切地关注着东三省的形势变化。司戴德在中国海关任职多年，曾做过记者，后来被罗斯福总统任命为驻东三省总领事。他在对国际环境以及东北形势所发生的变化进行研究后，提出了一个宏观的"满洲开发计划"。这一设想得到了美国政府的支持。

日俄战争爆发之时，司戴德就对东北局势表现出强烈的关注之情。当

---

① 参见中国社会科学院近代史研究所编：《沙俄侵华史》第四卷下册，中国社会科学出版社2007年版，第13页。

时，司戴德从海关离职，成为路透社的一名记者。记者的职业特性以及每天获取的战争资讯都在刺激着他敏感的神经。

1903年10月末，战争还没有爆发，日俄还在谈判桌上狗咬狗地争执不休，但司戴德获取的信息使他对东北的形势做出了判断。他在日记中写道："两周以来即将发生战争的传言甚嚣尘上，每天都有关于战争的新闻和因为战争新近下发的急件。义和团事件虽已为饭后谈资，但它使清帝国的统治越发岌岌可危，战事一触即发，日本和俄国之间有望通过谈判和平解决争端的传言是不会有结果的，因为日本长久以来的利益关注一直限于远东，而今面对俄国对'满洲'的入侵，如果退缩和心甘情愿地签订所谓'相互让步'协议的话，政府将颜面尽失且难以平息国内第三等级阶层的质疑，未来十年间也将因此面对俄国远东势力的发展而束手无策。"[①] 司戴德当然明白，美国要占领远东绝不是一件轻而易举的事，那是需要军队、控制远东的商业代理人，甚至是有效的且对美国意义重大的商业政策。

战争的结果，司戴德还难以预知，但他认为这将是美国资本进入中国的大好时机。因此，司戴德也很希望利用这个机会一展身手，为美国利益做一些事情。1906年初，司戴德与美国总统罗斯福的女儿爱丽丝·罗斯福的相遇，为他提供了契机，也使他走上了中美关系的前台。

司戴德（前排左一）在领事馆与政要和外国领事的合影

---

① Albert Jeremiah Beveridge, *The Russian Advance*, New York: The Curtis Publishing Company, 1903, p.203.

在日俄战争结束后美国总统罗斯福正积极调停日俄谈判之时，被罗斯福任命为美国驻朝鲜公使的埃德温·V.摩根在 1905 年向美国政府提议，任命曾在中国海关任职、在路透社记者任上做得风生水起、对远东情况比较了解的司戴德为驻汉城副领事。司戴德欣然接受了这个任命，这使他摩拳擦掌，渴望在远东实现自己的抱负。进入 1906 年，罗斯福的女儿爱丽丝·罗斯福结婚，罗斯福邀请了老朋友埃德温·V.摩根参加这次婚礼，埃德温·V.摩根便带着司戴德一同返回美国参加爱丽丝与新郎尼古拉斯·朗沃斯的婚礼。在婚礼上，他们都向新人表达了祝福。在与总统罗斯福的谈话中，埃德温·V.摩根了解到爱丽丝希望到古巴度假的愿望。但是，由于罗斯福与美西战争有着很深的渊源，爱丽丝能否实现到古巴度假之旅还是个问题。

对于这一问题，埃德温·V.摩根在自己的日记里做了详细的记述："在日本停留了几周后，司戴德和我回到美国，在爱丽丝·罗斯福和尼古拉斯·朗沃斯结婚前抵达了华盛顿。由于罗斯福与美西战争有很深的渊源，他们表示希望能批准其去古巴度蜜月的要求。当时，美国政府在哈瓦那并没有使馆建筑，而如果这位'皇家公主'需要适当的安置，新任大使就必须为其提供妥善的和与之匹配的合适住所。"①

罗斯福总统的女儿爱丽丝·罗斯福

---

① Herbert Croly, *Willard Straight*, New York: The Macmillan Company 1924, p.197.

这使埃德温·V.摩根与司戴德都意识到这是获取总统好感的大好机会。二人没有等到婚礼结束，便提前来到了古巴，并在很短的时间里弄到了古巴首都哈瓦那住宅区的一套别墅。后来这里成为埃德温·V.摩根在古巴大使馆任职时的办公室。

找到房子后，埃德温·V.摩根与司戴德很快找人添置了家具和生活用品，并雇了几名用人。当爱丽丝·罗斯福来到这里时，对这里的安排非常满意。此后，埃德温·V.摩根还陪同这对新人游遍了古巴的风景名胜。埃德温·V.摩根与司戴德鞍前马后、不辞劳苦地为爱丽丝·罗斯福服务，赢得了总统罗斯福的信任，因而，司戴德获得了美国驻奉天总领事的职位。

当然，罗斯福总统让司戴德出任奉天总领事，也是出于期望美国在东三省分享利益的考虑。在任命司戴德为奉天总领事之前，罗斯福曾经与司戴德进行了一次谈话。罗斯福授意司戴德对中国"满洲"（东三省）的情况进行一个详细的调查，调查其政治、经济、文化以及军事情况，以便为罗斯福制定关于东三省的政策提供参考。

据此，司戴德在1906年10月抵达奉天后，便和他的副手开始了对东三省的考察。当然，在从伦敦出发途经圣彼得堡、莫斯科，穿越西伯利亚大铁路到奉天的行程中，他对东北的状况已经有了大致的了解。现在，他又经过近半个多月的考察，于1906年10月中旬给罗斯福总统提交了一个详细的报告，报告是通过国务院转交给罗斯福的，其中详细陈述了日俄对东三省的分区占领以及统治状况。但是，由于司戴德是站在美国利益至上的立场上的，所以他的报告也掺杂了个人的观点和立场。他说，中国东北有两个在世界上堪称最好的商业和军用港口，但是，日俄分别占领"南满"与"北满"使得美国在太平洋和全部远东的战略目标的实现良机正在丧失，要想弥补这种损失，美国应该马上行动起来。

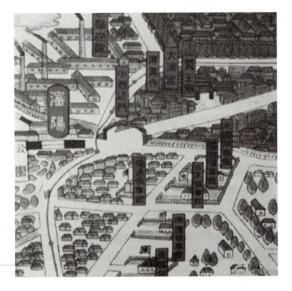

自 1908 年开始，各国领事馆便纷纷迁入"商埠地"，或在这里兴建土木。图为当年各国驻奉天领事馆分布情况

　　接着，司戴德的报告把关注点放在经济和外交方面，特别是经济问题，司戴德用了很大篇幅来陈述，他以自己在满洲考察发现的远东铁路建设情况和商业发展形势为中心展开。司戴德在报告中说，从西伯利亚进入中国，沿途村镇受到影响很大，民生凋敝，管理混乱，但铁路设施基本没有受到大的损毁，铁路运行顺畅，价格低廉，大量从欧洲到北京和上海的游客涌入中国。[1] "战争期间进入'满洲'的俄国军队战后并没有全部撤回欧洲本土，而是在伊尔库茨克、赤塔、斯利坚斯克、哈巴罗夫斯克等地附近集结，车里雅宾斯克到哈尔滨沿线有东西伯利亚的部队的重兵把守和定期巡逻。在普利莫尔斯克、乌苏里江区域及伊尔库茨克等地，甚至还可以看到东突厥斯坦的狙击手、哥萨克的炮兵。在赤塔有一个独立的为军队开辟的站点，兵营和仓库都已经竣工并交付使用，还修筑了战壕和路堤，炮兵和工程师随处可见，显然这一范围在俄国控制之下。"[2]

---

[1]　参见梁大伟：《司戴德满洲开发计划研究》，博士学位论文，吉林大学，2014 年，第 59、60 页。

[2]　*Willard Dickerman Straight papers*，#1260.*reel 1.Segment 3*，Division of Rare and Manuscript Collections，Cornell University Library，p.65.

司戴德在报告中指出，如果俄国以东北为基地向中国扩张，那么此举不仅阻碍美国在中国的利益，也将打破世界平衡。司戴德的报告说得有理有据，可见他在考察中确实下了一番功夫，他甚至还在到北满旅游者和当地的住民中进行了访谈，由此了解到"从伊尔库茨克到车里雅宾斯克的新铁路已经从两端开始双向修建。一条环贝加尔湖通往南部的铁路的议案已被提请并讨论通过。另外，从斯利坚斯克到哈巴罗夫斯克的工程也即将破土动工。只需适时稍加拓展，在建的环湖铁路和卡里姆斯克之间就可以顺利实现对接，而这里恰好是离开中国横穿贝加尔湖铁路的依托"①。

因此，司戴德在报告中向罗斯福详细说明了俄国在中俄边境的铁路修筑和进展情况，借以向罗斯福阐明以下两个问题。第一，日俄战争虽然结束了，但俄国在中国东北的扩张步伐并没有停止；第二，清朝政府正试图改革东北，这对于美国推行"门户开放"政策和发展美国利益正当其时。司戴德在报告中阐述了自己对发展美国利益的看法，他说："俄国控制蒙古已是既成事实，而且正试图强势地向前推进。俄国人贪得无厌，一旦这些野心勃勃的大国沙文主义者觊觎东方，绝不会轻易改变既定的政策，更不会轻易因挫折而被迫放弃，这对于美国的远东利益是极端危险的。"②

当然，司戴德的说法也不是空穴来风，他披露了沙俄政府正在向中国东北派驻大批官员并试图向华北扩张的态势，此举当然也有遏制日本利益的企图。司戴德在报告中又说："日俄战争的失败被认为是党派之争所致。俄国迟早会再一次与日本争夺东方的霸权，这个被挫败了的国家强烈感受到战争带给他们的屈辱，大多数人希望卧薪尝胆，力报一箭之仇。目前，俄国内部的问题看上去比想象的更加严重，尽管他们说革命者希望的结果是三年后能够控制军队，但是这一愿望似乎很难实现，退伍老兵等工作问

---

① *Willard Dickerman Straight papers*，#1260.*reel 1.Segment 3*，Division of Rare and Manuscript Collections，Cornell University Library，p.67.

② *Willard Dickerman Straight papers*，#1260.*reel 1.Segment 3*，Division of Rare and Manuscript Collections，Cornell University Library，p.55.

题令政府焦头烂额，最可预见的且可能的解决方案也许是帝国内部的调整，应该不会发生剧烈的社会动荡。"①

既然俄国革命颠覆政府的概率微乎其微，俄国表面上也在给日本一种缓和关系的迹象，但俄国试图向日本复仇的情绪并没有泯灭，国际形势一旦出现有利于俄国的局面，俄国人必然会一雪前耻，事实上，"英日同盟不过徒有其表，英国不会漠视日本的不忠行为，这一罪恶的联盟瓦解之日，即是俄国'收复失地和一雪前耻'之时"②。

接着，司戴德在报告中又阐述了日本在东三省与俄国平分秋色并且不断地在东北扩张的事实，"战争结束时，俄国保留有哈尔滨至长春的铁路，但日本却占据了长春至大连以及大连至牛庄和旅顺的铁路，还有奉天到安东的支线。他们还占据了所有俄国人曾开采的矿业、建设的民居、交易的商号等，并迅速建立起了完备的邮电系统"③。

显而易见，日本政府正在有计划、有步骤地巩固和扩大其通过日俄战争以及签订《朴茨茅斯条约》中获得的政治和经济特权优势。

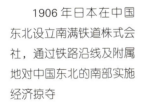

1906 年日本在中国东北设立南满铁道株式会社，通过铁路沿线及附属地对中国东北的南部实施经济掠夺

---

① *Willard Dickerman Straight papers*，#1260.*reel 1.Segment 3*，Division of Rare and Manuscript Collections，Cornell University Library，p.55.

② *Willard Dickerman Straight papers*，#1260.*reel 1.Segment 3*，Division of Rare and Manuscript Collections，Cornell University Library，p.56.

③ 梁大伟：《司戴德满洲开发计划研究》，博士学位论文，吉林大学，2014 年，第 61 页。

现在的情形是，日本正欲排除外国在东北的竞争，排除各国在东北的贸易，试图完全占有东北市场，垄断那里的原材料和一切特权。更可怕的是，日本在向东三省大批派驻军队、警察和行政官员的同时，也大批地向东北移民，"汹涌而来的日本移民潮席卷'满洲'。他们在铁路沿线遍地开花。中国政府也报道了外国人口迅猛增长的问题。众所周知，无论是在资源上还是政治上，朝鲜和'满洲'相比都是一片贫瘠和荒凉的土地。'满洲'的农业、矿藏、原材料丰富，这些都是日本需要的。它也将为日本制造业提供广阔的市场，（而作为日本）通过修筑铁路进行经济掠夺则更具有明显的地域优势。但非常遗憾的是，这里却几乎没有美国的贸易。除了尚具规模的美孚石油公司和英美烟草公司之外，美国在这里几乎没有任何商业上的影响力"[1]。

司戴德的报告最后还特别强调了日本对美国的企业和资本正在越来越多地采取排斥态度，不允许美国资本和企业进入"南满"占领区，甚至公开叫嚣"南满仅为日本人所有"的口号，公然将包括美国在内的所有外国排斥在"南满"的大门之外。日俄战争后，东三省百废待兴，再加上清廷提出改革政策，都意味着建立铁路网络和公共基础建设的投资将大有可为。司戴德看到了这一点，并且极力希望美国政府能把握良机。

司戴德不厌其烦地阐述东三省的情况以及美国所面临的紧迫形势，当然是希望美国政府尽快以实际行动加入东三省的利益博弈中来。司戴德很有一种紧迫感，此后，开发满洲的宏伟设想不断地在他的脑海中闪现。这位年轻的美国驻奉天总领事甚至有一种只身战斗的想法，他也想影响清廷和其他列强，他甚至有在外交上与日本这条"恶蛇"对决的想法。他相信通过自己的努力，他这个被罗斯福总统派到东北的美国外交官，将在政治和外交上为美国资本"叩开"一扇利益之门。

作为"门户开放"政策的积极倡导者，罗斯福总统看到司戴德的报告后，会是一种什么态度呢？

---

[1] Herbert Croly, *Willard Straight*, New York: The Macmillan Company 1924, p.209.

二、从新法铁路到锦瑗计划

1906 年 10 月，司戴德把中国东北的考察报告提交给美国总统罗斯福之时，他脑海中闪现的"满洲开发计划"已经形成，他希望以此为美国谋取利益。那么，司戴德的"满洲开发计划"到底是一个什么样的计划呢？

满洲开发计划可以说是美国"金元外交"的一个重要组成部分。其目的是使美国资本进入中国东北，参与列强在中国角逐的战略步骤，遏制日俄在东北的扩张，对中国实施以"银行和铁路征服"为主的所谓"和平经济渗入"，提高美国国际地位及远东影响力的战略构想。

司戴德所设想的"满洲开发计划"仍然是与美国"门户开放"政策一脉相承的，是以跻身中国东北的铁路、煤矿、电信、邮政、经贸等领域为美国经贸服务，强化其在世界影响力为目标的。

但是，司戴德也明白，要实现这一宏伟的目标，不仅要得到美国总统罗斯福的支持，更要得到美国社会的支持。因此，当司戴德在向美国总统提交这一考察报告之时，他以更加积极的姿态关注着远东局势，关注着清朝乃至美国社会的动向。

在司戴德向美国总统罗斯福提交东三省调查报告之时，他也有一种忧虑。司戴德发现，自日俄签订《朴茨茅斯条约》分食东三省南北利权后，对外国资本和实业、经贸的排斥，使得美国资本和实业界对东三省表现出既渴望进入又徘徊不定的矛盾心态。而此时，美国总统并没有放弃在东北奉行的"支持日本，打击俄国，美国居中操纵，缔造'国际共管'情势，以真正实现'门户开放'"政策。罗斯福总统及美国资本、实业界的矛盾心态，在司戴德看来，比日本人的排斥政策更为可怕，对美国在东三省经贸利益的崛起更为有害。

怎么办呢？司戴德一面向总统罗斯福提交报告，阐明利害，一面也在寻求美国社会和清廷的支持。司戴德明白，要获得支持，重要的是建立广泛的信息网络和宣传渠道。司戴德利用自己驻奉天总领事身份的便利，在日占区建立了广泛的信息网和宣传机构，希望以此打破日本人对东北的舆论控制，进而更深层次地了解日俄在东三省的政治、军事、经济情况，以便形成有利于吸引美国进入东三省的舆论导向。

1907 年秋天，司戴德以他所任职的奉天总领馆为中心，把美国驻东北大连、丹东、哈尔滨等领事馆联合起来，组成了一个了解、宣传东三省的信息网络。这些领事馆既受美国驻北京大使馆的领导，也受司戴德的节制，他现在把自己建立在一个"准公使团"的地位上，不仅提高了自己的影响力，也为他渴望实现的"满洲开发计划"提供了舆论和宣传的便利。司戴德希望通过建立这样的平台，与日本在东三省的舆论机器分庭抗礼。

自日俄战争后，日本便在东三省建立了庞大的舆论阵地。日本在沈阳创立的中文报纸《盛京时报》在宣传导向和新闻内容上都是倾向日本人的，这一点，日本可以说走在了美国甚至其他强国的前面。作为一家被日本人控制的媒体，《盛京时报》的人员配置也是以日本人为主。司戴德在沈阳任职，他当然了解这种情况，因而也颇为感慨。司戴德认为，外国资本尤其是美国资本对东三省投资产生纠结情绪应该与日本的舆论宣传有很大关系，因此，要改变这种局面，就有必要建立庞大的信息网络和宣传机构，打破日本在东三省的舆论垄断。

日本在沈阳创立的中文报纸《盛京时报》

于是，司戴德打算在东三省建立起庞大的信息和宣传机构，他也知道，重要的是获得清朝地方当局的支持。此时，大清国希望改革东北的想法空前高涨，这一点他也是知道的。于是，司戴德找到了被清廷任命为奉天巡抚的唐绍仪，希望得到他的支持，建议以清朝地方官方的名义设立奉天宣传局。

唐绍仪进入东北，按照袁世凯和徐世昌的改革思想，正渴望有所作为。于是他和司戴德二人一拍即合，以奉天地方名义成立、实际上是由美国人操纵的奉天宣传局组建起来了。奉天宣传局设立的宗旨是向新闻界和有影响力的人物（比如说美国商界）发布有关东北的最新情势及需求、政策等，并宣扬中国在东三省的改革立场。

有了这个舆论平台，司戴德设想的"满洲开发计划"就具备了有力的宣传武器，在获得清廷的支持后，司戴德也渴望获得美国官方的确认。当时，时任美国陆军部部长、准备竞选美国总统的塔夫脱正在访问日本和中国，司戴德认为这是一个获得官方庇护、使"满洲开发计划"得见天日的良机。

1907 年 11 月，得知塔夫脱将通过海参崴与西伯利亚铁路前往欧洲的消息时，作为东三省总领事的司戴德自认为是有资格面见塔夫脱并向其进言的。于是，他果断请示美国国务院，要求拜见这位即将入主白宫的陆军部长，司戴德的要求得到了批准。

1907 年 11 月 18 日，司戴德风尘仆仆地从奉天抵达海参崴。在这里，他首先见到了塔夫脱的部下马丁·伊根和爱德华两位将军，并向二人说明了来意，二人随即将司戴德引荐给了塔夫脱。在来海参崴之前，司戴德是做了精心准备的，他准备将东三省的考察报告以及满洲开发计划以备忘录的形式呈送给塔夫脱。

在 11 月 19 日的接见中，塔夫脱与司戴德是在一种很融洽的气氛中谈话的。司戴德将他撰写的备忘录以及经徐世昌、唐绍仪等人批准的设立东三省银行的设想，一并呈递给了塔夫脱。设立东三省银行，是满洲开发计划的一个重要组成部分。司戴德就设立东三省银行向塔夫脱做了说明，称这是将美国资本引进东北、抵制日本的一个行动步骤。他说，在日俄分食东北利权和清廷渴望改革东三省之时，美国政府对清廷在"政治上的无私支持"并引入资本到满洲不是赌博，这对美国来说意味着机会。司戴德以日本人对采矿业和铁路运输业的垄断来说明获取东三省利权的重要性。

司戴德还对塔夫脱说："有利可图的时机正在等待着那些将货物从美国直接运抵中国北部，以免从上海做代价高昂的转载运输的人，我们的哈里曼先生一直想成为这样的幸运者。"司戴德向塔夫脱表示，美国铁路大王哈里曼一直试图在中国东北进行铁路投资和修筑，并为此曾经求助于他。

司戴德进而又说，清朝东三省地方当局很热衷这项事业，徐世昌、唐绍仪到东北任职后，还就铁路建设计划与实业投资等问题同他进行过商讨研究。徐世昌、唐绍仪等地方官员都认为，美国资本的介入有利于在日俄之间造成平衡的态势。唐绍仪还希望美国方面出资与中国开办东三省银行，并表示东三省银行可以作为大清东三省地方政府的金融代理人。所以，这些计划的实施将成为美国影响中国金融、商务、实业的大好机会。

司戴德向塔夫脱介绍唐绍仪等清朝官员对美国出资修筑铁路以及设立东三省银行的热衷之情，使塔夫脱想起了之前访问中国被热情招待的盛况："在上海的接待令塔夫脱印象深刻，他真切地感受到了中国政府对美国强烈的好感，已将美国作为最公正和无私的朋友。他希望我们有所作为，我向他保证我会尽心竭力，他看起来非常欣喜而且同意了。"①

司戴德的陈述对塔夫脱是充满诱惑的，尽管司戴德越过美国外交部和国务院的举动后来招致了柔克义与美国国务卿鲁特的不满，但塔夫脱却非常高兴，他乐于听到有关他在上海的外交手腕在东北发生效应的内容。司戴德借机请求他帮忙请示总统，将"满洲开发计划"作为一项独立的借款，并且以许多具体的例证和数字说明这项计划的重要性和紧迫性。司戴德还提出："中国正努力实现现代化时，实际的援助和鼓励将比仅仅是道义上的支持更有效。美国投资中国东北，从而证明它不仅乐意坚持'门户开放'，

---

① Herbert Croly, *Willard Straight*, New York: The Macmillan Company 1924, p.250.

而且也愿意进入这一门户，这样就能使中国人相信，美国希望同他们积极合作，这对促进和指导中国今后数年内的发展是大有裨益的。"①

美国总统塔夫脱

　　塔夫脱对司戴德在二人交谈中所体现的观点表达了赞赏之情，并表示将向总统罗斯福说明此事。这意味着不管是罗斯福政府还是之后的塔夫脱政府，它们都将在东北采取举措，司戴德的设想和计划将对新旧两位总统产生影响。老实说，司戴德提交的备忘录，对塔夫脱产生了触动。作为一个行伍出身的人，塔夫脱骨子里对日本是抵触的。司戴德的备忘录对日本提出了二十项指控，日本在东三省的政策不仅使中国政府感到恐惧，也是对美国"门户开放"政策的蔑视。

　　司戴德备忘录中列举了一连串的数字，描述了日本在"南满"的侵略政策："最近一段时间以来，有30000日本人进入安东，6000人进入奉天和牛庄，3000人进入辽阳和铁岭，2500人进入其他城市。另有11000人的部队驻扎于'南满'铁路沿线，并已经成立了南满铁道株式会社，直接管理1100公里的南部'满洲'铁路，且直接对日本首相负责。横滨正金银行

_____

① 吴心伯：《金元外交与列强在中国（1909—1913）》，复旦大学出版社1997年版，第23页。

及其分支机构如过江之鲫，已在牛庄、辽阳、奉天、铁岭、长春和安东等地陆续开业。日本的报纸在奉天和安东开始发行，最近还有一份领事馆主办的杂志在牛庄出现。奉天的报纸持日本立场观点。三井物产掌控着‘满洲’最重要的商业活动，是日本棉花出口贸易协会在中国的代理机构，并且实际控制着日本对‘满洲’的大豆出口。日本的商品充斥‘满洲’市场，目前其烟草公司难以与英美的烟草公司进行竞争，但它们却暗地里与中国政府签订了大量的密约以保证销量。大仓公司独立经营着本溪的煤矿和铁矿，甚至还在奉天修筑了公路。”①

备忘录还指出了让塔夫脱感到忧虑的问题，即自俄国占领东三省后，美国在东三省的贸易额连年下滑。日本从俄国人手里接管“南满”后，这种情况更趋严重。

司戴德备忘录中还说，日本政府在东北的所作所为显然是想通过排除他国的方式将日本的意识形态、政治模式强加给中国人。日本人的这种手段也是对美国“门户开放”政策的公然蔑视，现在日本非但无视日俄战争期间对美国的承诺，甚至正在以排除他国的方式，巩固其在东北的地位。

跟随塔夫脱访问
中国的罗斯福总统的
女儿爱丽丝·罗斯福

---

① *Willard Dickerman Straight papers*, *#1260.reel 1.Segment 3*, Division of Rare and Manuscript Collections, Cornell University Library, p.99.

国际关系是现实的。司戴德相信，日本的战前承诺现在看来已不可能兑现，如果美国太过天真地相信言而无信的日本人，那么美国付出的代价将是巨大的。因为能让一个既得利益者放弃已经到手的利益不是靠温文尔雅的照会和演说，而是要使用包括政治、经济、军事、外交等手段在内的强有力的政策。

司戴德在备忘录中也不忘推销自己一把。他分析了形势的严峻性，然后把希望寄托在塔夫脱身上，希望塔夫脱成为"满洲开发计划"的有力推动者。因而，他又向塔夫脱表示：作为美国驻奉天的总领事，自己很希望在东北与日本人的竞争中发挥作用。应该说，这次谈话对塔夫脱当选总统后制定美国对中国东北的政策是产生了影响的，塔夫脱此时已经认识到"外国金融和商业团体的兴趣，尤其是日本在'满洲'的行动，对于中国的主权和各国平等的商业机会是巨大的威胁，特别是影响了铁路方面的利益均沾以及工矿事业的发展"[1]。

司戴德与塔夫脱看到了中国所面临的危机，清廷何尝没有认识到这种危机。《朴茨茅斯条约》签订后，清廷虽然不得不承认东北亚国际关系的现实——袁世凯提出东三省改制就是应对这种危机的一个行动步骤，但面对日俄在东北不断加强的扩张态势，清廷也认识到：如想维持或者不致使东三省再发生变故，必须通过"以夷制夷"的手段，引入他国势力，来牵制日本和俄国的扩张。而在一众列强之中，中国对美国是心存好感的，而且中国对美国提出的"门户开放"政策也表示赞同，这些因素都为中美合作提供了土壤。

袁世凯可以说是当时与美合作的积极倡导者。早在1901年清廷与俄国交涉东三省问题时，袁世凯就说，列强各国中，大多都是比较骄横的国家，只有美国人心地较为平和。他还认为美国对中国是友善的，环视全球各国，真正能帮助中国者莫如美国，因此大清应加强与美国的合作。然而，美国

---

① *Willard Dickerman Straight papers*, #1260.*reel 1.Segment 3*, Division of Rare and Manuscript Collections, Cornell University Library, p.102.

社会因为华工问题，排华风潮甚嚣尘上，这引起了输出海外劳工最多的两广地区人民的不满，于是在两广，特别是在广东发生了人民抵制美货的运动。对于抵制美货运动，袁世凯是持反对态度的，"抵制美货会疏远美国人，减少美国帮助的意愿"。在给外务部的电报中，他说："中国处于软弱的地位，我们必须相信美国政府维护正义和依赖美国政府的支持。"①

当时主张与美国结好的大有人在，张之洞、刘坤一、徐世昌都持这种观点，大清的驻外公使大都也持这种观点。

驻俄公使胡惟德、驻美公使伍廷芳及继任者梁诚、驻英公使汪大燮、驻意公使许珏等都是联美的积极支持者。1904年，日俄战争尚在进行中，驻美公使梁诚致电清廷外务部说，东三省形势危急，日俄为瓜分东北而战，孰胜孰败，对大清都是不利的。在给外务部的电文中，梁诚表明他已在为促动中美联合而积极活动，"已极力运动美国暗中维持，若能于日俄政府善为因应，则东三省主权自必可复"②。

看来，清廷希望联合美国以制衡日俄的心情是相当迫切的。日俄在1907年签订的第一次密约，使清廷的这种愿望变得更为迫切。清廷宣布东三省改制，虽然可以视为制衡日俄的一个行动步骤，但没有其他强国的参与，就非常难以达到牵制日俄的目的。因此，徐世昌被任命为东三省总督后，便秉承袁世凯的意志，努力推行"平均各国之势力、广辟商场、实行开放"的方针，设法取得美国的支持。在袁世凯的阵营中，主政奉天的唐绍仪有着留学美国的经历。作为第一批留美幼童，他在美国接受教育近八年之久，因而对美国有着独特的感情，更热衷于联美。东北所面临的急迫形势，让身为奉天巡抚的唐绍仪认识到：只有在东北采取"开放"政策，以经贸与实业投资等利益为条件吸引列强参与到东北利益的角逐中来，才能遏制日俄在东北的侵略扩张。

---

① 刘冬梅：《1905—1911年清政府的联美制日政策》，博士学位论文，吉林大学，2006年，第37页。

② 罗香林：《梁诚的出使美国》，香港大学亚洲研究中心1977年版，第296页。

清廷希望借助他国的力量"以夷制夷"达到制衡日俄的目的，而美国对在东三省获取利益的愿望也是迫切的，于是，心照不宣的中美两国开始了频繁的接触。从 1906 年到 1907 年，日本人移民美国问题十分突出，这引起了美国人的不满，美国社会在 1907 年掀起了反对日本人移民美国的浪潮，两国关系因此而更趋恶化。也就在此时，美国加紧了与中国的接触，而中美的接触又引起了德国的注意，德国当时因寻求海外扩张而与英法关系恶化。日俄签订《朴茨茅斯条约》后，德国像美国一样也被排除在英日法俄等欧亚列强合作的关系之外，自 19 世纪 70 年代跻身世界强国之林的德国自然不甘心。德国既担心英国会拉拢美国，又担心在瓜分中国利权的行动中被排斥出局，因而便积极寻求与美国的联合。

　　德国驻华公使雷克司一方面向清廷建议，希望中美德建立一个同盟，希望中国在这个问题上采取行动；另一方面，向德国首相布洛夫建议说："在与中国有关系的列强中，只剩下德美两国，它们在分赃中没有受到考虑。美国，因为它在中国从不作领土获得之努力，尤其因为它像德国一样，没有属于圈子里的。德国，因为英国想彻底夺去它的国际政治欲望。"①

　　基于此，德国感觉到应向美国表达这样一种信息：德国愿意与美国在对华问题上进行合作，共同对付日俄。最好是中美德三国缔结一个同盟条约，保证中国领土的完整，但中国应秘密地给予美德经济特权作为回报。

　　对于德国的建议，罗斯福总统表示欢迎。随后，罗斯福还与德国驻美大使恩特斯博进行了多轮会谈。这个举动也给外界一种感觉，中美德三国正在寻求结盟。

　　德美之间的商谈虽然没有取得什么实质性的成果，但两国主动抛出橄榄枝对清廷无疑是一种鼓舞。在朝廷中，跻身军机处且已成为外务部尚书的袁世凯以清廷的名义主动邀请美国海军舰队访问上海，以此向日俄示威；而在东北，徐世昌、唐绍仪等人考虑到东北铁路除京奉路外都被日俄控制

---

① 刘冬梅：《1905—1911 年清政府的联美制日政策》，博士学位论文，吉林大学，2006 年，第53 页。

的现实，便与司戴德积极接触，提出修筑由美资参与的铁路新线的建议。徐世昌与唐绍仪的目的是利用美资坐收"以夷制夷"之效。

在徐世昌主政东三省之前，曾经署理黑龙江将军的程德全就将以修筑铁路来制衡日俄这一对策上奏慈禧太后。他认为，不修筑铁路就没有抵制日俄的好办法，也没有振兴商务的好计策，提议从伯都讷到新民府宜修建一条铁路，共抗日俄。

从晚清巡抚到
民国都督的程德全

只不过，程德全还没有想到利用外国资本的办法，他主张在全国招募资本。当时，署理盛京将军赵尔巽也有同样的想法，他说："新民到法库门再至辽源州抵齐齐哈尔，应建一铁路以联络蒙疆，收回权利。""营口商市甚为大连所制，由于未经设关之故，而封冻亦其一端，拟于锦州境内另辟一不封冻口岸，以图补救，已密商税务司派洋员往勘。"①

他们都想通过修筑铁路联结东三省南北，在新民连接京奉铁路，通达关内及蒙古地区，从而遏制日俄的扩张。但因招商的局限性，大清财政捉襟见肘，此意便不了了之。徐世昌主政东三省后，考虑到日俄势力的强大

---

① 王彦威纂辑，王亮编，王敬立校：《清季外交史料》（第三册），书目文献出版社 1987 年版，第 5—12 页。

以及朝廷财政上的困难，他提出了利用外国资本来修筑铁路的想法。这样既可以实现"以夷制夷"，又能防范日俄的扩张。

徐世昌、唐绍仪的想法很契合美国人司戴德提出的"满洲开发计划"。司戴德在其计划中曾经提出，首先从京奉铁路上的新民修筑铁路至法库门，然后延伸至齐齐哈尔、瑷珲等地。司戴德这一设想应该说是受美国铁路大王哈里曼的启发。在司戴德被任命为美国驻奉天总领事之前，哈里曼访问日本之时曾提出收买南满铁路，以构建他环球大铁路的运输计划。但是，他的购买计划遭到日本政府的拒绝，虽然计划失败了，但哈里曼并不甘心，他觉得自己应该向中国争取修筑铁路的让与权，在南满铁路之外再行修筑一条新的铁路路线。哈里曼为此还在美国政要间积极活动，希望影响美国政府对东北的政策。当然，哈里曼也将他的想法告诉了正试图在奉天为美国跻身东三省而跃跃欲试的司戴德。

在对中国东北的关注中，司戴德一直为日俄将美国排除在东三省的大门之外而耿耿于怀。他始终认为推动美国在东三省的经贸实业，将是提升美国经济、增进美国在远东国际地位的最佳方式，而要实现这些，实业投资尤其是修筑铁路将产生重要作用。司戴德说："美国应该后悔的是尽管满洲贸易无疑是重要的，但是我们（美国）没有更多的实质性具体的利益，诸如银行、矿山或者铁路。通过证明我们同中国发展的更为坚实关系，拥有这些利益将大大地增加我们的商业。"[1]

为达到此目的，司戴德在东北的考察中，也对美国的金融资本、大企业进行了大量的研究，并试图将它们吸引到东北来。哈里曼向司戴德讲述的环球大铁路计划，与"满洲开发计划"无疑是吻合的。司戴德立即对哈里曼的计划表现出了浓厚兴趣，他试图设法支持哈里曼在中国东北修筑一条从新民屯到法库门，然后扩展到齐齐哈尔与瑷珲的大铁路。

司戴德似乎较哈里曼看得更远，"满洲开发计划"所涉更全面，而哈里

---

[1] 刘冬梅：《1905—1911年清政府的联美制日政策》，博士学位论文，吉林大学，2006年，第55页。

曼毕竟只是一个铁路实业家。在给美国总统罗斯福提交的东三省考察报告中，司戴德曾经提出，在长城以北创立美国独占势力的重要性：中国东三省官员们欢迎对银行、铁路和矿山的投资，如果美国人接受这一邀请，就会动摇日本对满洲的控制，美国利益就会进入满洲。

在报告中，司戴德的想象是丰富的。他写道，以满洲"作为起点，美国可以将它的影响和活动扩展至帝国的其他部分"[①]。

显然，司戴德在下一盘更大的棋，也打算投入更大的赌注，他把目光放在更广阔的地域、更巨大的领域。因此，当他从唐绍仪口中得知奉天地方有意利用外资修筑铁路新线这一动议时，司戴德立即给哈里曼写信。司戴德甚至乐观地把赌注押在太平洋航运的可能性上，他在给哈里曼的信中写道，这种有利可图的机会正等待着那些将货物从美国直接运抵中国北部以免从上海作代价高昂的转载运输的人。

司戴德还一直惦记着哈里曼的大铁路计划。他描述了俄国和日本在满洲的铁路修筑情况，表示哈里曼如果有意愿在东北修筑铁路，他可以提供各种可能的帮助。

司戴德的信具有强烈的诱惑性。他向哈里曼说明一种有利的机会正在降临，当然司戴德这样说也证明了他对"满洲开发计划"充满信心。

唐绍仪

---

① *Straight to Assistant Secretary of State*, 28, September 1907, NA, RG59：2321/13-15.

在给哈里曼写信之前，司戴德与唐绍仪曾经就修筑铁路新线问题进行了多次会谈。唐绍仪除了鼓励美国资本投入新建铁路外，还希望美国投入二千万美元开办东三省银行以及投入地方实业等，同时表示将指定东三省银行作为东三省地方的金融代理人。唐绍仪直言不讳，希望借此建立中美同盟关系，共同抵制日本。司戴德认为这是不可错失的良机，因而他于1907年8月7日给哈里曼写信，希望在铁路事业上得到哈里曼的支持。在给哈里曼的信中，司戴德附上了修筑铁路、开办东三省银行的计划。发出这封信的时候，司戴德的内心充满了一种可感可触的希望之情。他在给哈里曼的信中还写道，唐绍仪巡抚同意美国修筑铁路，这对美国是一个极大的机会，如果这个计划得到实施，那么美国在中国的影响力将得到极大的提高。

但是，司戴德给哈里曼寄信之时，美国国内正在爆发严重的经济危机。这一危机不仅使得美国的钢铁、煤炭等产量严重下滑，在铁路相关产业方面，美国新建铁路锐减达二分之一，钢轨产量、货车车厢产量都下降了二分之一还多。严重的经济危机使哈里曼自顾不暇，根本无法对遥远的中国东三省进行投资和建设。

严重的经济危机意味着从新民到法库门的铁路修筑计划将被搁置，司戴德的"满洲开发计划"将遭遇挫折。因此，司戴德在1907年11月迫不及待地在海参崴求见美国陆军部长塔夫脱以寻求支持，他希望通过塔夫脱影响美国政府的心情甚为迫切。

尽管美国遭遇了经济危机，但作为东三省主政者的徐世昌、唐绍仪等人并不想放任新法铁路计划被搁置。在危机发生之时，徐世昌、唐绍仪很快便与英国商人进行了接洽。同样在中国经贸领域较为活跃的中英公司驻华代表濮兰德可谓是唐绍仪的老朋友了，在中英公司与清政府谈判广九、沪宁、沪杭甬、津浦等铁路线合同时，濮兰德与唐绍仪曾经多次接触，因而彼此都比较熟悉。

当唐绍仪再次找到濮兰德时，濮兰德推荐了英国保龄公司，这是英国的一家铁路工程企业，它对投资修筑东三省铁路表现出极大兴趣。这样，徐世昌、唐绍仪便有了让中英公司和保龄公司共同投资、承建新法铁路的想法。二人还就这个想法给外务部尚书袁世凯写了信函《致外部拟与保灵（龄）公司订立建筑新法铁路协定节略函》，其中介绍了保龄公司的情况，称其是一家有经验的英国公司，现在新法铁路第一段路工程已委托其勘察，修筑新法铁路所有工程都由该公司承包，并打算请中国铁路总工程师詹天佑代为监理，如发现工程与合同有不合之处，即令随时改正，如果工程能按合同办理，处处得宜，待第一段工程完工后，再与保龄公司议修第二段工程，工程建设"及其完工先订为两时期，缘如明春开工，则可于十八个月修竣，若迟至夏秋，则严寒时候较长，须二十四个月竣事，此路系京奉展修之线，且第一段尚在辽西境内，与日人毫无干涉，彼倘强聒，即请钧部据此驳诘，我固有词可措，彼当无所借口。第二第三两段暂不宣布"，"至此路议办后，即拟筹借外债以为修筑之费，既为京奉接展之路，自应向中英公司借款，按照路款若干与之筹借，拟不以该路作抵，即由东三省筹还，容俟详细研究商定办法，再行奉达"①。

此时的袁世凯不仅是军机大臣，还是外务部尚书，徐世昌、唐绍仪写这封信当然是想从一直关注着东三省的袁世凯那里征得意见。

东三省总督徐世昌
（前排左三）与同僚合影

---

① 《徐世晶、唐绍仪致外部拟与保灵（龄）公司订立建筑新法铁路协定节略函》，王彦威纂辑，王亮编，王敬立校：《清季外交史料》（第三册），书目文献出版社1987年版，总第3185页。

在徐世昌、唐绍仪给袁世凯去信征求意见的同时，唐绍仪则继续与中英公司和保龄公司谈判，商谈具体的合作事宜。应该说，商谈是相当顺利的，中英双方于1907年11月签订了新法铁路借款合同。根据合同约定，中英公司为新法铁路筹资50万英镑，保龄公司则负责承建，项目计划两年内完工。

由英国人负责筹资、承建铁路，袁世凯是持积极支持态度的。其实袁世凯有着更深的用意，他希望借修建新法铁路这条经济之鞭来抽打英日同盟，希望通过在新法铁路上引入英国资本让英国开始反对日本，站在中国一边。但是，唐绍仪与英国公司频频接触，使致力于满洲开发的司戴德很不开心。司戴德一直希望美国资金能投入东三省铁路建设和实业投资中来，进而增强美国在中国的影响力，但经济危机的发生使哈里曼无力向中国注入资金。当司戴德得知唐绍仪已经与英国公司签订新法铁路借款合同时，他的内心是沮丧的。但是，在美国的经济危机面前，无力扭转局面的司戴德只好默认形势的变化，对中英合作修筑铁路表示支持。

对于东三省地方致力于修建新法铁路线，在南满早已形成利益事实的日本是持反对态度的。自中国提出新法铁路修筑计划开始，日本就密切地关注其动向。1907年8月，当唐绍仪的铁路计划日渐明朗并积极与外国接触之时，日本就开始公然阻挠。8月12日，日本驻华代理公使阿部向庆亲王奕劻发出照会说，中国政府计划修筑新法铁路线，对南满铁路构成了损害，日本政府断难接受。当中英签订新法铁路借款合同时，阿部又照会说："关外铁路接展至法库门乃至北一节，显于南满铁路并行，且有害该铁路利益。按照日清会议交涉录所载，日本政府断不能承认。"①

面对日本的反对和阻挠，清廷起初的态度是严正的。在8月中旬阿部照会庆亲王之时，外务部回答说，中国政府拟为东三省筹措外债，将来是否用于修路，这是中国内政，至于新法铁路如何铺设，现在没有定议，"惟

---

① 《临时代理公使致清外务部庆亲王照会》，1907年8月12日，第61号，载《日本外务省档案胶卷》，MT585，MT.1.7.3.56-1，第81—83页。

延长关外路线为我国国内交通便利起见，与南满洲铁路毫不相涉，既非于该路附近另设并行之干线，亦非侵害该路利益之支线"①。

10月间，阿部第二次照会庆亲王时，邮传部代为回答说，大清在关外修筑新法铁路，根据计划，与南满铁路的距离并不会小于欧美各国现有铁路两线之间的距离，日本人不应有这种担心。随后，外务部发出复照认为："查邮传部所称以上各节与东省督抚等意见相同，均与中日会议所载不相违背，兹准前因相应照覆贵代理大臣查照，即烦转达贵国政府可也。"②

对于新法铁路的命运，倡导者徐世昌、唐绍仪是最为关注的。鉴于日本官方频发照会抗议，徐世昌向慈禧太后上奏折建议说，对于新法铁路如何铺设，现在虽然没有议定，但根据邮传部的声明，将来新法铁路的修建与南满铁路的距离不会小于欧美各国现有铁路两线间的距离，也不会形成与南满铁路并行、有损该路利益的情况，"中日接收新奉铁路条款第三条第二款载明，除吉长铁路接展支路外，如中国自行建造他路，与南满洲铁路公司无所关涉等语。是建造该路实与南满洲铁路毫无干涉，应请日本政府不必过虑。总之，接展关内外铁路，系我中国内政，决无外人干预之理，自应据理力争，以清权限"③。

徐世昌知道，慈禧太后此时对进入军机处且成为外务部尚书的袁世凯是信任的，因而也给他去信，希望他劝说朝廷在新法铁路上坚持强硬立场，新法铁路不能因为日本的干涉就退缩，"展筑新法铁路系便利东三省交通，达到渐收主权的目的，断然不能因为日本人的无理干涉而就停止，希望钧部坚持定见，与日交涉"。

---

① 王彦威纂辑，王亮编，王敬立校：《清季外交史料》（第三册），书目文献出版社1987年版，总第3153页。

② 王彦威纂辑，王亮编，王敬立校：《清季外交史料》（第三册），书目文献出版社1987年版，总第3171页。

③ 王彦威纂辑，王亮编，王敬立校：《清季外交史料》（第三册），书目文献出版社1987年版，总第3195、3196页。

清末民初的东北
满洲铁岭街道全景

　　徐世昌、唐绍仪反复陈说的中心目的就是希望朝廷坚持定见，向日本方面申明修筑新法铁路是中国内政，不能因为日本人的反对就屈服。在唐绍仪、徐世昌的积极努力下，1908 年 5 月，袁世凯致电日本新任驻华公使林权助说，大清外务部先后接到邮传部与东三省督抚的来电，告之日本方面援引中日会议录为据，数次照会中国置已经签订的成约于不顾，中国修筑新法铁路有侵害南满铁路利益的动机，对此，中国不能认同，中国认为"该路与南满洲铁路相距甚远，实不能作为附近并行，至谓有害干路之利益，不特无害也，而且与有利。缘枝路愈多，则干路之生意愈旺，吉长铁路之与南满铁路其一例也"[①]。

　　袁世凯在向日本公使林权助表明态度后，也寄希望于英国能够声援中国，毕竟新法铁路的投资和承建都是由英国公司来完成的。因而，袁世凯在向日本公使表明态度后也致电驻英公使李经方，希望他劝说英国利用英日同盟关系劝说日本。袁世凯在给李经方的电报中授意他告知英国，新法铁路距离南满铁路很远，不会影响日本利益，中国在东三省展修新法铁路是发展地方经贸的需要，且新法铁路与南满铁路相距甚远，并非日本方面所说的二路并行，"不特无所侵损，且多此枝路，交通便利，生意愈盛，与

---

① 王彦威纂辑，王亮编，王敬立校：《清季外交史料》（第三册），书目文献出版社 1987 年版，总第 3271、3272 页。

会议录并无违背，除已照驳日使外，希详告英外部"①。

袁世凯通过外交手段，也照会其他列强，希望赢得支持。此举虽然有些与虎谋皮，但英美等国出于自身的利益还是向日本表达了不满和抗议。在华外商也普遍反对日本的无理干涉。牛庄外侨商会向日本表达抗议说，修筑新法铁路对增进与发展满洲贸易是紧要的，日本此举是在阻碍满洲的发展。牛庄税务司的美国人克拉克则说，日本无视美国的"门户开放"政策宣言，是对各国商权的破坏。重要的是，日本此举伤害了英国资本在中国的利益，中英公司甚至英国驻华公使朱尔典也都指责日本此举是在打造自己的"势力范围"。英国《泰晤士报》甚至发文说，日本反对修筑新法铁路的做法是"不符合门户开放政策的"，英国外交部将会对英国保龄公司给予"外交上"的支持，"筑路工作在春天就会开始"②。

英国毕竟是日本的盟国，如果英国为着自身的在华利益都与日本对着干了，这于日本来说还真不是什么好事情。日本只好向英国妥协，并积极地开展外交活动，希望英国基于同盟关系，站在日本一边，考虑到英国公司的损失，日本表示愿意做出补偿，并说日本愿意在两个方面作出让步：第一，中国同意放弃新法铁路，而修建法库门至南满之支线；第二，或者日本同意中国修新法铁路，而中国同意南满公司修筑由铁岭至法库门并延至北郑家屯的铁路。③

英国虽然反对日本的干涉，但其实并不赞成新法铁路计划。日本充分利用英国政府立场上的矛盾性，从而获得了英国政府的支持。这样，从日本人那里得到好处的英商也不谈向中国注资和承建新法铁路的问题了，而是与其政府一道公然站在了日本一边，指责中国计划修筑新法铁路是在损害南满铁路权益，是对《朴茨茅斯条约》的蔑视，是一种背信弃义的行为，

① 王彦威纂辑，王亮编，王敬立校：《清季外交史料》（第三册），书目文献出版社1987年版，总第3272页。

② Herbert Croly, *Willard Straight*, New York:The Macmillian Company 1924, p.254.

③ 参见吉林省社科院《满铁史资料》编辑组编：《满铁史资料》第2卷"路政篇"第1分册，中华书局1979年版，第64、65页。

日本获得南满权益不过是"战胜国在战后符合公理的权利"。

英国外交大臣甚至向日本外务省表态说，中国方面邀请英国保龄公司承建铁路及中国与英国公司签订借款合同的做法欠妥，英国政府已下令驻华公使朱尔典按照英国政府的意志去阻止此事。

英国商人及其政府在新法铁路问题上的态度转变，使日本政府万分高兴，日本外务大臣致电英国政府表示谢意，伊藤博文甚至称赞英国不支持英国资本家投资、承建新法铁路是"正直可钦的公见行动"。因为这个计划如果实施将"损失日本人"在日俄战争中所获得的"唯一资产"。①

在新法铁路的问题上，获得英国支持的日本对清廷的态度更加强硬。1908 年 6 月，日本驻华代理公使再次向清廷发来具有恫吓性质的照会，照会开篇说了一些冠冕堂皇的话，如果清国开发满洲所秉持的是正当手段，日本不会反对，但如果漠视已经签订之成约，不顾日本政府的警告，修建与南满铁路并行的铁路线路，日本方面断难接受，"若清国政府罢新法之议，另议由法库门敷设达于南满线一地段之线，是等于吉长铁路，均非利益竞争之线，一面且利于辽西并蒙古地方之发达，帝国政府当以好意应之也。帝国政府之所见如此，望贵国政府虚心审度，容纳帝国政府好意之劝告，解决本问题，维持增进日清两国之交谊，是本代理公使所最希望者也，希速覆为荷"②。面对巨大压力，英国商人退出了注资和承建计划，这使清廷一时间陷入两难境地。

三、宣统继位与袁世凯被罢免

1908 年，对于大清王朝来说，真可谓是流年不利。在新法铁路问题

---

① 参见刘冬梅：《1905—1911 年清政府的联美制日政策》，博士学位论文，吉林大学，2006 年，第 65 页。

② 王彦威纂辑，王亮编，王敬立校：《清季外交史料》（第三册），书目文献出版社 1987 年版，总第 3281、3282 页。

上，迫于日本的压力以及英国公司退出东北铁路计划，渴望在东北有所建树的袁世凯、徐世昌、唐绍仪等北洋大佬都颇感无奈。当然，他们也在观察着形势，希望柳暗花明、曙光出现。而英国公司的退出，让一直倡导满洲开发计划的司戴德重燃他的梦想，再次希望美国资本能参与进来，使美国在东三省能与日俄抗衡。1908年，美国国内关于退还大清庚子赔款的呼声进入新的高潮，这使司戴德看到了新的希望，他希望美国利用庚子赔款作为进入东北新的切入点。

我们知道，庚子赔款是列强基于美国"门户开放"政策提出来的，同时也考虑到了美国参与八国联军侵略中国的行动以及美国社会不断涌现的排华浪潮等因素，这些事件都给中国人民留下了坏印象。因此，美国政府基于改善形象、缓和矛盾的需要，加上驻美公使梁诚的积极活动，才同意将庚子赔款超索部分退还中国，以此证明美国对中国是友善的，存在着"诚挚的友谊"。这个动向使司戴德意识到，他炮制的美国利益至上的"满洲开发计划"机会来了。早在1907年11月拜见美国陆军部部长塔夫脱，并向其递交备忘录说明东三省情况之时，司戴德就曾建议说，利用庚款退赔发展东北经济，是"加强美国在东北利益"的"一个难得的机会"[①]。

晚清东北在日俄的侵占下，人民过着朝不保夕的生活。图为街头为了温饱而谋生的小商贩

---

① 参见刘冬梅：《1905—1911年清政府的联美制日政策》，博士学位论文，吉林大学，2006年，第67页。

塔夫脱对司戴德的建议产生了兴趣，认为把庚子赔款作为美国发展东北经济的贷款计划是个很不错的主意。当时，塔夫脱对司戴德说，他将向罗斯福总统和国务卿鲁特说明这件事，但是采取的行动步骤必须是来自中国，这样，美国政府也不会招致指责，塔夫脱的答复使司戴德看到了希望。这次拜见，为后来塔夫脱入主白宫后制定对华政策提供了参考。

利用庚款超索部分开发东三省的计划，得到了身为外务部尚书的袁世凯和东三省总督徐世昌的支持，袁世凯认为，庚款用于留学不如用于开发东三省来得实际，这样既可以抵制日俄两国在东北的扩张，也发展了东北的经济民生，为朝廷获取了财政利源。当然，对于朝廷中有人提出的庚款用于兴学之议，袁世凯认为待朝廷办实业有了钱再投入留学事业，那时条件将更为充分成熟。

作为袁世凯的把兄弟，徐世昌在1908年3月还专门召集黑龙江、吉林、辽宁三省巡抚等人举行了一次东三省贷款计划的讨论会。会议讨论的结果与袁世凯的设想是一致的，也与司戴德的“满洲开发计划”合拍。会后，徐世昌即向慈禧太后上折奏明了此事，希望朝廷批准此议。而在司戴德方面，他也积极向美国政府求援，汇报了袁世凯的态度以及东三省官员会议讨论的情况。

此时，由于在新法铁路问题上遭到日本政府恫吓，清廷的态度是矛盾的，不过袁世凯甚至建议将这个问题提交海牙国际法庭裁判，通过国际外交的力量向日本施压，但这一建议遭到了日本的断然拒绝。也正是因为袁世凯、唐绍仪希望借助庚款开发东北的愿望极为强烈，进入1908年3月，美国经济危机趋于缓和，哈里曼投资新法铁路的热情也被司戴德调动起来，他通过司戴德积极保持与东三省官员的接触。

作为“满洲开发计划”的倡导者，司戴德的举动一直在日本人的关注之下，现在的他作为哈里曼与东三省官方联络的中间人，自然会引起日本人的不满。因此，“南满”日本当局不断破坏美国领事馆的来往信件，并到美国驻奉天领事馆寻衅滋事，以致酿成了“奉天事件”。这一事件是这样发生的：一名日本邮递员在工作中同美国驻奉天领事馆的门卫发生纠纷，日本邮差强行闯入总领馆，双方发生厮打，日本邮差后被赶出门外，但他并不罢休，而是纠集了几名日本人再次闯入总领馆，竟然闯入司戴德的卧室，司戴德命人拘捕了五名闯入领事馆的日本人，将他们扭送到日本驻奉天领事馆，并向日本方面表示抗议。

这一事件发生时，正值日本与美国就加利福尼亚州的移民问题产生冲突，于是，日本方面恶人先告状，将这一事件曲解为美国人的排日行为。日本驻美大使高平小五郎倒打一耙，要求美国政府就美国驻奉天领事馆发生的事做出合理的解释。

老实说，司戴德并不想让这一事件影响到他在东北的计划，因而，事件发生后，他向美国驻华大使馆做了解释。他在给使馆宣传处长乔治·马文的信中描述了事件的全过程，并告诉马文，不应将这一事件扩大化，但乔治·马文还是通过美国的一家报纸将这一事件公之于众，美国报纸随后纷纷转载。司戴德不想使事件扩大化，主要是担心自己因此而丧失总领事的职位，进而影响他在东北的计划。但乔治·马文将这一事件公之于众是基于美国外交立场和尊严考虑的，所以事件经过媒体曝光后，美国政府便向他进一步了解情况。美国政府对日本人的行为感到震惊，为表达抗议，立即批准了司戴德的计划，但这并不能使司戴德感到开心，因为他预感到政府可能将解除他的职务。

司戴德在 1908 年 5 月 7 日写给乔治·马文的信中说："权衡之后，我决定进行此次旅行。……我有一个感觉，就是国务院并不是想了解关于东北北部的贸易情况。我将不会对在旅行结束后命我回国或到其他地方去的一纸公文在等我而感到惊奇。"[1] 司戴德想利用此机会对东北北部进行考察。1908 年 5 月 24 日，在助手吉尔斯的陪同以及东北当局特派的一支卫队的保护下，司戴德开始了他的调查。他的计划路线是乘火车到长春，然后到吉林，从吉林到珲春，再从珲春到宁古塔，从宁古塔到哈尔滨，然后乘船沿松花江和黑龙江到同珲春相对的海兰泡，最后他准备对拟议中的新民屯

---

[1]　Herbert Croly, *Willard Straight*, New York:The Macmillian Company 1924, p.261–262.

经法库门到齐齐哈尔的铁路全程进行实地的勘查。但是，当司戴德旅行到齐齐哈尔时，美国国务院便打来了命其尽早回国的电报。

就这样，司戴德于 1908 年 7 月底打点行装返回美国，结束了他为时两年多的美国驻奉天总领事职务。司戴德的离职使得主政东北的徐世昌、唐绍仪等人黯然神伤，即便是身为外务部尚书的袁世凯也感到惋惜，但这也加快了清政府联美制日的步伐，大清以更加积极的姿态前行。

面对当下形势出现的新变化，唐绍仪、袁世凯等都主张积极与美国联络，在外交上实现联美制日。早在 1908 年 4 月，袁世凯在接受美国媒体的采访时，就表达了大清朝野对美国是心存好感的，并希望中美在外交上能够实现联合。当时，袁世凯以日本为例举例说，日本的进步是因为有外部大国的支持，且不存在列强的私欲和野心的牵制。现在，大清很需要美国的开明人士给予帮助和鼓励，在大清面临的改革事业面前，要给予大清道义和精神上的支持，正如美国曾经支持过日本一样。

在谈到对中美关系的看法时，袁世凯说："我们和美国的关系是非常重要的。这种看法从来没有像现在这样真切……如果说在不远的将来，大清国在关系到国家主权和领土完整的严峻时刻必须挺身抗击的话，我们会期待并信赖美国能够为保护我们的权利而在国际上善施影响。"①

在袁世凯、徐世昌、唐绍仪都希望联美制日的建议声中，慈禧太后甚至没有话语权的光绪皇帝都表示支持。一个更为积极的动向是，1908 年 6 月，美国国会正式批准了削减清政府庚子赔款的法案。袁世凯认为这是加强中美关系、引进美国资本进入东北以达到牵制日俄的大好时机，于是，他建议以感谢美国庚款退赔为由，派使前往美国，并建议以唐绍仪为特使代表大清前往欧美访问。在司戴德被解职的当月，清廷正式宣布，任命唐绍仪为特使就庚款退赔之事前往美国道谢，清廷的上谕说："美国与中国立

---

① 郑曦原编：《帝国的回忆——〈纽约时报〉晚清观察记》，生活·读书·新知三联书店 2001 年版，第 141—145 页。

约以来，邦交素笃，此次减收赔款，征征友谊敦睦，尤宜遣使致谢。"[1] 因此，任命奉天巡抚唐绍仪着加尚书衔为专使大臣到美国表达谢意。7月20日，再命唐绍仪兼充考察财政大臣，分赴日本及欧美诸大国，将诸国经理财政办法详细调查。

清廷决定让唐绍仪代表大清到美国致谢，目的是给美国一种大清很重视中美关系的感觉。唐绍仪得到朝廷的任命后，很快便上奏咨调28名从大清各部院和直隶选调的人员作为使团成员，跟随他出使欧美。总而言之，清廷对这次出使是相当重视的，在当时财政相当困难的情况下，清廷仍然拨出20万两白银作为使团的出使费用。考虑到使团也肩负着与德国联结的目的，清廷还赋予唐绍仪考察大臣的身份，使其可以名正言顺地由美国前往柏林与德国方面联络。这个动向也让德国方面充满期待。德国驻中国公使雷克司向德国皇帝威廉二世汇报说，中国已经秘密派出使节唐绍仪前往美国，名义上是向美国道谢，实际上是为接近德美提供便利，"唐请我通知帝国驻华盛顿大使，他将以考察问题专使名义取道欧洲返国"[2]。

看来，这实质上是唐绍仪联结美德，希望实现中德美结盟的一次不寻常的外交之旅。希望走出外交困境的清廷，试图通过庚款退还这一契机，拉住美德，这虽然是无奈之举，但不管是慈禧太后、庆亲王奕劻还是外务部尚书袁世凯对此都是充满期待的，而被召回国的美国驻奉天总领事司戴德了解到这个动向后，更是积极地关注着唐绍仪的美国之行。

于渴望实现"满洲开发计划"的司戴德来说，他的计划虽然屡屡遭遇挫折，但其初衷从来就没有改变过，他也希望庚子赔款使东三省事态向他预想的方向发展。因而，他回国后仍然念念不忘他的"满洲开发计划"，为此曾给美国铁路大王哈里曼写了一封信，他在信中仍然阐述了美国在中国

---

[1] 王彦威纂辑，王亮编，王敬立校：《清季外交史料》(第三册)，书目文献出版社1987年版，总第3289页。

[2] 孙瑞芹译：《德国外交文件有关中国交涉史料选译》第3卷，商务印书馆1960年版，第49页。

东三省应该拥有自己的经济力量，并仍然希望哈里曼能够参与进来。

回美之前，司戴德已经得知唐绍仪即将访问美国，他对唐绍仪的美国之行同样充满期待。离开奉天之前，他特意拜访了唐绍仪，也算是老朋友的话别。他向唐绍仪介绍了美国的情况，"我们美国人首先是商人"，他们坚持任何金融业务都"必须以尽可能具体的形式提出"，劝说唐绍仪向美国金融界提供实质性的东西。①

同时，司戴德还与唐绍仪签订了一项协议，实际上仍然是开发东三省备忘录。协议指出，他将设法让美国资本进入中国，用二千万美元贷款成立东三省银行，银行的主要任务是稳定东北的经济，作为开发东三省的森林、矿产、铁路等方面的投资，但须以庚款退还和朝廷的担保才可以获得这笔贷款。二人还就这一协议草拟了几个初步的实施方案，如从俄国人手中收购中东铁路或者另筑一条从齐齐哈尔到瑷珲的铁路等。所以，司戴德回到国内即在政府和实业界活动，希望为唐绍仪的美国之行铺平道路。

唐绍仪邀请了美国驻华公使馆外交官乔治·马文作为自己的顾问，目的是方便与美国政府联系。唐绍仪一行于1908年10月3日从上海登轮途经日本前往美国。既然此行有一个重要的借口是考察财政，唐绍仪便在日本也做了短暂停留，然后去往美国。

在唐绍仪去往美国之时，光绪皇帝和慈禧太后相继故去，这使得破舟一样的大清国在变幻莫测的国际局势中变得更加风雨飘摇。光绪皇帝是1908年11月14日去世的，时年只有38岁的年轻皇帝怀着政治抱负难以施展的悲愤静静地躺在冰冷、寂静的中南海瀛台涵元殿，他去世那一刻，身边竟无一人。光绪皇帝去世的第二天，专权40余载的慈禧太后也在中南海仪鸾殿去世，终年74岁。光绪皇帝与慈禧太后的相继去世可谓震惊朝野，列强各国也在观望着这个腐朽的王朝会不会像断线的风筝那样瞬间跌落。

---

① 刘冬梅：《1905—1911年清政府的联美制日政策》，博士学位论文，吉林大学，2006年，第72、73页。

光绪皇帝的去世乃政治斗争的结果。众所周知，自维新变法失败，光绪皇帝被专权的慈禧太后囚禁于瀛台，本就身体虚弱的年轻皇帝只能在忧惧、苦闷和病痛中度过他的余生了。在义和团运动之前，慈禧太后名义上为光绪皇帝遍召天下名医治病，实际上是为立储、废帝、选新皇帝造势。但是因为国内民众和列强的反对，慈禧太后的阴谋难以得逞，但她仍然不断地设法压制光绪皇帝。

在八国联军侵入北京之后，慈禧太后挟持光绪皇帝逃亡西安，颠沛流离的生活以及对大清命运的忧虑，使得光绪皇帝的病情更为严重。总而言之，在慈禧太后等人对他的生活及治疗状况的种种限制中，光绪皇帝的病情是日甚一日。在光绪帝病情日渐严重的时刻，慈禧太后的身体也是一天不如一天，人毕竟上了岁数。1908年，控制大清王朝48个年头的女强人常常有一种担心，担心自己有一天晚上睡去，第二天再也不能醒来，她更担心自己死在光绪帝的前面，毕竟皇帝还年轻，而她自己已是老迈之躯了，人在病重的时候常常会想到自己的身后事。也就在这年秋天，感到来日无多的慈禧太后做了一个重大决定：将光绪帝的侄子、醇亲王载沣年仅3岁的儿子溥仪迎入宫中，继承大统。

光绪皇帝
出殡时的情景

之所以如此安排，慈禧太后当时是这么想的：光绪皇帝卧病在床不定哪一天就会驾崩，到那时，继立年幼的溥仪登基，溥仪年幼不能亲政，由载沣做摄政王，而载沣是一个并无主见的人，自己正好可以控制，这样大清朝的最高权力仍然牢牢地掌握在自己手里。当然她希望操纵载沣，也有扶持培养的用意，希望经过一段时间的培养和过渡，待自己百年之后，载沣可以更好地以摄政王身份辅佐溥仪，代行皇权。

人算不如天算，慈禧太后没有想到光绪皇帝去世的第二天，自己就撒下了大清王朝这个烂摊子一命归西。慈禧太后去世后，3岁的溥仪、摄政王载沣、隆裕太后都急忙转换角色，匆匆上岗。根据慈禧太后的懿旨，少不更事的溥仪登基成为宣统皇帝。宣统登基后，他的父亲载沣代行皇权，是为摄政王，成为大清王朝的实际操盘手。但是，不管是载沣还是隆裕太后，在能力上与慈禧太后相比，都远远无法企及，因而宣统朝从溥仪登基到辛亥革命爆发，仅仅3年的时间便使大清王朝匆匆落幕了。

虽然宣统即位后革命党人的反清行动更为风起云涌，列强对中国的觊觎更是到了无所不用其极的地步，但毫无政治经验的载沣不是设法笼络朝臣，而是在制造满汉对立、打击异己的路上越走越远。

载沣成为摄政王后，朝廷中一些贵族便提出了杀掉袁世凯的要求。他们认为光绪帝的死与袁世凯有很大关系，正是因为袁世凯在维新变法中的变节，才使慈禧太后发动政变并将光绪皇帝幽禁于瀛台的。被幽禁的光绪皇帝对袁世凯非常痛恨，必欲杀之而后快，但失去自由的他没有这个能力。在光绪帝病重的时候，作为皇弟的载沣曾经获准去看望他，光绪帝告诫载沣，为大清江山的安危计，一定要诛杀袁世凯。

成为摄政王之后的载沣在贵族的蛊惑下，也意识到要牢牢控制军政大权，袁世凯是一个障碍，因而他内心也燃烧着诛杀袁世凯的想法。但此时的袁世凯身为军机大臣，又掌握着外交实权，况且，他还收买了皇室重臣庆亲王奕劻，贪财如命的奕劻与袁世凯早已结成了利益集团，想杀袁世凯也不是那么容易。

当时朝廷的形势是，在袁世凯的重金收买之下，庆亲王奕劻俨然成了袁世凯的挡箭牌，军机处、外务部可以说成了二人的家天下。北洋新军也较官制改革时发生了重大变化，北京周围有新建陆军六镇，其中五镇是袁世凯的北洋嫡系，东三省、直隶、山东等地方的总督、巡抚大多是袁世凯的亲信或者旧故，不夸张地说，此时的袁世凯实际上控制了整个华北的军政大权。对于这样的局面，有的贵族很是忌恨。皇族近支曾有人不无担忧地对载沣说："从前袁所畏惧的是慈禧太后，太后一死，在袁心目中已无人可以钳制他了，异日势力养成，消除更为不易，且恐祸在不测。"①

当时，朝廷中的一些御史对袁世凯不断坐大、势力膨胀也颇为不满。他们便给载沣上密折说，袁世凯曾密谋隆裕太后垂帘听政，试图赶摄政王下台。听了这些话，本就对袁世凯心存记恨的摄政王载沣决定罗织罪名惩办袁世凯。

那么该如何惩办袁世凯呢？皇室中的少壮派主张诛杀他，这样的建议让载沣不免有些踌躇，诛杀军机大臣、外务部尚书这样一个一品大员，总得有一个名正言顺的罪名。起初，载沣曾经想用戊戌变法中变节告密来治袁世凯的罪，想一想这样的罪名杀他也绝不为过。在他看来，自己的兄长光绪皇帝所遭受的苦难、悲剧，杀一百个袁世凯也不为过，但是，以戊戌变法告密、变节来惩办袁世凯，又会牵出真正的元凶慈禧太后和载沣的岳父荣禄。如果告密者该杀，那么发动政变和政变执行者又该当何罪？何况自己的地位和儿子溥仪的皇位都是慈禧太后安排的。这样一来，会不会造成否定慈禧太后，从而危及他父子的皇权和地位的局面？载沣也曾想以贪腐的罪名诛杀袁世凯，但是朝廷大佬中接受袁世凯贿赂的十有七八，在年幼的溥仪刚刚登基、皇权不稳的时刻，载沣是不敢打击一大片的。

况且，面对日俄在东三省不断扩张的威胁，袁世凯积极推动中美结盟。对于这个借美国遏制日俄的外交行动，载沣从内心来讲也是希望袁世凯能够成功的。再说，慈禧太后去世前，经袁世凯的奏请，朝廷已经派出了北

---

① 载涛：《载沣与袁世凯的矛盾》，见全国政协文史资料研究会编：《晚清宫廷生活见闻》，文史资料出版社 1982 年版，第 80 页。

洋系的重要人物唐绍仪前往美国活动，"以夷制夷"保全东三省。载沣再怎么糊涂，对于此等大是大非的问题，他还是分得清轻重缓急的。因此，在慈禧太后刚刚去世时，载沣对袁世凯采取了隐忍的态度。

时任山东巡抚袁世
凯和德国人的合影

　　当然，对于袁世凯来说，他也知道自己将面临危机，也渴望唐绍仪能够不负众望，在美国的外交活动获得成功，那样他就能够在应对载沣的打击上赢得回旋的空间。

　　此刻，被派往美国的唐绍仪也充满期待，但是，他无论如何也没有想到事情会向坏的方面发展。在唐绍仪前往美国之时，光绪皇帝和慈禧太后还没有宾天，他到美国后才得知此事。当时的大清驻美公使伍廷芳向美国总统罗斯福呈送了两封电报，都是以清廷的名义发来的：一封是向美国方面通报了光绪皇帝、慈禧太后去世的消息；另一封是以年幼的宣统皇帝的名义发出的，电报中说，国事未见，而让他感到不幸的是，上苍在他尚未成年的时候夺去了光绪皇帝和慈禧太后，这使他感到非常沉痛，他相信美国总统一定会同情他的遭遇。①

① 参见［美］李约翰著，孙瑞芹、陈泽宪译：《清帝逊位与列强（1908—1912）》，江苏教育出版社2006年版，第38页。

刊登宣统皇
帝肖像的明信片

　　以宣统皇帝名义发出的电报还希望推迟即将在上海召开的万国禁烟会议，说光绪、慈禧新丧，举国哀痛，原定的万国禁烟会议是定于1908年元旦召开，但值此国家哀痛之际，实在没有精力举办这次国际性会议，希望延后再确定时间召开。伍廷芳将信转交给罗斯福之时，唐绍仪才知道光绪、慈禧太后已经不在人世了。他简直不敢相信这是真的，即便是美国总统罗斯福也对大清皇帝、皇太后先后两天驾鹤西去有点儿不敢相信，但电报是中国公使伍廷芳转来的，又不能不相信。因而，罗斯福在接到电报的第二天就向大清发来了唁电，表达了同情之意。

　　按照国际惯例，罗斯福向大清发来了唁电。但是，对大清让一个三岁孩子来当皇帝，罗斯福从内心里却是排斥的，尽管他了解到大清国的同治、光绪皇帝都是幼年登基，这似乎是大清国的特色。对于推迟即将在上海召开的万国禁烟会议，罗斯福对已经安排好的会议程序表示了无奈和遗憾，但在给大清皇帝的电报中还是表达了理解。

　　此时，在美国的唐绍仪得知光绪皇帝与慈禧太后先后宾天，他预感到朝局发生的新变化有可能影响到他的美国之行。于是，他在美国加紧了外交活动，但是，唐绍仪还不知道此时的美国与日本已经达成了一项秘密协定，即《鲁特—高平协定》。日本为什么要捷足先登与美国达成协约呢？

　　原来，袁世凯奏明慈禧太后，建议唐绍仪前往美国订立同盟条约的计划虽然是秘密进行的，而且唐绍仪在访问美国之前也故意顺访了日本，努力给日本营造一种唐绍仪欧美之行纯粹为了考察的印象，但敏感的日本人还是有所察觉，感觉到唐绍仪此行的真正目的就是缔结中美同盟条约。于是，日本方面决定捷足先登，与美国在东北问题上达成某种妥协，进而阻止中美德结盟，以维护自己在"南满"的既得利益。

日本人赶在唐绍仪之前与美达成的《鲁特—高平协定》主要指出，日美两国同意维持太平洋地区的现状，互相尊重对方在太平洋地区的领土，维持中国领土的完整，各国在东三省的工商业机会均等。[1]日本再次保证美国在东三省的机会均等，使这个把"门户开放"政策视为一种投机之举的国家也暂时与日本达成了谅解和妥协。

美国国务卿鲁特

随着《鲁特—高平协定》的签订，美日关系在一定程度上得以改善。日本此举主要是破坏中国的借款计划，使新法铁路胎死腹中，因此，协定签署后，日本与美国便很快批准了这一协定并进行了换文。对于该协定的签订，当时曾经有人指出，协定中有意义而危险的词句是关于他们"维持中国现状"那一句。由于这个表述的确切意义没有确定，因而它被解释为

---

[1] 参见吴心伯：《金元外交与列强在中国（1909—1913）》，复旦大学出版社1997年版，第17页。

有利于日本的利益，而"有害于中国和美国的利益"，因为门户开放现在只具有一种形式的意义了，罗斯福的主要目的是防止同日本发生战争，中国对它来说只是一个次要的考虑。①

日本人在唐绍仪之前捷足先登，实际上也是其打击袁世凯的一个行动步骤。袁世凯推动东三省改革，推动与美结盟，抵制日俄，这都是日本所不愿看到的，因而日本就设法打击袁世凯、打击北洋系。

袁世凯推动东三省改革，吸引美国资本以达到牵制日俄的内政外交举措，事实上对日本是产生了影响的。再者，唐绍仪的美国之行，明眼人一看就是身为外务部实际掌控人、大清外交总策划的袁世凯推动所为。有人说，袁世凯推荐唐绍仪赴美寻求结盟之举，一旦获得成功，便足以抵制日本对东三省的侵略。

而对如此种种情形，日本不能不设法打击袁世凯。为了打击袁世凯，日本政府借清廷少壮派急于杀掉袁世凯之机实施了离间的办法。日本方面在得知唐绍仪即将抵达美国之时大肆宣扬已与美国达成协议，虽然清廷并没有看到这个协议，但于袁世凯而言，压力是巨大的，他知道，那些反对他并且想置他于死地的人正在瞪大眼睛注视着唐绍仪的美国之行能否取得成果。

紫禁城里的宣统皇帝

---

① 参见［美］李约翰著，孙瑞芹、陈泽宪译：《清帝逊位与列强（1908—1912）》，江苏教育出版社 2006 年版，第 40 页。

1908 年 12 月 8 日是年幼的宣统皇帝溥仪登基的日子，在大清国上下看起来是一个黄道吉日。这一天，唐绍仪在白宫受到了罗斯福总统的接见。在接见中，唐绍仪向罗斯福说明了他此行的目的，并向罗斯福说明了这一天是个好日子，大清国新皇帝登基，年号宣统。罗斯福则向唐绍仪表达了祝贺。对于唐绍仪希望中德美结盟的愿望，罗斯福没有正面回答，也没有向其说明日美已经签订《鲁特—高平协定》。唐绍仪还不知道中国已经被这个投机客出卖了。

于罗斯福而言，他的"门户开放"政策仍然是希望联合日本攫取东三省利益的。因而，当唐绍仪提出希望美国能够对中国实施财政援助并联合德国共抗日俄的愿望时，罗斯福回答说："美国愿意同中国发展关系，并帮助中国进步，但美国的愿望是只要机会和权力许可，将援助中国国民改善中国的状况，引导中国跟上人类文明潮流，显示我们是古老的中华帝国可信任的朋友和支持者。我相信现在世界比以往任何时候都意识到，任何国家的稳定和繁荣，以及维护自己边界的和平和强大到足以避免外来的入侵，对其他国家通常是有利的，而不是不利的。我们真诚地希望中国进步，并通过我们可能的和平和合法手段，将在进一步推动中国的进步方面尽我们所能。"

根据罗斯福这个表态，美国国务卿鲁特在 12 月 3 日致电驻华公使柔克义，要他代表美国政府对中国新皇帝登基表达祝贺，但对援助和结盟之事，却只字未提。柔克义转达罗斯福的贺词中说："本总统及本国各大臣恭贺中国大皇帝登极，惟望福祚绵长，光荣照耀，并谓甚喜适于此日觐见贵国唐使，得以面祝登极贺词，实幸机缘巧遇也。"①

当天，柔克义还与庆亲王奕劻进行了谈话，表达了美国对新皇帝未来政策的不确定性的忧虑。庆亲王奕劻则将柔克义的疑虑转达给了摄政王载沣。第二天，摄政王载沣代表宣统皇帝发表上谕，表示将继承光绪皇帝和慈禧太后遗志，继续奉行改革路线，按期于宣统八年颁布宪法，召集议员，"使宪政成立，朝野乂安，以仰慰大行太皇太后、大行皇帝在天之灵，而巩

①　李德林：《最初的国会》，九州出版社 2015 年版，第 43 页。

亿万年郅治之基"①。

这个上谕虽然打消了美国对新皇帝未来政策的疑虑，但美国对中美德结盟之事仍绝口不提，更不提已经与日本达成的《鲁特—高平协定》。

在美国的唐绍仪并没有放弃外交活动的努力，继拜见罗斯福之后，唐绍仪与美国国务卿鲁特进行了会谈。唐绍仪向鲁特介绍了东三省的改革计划，并说大清准备废厘增税，修订矿务章程，建立金本位货币，这些改革都需要外国资本的支持，大清准备向外国借贷，希望美国方面能够支持。鲁特则表示支持中国在经济、行政方面进行改革符合美国的条约政策和商贸利益，并且美国会派出财政调查团了解中国的财政与经济状况。但是，鲁特与唐绍仪会谈时仍然没有向其透露日美协定的事情。

直到 12 月 8 日，唐绍仪才明白美国欺骗了中国，了解到罗斯福在平衡各国外交关系上，出于自身的利益考虑，仍希望与日本利益均沾，并不主张与中国结盟，以免给他国一种美中关系过从甚密的印象。罗斯福在当天的国会上发表一年一度的国情咨文说，美国祝贺日本达到世界各国最前列地位的非常跃进。同时，在国会的讨论中，罗斯福认为中国东北和满蒙地区因为改革发生的森林被砍伐的事情是一种政治的衰败，他还表示如果中国政府迅速停止这种改革，其衰败过程还是可以停止的。

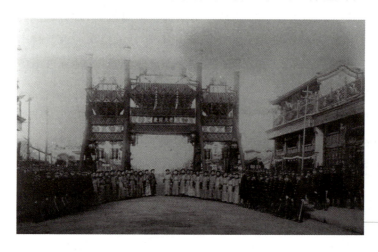

宣统皇帝
登基典礼

---

① 崔志海：《光绪皇帝和慈禧太后之死与美国政府的反应》，《清史研究》2009 年第 1 期。

在日美达成《鲁特—高平协定》的过程中，日本在东三省问题上向美国做出了妥协。同样希望中美德结盟的德皇威廉二世得知消息后，对美国的投机行为感到不满。但很快德国也表现出一种超然的姿态，其驻华公使雷克司就日美协定发表意见说，日本与美国达成的《鲁特—高平协定》是一种国际外交关系的进步，双方都意图消除战争威胁，或者说这是一种"武装休战"。

这样一来，中美德结盟就成为一种空想。大清上下认识到，大清再一次被列强出卖了。这也说明了唐绍仪在美国外交活动的失败，既有日本破坏的结果，也有清廷中反袁、反北洋势力阻挠的因素。但这对于袁世凯来说，却是极大的不幸。

在罗斯福发表国情咨文的第二天，唐绍仪外交活动的失败在清廷中引起震动，弹劾袁世凯的奏折如雪片一样飞来，折子说什么的都有，有说他拉帮结派搞小集团的，有说他贪污腐化的。根据这些弹劾奏折，本来对袁世凯心存芥蒂的摄政王载沣更坚定了他的老观念，很想杀掉袁世凯。

在载沣看来，既然朝廷中反袁的人要求杀掉袁世凯，他也没有理由不顺从民意。再者，小皇帝才刚刚登基，他认为这样杀鸡给猴看正可以巩固自己的摄政王地位，使朝廷中那些不把他放在眼里的人对他心生敬畏。但是，载沣是一个没有多少主见的人，平庸而无大志，他虽然有过出使德国为德国公使被义和团所杀代表清廷道歉的经历，但这并不能体现他有什么能力。因而，当他计划罗织罪名诛杀袁世凯时，朝廷中的庆亲王奕劻等人站出来反对，这使他立刻没了主意。

当时，面对清廷少壮派对袁世凯的弹劾，摄政王一改刚当上摄政王时对朝纲不稳的忌惮，很快拟定了袁氏以专权犯上的罪名，将袁世凯革职、交法部治罪的谕旨。但是这个谕旨还没有发布就遭到庆亲王奕劻的反对，甚至与袁世凯没有多少交情的张之洞也站出来反对。庆亲王说："杀袁世凯不难，不过，北洋军起来造反怎么办？"张之洞则说："主少国疑，不可轻于诛戮大臣。"①

朝中有影响力的人都反对了，载沣立即陷入两难，特别是对于庆亲王奕劻所说的诛杀袁世凯容易闹出兵变，载沣还是很害怕的。当时在北洋军中的确流传着这样一句话：只知有袁世凯，不知有大清国。

1908年12月12日宣统帝溥仪登基时守候在大清门前的太监

载沣想到，万一北洋军真的发生兵变，以袁世凯控制的五镇进攻清廷贵族控制的一镇，不用说，他也知道结果会是怎样。况且朝中的那些立宪派不断嚷嚷着要求立宪，闹请愿，如果这时候出现兵变，革命党人也乘虚而入，肯定要危及大清江山了。载沣不愿看到大清江山因他而失，因此在如何惩办袁世凯的问题上他又犯难了。

当时已经规定了谕旨不经军机大臣副署不能发布的制度。既然奕劻、张之洞都表示反对，那么作为袁世凯党羽的那桐自然不会赞成，军机处余下的世续、鹿传霖二人即使同意也难以改变既定的局面。

在这种情况下，除非载沣有勇气打破副署制度，敢于独断专行，不准军机大臣过问，否则要想达到杀掉袁世凯的目的是不可能的。可是，载沣为人优柔寡断，缺乏决断魄力，经奕劻、张之洞一讲，自己就没有主意了。张之洞虽不同意杀袁世凯，但对于赶他下台还是同意的。所以，载沣只好

---

① 侯宜杰：《袁世凯评传》，河南教育出版社1985年版，第123页。

将谕旨再三修改，最后按照张之洞的意见，改为"回籍养病"。

1909 年 1 月 2 日，载沣以宣统皇帝的名义发布了罢免袁世凯的上谕。对于这道上谕，载沣本来是想加上一句"跋扈不臣，万难姑容"的话，但奕劻等人认为这样不妥，一样容易遭到北洋系的抵制，便改为患有足病，回乡养疴。上谕中说："袁世凯凤承先朝屡加擢用，朕御极后复予懋赏，正以其才可用，俾效驰驱。不意袁世凯现患足疾，步履维艰，难胜职任。袁世凯着即开缺回籍养疴，以示体恤之至意。"[①]

这个上谕说得很有体恤袁世凯的意味，也就为被打发回老家养病的袁世凯东山再起埋下了伏笔。

随着袁世凯被罢黜，唐绍仪的美国之行也遭到殃及。外务部给唐绍仪发来电报表示，既然美国方面无意结盟，唐绍仪应立即结束在美国的活动，回国述职，去德国的财政考察也不需要了。

唐绍仪接到这个电报时内心是相当失望的，而此刻美国总统罗斯福与国务卿鲁特内心也有一种遗憾，他们在想，由于之前拒绝了唐绍仪提出的结盟建议，美国会不会失去在东三省扩展美国利益的大好时机。唐绍仪离开美国前，国务卿鲁特又特意为他举行了欢送宴会，表示会与唐绍仪保持联系。可是唐绍仪失去了袁世凯这棵大树，在此后到辛亥革命爆发之前，他在朝廷中已经没有了话语权。

四、日本人仍然把持着东三省的铁路权

1909 年 1 月，摄政王载沣罢黜袁世凯后，清廷内部以及东三省地方官场都出现了权力大洗牌。摄政王载沣的连襟铁良的权力得以扩大，还有一个受益者就是张之洞。慈禧太后去世之时，张之洞以顾命大臣身份晋升为太子太保，这个声望已经很高了，袁世凯被罢黜后，外务部的实际工作也

---

① 侯宜杰：《袁世凯评传》，河南教育出版社 1985 年版，第 123 页。

被交到了张之洞的手里。本来，张之洞就负责着督办粤汉铁路的重任，现在，载沣又让他兼办湖北境内的川汉铁路。

袁世凯被罢黜后，列强在东三省的竞争更加激烈，而形势对日本最为有利。本来，日本在法国的促动下，与俄国签订了《日俄密约》，心照不宣地各自加大了侵略步伐。借大清朝权更替之际，日本又与美国达成了《鲁特—高平协定》，使得日本在东三省问题上少了一些阻力。日本抓住时机，开始按照自己的意愿行事，在东三省南部开始了全面的进逼。

1908 年 12 月下旬，日本公使伊集院彦吉曾经照会清廷就东三省各案进行全面会商，从速了结。伊集院后于 1909 年 2 月 6 日向外务部提出解决东三省问题的六条意见（"东三省六案"）。

（一）新法铁路问题。甲、乙两种方案任选其一：甲，中国不修新法铁路，而修法库门至铁岭铁路与南满铁路相连；乙，中国修筑新法铁路，同时给予满铁公司以修筑南满铁路某站起、经法库门至郑家屯支路之权。

（二）大石桥—营口铁路问题。该路应照旧存续，归满铁公司经营管理，并须将其末站由牛家屯移至营口市街接近之处。

（三）京奉铁路展造至奉天城根问题。可将京奉铁路奉天站迁移，与南满铁路奉天站合并一处，或在南满铁路奉天站接连地方另立京奉铁路新站，再由两路奉天站至城根以电气车或其他机关加以联系（意思就是使南满铁路也通到奉天城根）。

（四）抚顺、烟台煤矿问题。两矿都须归日本经营，应纳给中国的税项不得超过其他煤矿所纳者。

（五）安奉铁路沿线矿务问题。应统归中日合办，以 1907 年（8 月）东督、奉抚与日本驻奉天总领事议定而未签字的合同草案作底，重议合办章程，"同时议定南满洲铁路干、支各路沿线矿务之合办章程"（但抚顺、烟台煤矿不在合办之列）。

（六）"间岛"问题。一，该地如决定属于朝鲜，日本可允中国商民在该处杂居营业；如决定属华，中国亦应允日、韩（朝）两国商民在该处杂居营业，"并不强制改风易俗之事"；二，该地如决定属朝，日本允中国设立领事馆；如决定属华，中国应允认日本"在局子街并其他枢要地方设立领事馆分馆，由日本国官吏管辖保护日、韩商民之事"；三，该处中国商民所得产业及已开办事业，日本概行允认；四，关于该地与中、朝各处交通及贸易之事，"日、中两国政府互允决不提及关乎阻碍之设施"；五，将吉长铁路展修至朝鲜会宁；等等。①

日本公使伊集院彦吉

　　与此同时，伊集院彦吉还提出了安奉铁路的改良问题，并在罢黜袁世凯的当月底正式照会清廷，照会说，安奉铁路的改良工程将由满铁公司承办，清朝政府应速派员与日本方面协商，清廷应提供便利。伊集院的照会通过外务部转到摄政王载沣的手里，对此摄政王是相当犯难的，派谁去交涉成为问题。袁世凯刚刚被罢黜，总不能再把他请回来吧；让张之洞去吧，虽然张之洞是铁路督办大臣，但此刻他的肝病加重了，并且还在病中参与粤汉铁路的交涉。

　　载沣便向张之洞请教该怎么办？张之洞便向载沣推荐了曾经留学美国的梁敦彦。梁敦彦与唐绍仪都是曾国藩、容闳推动的那一批留美幼童，是长了见识的人。

---

①　丁名楠等：《帝国主义侵华史》（第二卷），人民出版社1986年版，第265、266页。

当然，张之洞推荐的梁敦彦确实是有一定外交经验的。1907年梁敦彦曾奉袁世凯之命与德国谈判在中国共同修筑铁路的借款事宜。梁敦彦了解到当时德国金融市场并不景气，而且德华银行也试图获取更大的项目，他于是抓住有利时机，提出"借款不能以路作抵"的原则，坚持"以地方税捐为借款担保"，从而保护了中国路权和管理权。对此，袁世凯、张之洞深为赞赏。

梁敦彦

袁世凯还向慈禧太后上折举荐，任命梁敦彦为外务部右丞。

现在，正当用人之际，梁敦彦不是很好的人选吗？于是，载沣让梁敦彦接替空缺出任外务部尚书一职，并兼任会办税务大臣。对于东三省问题，载沣、张之洞决定由梁敦彦与参议曹汝霖全权与日本公使伊集院在北京交涉。至于安奉铁路改良工程则由日本驻奉天总领事小池张造与奉天地方谈判。对于此项工程，日本人希望通过大幅度调整线轨，把窄轨变成宽轨，将其变成南满主线铁路的支线，进而能与进入朝鲜境内的铁路相接，看来日本扩张的野心是蛮大的。

对于日本的要求，清廷认为，应该维持安奉铁路原貌，并要求日方尽快撤走在南满沿线的护路军和警察，但这遭到了日本方面的拒绝。因此，双方在这个问题上的争执颇为激烈。

1909 年 3 月初，日本照会清廷，将自行决定动工改造安奉铁路，变轻轨为标准宽轨，清廷再次表示反对。3 月 9 日，双方再次展开谈判。在谈判中，东北地方发现日本提交的改良方案同现有的安奉铁路存在很大的差异，日方改变了原来的铁路线路走向，将原来的陈相屯直通沈阳的线路擅自改为陈相屯西转经苏家屯，并轨到南满铁路。对于这样的做法，继徐世昌出任东三省总督的锡良和新任奉天巡抚程德全提出了疑问，但日本代表小池张造解释说，陈相屯以东的路线并没有改变，仍是按原线路进行的，陈相屯以西部分铁路的改变是从经济和技术上分析做出的有意调整，锡良和程德全则说安奉铁路"改良之事须专照北京协约（《东三省事宜正约》）而行，可就原路改良，不许改造，照日本全权大臣之声明，酌要改良，不许改造全路"。中方反对日方将安奉窄轨铁路改成宽轨，双方意见分歧很大，致使谈判陷入僵局。①

面对争执，小池张造曾通过伊集院向清廷外务部施加压力。6 月 22 日，日本内阁还专门召开会议讨论此事，指出，如果中国仍然反对，那么日本政府将自行其是，着手进行改筑工程。此后，日本一方面自行其是地加紧进行安奉铁路改良工程的筹备工作，一方面不断地向清廷施加压力。在日本的压力下，清廷向日本方面表示，同意日本改良安奉铁路工程，并在 8 月中旬指令锡良、程德全与日本东三省总领事小池张造签订相关文件。

8 月 19 日，锡良、程德全代表清廷与日本代表小池张造签订了关于铁路改造的《安奉铁路节略》，大清同意日本进行宽轨改造工程，并同意在线路的附属地带进行购地、采矿等问题的细节谈判，节略的第二条说，"陈相屯至奉天之线路应由两国日后再行协议妥定"。清政府不仅同意了日本改造安奉铁路的计划，而且承认了日本今后在安奉路上改线的可能性。同年 11 月 5 日，中日签署了《安奉铁路购地章程》，其中规定了日本在安奉铁路附近附属地的购地标准、价格等项事宜，同时满铁总裁还训示安奉铁道设置

---

① 参见尹虹：《安奉铁路改筑始末》，《党史纵横》2002 年 12 月。

购地局，令其掠夺铁路两旁的中国土地。[①]

安奉铁路
太子河铁桥

在东三省地方与日本驻奉天领事就安奉铁路改良工程进行谈判的进程中，被任命为外务部尚书的梁敦彦与日本驻华公使伊集院就所谓的"东三省六案"进行着积极的交涉。

就东三省六案而言，领土问题是清廷最为敏感的问题。自鸦片战争以来，清廷屡次战败，割地赔款，不仅引起国人不满，在国际地位上也是颜面尽失，因而，在东三省六案谈判一开始，梁敦彦就把维护领土主权作为谈判的重中之重。他向伊集院提出是否可以"将延吉问题先行商结"，并探询如中国在抚顺煤矿问题上对日让步，日本是否"能将延吉认为中国领土，一如十年前惯例，尽归中国管治"。[②]

对于梁敦彦的要求，日本方面也知道清廷急于维护自己颜面的心理，因而顺水推舟，但不满足于梁敦彦所说的大清在抚顺煤矿问题上所做出的让步。伊集院于1909年2月1日的谈判中向梁敦彦提出了一个得寸进尺的要求："'中国如能于他项问题和商通融办法，日本能将延吉地方认明中国有此领土权'，但对该地朝鲜居民的裁判之权应归日本。"[②]

梁敦彦就伊集院的要求向载沣做了奏报。清廷在御前会议上就东三省

---

① 参见尹虹：《安奉铁路改筑始末》，《党史纵横》2002年12月。
② 参见丁名楠等：《帝国主义侵华史》(第二卷)，人民出版社1986年版，第268页。

六案进行了讨论，讨论结果由外务部照会日本，照会重申"中国政府视延吉一案至为重要"，指出日本既承认中国于该地有领土权，却又不允中国对那里的人民有裁判权，无异"于中国领土内限制中国主权"，中国对此不能同意；其余新法铁路等案，也对日方提议表示拒绝；最后建议将这些案件"送交海牙和平会公断"。①

日本方面当然明白，如果把所谓的东三省六案提交国际组织公断，那么日本的无理要求是站不住脚的。于是日方表示不用通过第三方公断，中日双方会议协商即可。但日本方面也看透了清廷急于在延吉问题上维护尊严、维护领土主权的心情，于是利用这个心理故意制造事端，日本方面对发生在延吉的火狐狸沟事件借故不予处理，并加强日本宪兵和侨民对延吉一带的进逼，制造让清廷难堪的事端。

1909 年 4 月到 9 月，日本宪兵在延吉一带不断挑起袭扰朝鲜族和汉族人居住地的事件；6 月间，日本宪兵在三道沟骨牌地方抢占了一个汉人的地基，强行建造兵站，供日本宪兵居住之用；7 月初，日本宪兵又强行进入百草沟朝鲜族居民家中，发生了轮奸朝鲜族妇女的事件；7 月中，日本宪兵闯入和龙峪府经历署行凶，伤官戕兵。这期间，日人又在六道沟擅修、拓建警楼，还狂妄叫嚣：间岛问题三年多未有定论，中日双方各执一词，如果因此而发生战事，也属迫不得已。

日兵在延吉各地横行不法，其中"以六道沟为尤甚，一个月之内，中国官警被日兵任意殴打，派办处被日兵包围共三次。继陈昭常（调任吉林巡抚）之后任延吉边务督办的吴禄贞针锋相对与日本侵略者进行斗争，日使就向清政府诬陷他'迹近挑拨'，并威胁说：清政府如不加制止，日方将'采用适当之措置以为抵制，则两国难保不陷于不快之局'。"②

对于日本宪兵在延吉一带的流氓活动，日本军方却说是延吉一带马贼、

---

① 参见王芸生编著：《六十年来中国与日本》第五卷，生活·读书·新知三联书店 1980 年版，第 191 页。

② 丁名楠等：《帝国主义侵华史》（第二卷），人民出版社 1986 年版，第 269 页。

土匪出没严重，并于 7 月底从会宁渡江，增兵到六道沟一带驻扎。日本此举当然是向清廷施压。日本人一方面在延吉一带从事不法活动，一方面在北京向清廷解释说，间岛问题未解决之前，发生一些难以想象之事，在所难免。要清政府"速将主要之根本问题以交让妥结之法从速解决"。[①]

面对日方外交施压与流氓行动的双管齐下，清廷很有一种强烈的危机感。梁敦彦上奏载沣说："日人在延吉节节进步，事机渐迫，所有东三省各案，断难再延。"[②]

这样，摄政王载沣等人都很担心因为区区一个延吉影响到朝廷大局，于是决定向日本做出妥协。8 月 7 日，摄政王载沣要外务部照会伊集院，表示如果日本方面能在延吉一案上满足大清的愿望，那么大清可以在新法铁路等案上向日本尽力让步。

载沣和他的子女，载沣一共生育 4 个儿子、7 个女儿

于是，中日双方又进行了谈判协商，梁敦彦和伊集院代表各自政府于 1909 年 9 月 4 日签订《东三省交涉五案条款》和《图们江中韩界务条款》。

在《东三省交涉五案条款》中，清廷向日本方面承诺，如果大清建造新法铁路，须先征求日本意见并与日本协商，大清国承认大石桥至营口铁

---

① 参见王彦威纂辑，王亮编，王敬立校：《清宣统朝外交史料》（卷 5），书目文献出版社 1987 年版，第 13 页。

② 丁名楠等：《帝国主义侵华史》（第二卷），人民出版社 1986 年版，第 269 页。

路为南满铁路的支路；同意日本对抚顺烟台两处煤矿有开采权，至于安奉铁路和南满铁路干线沿线各矿，除抚顺烟台煤矿外，都由中日合办；京奉铁路展造至奉天城根问题由"两国官宪及专门技师妥为商定"①。

在《图们江中韩界务条款》中，日本承认图们江为中朝国界，但大清须开放延边的龙井村、局子街、头道沟、百草沟四处为商埠，准许日本在此设立领事馆；居住在图们江北的朝鲜族的民事、刑事诉讼，日本领事可以到堂庭审，对重大案件有复审的权力。如此等于扩大了日本在东三省的领事裁判权，不仅如此，条约签订后，日本在新设立的领事馆内派驻大量警兵，这显然是破坏条约、侵犯中国主权的行动。

在这一条约中，清廷还同意将吉长铁路展修到延吉以南边界，在朝鲜会宁与朝鲜铁路连接，"其一切办法与吉长铁路一律办理"②。根据条约，东三省的铁路项目要使用一半的日款，并且铁路的总工程师和司账都要使用日本人。

东北人民知道东三省六案等协议签订的消息后，纷纷表示反对，各界士绅、名流纷纷上书清廷，要求清廷废除这样的条约，留日学生也派出代表，回到国内向朝廷请愿，并动员社会各界抵制日货。然而，面对爱国人民的正义呼声，清廷非但置之不理，反而秘密下达指令要求沿海各省地方官设法压制，取缔人民的爱国行动，说这是革命党故意煽动所为，并无耻地说"抵制若成，既是蛊惑人心，亦以激怒友国，即该党因用为生事肇乱之资"。此举使得日本在东三省的贪欲变得更加有恃无恐。

五、塔夫脱"金元外交"与"满洲铁路中立化"

在日本加紧就东三省问题向清廷逼迫、勒索利权而不断得逞的同时，各国进一步看到了清廷的软弱与妥协，在争夺东三省利权的行动上变得更加急不可耐。与日本签订《鲁特—高平协定》的美国此时也看到日本并不

---

① 王铁军：《中日围绕新奉铁路权益的交涉》，《日本研究》1997 年第 4 期。

② 王铁崖：《中外旧约章汇编》，生活·读书·新知三联书店 1957 年版，第 602 页。

会甘愿在东三省与其分享利益，于是变得躁动起来。

此时，美国国内政局发生了新的变化，曾为罗斯福政府陆军部长的塔夫脱正式就任美国总统。罗斯福与塔夫脱虽然都是共和党人，但在对外扩张的问题上，与罗斯福的谨慎相比，塔夫脱表现得相当大胆。他渴望通过美国资本向他国输出来提高美国的经济实力和影响力，因而自1907年司戴德向他提交东三省备忘录时，他就对东三省问题表现出强烈的关注之情。促使塔夫脱总统对东三省表现出按捺不住的关注之情的实际上还有一个因素，在张之洞与德国于1909年3月7日签订的《粤汉铁路借款大纲》中，虽然德国方面以"甘心退让，以接好于中国"而采取"折扣从轻"的方式获得大清的好感，但德国却通过粤汉铁路借款获得了染指长江流域经济特权的机会。

关于张之洞就粤汉铁路达成借款协议一事，需要说明一点。张之洞与被罢黜的袁世凯一样，在外国列强蠢蠢欲动、试图侵吞中国利权的时刻，都渴望引进外国资本来达到"以夷制夷"的目的，都倾心于中美德结盟来共同抵制日俄在东北的扩张。然而，唐绍仪美国之行的无果而终，尤其是美国与日本悄悄达成出卖中国的《鲁特—高平协定》更使张之洞认识到，在联合外国的问题上，德国比美国更可靠。因此，作为铁路督办大臣的张之洞，在铁路借款问题上倾向于与德国合作，他还认为德国资本输入中国不但可以抵制日俄，而且对英法等国的经济侵略野心也是一种制约。

1906年，张之洞出席芦汉铁路（京汉铁路）通车典礼

事实的确如此。当张之洞与德华银行代表柯达士达成《粤汉铁路借款大纲》时,德国的一家报纸将这一消息公之于世,这家报纸宣称,1909年3月7日,"对德国资本来说乃是一个不可忘记的纪念日""这一天德国的资本在和平的战争中取得了胜利,第一个矛头击破了英国所经常声称的扬子江流域的独占权"。德国的"其他各报也都异口同声地讴歌德国的成功"①。

本来对德国就有一种抵触情绪的英国得到这一消息的反应是既嫉妒又抵触,但他们也当然不肯自甘退缩。当然,张之洞虽然要"以夷制夷",但他也不可能把铁路事业都交给德国来办。能让其他强国有一种紧迫感,他的目的就达到了。张之洞说,之所以迅速与德国签订借款大纲,目的就是要打破英国独占长江流域利益的阴谋,均衡各国在长江流域的势力。

张之洞认为让英国修筑川汉铁路才是最好的方案,事情的进展果然如张之洞所预料的。当英法两国得知清政府已与德国签订了《粤汉铁路借款大纲》时,对张之洞大为不满,两国驻华公使专门跑到清廷外务部提出抗议,并表示两国将联合起来共同与德国竞争。这样张之洞便派出代表与英法两国银行代表谈判,并签订了《中国国家湖北湖南两省境内粤汉铁路:鄂境川汉铁路五厘利息借款草合同》,共借款550万英镑,作为建造官办鄂湘两省境内粤汉铁路干线,鄂省川汉铁路干支两线之用(川汉铁路干线指的是宜昌至广水站连汉粤铁路段,支线指由荆门至汉阳段,两线共长1600公里),利息常年九厘,九五折扣交付,25年为期,以湘鄂两省百货厘金和盐捐筹为抵押。川汉铁路由德国派总工程师,粤汉铁路由英国派总工程师。英、法的要求初步得逞,德国虽失掉独立借款权,但因打入了长江流域也很满意。②

这样一来,英德法都得到了好处。这让美国总统塔夫脱更为着急,他仍然把目标瞄向东三省,他也知道,日本在东三省问题上咄咄逼人,要伸

① 张卫东:《粤汉铁路建设述论》,《社会科学动态》2018年第8期。

② 赵润生编:《爱国主义教育丛书:保路运动》,中国国际广播出版社1999年版,第26页。

展在中国东三省的利权，一纸《鲁特—高平协定》是靠不住的。那么该如何让美国资本进入中国呢？塔夫脱提出了一个"金元外交"的政策。对于这个政策，塔夫脱解释说，"金元外交"就是"用金元代替枪弹"的政策，使美国的商品和资本在远东获得更多的机会。塔夫脱上任后，任命了同样热衷于向海外实施经济扩张的诺克斯为国务卿。这样，美国的新政府把中国作为推行其金元外交政策的主要国家之一。

而要达到美国的目的，塔夫脱当然知道，获取在东三省的经济、实业、铁路特权应是其主要目标。因而，塔夫脱一改罗斯福时代签订《鲁特—高平协定》所形成的局面，开始了与日本积极争夺东三省利权的行动。

塔夫脱了解到英法德三国分别与大清达成了铁路借款草合同，便不顾国际外交惯例也想迅速插手这一领域。1909 年 7 月 15 日，塔夫脱竟然直接给摄政王载沣打电报说，鉴于英德法等国在中国铁路借款中所形成的状况，也希望中国能够同意美国参与到这一借款活动中来。

电报中还说，某些有成见的反对者（指张之洞）认为美国与日本签订了《鲁特—高平协定》是在出卖中国，认为美国是一个背信弃义的国家，因而便对美国资本参与湖广铁路借款活动进行阻挠，这对美国是不公平的。

张之洞与英
国军官合影

湖广铁路是粤汉铁路在长江流域的路段,美国政府当然明白,参与这一铁路借款合同,将使美国的影响力在湖广得到加强。但是,塔夫脱又冠冕堂皇地说,美国政府希望参加到湖广铁路的借款中来是展现大清对美国的公平外交政策,实现这一借款计划也是对中国利益的照顾。他强调说:"以美国资本作为增进中国福利的工具,利用它来开发中国,增进它的物质繁荣,而不致引起纠纷或造成困难,以致影响中国的独立政治权力的成长和中国领土的完整的保持,我对这些都具有强烈的个人兴趣。"①塔夫脱希望清政府通盘考虑,努力达到中美两国都满意的结果。

在塔夫脱向摄政王载沣发电报之后,美国驻华代办弗莱彻还专门拜见了外务部总理大臣奕劻,弗莱彻对奕劻说:"如果美国政府的合理愿望现在竟受到阻挠,中国政府应负全部责任。"②

对于美国官方这两个带有施压性质的外交举动,大清外务部和摄政王载沣都是相当重视的。载沣接到电报后,即向庆亲王奕劻询问意见。奕劻其实并不怎么爱梳理朝政,但面对载沣的询问以及美国代办的施压,他不得不立即与梁敦彦等人开会讨论这个问题,甚至拜会了英国驻华公使征求意见。

载沣与庆亲王等人匆忙协商后,于7月18日给塔夫脱回电话说,已着令外务部梁敦彦与美国驻华代办弗莱彻进行接洽,希望达到一个令各方都满意的结果。

塔夫脱看到这个电报后相当高兴,认为清廷在短短三天内便快速回应是美国外交上相当大的一个胜利。美国总统和驻华代办的施压,使得张之洞与英法代表关于早日缔结贷款正式协定的行动变得停滞不前。7月20日,美国国务卿诺克斯提出的新要求又给中英法的铁路借款事宜增添了新的麻烦。

诺克斯致电梁敦彦说,美国方面要求与各国一样绝对平等地参与到铁

---

① 吴心伯:《金元外交与列强在中国(1909—1913)》,复旦大学出版社1997年版,第33页。

② 陈新光:《威尔逊退出六国银行团初探》,《文教资料》2007年4月号下旬刊。

路借款事宜中来。诺克斯所说的绝对平等，是指美国在铁路借款、工程材料、工程师、审计员的雇聘上都享有公平竞争的权利。

美国方面得寸进尺地提出新要求，使张之洞和英法德的代表都感到愤怒，主持外交工作的梁敦彦也是万分不满。7月24日，梁敦彦致电驻华公使柔克义，抱怨说："川汉借款事，现与张中堂及三国银行商，拟于550万镑外，加借50万镑，粤汉川各用300万镑，美国分川汉路之半，计150万镑，已让到极点。惟费（弗莱彻）署大臣仍坚持四国一律均平主义，力争小节，致难定议。"①

梁敦彦希望美国方面理解中国所处的艰难困境，采取现实的态度，但美国方面并没有对此做出回应。8月10日，梁敦彦与美国驻华代办弗莱彻以及英法德的代表就铁路借款问题进行磋商，这次谈判达成了三点共识：其一，湖广铁路借款总额追加到600万英镑，一半用于川汉线湖北段，另一半用于湖广线的两湖段：美国财团获得川汉线湖北段一半的贷款份额，即150万英镑，在材料供应方面，美与英法德权利平等。②

这次谈判，在工程权利的分配上，美国与英德的分歧较大。美国代办弗莱彻提出四国平均分享的要求，但法方代表认为，德国和美国通过工程权利各自控制了铁路里程的1/4，由于英国所控制的大大超过1/4的里程，因此留给法国的已不足此数。对于法国的反对，英国遂建议美国财团削减它的里程，这一要求为美国所拒绝。

美国在同欧洲三国讨价还价的同时，继续向清政府施压，塔夫脱总统又一次出面。他在11月21日与伍廷芳谈话称："我希望您使贵国政府明白，它可以绝对地相信我们，因为我们不要你们的领土。"美国"只想得到那项贷款的一份。以便当其他国家讨论有关中国的事情时，我们能有发言权，

---

① 吴心伯：《金元外交与列强在中国（1909—1913）》，复旦大学出版社1997年版，第33页。
② 参见［美］弗雷德里克·V.斐尔德：《美国参加中国银行团的经过》，吕浦译，商务印书馆1965年版，第21、22页。

美国在这项贷款中拥有一份利益，对中国比对美国意义更大"。[①]

美国国务卿诺克斯

　　但是，铁路借款以及相应的权利分配，并不是大清所能说了算的。于是，利益各方此后进行了多轮磋商，直到 1910 年 5 月 23 日的巴黎会议上，美法英德四国财团才达成一项协定，作为 1909 年 6 月 6 日《湖广借款草合同》的补充。四国财团协商的协定指出：允许美国加入湖广铁路贷款。贷款总数为 600 万英镑，由四国平均分担。一切材料的订购，也将尽可能在四国间平均分配。在工程权利方面，粤汉铁路总工程师由英国担任。川汉路第一段 800 公里的工程师由德国委派，下一段 400 公里由美国委派，剩余的 1200 公里，英、法各一半，此外，在已给予德国的 800 公里线的最后 200 公里段上，由美国派副工程师一名。[②]

---

① 吴心伯：《金元外交与列强在中国（1909—1913）》，复旦大学出版社 1997 年版，第 34 页。
② 参见吴心伯：《金元外交与列强在中国（1909—1913）》，复旦大学出版社 1997 年版，第 34 页。

清末发行的湖广铁路债券

　　根据这一协定，美国挤入湖广借款事务团的愿望得以实现。四国财团签署协定后，剩下的问题便是清廷批准这一协定了。美国达成所希望的在中国铁路事务中分肥的愿望后，曾经对塔夫脱的中国东三省政策产生影响的司戴德再一次来到中国。不同的是，这一次司戴德进行了身份转换，他不再以奉天总领事的身份出现，而是以美国银行团的驻华代表身份来到了中国。

　　司戴德走马上任后，除参与湖广铁路借款事宜交涉之外，仍把目光更多地放在"满洲开发计划"上。此时，清廷正准备建造从葫芦岛经锦州、齐齐哈尔横穿中东路直达中俄边境瑷珲的铁路。当司戴德了解到这个计划时，立即产生了兴趣，因而，便有插手这一铁路的想法。在他看来，这正是他"满洲开发计划"的重要组成部分。

　　1908年，司戴德还没有被召回国之时，关于这条铁路的齐齐哈尔以北路段，他与唐绍仪已经议定，至于齐齐哈尔以南的路段实际上是原来唐绍仪提出的新法铁路的改头换面。这条线路距离日本控制的南满铁路有百余英里之遥，司戴德认为这一次日本方面当不致再以"并行线"为借口反对。况且，英国保龄公司在先前曾经取得过这个新法铁路的承建合同，司戴德设想正可以利用英国方面来压制日本。

于是，司戴德获得消息后，即积极地与英国保龄公司驻北京代表达成一致，组成英美银团，再次投入到这一路段的行动中来。司戴德还与保龄公司代表法伦许协商一致：由保龄公司聘用美国工程师、使用美国材料承建，美国财团提供资金。司戴德认为这个计划的成功不仅意味着美国势力将伸进满洲，而且有机会进入西伯利亚。

英国公司先前迫于日本的压力而退出，清廷对此相当无奈，现在英美共同投资承建，清廷自然高兴。1909 年 8 月 19 日，清政府向东三省总督锡良发布密谕："东省介居两强，势成逼处，积薪厝火，隐患日滋。迭据臣工陈奏，莫如广辟商埠，俾外人麋集，隐杜垄断之谋；厚集洋债，俾外款内输，阴作牵制之计。即著该督等斟酌事理，体察情形，按照以上所指各节，详审熟筹，奏明办理。"①

清廷的这个密谕等于延续了袁世凯被罢黜前在东三省的既定政策。1909 年 10 月，清廷决定将葫芦岛开辟为出口贸易商埠，并命度支部拨经费 200 万两交由东三省总督锡良作为开办费用，同时在葫芦岛设立了筹办处，后改为开埠局。为制衡日俄对东三省的进一步吞食，锡良还上奏清廷将吉林也开辟为商埠，但这个举措遭到日俄两国的抗议。面对日俄两国的阻挠，锡良表示，吉林并不是日俄所控制铁路线的必经之地，中国完全有自主权，并继续在吉长铁路（自头道沟至吉林永吉）沿线勘定地址，绘制地图，并建标购地为开埠做准备。针对日本侵略者在长春购地严重的情况，为防止日本势力进一步渗透，锡良还亲自巡视四周，着手对长春商埠的建设，"于其（长春）四围悉行圈购，免遭再侵越，并预备商埠成立后开

---

① 丁名楠等：《帝国主义侵华史》（第二卷），人民出版社 1986 年版，第 274 页。

关收税"①。

如此，日俄两国的抗议之声甚嚣尘上。日俄两国照会清廷说，东三省现行政策违背既定条约，日俄两国保留采取措施的权利。

面对日俄两国的抗议，积极与英国公司合作的司戴德明白，要实施锦瑷铁路计划必须得到清廷、美国与英国的联合声援。一直渴望在东北获得铁路路权和经济特权的司戴德致函塔夫脱，向他陈述获取东三省路权符合美国的利益，在过去，虽然因为招致日本的反对等原因而流产，但现在东三省总督锡良在袁世凯、徐世昌等人基础上提出了锦瑷铁路修建计划，并希望向外国借款，美国当不应错过良机。

清末发行的中东铁路明信片，图为哈尔滨中央大街1905年的影像

根据司戴德的报告，此时的一些西方媒体也纷纷报道说，英美财团已经与中国签订锦瑷铁路借款合同，并得到了清廷的批准。这些报道其实是不实报道，但美国国务卿诺克斯信以为真，认为这是在中国获取利权的重要一步，他满怀信心地希望排除日俄的干扰。1909年11月6日，诺克斯提出了一个所谓"满洲铁路中立化"的方案，希望与英国合作，诺克斯在给英国方面的照会中提出了两点建议。

其一建议美英包括日俄以及其他愿意参加的国家，可以共同借款给中国，将满洲铁路置于"经济的、科学的、公正的管理机关之下"，借款期间各国得参加铁路的管理；二是可由英美两国联合支持锦瑷铁路计划，一同邀请他国参加此铁路以及将来其他铁路的投资，"同时贷款给中国，以赎回

---

① 《清实录》第六十册，中华书局影印本1987年版，第287、288页。

可能被纳入这一系统中的现有铁路"①。

需要说明的是，美国方面提出的"满洲铁路中立化"方案实际上仍是为美国利益服务的。美国政府希望通过这一方案迫使日本和沙俄将南满铁路和中东铁路的占领权交出，交由美国领导下的"国际共管"，如此美国不但可以达到将其资本势力伸入东三省的目的，还可以凭借其雄厚的资本力量压制日俄，最终完成在东三省的经济霸权地位。诺克斯之所以将这一方案首先照会英国，是因为司戴德正与英国保龄公司商谈合作。诺克斯认为因为保龄公司参与东三省利权的关系，英国政府应该会支持美国的方案，有了英国的支持，作为英日同盟的日本也不好反对。

但是，当美国将这一方案公之于世的时候，日俄两国的反对却是相当强烈的。俄国为此向清廷施压让其不要接受这一方案，相关信函说："锦瑷铁路之事，非先与俄国商议，万勿从事，不然则两国邦交诸多窒碍。"②

为反对美国人提出的"满洲铁路中立化"方案，日俄两国提出了相应对案。日本的对案指出：第一，允许日本对铁路的借款、雇佣工程司、材料使用、工程建设等方面都有权参与；第二，大清须建造一条支线连接锦瑷铁路和南满铁路。俄国提出的对案是，反对中国建造锦瑷铁路，中国应建造自张家口经库伦到达恰克图的铁路，并允许俄国资本参与。显然，俄国是想借此为其侵略内外蒙古提供条件。

美国的方案不仅遭到日俄反对，英法德也反应冷淡。法国方面表示，"满洲铁路中立化"方案没有得到日俄的许可，法国不会参与，法国政府还照会清廷，要求清廷就锦瑷铁路事宜与日俄协商，不要轻易与美定议。英国不愿破坏与日本的同盟关系，只是表示原则上赞同，但却说，这一问题"展期考虑，较为明智"。③英国方面还表示，关于"满洲铁路中立化"方案，应待

① 参见丁名楠等：《帝国主义侵华史》（第二卷），人民出版社1986年版，第276—277页。
② 王彦威纂辑，王亮编，王敬立校：《清宣统朝外交史料》（卷12），书目文献出版社1987年版，第47页。
③ 《英国外交大臣葛雷致美驻英大使李德照会》，见宓汝成编：《中国近代铁路史资料》第二册，中华书局1984年版，第647—648页。

湖广铁路贷款事宜完成后再行商议。对于大清希望建筑锦瑷铁路，并借外资问题，英国认为也应邀请日本参加。对于美国提出的方案，德国仍然希望中美德结盟，以对抗英法日俄协约集团，因而对美国的方案表示支持。

面对日、俄的反对以及英、法的冷淡态度，美国并不死心。1909 年 12 月 14 日，美国政府正式向日俄法德和中国发出照会并表示要继续推进"满洲铁路中立化"方案。这遭到了法国的不满，法国发表声明谴责说："美国近来之政策……转向狂热的帝国主义，且以清国的保护者自居，以企图实现美国的扩张。若同意此次提案，结果将使满洲实际上无异于归美国所有。"法国表示接受该计划的前提是日俄两国加入该计划。①

收到美国的正式照会后，德国发现其计划的具体管理体制是完全站在美国利益至上立场上的，德国人感觉到在远东国际关系上过分招惹日本人是不当的，因而一改常态与法国一样，表示如果日俄两国参加锦瑷铁路借款计划，那么德国就支持美国的方案。

对于美国发来的照会，清廷是表示欢迎的。清廷外务部认为："共办东省铁路，此事果底于成，不特中国行政权再有障碍，且各国利益既平，则日俄固无从争雄，英美亦不致垄断，以现在东省情形而论，计亦无有逾于此者。"②大清毕竟是当事国，虽然表示支持，但日俄的激烈反对，英法德的不支持，也使得"满洲铁路中立化"方案难以有所作为，大清的锦瑷铁路借款之事也因日俄的破坏而无法实现。

相反，美国人的"满洲铁路中立化计划"却使日俄这两个曾经的对手因面对美国这个新威胁而更加紧密地联系在了一起。1910 年 7 月 4 日，日俄两国签订《第二次日俄密约》，重申了两国在东三省的势力范围，明确地表示反对第三国势力进入。这里所说的第三国当然指的是美国，这个密约的签订等于宣告诺克斯在东三省计划的失败，在密约签订之前，已经知道

---

① 参见《英国外交大臣葛雷致美驻英大使李德照会》，见宓汝成编：《中国近代铁路史资料》第二册，中华书局 1984 年版，第 650 页。

② 王彦威纂辑，王亮编，王敬立校：《清宣统朝外交史料》(卷 12)，书目文献出版社 1987 年版，第 20 页。

美国在东三省的计划将遭遇流产的司戴德匆匆回到美国。这个局势让东三省总督锡良万分着急，他比以往任何时候都更清晰地感觉到，袁世凯、徐世昌提出的东三省改革计划是多么富有先见之明。因而，锡良旧事重提，希望利用外资设立东三省银行，主张借外债二千万两，以一半设实业银行，一半办理移民、开垦、开矿、筑路。

锡良

摄政王载沣的心情也是一样的，他批准了锡良的奏折，随后，锡良便积极地与英国汇丰银行商议此事。美国得知这个动向后，立即表现出极大热情，也对清廷在此事务上抛开美国表达了不满。美国方面表示，东三省银行计划是1908年司戴德与唐绍仪提出来的，因此，美国有借款优先权。

美国的要求对资金、财政正困难的清廷来说，是雪中送炭的好事。再者，清廷也需要资金应对日益严峻的革命危机，便同意了美国的要求，以币制改革和实业借款为名与美国接触。同时，摄政王载沣此刻更迫切地希望实现袁世凯曾经积极推动的中德美三国结盟之事。

1910年4月，摄政王载沣怀着复杂的心情派外务部尚书梁敦彦为使出使美德，重拾1908年唐绍仪无果而终的中美德结盟之路。摄政王载沣还希望德国能够帮助中国改革、训练军队，以巩固大清随时都有可能崩溃的统治地位。那么梁敦彦的美德之行能完成使命吗？摄政王和大清的君臣们对他可是寄予厚望的。

六、摄政王载沣念念不忘"三国同盟"

摄政王载沣任命曾经留学美国且对美国的政治和民情较为了解的梁敦彦出使美国，再次拾起中美德结盟之路和东三省改革的旧梦。于当时的内政外交而言，此举有诸多的不得已。

年轻时的载沣

摄政王载沣派梁敦彦以"养病"为由周游欧美，实乃使其充当大清与欧美合纵连横的密使，中心目的是希望与美德结盟，希望美国借款帮助清廷进行币制与实业改革，也希望与德国合作进行军事改革，改组中国陆军，他试图把北洋系所控制的北洋新军改组为清廷所控制的中央军，以维护主权的稳定、镇压内部的叛乱。

站在稳定大清王朝统治地位的立场上，摄政王载沣此举是正确的，但是，他在用人上坚持任人唯亲，满人至上，排斥汉人，制造满汉矛盾的做法却是不可取的。载沣在排斥袁世凯后自封"代理统帅陆海军大元帅"，成立了陆海军的联合机构——军咨处，试图控制全国海陆军的调动之权。他任命自己的两个弟弟载洵、载涛分别掌管海军和军咨处，形成了兄弟三人分揽军政大权的局面；同时，载沣还任命荫昌为陆军部大臣，良弼为禁卫军训练大臣，这样的任命使清朝宗室掌握了大清的军政大权，载沣排斥汉人、排斥北洋系的做法无疑使满汉对立问题更加严重。后来的事实证明，荫昌等人根本就指挥不动袁世凯调教出来的北洋新军。

为实现改组军队、维护大清王权的目的，载沣在1909年到1910年先后派出自己的两个亲弟弟到欧美考察。

1909年9月，由载洵、萨镇冰等人组成的海军考察团从上海登轮前往欧美各国考察，他们选派的一批优秀海军学生一同前往欧洲学习驾驶和造船技术。10月间，他们乘轮船抵达意大利的热那亚港。热那亚有意大利最大的造船中心，载洵与萨镇冰来这里就是为了了解这里的军舰情况。在意大利考察后，他们订购了意大利炮舰，随后又前往德国考察，在德国也订购了一些炮舰。

考察团离开德国后准备前往法国，但这时出现了一个小插曲。德国对亲王载洵予以了很高规格的接待，出行都有高级官员迎送、陪同，沿途有警卫人员和皇家马队护送。此时，法国方面为表示对中国的友好，照会当时在驻德公使任上的荫昌说，法国已经做好了接待亲王的准备，并且为表达法国与清国的友谊，待载洵到法国后，将授予他一枚二等勋章。这枚勋章不过是一个象征，但载洵却不这样看。他认为，堂堂大清国的一个亲王只授予一个二等勋章，这实在是有失身份和有损颜面的问题，便决定不去法国，他让荫昌发电报给驻法公使，以"行期太短，无暇访问，下次来欧洲再访问"为借口取消了法国行程，转而直奔英国。

在英国，萨镇冰与载洵参观了一些造船厂和制炮厂，还访问了萨镇冰曾经留学的格林尼茨皇家海军学院。他们在英国订购了巡洋舰，然后前往俄国参观考察，最后乘火车经西伯利亚回国。载洵、萨镇冰一行这次三个多月的考察，应该说是富有成效的，从欧洲学到了不少海军建设的经验。①

---

① 李书纬：《少年行：1840—1911晚清留学生历史现场》，广东人民出版社2016年版，第368页。

北洋海军"威远号"上的水兵合影

载洵与萨镇冰一行在欧洲考察并购买军舰的举动，引起了美国的兴趣，他们很希望中国派出代表到美国考察，购买军备。因此，他们回国后，美国政府就通过其驻华公使向载洵、萨镇冰发出邀请，希望他们能够赴美考察。

载洵接到美国方面的邀请时，载沣正派出自己的七弟载涛出国考察，因而当即表示不能按原计划出访，出访美国的时间可能推迟到1910年7月，"因为二个亲王同时都不在国内是不合适的"①。因为美国方面的要求，1910年7月，载洵、萨镇冰又奏请朝廷前往美国、日本考察。但是，在美国期间，载洵遭遇了一次暗杀。革命志士邝佐治假扮成厨工混在酒店的人群中准备刺杀载洵，当他从裤子的口袋里拔出枪时，就被身旁的警察发现，当即被逮捕。根据美国的法律，邝佐治并未拔出手枪，只要他不承认自己的谋杀动机便可以得到释放。但是，邝佐治却大声说，自己杀载洵是为铲除"国家大害"。因此，经过审判，邝佐治被判有期徒刑14年。而经过这次虚

---

① 崔志海：《海军大臣载洵访美与中美海军合作计划》，《近代史研究》2006年第3期。

惊，吓破了胆的载洵匆匆离开美国，前往日本考察。在日本，载洵与萨镇冰经过考察后，又向日本订购了炮舰两艘。①

在载洵访问美国之前，载沣的七弟载涛也曾到欧美考察军事，并取得了一定成效。当时，陆军大臣荫昌一同前往，而在前往德国之时，荫昌还与一名德国女子结了婚，这种情况为载涛的德国访问营造了良好的氛围。当时的《大公报》报道说："禁卫军（载）涛、（毓）朗两贝勒以禁卫军第二期现今将次成立，所有规制仍多未能善，查各国御林卫制以日俄两国为最美，议决拟明春特派专员分赴日俄两国检查一切，以咨参仿。"②

两日后的《大公报》又载："闻军咨处于日前咨照外部，请用正式照会与各国公使声明，此次军咨大臣涛贝勒带同参赞随员等前赴各国考查军政，请回转致各国该政府，届时务希照待云云。"③

又隔一日，《大公报》报道说："兹闻贝勒行期有定于二月念二日放洋之说"，可估计出此次陆军考察团的出发日期是宣统二年二月二十二日，即1910年4月1日。摄政王载沣一直坚定地认为军权应该集中在皇族手里，而袁世凯把持新军，他只能重点培养新禁卫军，因此对此次出洋非常重视，对载涛多番叮嘱，要求他走出国门之后，所言所行既当顾全国体，又要注重中外邦交，并交付载涛手谕和致各国皇帝及大总统的国书。载沣还谈到当年《辛丑条约》签订后，他赴德国为克林德之死向德皇致歉的种种遭遇，而且分别召见了每位随员，并分别交以手谕。载涛虽然年轻，但很务实也很有抱负，为了"务求实际"，不"过事炫耀，以致贻人口实"，为此还削减了自己此次考察的一半仆从。④

---

① 李书纬：《少年行：1840—1911晚清留学生历史现场》，广东人民出版社2016年版，第369页。

② 《大公报》1910年3月5日，国家图书馆藏。

③ 《大公报》1910年3月8日，国家图书馆藏。

④ 参见徐家宁：《晚清禁卫军首领最后一次出洋考察》，见《老照片》第67辑，山东画报出版社2009年版，第94页。

《辛丑条约》
签订后，载沣远赴
德国途经香港时与
当地官员的合照

载涛一行考察欧美军事，先对日本进行了考察。考察团在日本停留了半个月时间，于16日晚乘坐轮船集友丸号向美国进发，于4月28日抵达华盛顿。美国总统塔夫脱在当晚为载涛一行举行了欢迎宴会。纽约是考察团的考察重点，因为西点军校在美国纽约州，据《纽约时报》载，考察团对西点军校兴趣浓厚，希望能够全面了解，美方也表示不会让载涛一行失望。

因此，载涛一行对西点军校进行了重点考察，参观了军校宿舍，观看了骑兵学员的马术表演。其间有一个插曲，当被问到大清人们头上的辫子会不会影响到军事训练时，载涛表示，回国后会征求摄政王意见，也许会剪掉辫子。果然，载涛回国后就在他的军队中推行剪辫子，他掌管的贵胄学堂成为大清最早开始剪辫子的地方。

在纽约，载涛一行还考察了驻扎在纽约的七十一兵团，了解了美国陆军的训练情况，并向美国方面介绍中国改革军队的设想，但美国政府对此并不感兴趣。5月5日，载涛一行前往英国考察，在英国也没有取得什么成果。当时正值英国国王爱德华七世病故，考察团在英国停留了一个月的时间，然后于6月初到达了此行最重要的考察对象——德国。在德国，载涛受到了威廉二世的热情接待。相较而言，德国对中德美结盟较为热心，当然也是希望借此把利益伸展到东北地区，因而，德国政府对考察团的到来表现出了相当的热情。威廉二世交代军方要与中国方面多交流经验，因而载涛一行在德国取得了不错的成果。

考察归来，载涛向载沣提交了一个考察报告，报告中说，威廉二世对中国是友善的，也希望帮助中国。

载沣看了这个报告，大为感动，更使他感到中德美结盟大有希望，再者摄政王载沣也想通过德国帮助中国改革军队来整肃北洋新军，从而完全把大清军队控制在朝廷手里。因此，载沣在派梁敦彦去往欧美之前，特意给德皇威廉二世写了一封信，信中阐述了大清所面临的危难形势，希望德国派出教官和军事顾问协助进行军事改革，并希望德国派出经济方面的专家到北京做顾问。载沣在信中还说，让梁敦彦做密使前往德国也是殷切地希望大清与德国达成盟约。同时，德国驻华公使雷克司也发电报向威廉二世介绍了梁敦彦将以"养病"为由出使欧美的情况，当然，也是想防日俄耳目。雷克司还介绍说，梁敦彦曾经在美国接受过良好的教育，是一位谦虚、谨慎的外交官，也有着开明的政治见识，应该能够得到德皇的信任。

继载涛考察团之后，梁敦彦怀着特殊的外交和政治使命于 1910 年 9 月 7 日踏上了前往欧美的行程。出发之前曾经跟随载涛到欧美考察军事的荫昌拟定了一个详细的军事改革计划，希望以朝廷的名义让梁敦彦到德国后请德国方面提出意见。梁敦彦是 10 月间抵达柏林的，威廉二世对梁敦彦转交的载沣帮助军事改革的密信以及荫昌撰写的军事改革计划，是持赞同态度的，在计划书上签注了"赞成"二字，并对梁敦彦说，具体的操作应该由两国军方具体磋商。对于派出军事教官之事，威廉二世也表示柏林方面将推荐适当的教官前往中国。

考虑到梁敦彦此行是秘密使命，威廉二世打破外交惯例，不要求梁敦彦到宫廷觐见，表示可在梁敦彦与美国谈妥了币制与实业借款及联盟之事后，再向德国通报并觐见自己。当然，德皇如此要求也是有原因的，1908年唐绍仪到美国试图实现中美德结盟，但美国却私下里与日本达成了《鲁特—高平协定》出卖了大清，让试图以此对抗英法等国的德国非常失望，所以这次德国渴望先知道美国的态度。

于威廉二世而言，他是希望梁敦彦到美国能够取得外交成果的。如果梁敦彦能够说服美国结盟，并从华盛顿获得一大笔东北开发贷款，那么，德国可以同美国结成财团联盟，名正言顺地进入满洲地区，所以威廉二世对梁敦彦的美国之行是充满期待的。

1910 年 12 月初，梁敦彦满怀收获外交成果的迫切心情来到了华盛顿，他先后会晤了美国总统塔夫脱和国务卿诺克斯。梁敦彦就中美关系提出了三点建议：第一，为抵制日俄两国将东三省作为它们的殖民地，由美国向各国重申海约翰的"门户开放"原则。第二，为避免中国遭受外国侵略，集中精力从事各项改革，中美率先签订公断条约，从而促进中国与德国、意大利等国也签订公断条约，规定将所有与中国有关的争端提交海牙国际法庭裁决。第三，由德国帮助中国训练一支 2 万人的精锐陆军，海军方面由美国帮助中国兴建一支精锐小型舰队。[①]

时过境迁，塔夫脱与诺克斯都对罗斯福时代提出的"门户开放"政策毫无兴趣。而关于公断条约问题，将与中国有关的争端都提交海牙法庭公断，美国方面也表示没有兴趣。塔夫脱只是对第三点建议表现出浓厚兴趣，认为美国帮助中国组建小型舰队是可以的，这样可以增加美国在中国的影响力，重要的是发展海军有利于中国进行防卫和国内秩序的安全。

三点建议，美国政府只同意一点，梁敦彦的美国之行与唐绍仪一样是徒劳的，他的外交游也以失败告终。[②]

七、六国财团与联美的失败

梁敦彦在美国外交活动的失败说明了美国并不想与大清结盟，只想在军事上特别是经济上增强美国的影响力。美国人与东三省地方当局合议筹划新法铁路、锦瑷铁路借款计划，甚至美国国务卿提出的"满洲铁路中立化"方案，无不体现出美国急于跻身东三省经贸利益的愿望。

当然，让美国参与到东三省的经贸、实业中来，参与到新法铁路、锦

---

① 参见崔志海：《海军大臣载洵访美与中美海军合作计划》，《近代史研究》2006 年第 3 期。

② 参见李德林：《最初的国会》，九州出版社 2015 年版，第 54 页。

瑷铁路的借款中来，也是大清希望"以夷制夷"的无奈之举，但是这些举措在日俄的抵制下都失败了。

唐绍仪与梁敦彦先后两次赴欧美寻求结盟的外交之旅均告失败，于摄政王载沣来说，他是不甘心的，内政外交的严峻形势都驱使他迫切地希望得到美国的援助来抵制日俄。尽管梁敦彦的美国之行依旧没有取得成果，但载沣并不甘心，他仍然念念不忘联美抵制日俄的政策，并把希望寄托在美国参与到大清币制改革与实业借款的行动上。

于美国而言，他们虽然不愿与大清结盟以致公然与日俄对抗，但希望在东三省经贸利益上的均势仍是存在的。当日俄联合反对诺克斯"满洲铁路中立化"方案成功后，一样不甘心的美国也把参与币制改革和实业借款作为诺克斯计划失败后反制日俄的新行动。

对于进行币制改革，实际上慈禧太后在世之时就有这样的设想。晚清中国长期以来存在币制混乱的问题，各地督抚都可以发行货币，且各种货币之间没有固定的兑换率，甚至还存在外国货币与中国货币并用的局面。这对经济的发展和大清的形象肯定都是不利的。大清混乱的货币现状，当然也不符合列强的利益。1901 年，世界银价暴跌，中国外汇市场深受其害。英国担心自己索取的庚子赔款受到影响，要求大清进行币制改革，后来，美国、日本都提出了这样的要求。

至于大清国存在的币制混乱状况，致力于东三省改革的北洋系也看在眼里。1908 年，唐绍仪受命前往美国联系邦交之时就提出了让外国参与币制改革的设想，他在给朝廷的奏折中也浓墨重彩地谈了为什么要进行币制改革。近年来，朝廷在修律、制定商标法方面都已做了权衡，并经修律大臣、度支部、农工商等部协商商办，开办矿务方面也有外务部与农工商部制定具体规程，只有币制改革之事，迟迟没有定议，既不利于国内货币流通，也不利于大清与各国的经贸往来。对于大清币制存在的混乱状况，中外臣工多有建议，朝廷也已知晓，"若再延宕，非但与圜法内政有关，亦与目前之提议加税牵涉极大，矧我国关税，悉数指抵赔款，现与各国息借，几至无可抵押，倘加税之约早定，则每年税收骤增二三千万，以后与各国财政往还裨益，正复不浅，臣忝承明诏，敢不竭尽智能，冀抒历注筹原约各款与加税一项，事异约同，一日未尽日实行，即一日难于措手"①。为了进行币制改革，唐绍仪还建议朝廷应以一两定为银币单位，统一标准，早日向国内和各国宣布，消除国内外的疑虑。

唐绍仪把币制改革的重要性和迫切性说得相当明白、透彻，也就此事积极活动。他到美国后见到自己的老朋友司戴德，谈了他到美国的使命，也谈了他希望大清进行币制改革以及希望美国资本予以帮助的想法。司戴德便联系美国资本巨头坤洛公司老板席夫。席夫对唐绍仪说，如果大清给予的条件令人满意，那么他将参与这项合作。但是慈禧太后死后，袁世凯被罢黜，唐绍仪被召回，此事也就不了了之。

载沣成为摄政王后，大清朝野要求宪政改革的呼声相当高。宪政改革的一项重要内容就是财政改革，即如何增加政府的财政收入，加强朝廷对地方的控制。基于此，朝野上下都认为应该进行币制改革，统一大清币制。1910 年 5 月 24 日，清廷根据这种呼声和趋势，颁布了《币制则例》，由此宣告币制改革成为大清财政改革的一项重要内容。但是，要真正实施这项改革，必须解决资本难题。于是，梁敦彦秘密前往欧美谋求德美在军事和商贸上予以支持的同时，也提出了帮助币制改革的诉求。

宣统二年（1910 年）清廷度支部颁布的《币制则例》

---

① 王彦威纂辑，王亮编，王敬立校：《清季外交史料》（第三册），书目文献出版社 1987 年版，第 3290—3291 页。

梁敦彦向美国提出希望其帮助大清进行币制改革，同时也提出了希望美国在东三省实业借款上予以帮助等想法。这些问题，与三国结盟、帮助军事改革两大诉求一样都有着鲜明的政治与外交动机。关于东三省实业借款的问题，大清提出希望美国帮助锦瑷铁路计划之时，东三省总督就在上奏清廷的奏折中提了出来。1909 年 8 月 9 日，锡良上奏摄政王载沣说，日俄两国签订新的密约，俨然是把东三省视为它们的领土了，日俄密约不仅无视中国主权，且不许他国插手东三省事宜，总而言之，新的日俄密约使东三省的形势更加危急。锡良认为，东三省地大物博、资源丰富，如果锐意振兴，没有不转弱变强的道理，那么，东三省该何以振兴图存呢？

锡良认为，东三省的矿产资源都是可以利用的，只是交通不便利，尚未开发罢了。如果说在甘和煤矿修筑铁路六百里，蜂蜜山煤矿修筑铁路二百里，这里的资源都将会派上用场。此外，东三省的森林、畜牧资源都很丰富，这些都可以为徐图振兴提供大利，在日俄两国不断侵吞中国领土的当前，向外寻求借款是力图进步、实现振兴的好办法。在锦瑷铁路计划开始运作时，锡良就曾提出新的借款计划："拟请商借外债银二千万两，以一千万两设立东三省实业银行，以五百万两为移民兴垦之需，以五百万两为开矿筑路之用。此等借款用之于本利之途，不嫌其多，本为各国所习惯，且厚集洋债互均势力，尤为与钦奉上年七月初四日谕旨相符。臣拟即商借洋款，俟借妥议订合同后，再行具奏，惟款由东省商借，非经政府承认，则各国银行未必乐从。应请准于合同内声明中国政府担任字样，以期见信外人。"[①]

当锡良把东三省实业借款计划奏报清廷后，考虑到日俄新密约的签订以及朝鲜被日本吞并致使东北和蒙古面临严重的危机，清廷便在 1910 年 9 月批准了东三省实业借款计划，这也成为梁敦彦欧美秘密使命的重要内容。

---

① 王彦威纂辑，王亮编，王敬立校：《清宣统朝外交史料》（卷 16），书目文献出版社 1987 年版，总第 3750—3751 页。

清末银币

美国方面很热衷于帮助中国进行币制改革，因为这能够增强自身经济影响力。早在唐绍仪访问欧美之时，美国国务卿鲁特就曾对唐绍仪寻求外国帮助大清进行币制改革发表意见说："中国政府现在意图采取的有力的经济和行政改革措施，与美国的条约、美国的政策和美国的商业利益完全一致。因此，美国政府将对此持非常同情的兴趣，并将以一切合适的方式推动这些改革。"①

1910 年 5 月，清廷颁布《币制则例》后，美国国务卿诺克斯曾经在 6 月 11 日和 14 日两次与中国驻美公使张荫棠举行会晤，晤谈的主要内容就是帮助中国进行币制改革问题。而在美国总统塔夫脱与张荫棠的晤谈中，他一面建议选择精干的财政顾问，一面表示"中国果能实行改良币制，美政府甚愿效力"②。

据此，张荫棠向清廷外务部汇报，认为币制改革是保全东三省的理想办法。在外务部接到张荫棠的电报后，载沣即命外务部会办大臣那桐与美国新任驻华公使嘉乐恒积极磋商，希望达成成果。9 月 22 日，盛宣怀正式向嘉乐恒提出，中国正式启动币制改革，希望美国提供 5000 万两白银的借款。美国国务卿则表示，美国财团对此很感兴趣。9 月 29 日，诺克斯让嘉乐恒告知清廷，美国财团愿意承担币制改革借款，希望清国尽快就此事获

---

① 刘冬梅：《1905—1911 年清政府的联美制日政策》，博士学位论文，吉林大学，2006 年，第 110 页。

② 刘冬梅：《1905—1911 年清政府的联美制日政策》，博士学位论文，吉林大学，2006 年，第 111 页。

得令人满意的安排，并希望清廷接受一名美国金融顾问来协助中国进行币制改革。

在美国与大清积极地投入币制改革的过程中，美国方面对东三省实业借款表现出了更大的热情。

1908 年 11 月 8 日，东三省总督徐世昌曾与英国汇丰银行达成一笔金额为 100 万两白银的借款协定，协定中有这样一项内容：借款期内，汇丰银行对将来东三省用于一般目的的借款项目具有优先权。因此，锡良在提出东三省实业借款计划时便与英国汇丰银行进行了接洽，得到消息的美国财团颇为不满，于 1910 年 9 月 2 日给外务部会办大臣那桐致信说，根据"唐绍仪备忘录"，中美就东三省银行的借款事宜都曾经做出过承诺。9 月 3 日，驻华公使嘉乐恒还专门到外务部拜会了那桐，就东三省实业借款问题提出交涉。那桐只好表示，会就东三省实业借款问题与美国财团磋商。

10 月 2 日，度支部尚书载泽和邮传部右侍郎盛宣怀受命与嘉乐恒进行了晤谈。盛宣怀对嘉乐恒说，如果美国财团愿意为中国提供 5000 万两币制改革借款，那么大清希望 2000 万两的东三省实业借款也由美国负责。也就是说，中国希望借款之事完全由美国承担，当然，对于借款发行的债券，美国可以在其他市场照例有出售。对于顾问一事，中国也乐意接受一名美国顾问协助中美进行币制改革，但他的职能只能是纯粹的咨询，而不能参与币制贷款的谈判。

经过晤商，10 月 27 日，载泽、盛宣怀代表大清与美国代表签订了《币制实业借款合同》。合同签订后，载泽对嘉乐恒说，美国财团吸引多少伙伴都没关系，中国只会同美国签订借款合同，并希望美国持有大多数的债券，对债券具有绝对的控制权。

需要说明的是，清廷将币制改革与东三省实业借款并为一体签订合约，是希望避免再次遭到日俄的阻挠和破坏，同时也避免英法德对这笔借款的争夺，让美国独享借款权，这也体现了大清迫切希望与美国结盟的心情和愿望。

但是，梁敦彦在美国的活动无果而终，证明了美国是站在自身利益至上的立场来看待中美关系的：美国只想在中国享受经济利益，而不愿其外交和政治利益受到一点儿损害。特别是美国资本家们的投机心态更趋严重。一直关注着东三省开发的司戴德 1910 年 8 月第二次回美时，在与美国金融界的接触中发现，银行家们是功利的，只想获取投资利益，而不想卷入国与国的外交博弈中，"一些银行家甚至要求退出财团，更多的则心存疑虑"①。

银行家们认为，美国应该有一个成功的外交政策，但并不愿成为有潜在外交风险的外交工具。1910 年 9 月，美国银行巨头在纽约召开财团会议，研究今后在远东投资问题上该何去何从，以及该选择何种投资方式。在这次会议上，银行家们做出两项决定：银行家留在财团内，不能退出，保持对华行动的方向；改变行动的方式，"在决定留在财团里的同时，他们决定摆脱政府的外交政策强加在他们身上危险而复杂的责任"②。

看来，美国银行家们的投资目的是明确的，那就是实行不与列强相冲突的在华经济扩张，不能使各国对美国银行产生威胁，不能使自身沦为政府对华关系的工具。纽约财团会议还认为，美国财团应该调整与英法德等欧洲强国中银行财团的关系，避免制造对立。

早在 1910 年 5 月 23 日的巴黎会议上，英法德三国银行团就曾经提议将美国财团纳入他们的联合体，形成四国财团，以便在湖广借款问题上合作，进而便利于其他在华项目的投资。面对英法德三国财团的邀请，美国财团在 1910 年 9 月 2 日召开研讨会后，一致决定接受欧洲三国银行团的邀请，达成一个关于在华贷款业务的四国财团协定。

美国银行家们带着抛开政府外交政策束缚的愿望，推选密切关注着东三省情势的司戴德为他们的代理人，并于 9 月 3 日拜会了国务卿诺克斯，向政府转达他们的愿望。司戴德向诺克斯表示："如果政府不修订其政策，以使银行家们摆脱危险的责任，那么他们就退出银行团，只有在下述条件下，银行团才同意继续作为国务院的海外金融代理人。那就是，银行团不

---

① Herbert Croly, *Willard Straight*. New York:The Macmllian Company 1924，p.340.

② Herbert Croly, *Willard Straight*. New York:The Macmllian Company 1924，p.342.

被驱使去寻求或接受可能遭到其它列强不妥协反对的项目。"①

对于银行团的要求，塔夫脱政府做出了妥协，并与银行团达成了协议。本来，塔夫脱政府在争夺在华利权问题上是比较强硬的，但是塔夫脱的强硬并没有换来日俄的妥协，也没有得到英法德在东三省问题上的支持。"满洲中立化"的失败说明了问题。

经历了这样的挫折，塔夫脱只好回到罗斯福不与列强发生冲突对立的对华政策上。基于这样的转变，与银行团达成妥协的塔夫脱政府甚至还建议说，银行团应该参与到湖广铁路的借款中来。美国银行团接受政府的建议，很快便插手湖广铁路借款计划，并形成了四国财团共同向中国提供借款的局面。

《外交报》刊登的铁路借款合同局部

本来，清廷希望美国参与币制改革和东三省实业借款计划的终极目的是希望与美结盟，共抗日俄，但是，四国财团的形成使得大清与美结盟的愿望彻底破灭。相应的，美国政府开始越来越多地顺应美国财团的意志。1910 年 10 月 31 日，美国国务卿诺克斯致函英法日俄等国，希望美国与中国订立的币制实业借款之事得到各国的支持。诺克斯在信函中说，美国财

---

① 刘冬梅：《1905—1911 年清政府的联美制日政策》，博士学位论文，吉林大学，2006 年，113 页。

团打算把借款的一部分放在欧洲金融市场出售，因此，美国政府会派出财团代表与各国财团进行磋商、谈判。美国政府提出希望各国财团在币制改革与东三省实业借款上达成协定，又援引 1909 年 7 月 6 日英法德在伦敦订立的三国银团协定中的第五条与第六条规定，即如果某成员承担了一项其他成员不能参加谈判和签字的业务，它可以单独谈判和签约，但在贷款协定中必须对其他成员可以参加债券的发行予以说明。

美国希望借此使英法德三国财团各买一部分债券，但不参与到与中国的谈判和借款合同的签字中来，因为之前中方与美国有约定，只会与美国签订合同。接到信函后，四国财团的代表原计划在 1910 年 11 月 2 日签订四国银团协定，但遭到法德两国的反对。法德政府认为，只有使共同参加的业务也能纳入谈判并一起签字时，他们才同意达成一项四国协定。英国和美国的财团反对法德的这一要求，认为此举违背了他们让美国加入三国协定的诺言。

在 1910 年 11 月 8 日四国财团协商会议上，英美两国还是同意了法德两国提出的意见并达成了正式协定，两天后，四国协定正式签字。协定指出，今后英法美德四国共同经营并共享在华投资的权益和机会，而且，由于之前美国与清国达成的协定，三国保留美国财团在币制借款与锦瑷铁路借款上的独立地位。

美国与三国财团达成协定后便向三国承诺，将设法说服清廷，使其同意欧洲三国参加币制改革借款的谈判与签字，这样便宣告了四国财团的正式成立。

四国财团的成立标志着美国外交政策的转变，这对致力于"满洲开发计划"的司戴德来说是一个打击。他一直寄希望于同日本争夺更多东三省利权来促动美国在东三省的事实存在，所以，当他在四国财团成立后以美国财团代言人的身份再一次来到中国之时，其内心是矛盾的。四国财团的成立，于大清来说，实在是坏得不能再坏的消息。清廷上下本希望让利给美国人，使其与中国结盟，达到美国支持中国改革、共抗日俄的目的，但是，美国背着大清与英法德形成了四国财团，这不仅违背了大清的初衷，而且将使大清在外交上更加被动，因为大清最害怕的就是列强的合作，共同蚕食中国利权。

1910年11月27日，当司戴德以美国财团代表的身份来到中国之时，他发现自己已经不再是那个受大清官员欢迎的人物。他当然明白中国人的心情，中国人正在为四国财团的合作打破了以夷制夷的老计谋而恨得牙痒痒。

纵然大清上下对美国政府出尔反尔的举动非常不满，但问题还是要面对的。待司戴德一到中国，清廷便派度支部尚书载泽、邮传部右侍郎以及大清银行副总裁陈锦涛，围绕着英法德三国参与借款行动以及任命美国顾问这两个问题展开了磋商。

会谈中，载泽、盛宣怀对英法德美四国共同参与币制改革和实业借款表示坚决反对。盛宣怀说，中国同意美方在欧洲出售一部分债券，但大部分须在美国发行，如果75%的债券给了欧洲，那么中国还能指望从美国政府那里得到什么额外的支持呢？他指责美国财团破坏了中国的意图，出卖了中国。

尽管四国财团遭到大清的反对，但此后发生的日俄侵略活动让司戴德找到了迫使清廷就范的机会。1911年1月12日，俄国驻华公使廓索维兹照会清廷，说中俄《伊犁条约》已经到期，要求重新续订，并列举了35条要求，目的是在东北、蒙古、新疆扩张利益。俄国为迫使清廷让步，开始派出大批军队在边境集结。还有一个问题，当时的东北鼠疫流行，人心惶惶。日俄两国以稳定形势为名，各自在南满和北满增加军兵和警察，美其名曰稳定地方局势。

司戴德了解到日俄加速侵略中国东北的新形势后，果断利用这一机会向载泽和盛宣怀说，现在东北形势岌岌可危，日本与俄国都在找借口试图吞并中国，如果要得到美国帮助，通过湖广铁路和币制改革借款是关键，如果中国不同意币制改革的国际参与性质，不批准任命外国顾问为借款监督人，使美国资本在东三省事实存在，那么，美国就不好名正言顺地帮助中国。司戴德还带有恫吓性质地说，如果中国在这个问题上犹豫、拖延，等到日俄吞并了东北，那时候，整个中国都将陷入动荡之中，到那时，外国也不会冒险借款给中国了。

在司戴德的恫吓之下，载泽、盛宣怀只好告诉司戴德说，中国同意英法德三国加入币制改革借款计划中来。1911 年 2 月 10 日，司戴德与中方代表载泽、盛宣怀又进行了一次会谈，双方就任命财政顾问问题达成了四点共识：第一，清政府致函美国公使馆，请求美国政府推荐一名外国财政顾问，他的职能将在信中提及；第二，美方在复信中表示同意中国的请求；第三，在贷款协定中不提及任命顾问一事，但必须以类似于湖广铁路贷款协定中有关规定的方式，任命一名或几名审计员，以便对贷款的使用进行适当的控制；第四，当盛宣怀实质上同意了条件时，司戴德即邀请英法德财团代表考虑这些条件，并共同参加贷款协定的签字。

历史有时候就是那么具有讽刺意味，从这四点办法可见，清廷在外国恫吓之下是多么能妥协。清廷本来希望借助美国的力量来达到"以夷制夷"的目的，美国总统塔夫脱也曾经信誓旦旦地说，美国会提供帮助，如果各列强有不利于中国的举动，美国会设法阻挡，可是在涉及美国利益的时候，美国方面却一改前态，恫吓中国做出让步，要求清廷同意借款合同由美国与他国共同参与，强迫清廷承认美国与列强的联合。这样的局面，不仅使清廷无法拯救东北，反而被列强套上了联合侵略的枷锁，以夷制夷不成，反被列强戴上了金箍。

中美双方在币制改革与实业借款问题上几经磋商，于 1911 年 4 月 15 日签订了《整顿币制及兴办实业借款合同》。该合同规定，借款总数一千万英镑，利息 5 厘，九五折，45 年期限，以东三省烟酒税、出产税、销场税、各省盐斤加价收入作为担保，清政府保证给予四国银行团今后借款的优先权。[①]

一个月后，清廷又与四国财团签订了增额 600 万英镑的《湖广铁路借款合同》。合同规定，如清政府今后要为币制改革和东三省实业续借外债，必须先与四国银团接洽，这一条款"为日后扩大参加满洲铁路建设确立了

---

① U.S. Department of State：Papers Relating to the Foreign Relations of the United States，1912，p.89–90.

一个优先的地位"[①]。

令人悲哀的是，清廷在币制改革与东三省实业借款中的巨大让步，并没有换来四国财团与大清共结同心的结果。1911年3月，俄国就续订《伊犁条约》问题向清廷下了最后通牒。面对俄国的咄咄逼人，英法美德非但没有做出任何有利于大清的事情，反而利用此事不断向清廷施压，要求清廷接受他们提出的要求。

1911年，梁敦彦的家中，受邀来华访问的巴特拉的两个女儿。当年，梁敦彦、蔡绍基、吴仰曾等赴美交涉期间都曾住在巴特拉家中

此时，梁敦彦在美国的外交活动也宣告失败，塔夫脱与诺克斯拒绝中德美联盟，拒绝与德国一起发表维护中国领土完整和主权的宣言，表示对结盟之事没有兴趣。清廷的妥协和退让换来的却是列强的联合压制，这无疑使大清在外交上更加被动。内政上，要求清廷宪政改革的声音也严重削弱了清廷的统治地位，随着铁路干线国有化政策的宣布和保路运动的兴起，清廷的覆亡只剩压死骆驼的最后一根稻草了。

不管是币制改革借款还是东三省实业借款，作为控制南满和北满的日俄都把这视为对他们在东北既得利益的挑战，因而，日俄两国对这两项借款计划很是不满。1911年5月，日俄两国先后在圣彼得堡和东京就四国财团与清廷签订的《整顿币制及兴办实业借款合同》进行了两次会谈，明确表示对币制改革和东三省实业借款中第十六条所规定的四国财团优先权表

① 孙瑞芹译：《德国外交文件有关中国交涉史料选译》第三卷，第183页。

示反对。

一个月后，日俄两国向法国递交备忘录，指出，借款合同为四国在满洲所造成的优先地位是不能接受的，希望法国"在取消该合同的上述条款之前，拒绝支持美、英、德、法四国银行团的对华贷款"①。随后，日俄也向英、美、德三国表示了同样的态度。英日、俄法毕竟是政治同盟关系，所以英法两国与美国在东北问题上所采取的立场不同，表现得相当谨慎，英国政府立即与美德法三国财团进行了协商。四国财团决定向日俄发出一个解释性说明，即四国财团与中国签订的借款合同不会造成日俄所担忧的那种垄断，"倘若各财团对此种垄断有任何要求，亦不会得到本国政府的支持"②。

但是，日俄对这样的说法都不能接受，表示日俄也应加入借款行动中，俄国甚至还要求建立一个"政治利益和经济利益俱分配得较为平均的"新银行团，由俄、法、日或俄、法、英组成，与四国银行团平分秋色，"将长城以北的地区留给自己，将中国内地让给四国银行团"③。

对于这个要求，美国表示反对，但作为俄国盟友的法国表示支持。这样，日俄法联合向美国施加压力。面对压力，美国求助于英国。英国则建议说，各方应联合起来迫使中国起草一个拟在东北开办实业的详细计划，这个计划应列出用于借款的实业项目、企业以及所需的费用，这样方便财团投入以及将来增加款项时各国在实业借款中的优先权平衡，并能预防可能发生的争执。

对英国的建议，美国、德国表示同意。这样四国财团在借款合同第十六条款的问题上做了让步。

当然，四国同意向日俄妥协，也是有条件的。英日俄各自有着同盟关系，况且他们在东三省的利益是相一致的，也证实他们的相同立场使清廷与美国提出的锦瑷铁路计划及满洲铁路中立化方案宣告破产。

---

① 《日本外交文书》第 690 号文书，第 44 卷第 2 册。

② 《日本外交文书》第 713 号文书，第 44 卷第 2 册。

③ 苏联外交部：《帝国主义朝代的国际关系》第 2 编，第 18 卷，第 91 号文件，莫斯科 1938 年版。

但是，于美国而言，此时，向日俄妥协是有着外交和经济上的考虑的，自新法铁路、锦瑷铁路、满洲铁路中立化失败后，美国意识到与日俄的外交对抗是不现实的，并不能有效地促动美国资本进入东北；在经济方面，美国感觉靠自身的经济力量无法实现对中国的控制，美国既然要借助英法德财团的力量，在借款计划上肯定就无法坚持己见，况且，美国的妥协还有一层用意，就是通过向日俄的让步来换取美国在东三省利益的均衡。

基于此，四国经过磋商达成了三点共识：第一，四国财团不利用借款合同阻碍日俄向东三省提供借款，不把借款计划扩大到"满洲"；第二，日俄可以不经四国财团而与中国直接接洽借款事宜；第三，四国财团同意接纳日俄两国财团参与到借款事务中来。

四国财团的共识等于为日俄加入财团敞开了大门，宣告了六国财团的形成。此后，由于辛亥革命的爆发，大清王朝在覆亡那一刻也没有实现"以夷制夷"的梦想。

六国财团的组成，意味着日俄在东三省的"特权"得到各国的承认，但美国设想的通过承认日俄既得利益换取美国在币制改革和东三省实业借款中的均衡计划并没有得逞。

日俄自加入财团后，利用各自与英法的同盟关系，处处阻挠美国试图在六国财团发挥主导权的努力，使得美国在财团的优势也逐渐丧失。1912年7月8日，旨在瓜分"满蒙"的第三次日俄密约签订，该密约虽然在形式上进一步明确了两国在东三省的势力范围，实际上是在向财团宣示，两国的特权高于财团，这使美国政府相当不满。1913年3月18日，取代塔夫脱成为美国新一任总统的伍·威尔逊发表《美国对华政策声明》说，美国政府不再支持美国银行留在六国财团内，不再支持财团对华借款事宜。随后，美国财团正式退出六国财团。

从这个动向看，美国政府所炮制的"门户开放"政策及后来的"金元外交"政策是失败的，但对于一个投机者而言，他损失的只是博弈中的形象和地位，除此之外，美国没有任何损失。在这场事关中国利权的大博弈中，损失和被出卖的只有中国。

Chapter 6

第六章

辛亥革命与宣统逊位

一、辛亥革命就这样爆发了

在列强各国不断觊觎中国利权的同时，中国国内爆发的革命运动以及列强借助这些革命力量对清廷所产生的影响，使清廷头疼不已。

晚清中国的革命运动是因应国人的图强呼声而兴起的。中日甲午战争之后，中国有识之士要求变革的呼声成为一种潮流。1898 年，维新派在光绪皇帝的支持下，发动维新变法，但这场变法太过激进，触怒了朝廷中的既得利益者，引起了以慈禧太后为首的保守派的不满，结果变法失败。

维新变法失败后，正欲按照自己的意愿整顿朝纲的大清朝接连发生了极其不幸的事件。先是义和团运动爆发，一帮顽固派昧于大势，极力怂恿慈禧利用义和团"排外"，酿成庚子国难。慈禧携光绪仓皇西狩，一路困顿风尘，颜面丢尽。痛定思痛，慈禧一面惩治坏事的顽固派官僚，一面急切地表达自己在更大规模上进行改革的决心。

慈禧太后推动的新政在政治上借鉴了维新派裁汰冗员的思路，设立外务部、商务部、学部、巡警部、邮船部等新的政府职能部门，意在变革传统的六部体制；在经济上，在维新派提出奖励工商、发展实业的基础上，制定了《商人通例》《公司律》《破产律》《商会简明章程》等多种经济法律，为工商业的发展提供了保障；在军事上，采用维新派整顿团练、改革八旗兵的主张，提出编练新军，建设现代化军队的新目标；在文化教育上，维新派提出改革科举制度、设立新式学堂、鼓励留学的主张，但慈禧太后主持下的新政，在袁世凯、张之洞的积极推动下，废除了延续几千年的科举制度，使新式教育和国外留学成为潮流。

西方报纸上
的慈禧太后画像

但是，慈禧太后推行的新政是时势使然，是一种不得已之举，并不是真正地想对封建宗法制度进行变革，虽然碍于国内外环境的变化，她不得不回到改革的轨道上来，但她推动的新政在触及王朝利益问题上能拖就拖。

1904 年，日俄战争爆发，弹丸小国日本战胜了专制帝国沙俄。这个新动向使得国内外的舆论认为，这是君主立宪国（指日本）战胜专制帝国的铁证。由此，朝野上下很多人士开始认为中国的出路在于君主立宪。在强大的社会呼声中，慈禧太后不得不把新政归于宪政改革一途。

让立宪声音进入朝廷并最终影响朝廷的人物是状元出身的著名商绅张謇。张謇此人不喜为官，热衷于创办教育和开办实业。他 1894 年高中状元，但并没有应朝廷的要求入朝为官，而是返回南通老家创办教育，开办实业。可喜的是，他在这些方面颇有建树。

1903 年，日本举办博览会。一位日本友人邀请他前往参加，张謇接受了要求，在日本居留了两个多月，趁机考察了日本的政治、社会、教育等各个方面。这次日本之行，使他的人生坐标也发生了很大变化，在致力于实业和教育的同时，他也积极呼吁朝廷实行宪政，并成为江南立宪派的首领。

1904 年 3 月 24 日，出使法国的孙宝琦也奏请朝廷立宪："欲求所以除壅蔽，则各国之立宪政体洵可效法""应仿英、德、日之制，定为立宪政体之国。"[1]

但是，清廷的立宪不过是雷声大、雨点小的骗人把戏。1907年清廷通过直接任命各省的司法、警察、农工商局长来限制总督和巡抚的权力，更令民众失望的是，清廷任命了各省的财政局长，把财政大权都收归中央，并把袁世凯控制的北洋六镇中的四镇也交由满人统辖。

1907年8月，清廷把当时最有权势的两名汉族官员调任军机处担任军机大臣，名义上张之洞、袁世凯是得到了升迁，但实际权力都操控在满人手里。此举使得清廷的假立宪昭然若揭。

1910年 第三次请求速开国会的代表合影

清廷假立宪实则将权力收归满人的做法，引起了朝野中汉族官僚、士大夫的普遍不满，要求迅速召开国会、制定宪法的呼声日益高涨。当时的革命党更是嘲笑清廷的假立宪实际上是真弄权。就连深受革命党排斥的政闻社也发动民众反对清廷的假立宪，该社的一些成员秘密返回国内，串联社会贤达、学生以及海外团体，呼吁早日成立议会，早日颁布宪法。

清廷的假立宪给革命党人发动革命、推翻清王朝的专制统治提供了契机。本来，清廷与革命党就是水火不容的。清廷宣扬的所谓新政改革就有应对革命党日益活跃的排满活动的目的，希望通过所谓的新政改革、立宪

---

[1] 侯宜杰：《二十世纪初中国政治改革风潮》，人民出版社1993年版，第49页。

来平息革命党的革命活动。但是，当清廷假立宪愚弄民众的外衣被撕开后，革命党人反抗清廷的行动就变得更加活跃。

在星火燎原的革命形势中，立宪派发现清廷假立宪真弄权的现实后，也感到要促动朝廷立宪，必须发动民众的力量，推动立宪。清廷自 1908 年 9 月颁布《钦定宪法大纲》，宣布预备立宪以九年为限。光绪皇帝和慈禧太后去世后，清政府迫于压力，于 1909 年 10 月成立了资政院。资政院成立后，社会上和一些进步官僚要求速开国会的呼声十分高涨。为此，立宪派张謇等人还发起了三次声势浩大的请愿活动，呼吁清政府缩短立宪期限，早开国会，组织责任内阁。请愿的规模一次比一次大，参与人数也一次比一次多，请愿书的内容也越来越能体现民意。在第三次请愿中，立宪派提出了不开国会不纳税、各省咨议局不承认新租税、资政院民选议员不承认新租税等内容。当时，湖南籍议员罗杰说："现在国民之断指、割臂、剌股者相继，皆表示国民以死请愿之决心。""不速开国会、互选资政院议员不能承诺新租税。"他呼吁资政院全部议员应赞成通过速开国会案，总裁应从速上奏，摄政王应即允速开。在罗杰的鼓动之下，参加会议的议员纷纷鼓掌表示响应，甚至有议员在会议上跳起来高呼："大清帝国万岁！大清帝国皇帝陛下万岁！大清帝国立宪政体万岁！"当时，议员许鼎霖表示："今日因为速开国会一事全体赞成，无一反对者，真可为中国前途贺。"[1]

1910 年 10 月 26 日，全体议员通过了要求朝廷速开国会的决议。这个决议给清政府造成了一定的压力，迫使其于 1910 年 11 月颁布缩改开设议院期限的上谕，决定将九年预备立宪提前三年，定于 1913 年召开国会。但同时清廷也发布谕令不准再请愿，否则按法惩办，并令民政部和各省督抚晓谕请愿代表即日解散。清廷虽然同意提前召开国会，但东三省和直隶地区一直是日俄利益扩张的前哨，这些地区人民的民族危亡感十分迫切，仍然继续请愿，要求进一步缩短召开国会的期限。当时，被全国学界同志会

---

[1] 《资政院第一次常年会第九号议场速记录》，宣统二年九月二十日，北京，1910。

推举为会长的温世霖和咨议局议长阎凤阁等带领各校学生 3800 余人，打着各色旗帜，高举着"立宪救国""速开国会"等标语，呼喊着"誓死请愿"等口号在天津请愿，引起了清政府的恐慌。因而，朝廷指示奉、直两省总督侦查请愿领导人，"稍有可疑，即行密拿请惩"。[①]1911 年 1 月 7 日晚，直隶总督陈夔龙下令将温世霖逮捕，并给朝廷发密电，诬告温世霖，擅自结会，煽动百姓，图谋不轨，朝廷根据这个密电，将温世霖治罪，发配新疆。

温世霖

温世霖的被捕，使立宪派们对清廷大感失望。他们中的一些人开始转而支持革命，声称如果朝廷再不接受立宪的请求，那么，立宪派就将支持革命。

在这种压力下，摄政王载沣于 1911 年 5 月 8 日发布上谕，决定成立内阁，任命庆亲王奕劻为内阁总理大臣，那桐、徐世昌为协理大臣，梁敦彦为外务大臣，善耆为民政大臣，载泽为度支部大臣，唐景崇为学务大臣，荫昌为陆军大臣，载洵为海军大臣，绍昌为司法大臣，溥伦为农工商大臣，盛宣怀为邮传大臣，寿耆为理藩大臣。但是在这 13 名内阁成员中，竟有 9 人是满人，其中又有 7 人是皇族成员。

载沣组织的这个内阁被指责为皇族内阁，阁员们的权力分配和行使更

---

① 参见"要闻"，《大公报》1911 年 1 月 12 日。

体现了专制王权的意志。载沣在颁布的上谕中说："国务大臣辅弼皇帝担负责任，内阁总理大臣就所管事务，对于各省长官及各藩属长官，得发训示，监督指挥各省长官及各藩属长官，除国务大臣外，凡例应奏事人员，于国务有所陈奏者，由国务大臣代奏。"①

强调内阁对皇帝负责的皇权至上性，使这个上谕完全削去各省督抚直接上奏和入对的权力，使各省从属于内阁。这样的内阁自然又会遭到各省的反对。1911年7月4日，各省咨议局议长议员联名上奏，指出成立的皇族内阁不符合立宪公例，要求重组内阁。但是这一要求遭到清廷的反对，载沣发布上谕说："黜陟百司，系君上大权，载在先朝《钦定宪法大纲》，并注明议员不得干预。值兹预备立宪之时，凡我君民上下，何得稍出乎大纲范围之外。乃该议员等一再陈请，议论渐近嚣张，若不亟为申明，日久恐滋流弊。朝廷用人，审时度势，一秉大公。尔臣民等均当懔遵钦定宪法大纲，不得率行干请，以符合君主立宪之本旨。"②

载沣的谕旨使立宪派大为失望，他们知道要想在大清国实现立宪政治是不可能了。随着仅有的一点希望的破灭，立宪派中越来越多的人开始倾向革命。

在立宪派倾向革命之际，民众掀起的保路运动也成为辛亥革命的助推器。保路运动要从粤汉铁路说起。粤汉铁路本来是清廷与美国合兴公司签订合同计划修建的一条铁路线，但是由于合兴公司违背合同约定，擅自将铁路股权转让给比利时人，清廷在广大人民呼吁下决定收回自办。为此，清廷付出了不菲的赎还代价。

收回铁路路权自办需巨额资金，但清廷因为连年的战争和赔款，财政早已捉襟见肘，于是大清想到了借款商办的法子。在甲午战争之后，清廷已有借款筑路的先例。庚子国难后，清廷在1903年设立商务部，兼管铁

---

① 故宫博物院明清档案部编:《清末筹备立宪档案史料》上册，中华书局1979年版，第463、464页。

② 故宫博物院明清档案部编:《清末筹备立宪档案史料》上册，中华书局1979年版，第547页。

路。根据清廷颁布的《铁路简明章程》，提出"无论华、洋官商"，均可"禀请开办铁路"。铁路商办成为趋势，当时清廷也鼓励民间开办铁路事业。

1904年1月颁布的《商律》规定，凡民间申请商办铁路，必须以实业公司的组织形式办理登记手续，实行商业性的开发和经营。根据这一政策，民间对收回铁路、自办铁路的热情日益高涨，从政策颁布到辛亥革命爆发，全国约有十五个省成立了铁路公司。各省铁路公司与地方官方合作，筹资自办的主要有沪杭甬、潮汕、宁省、枣台、新宁、广三铁路及漳厦铁路嵩江段、南浔铁路九德段、粤汉铁路湘鄂段等。还有些已动工未修成的铁路，或已筹办未开工的铁路，如川汉铁路、洛潼铁路和同蒲铁路等。

大清的铁路商办大多采用的是官商合作和招股的形式，向社会募集资金，事实也证明这种向民间筹集资金的办法是可行的。但是，在1905年收回粤汉铁路路权后，清廷却以借款为名将铁路权收归国有，关键的问题是，在路权收归国有的同时却没有巨额资金来修筑铁路，清廷又无奈回归到借外债修筑铁路的老路上来，进而又是铁路利权再度沦丧，这自然引起民众的不满。

1909年，督办粤汉、川汉铁路大臣张之洞与英德法三国银行团签订了湖南、湖北境内粤汉铁路与湖北境内川汉铁路的借款草合同，打算借款550万英镑。依据合同，清廷须聘用英德两国技术人员为粤汉、川汉相应路段的总工程师。将铁路利权让与三国，随后，美国看到铁路利权带来的好处，也加入进来，形成了四国财团。四国财团共谋铁路利权，垄断粤汉、川汉铁路借款，并要求清廷尽早签订正式借款合同。

但是，向外借款有悖于原先的商办铁路政策。于是，清廷抛出了铁路干线国有政策。1911年5月9日，清廷为此颁布上谕：

> 国家必得有纵横四境诸大干路，方足以资行政而握中央之枢纽。从前规画未善，并无一定办法，以致全国路政错乱纷歧，不分枝干，不量民力，一纸呈请，辄行批准商办。乃数年以来，粤则收股及半，造路无多；川则倒账甚巨，参追无著；湘、鄂则开局多年，徒资坐耗。

竭万民之膏脂，或以虚糜，或以侵蚀。恐旷时愈久，民累愈深，上下交受其害，贻误何堪设想！用特明白晓谕，昭示天下，干路均归国有，定为政策。所有宣统三年以前各省分设公司集股商办之干路，延误已久，应即由国家收回，赶紧兴筑，除支路仍准商民量力酌行外，其从前批准干路各案，一律取消。[①]

这一政策颁布后，清廷很快与四国财团签订了《湖广铁路借款合同》，向四国财团借款 600 万英镑，年利率 5%，分 40 年还清，用湖南、湖北两省的厘金、盐税做担保，聘用外籍总工程师负责承建。

清廷忽视民众利益，将铁路国有化却以出让路权的方式来获取外债。这一举动立即引起了民众的反弹，一场震动全国并给清廷带来灭顶之灾的保路运动由此爆发。

四川、广东、湖南、湖北对清廷的铁路国有化政策及出让路权的借款方式极为不满，纷纷表达抗议，提出这是一种以官压商、以外资压内资的做法。四川省咨议局议长蒲殿俊发起组建的"保路同志会"动员各省咨议局主持公议，要求清廷罢免提议铁路国有化的元凶盛宣怀，指责盛宣怀提出的"铁路国有"实际上是一种卖国行为，是在行讨好外国人出卖路权之实。

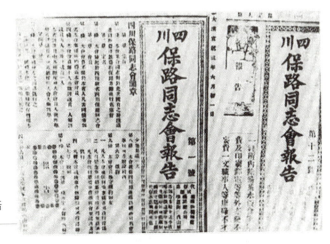

保路同志会报告

---

① 宓汝成：《中国近代铁路史资料》（第三册），中华书局 1963 年版，第 1326 页。

但是，铁路国有得到了摄政王载沣的支持，因而对于民众的抗议，清廷不为所动，继续顽固地实施所谓的"铁路国有"计划。这种顽固的态度进一步刺激了四省人民，1911 年 8 月 24 日，四川省万余名抗议人士在省会成都集会，以抗税罢学、罢市的方式要求朝廷收回"铁路国有"政策，放弃借款合同。但是，四川新任总督赵尔丰却悍然下令逮捕士绅代表，导致民众与军队爆发冲突，32 人被殴致死。

赵尔丰 1911 年 4 月调署四川总督，镇压保路运动，屠杀请愿民众，辛亥革命后被革命党处死

这一事件使得政府与民众的矛盾进一步激化。民众发起的保路运动最初只是想让朝廷让步，但最终演变到难以控制的地步。保路同志会利用创办的报纸把保路运动与立宪革命结合起来，希望清廷听取民众意愿并回到宪政改革的轨道上来，同时也发布了《保路同志会公启》，要求民众不要制造暴乱，保路的目的就是希望"铁路准归商办"，将政治改革措施公之于众。但是，清廷拒绝了这些要求。

1911 年 9 月 7 日，四川总督赵尔丰指责保路同志会借保路之名谋划独立运动，并逮捕蒲殿俊和九名保路会成员。这一行径使得矛盾更为激化，四川民众立即发起了示威游行，四川有些地方甚至宣告脱离清朝政府而独立，还有一些县市宣布成立革命政府。民众的抗议行动引起了清廷的极大震动，摄政王载沣急忙调令湖北军队前往四川，命令端方为总指挥负责弹压。但是，端方在资州毙命。在保路同志会的抗议行动中，革命党人也趁机参与其中，煽动民众达十万之众，很快便打垮了政府军，这一形势促进了革命运动的爆发。

我们知道，立宪派希望借保路运动使清廷能够真正回归到改革图存的轨道上来，保路同志会也是想维护立宪政治，保护国家的权益不受列强的侵犯。政府保路同志会在发布的宣言中表示："朝廷'举债目的，无论其如何妥洽也；借约条款，无论其如何美善也；干路国有，无论其如何无弊也；商民资本，无论其如何毫无损失也；即——美满妥洽，国人亦必死拒，不拒则可永不再言立宪，不言国会，不再开咨议局、资政院'。"①

清廷的倒行逆施使事件向更为激进的方向发展了。革命党人成功利用这一运动，使保路运动演变成武装起义，这是立宪派们不愿意看到的，但形势无可逆转，1911 年 10 月 10 日，武昌起义一声枪响宣告了辛亥革命的爆发，也敲响了清王朝的丧钟。

武昌起义后的湖北军政府

二、列强要搞"协约式联盟"

1911 年，在近代中国这个极为动荡、混乱的年份，辅佐宣统皇帝的摄

---

① 戴执礼：《四川保路运动史料》，科学出版社 1959 年版，第 184 页。

政王载沣体味着内乱带来的巨大隐忧，更体味着来自列强的压力。在立宪派的多次请愿呼声中，虽然摄政王迫不得已答应了立宪派按照西方模式重新立宪的请求，并在这年 5 月组成了"皇族内阁"，但这个体现清廷中央集权意志的改革措施带来的只能是民众对清廷的更加不满和失望。

当时，日、俄、美、英、法、德等在中国拥有巨大特权利益的侵略者都在以极大的"热情"关注着中国的宪政改革，关注着中国革命运动的爆发。

对于清廷的宪政改革，侵占中国东北的日本与俄国最为担忧。它们随时关注着中国立宪派们发起的一次比一次激烈、凶猛的请愿活动，很担心清廷被颠覆的日俄两国试图联合起来，建立一种协约式联盟关系，目的是在中国局势发生重大变化之时，它们能联合起来采取应对措施。日俄的愿望实际上也是其他列强的愿望，英法德美四国也对中国正在发生的局势感到担忧。

日本方面的担忧是多方面的，不仅担心革命党颠覆清廷统治地位，而且担心立宪改革引发清廷与西方各国的矛盾，从而影响自身的利益。日本首相桂太郎和已经升任日本外务大臣的小村寿太郎认为，在中国实行议会政治的时机尚不成熟。清廷的软弱，摄政王载沣年轻、缺乏执政经验，清廷的官员"无知、自私、专搞阴谋党争，而人民对于议会既不懂也毫无准备"，这样的情形"很可能造成严重混乱因而同外国发生纠葛"①。

与此同时，日本方面对英法德美四国财团与清廷签订的《币制改革借款合同》及《湖广铁路借款合同》也是相当担忧，担忧四国借此侵犯日本在东三省的特权和利益。因而，对于四国财团与清廷就借款合同的谈判过程，日本可谓全程关注。小村寿太郎在给日本首相的报告中说，清廷举借外债的政策不仅会在其国内"惹起不满和骚乱，甚至于国际纠纷和干涉"。

---

① ［美］李约翰著，孙瑞芹、陈泽宪译：《清帝逊位与列强（1908—1912）》，江苏教育出版社 2006 年版，第 301 页。

报告中所说的国际纠纷当然是指各国在中国经济利益方面的竞夺。针对这种情况，小村寿太郎在报告中建议，日本政府应在四国财团与清廷达成合作的当下加强同英国与清廷的合作。小村寿太郎在报告中说，由于"中国内部各种分子的捣乱，可能会产生极其严重的事件，因此最好令驻北京的英国和日本公使至少要彼此保持密切联系"。中国的局势决定着英日两国应该加强并修订英日两国的同盟关系。

　　作为《币制改革借款合同》与《湖广铁路借款合同》的直接参与者，英美两国对中国国内局势更为关注。在这两个合同签订之前，英美很担心革命形势造成清朝政府的覆亡，而新政权对西方采取什么态度就是一个未知数。

　　1911年4月27日在广州发生的黄花岗起义，被外界解读为中国民众反抗清廷"铁路国有"和举借外债之举的抗议活动。这一事件也使得摄政王载沣在借款问题上变得优柔寡断。英国方面尤其关注黄花岗起义事件的进展。当时，英方在译述这一事件时说，这些事件虽然不能断定为排外性质，但是却有着因外国借款而引发的因素，是一次反清行动，这一事件对清廷的责难大于"他们使中国在外人手中遭到屈辱"。

黄花岗起义爆发时，孙中山在美国筹募革命经费，与革命党同志合影

　　黄花岗起义虽然失败了，但四国财团对借款问题的担忧却是存在的。1911年4月30日，在中国与四国财团的借款讨论会上，英美两国向清廷

谈判代表盛宣怀表示，在湖广铁路借款合同批准以前，将不能履行从币制改革借款中先垫付一笔现款的承诺。美国国务卿诺克斯在会上还说，对于日本要求参加中国东北币制借款的要求，中国不能做出承诺，应该由四国财团来决定。

英美的要求让盛宣怀非常为难：一方面，他要承受日本的压力，日本方面并不希望四国达成协议；另一方面，来自国内各界的反对之声声势相当之大。但是，盛宣怀还是不顾各方反对，于5月20日与四国签订了《湖广铁路借款合同》并得到摄政王载沣的批准。这个举动使国内的矛盾更加白热化，保路运动风生水起，阻挠两个合同的计划施行。

美国驻华公使嘉乐恒比任何时候都关注中国的局势。6月5日，他在给美国国务院的报告中直言，清朝的铁路国有政策已经引起中国民众的不满和抗议，激怒了国内的激进分子，"形势极易转变为危机"，需要审慎观察。除了嘉乐恒外，美国驻华代办卫理也对中国局势感到担忧。铁路国有引发的四川保路运动已经演变为武装反清斗争，卫理很担心这种斗争会波及在华美国人的安全。因而，他不断地报告当时的形势：成都与重庆的通信线路已被反抗者切断，中国人反抗外国人修筑铁路的行动正在升级，基于在成都美国人的安全考虑，建议将美国公民撤往重庆。

辛亥革命后，各国以保护其公民和租界为由，大量增兵中国，图为外国军队经过上海南京路之景况

9月28日，卫理在向美国国务院具体汇报四川保路运动的前后经过后，认为事态可以通过满足地方铁路公司的要求而获得解决，称"情况可能会是，双方的领导通过讨价还价，通过完全支付老公司持股人获得和平解决，

也就是说支付 1100 万两，包括橡胶风潮中的损失"①。

　　无疑，卫理对中国局势的观望态度是矛盾的。但是，美国亚洲舰队司令默多克却对中国局势充满乐观，他在 9 月 25 日写给海军部的关于扬子江流域形势的报告中，乐观地认为清政府能平息保路运动，危险在于解决长江流域因水灾造成的饥馑问题，指出：铁路问题和迫在眉睫的饥馑两者正在威胁内地的和平。如果政府能有效地解决这两个问题，和平就会得以维持。②

　　因为保路运动与借款合同引发的危机将极大地影响清廷与各国的关系，所以各国都很希望清政府能有力地镇压四川发生的骚乱，平息革命党人的革命行动，但各国又对清廷是否有这个能力表示怀疑。当时的大清，矛盾重重，可谓积重难返，严重的饥荒让无数个家庭流离失所，随时都有可能引发新的风潮。当时的华中、华南之地到处充斥着反对清廷的情绪，任何风吹草动都可能引爆更大的革命起义，各国都很担心因此而引发像义和团运动那样的排外事件。因此，各国都很希望清廷能稳定局势，那样，外国人在中国至少是安全的。

　　总而言之，辛亥革命爆发前夕，列强是站在施加压力但不干涉中国内政的原则上处理与清廷的外交关系的，但令各国失望的是，清廷没能控制住局势，国内的民族矛盾就像火种一样终于引爆了辛亥革命。

　　辛亥革命的爆发让摄政王载沣惊慌失措，面对风起云涌的革命起义浪潮，他如热锅上的蚂蚁，没了主意，乱了方寸。

三、袁世凯出山

　　1911 年 10 月 10 日，武昌起义爆发，不到一天的时间，武汉三镇便被

---

①②　崔志海：《美国政府与清政府的覆灭》，《史林》2006 年第 6 期。

起义军所控制，武昌首义获得成功。接下来，组建新的革命政权迫在眉睫，这关系到革命势力的维系和巩固，关系到新生的革命政权向何处去的问题。发动起义之前，起义者就设想，起义一旦成功，即组建军政府，任命都督来担任军政府的首脑，继续领导革命，向推翻清王朝的目标迈进。

辛亥革命爆发之后，通往北京外国使馆区的道路（东交民巷）西口已被沙袋堵上，外国士兵在房顶上严阵以待

　　基于这样的设想，在起义的第二天武昌城内的战斗基本结束的时候，革命党人便来到阅马场咨议局开会，讨论建立军政府、推选军政府都督的人选等问题。军政府首脑一定要是有相当的声望和感召力的人物，这关系到起义军的生死存亡问题。但是，武昌起义事发突然，革命党领袖孙中山、黄兴、宋教仁都不知情，孙中山远在国外，黄兴、宋教仁也远在外地，不可能亲临一线指挥。军不可一日无帅，况且武昌起义只是革命的开始，起义军武昌首义后面临的问题是复杂的，既要成立军政府，又要通电全国，还要制订下一步的作战方案，更要安抚武昌百姓。然而，率领新军起义的吴兆麟、熊秉坤等人当时都是下级军官，指挥一支队伍还可以，但要成为军政府的领导人显然难以服众，怎么办呢？吴兆麟等人想到了自己的老上级——二十一协统领黎元洪。黎元洪本是清朝的官僚，为什么吴兆麟会推举黎元洪作为武昌军政府的大都督呢？在革命党人看来，黎元洪虽是清朝官员，但对革命党采取的政策并不极端，他在革命党中的名声还好，也有一定的声望，很多革命党人都曾经是他的部下。

更重要的是，黎元洪此人忠厚老实，思想简单，推举他做军政府的首任大都督，虽说不是完全合适，但以他在清朝官场上的军衔，应该说也是能服众之人，想必起义军官兵也不会有太多怨言。况且，在既往与革命党的交集中，黎元洪向来主张对革命党施以怀柔，"大事化小，小事化了"是他的行事准则。黎元洪在治军方面也较为开通，不是那种居高临下的人。再者，他也乐于接触那些思想新锐的知识分子。种种迹象都表明，黎元洪是容易被各方接受的人。

　　当然，革命党人推举黎元洪为军政府大都督是有长远打算的。本来，在武汉光复之时，革命党人张振武是提议杀掉黎元洪的，但这一提议遭到了起义军吴兆麟的反对。吴兆麟是黎元洪的学生，又是清军驻守武汉军械局的一名队官，他认为在革命军首义成功、群龙无首的情况下，推举黎元洪为首任军政府大都督才是上策。

　　当时，吴兆麟推举黎元洪不仅仅是出于师生之谊，重要的还是革命形势所迫。让黎元洪出任军政府大都督，他本人颇有些不情不愿，当革命党到他府上时，来不及逃跑的黎元洪慌忙躲到了小老婆的床底下，但他还是被革命党人拽了出来。革命党军官张耀武大骂黎元洪不识抬举，如果不肯就任就会被杀掉，以免影响革命成果，但吴兆麟坚持反对杀黎元洪，认为要吸引清军投附革命军，黎元洪的声望是可以利用的，如果清军中一些同情革命党的人听说革命军领袖是一位名不见经传的人，自然不肯附和声援。后来的事实证明，吴兆麟的这个决定是正确的，让黎元洪出任大都督对稳定武昌形势起了很大作用。

　　武昌起义爆发后，最为慌乱的就是摄政王载沣了。革命党人占据武昌后，随之武汉三镇光复，湖广总督瑞澂弃城逃走。当这个消息传到北京时，清廷举朝惶惶，惊恐万状。在迅雷闪电般的革命风暴的荡涤和冲击下，清王朝这条腐烂透顶的破船迅速下沉。

　　10月12日，清廷命令陆军大臣荫昌统率第一军火速南下，湖北军队及参援各军均归其节制调遣，并饬海军提督萨镇冰率领军舰，会同长江水师往援。荫昌接到任命后相当为难，虽然说他也是留过洋学过军事之人，但一直没有带兵打仗的实战经验，况且因为自己不是袁世凯的嫡系，所以北洋军并不会真正听命于他，在接到任务后，他却调不动一兵一卒。荫昌调动不了北洋军还有一个原因，当时，清朝最精锐的部队北洋军和禁卫军都正开赴直隶永平府准备参加"滦州秋操"（也就是阅兵），这可是露脸的活儿，不想去武昌打仗，吃力不讨好的，弄不好打了败仗，朝廷还要怪罪。因此，当荫昌打算调集北洋军的时候，竟有人向他提议，滦州距离湖北太远，不如从河南、江苏或安徽就近调集军队前往湖北镇压起义军。

荫昌指挥不动北洋军，而武昌首义成功之后，革命形势却日甚一日。在武昌宣布独立后，湖南、陕西、山西、江西等省相继宣布起义。10月29日发生的事件更使摄政王载沣和隆裕皇太后如坐针毡。这天，驻扎在滦州的北洋新军第二十镇统制张绍勇和第二混成协统蓝天蔚等联名通电，要求清廷改组皇族内阁，召开国会，实行宪政；与此同时，驻扎在石家庄的北洋军第六镇统制吴禄贞以革命党的身份秘密策划联合山西和滦州的军队，准备宣布起义，并扬言要进京将宣统皇帝赶下台。在此情况下，清廷中的贵族官僚、皇室成员纷纷携家眷迁避天津，隆裕太后和载沣惊惧交加，也准备携带小皇帝溥仪逃命热河承德。

局势动荡，列强很希望清廷找到一个能够稳定局势的人出来，便选中了袁世凯。洋人为什么会选中袁世凯呢？面对烽火云涌的革命形势，列强很害怕发生一场像义和团运动那样的排外事件。日俄为维护自身的在华利益，曾经试图出兵干涉，但遭到英美的反对，但面对革命形势，要维护自己的在华利益，洋人又不能无所动作，于是，英美等国一面把军舰开进长江水面监视革命党人，一面又积极地寻找亲西方的人来代替行将灭亡的清王朝。我们知道，袁世凯是亲西方的且训练有北洋军队，列强便把希望寄托在他身上。

辛亥革命爆发之
时，日军增兵汉口

　　与清廷签订了币制与实业借款合同的英法美德四国都很赞成袁世凯来
稳定局势。四国财团美国代表司戴德与法国代表贾思纳都认为："如果清朝
请一个强有力的人（如袁世凯）出来协助它，并同意一些宪法改革，则叛
乱将失去它的矛头而不久会被粉碎。""银行团要求能有一个像袁世凯那样
的人来保证政局的稳定。""袁世凯在训练新军方面做过许多工作，他看来
是制止叛乱浪潮、争回不忠诚的军队以及同起义首领中的某些人达成协议
的唯一人物。"①

　　在列强各国中，英国更认为袁世凯是稳定局势的不二人选，其驻华公
使朱尔典与袁世凯在朝鲜时就已相识，多年来二人也建立了良好的私人友
谊，因而他四处为袁世凯呼吁。朱尔典明白，在促动袁世凯出山的问题上，
他积极呼吁也符合英国的在华利益。因而，朱尔典积极活动，大造"非袁
世凯不可收拾"的舆论，还专门来到紫禁城拜见了摄政王载沣，带着命令
式的口吻说："不是让他做一个寻常的高级官吏，而是作为朝廷的顾问兼皇
权的执行者。"②

　　在列强纷纷要求袁世凯出山的同时，与袁世凯走得很近的庆亲王奕劻、

①　［美］李约翰：《清帝逊位与列强》，孙瑞芹等译，江苏教育出版社 2006 年版，第 271、
　　272 页。

②　崔志海：《美国政府与清政府的覆灭》，《史林》2006 年第 6 期。

协理大臣那桐、徐世昌等实力派大佬都积极促动袁世凯出山。这些情况都对袁世凯的复出产生着积极的影响。

对于袁世凯的复出，实际上清廷内部存在着严重对立的两种意见。在袁世凯被罢黜之时，庆亲王奕劻、那桐等人就反对罢黜袁世凯，即便是当时与袁世凯关系不睦的张之洞也认为国家动荡之际，罢黜大臣不合时宜。在袁世凯被罢黜后，他的同党更是积极活动，希望摄政王收回谕令，重新起用袁世凯。

1909年1月4日，摄政王的谕令刚刚发布之时，学部侍郎严修就上书摄政王，希望他收回成命，认为罢免袁世凯是朝廷一大损失。严修在袁世凯危难之际的积极奔走令袁世凯非常感动，他称赞严修"风义笃厚，要当于古贤中求之耳，敬佩！敬佩"。

庆亲王奕劻在与袁世凯的交往中收受了袁世凯不少的好处，因而，他从一开始就反对摄政王驱逐袁世凯，对摄政王罢黜袁世凯采取抵制的态度。在罢黜袁世凯的前一天（1月1日）就请假，并拒绝会见前来官邸拜访的各部官员，直至1月7日袁世凯离京后的第三天才回朝参政。此后，对于如何向各国驻华公使解释罢黜袁世凯的原因，奕劻坚决拒绝以足疾为由作答，载沣只好表示由那桐做这样的答复。

果然，1909年1月15日，美国驻华公使柔克义与英国驻华公使朱尔典就袁世凯被罢免之事，特意拜会庆亲王奕劻询问缘由。庆亲王只好以"不便回答"为由，拒做解释。但是，他对英美等国对清廷罢免袁世凯发出的抗议表示欢迎，承诺会向朝廷传达英美各国的态度。庆亲王奕劻还说，他本人十分清楚，袁世凯在指导外交方面和改革中的作用，他本人对朝廷做出罢免袁世凯的决定感到遗憾。奕劻还向柔克义、朱尔典表示，袁世凯还年轻，他有机会被朝廷重新起用。

虽然袁世凯本人被迫黯然离开京师，但是他的长子袁克定却继续留在北京，四处奔走为其父复出活动。袁克定一方面积极结交皇室权贵，包括载沣的两个兄弟载涛和载洵，希望他们影响摄政王改变态度，一方面向外国寻求帮助。1909年6月5日，袁克定亲往美国驻华公使馆拜会柔克义，希望在其父复出的问题上得到美国的帮助。

在复出的问题上，实际上袁世凯自己也在密切地关注局势的变化。袁世凯虽然口头上表示无意复出，但是在行动上又常常做出言不由衷的举动。他在给故旧和部下的书信中多次说自己没有复出的打算，说自己年岁大了，实在扛不起朝廷重任，早已没有复出的想法了，甚至还说，报道上传说的他希望复出的言论都是以讹传讹，不足为信。袁世凯表示自己无意复出，还不忘将自己的高风亮节展现一番，说自己虽然无意复出，但自己屡受皇恩，从来不敢忘记朝廷大事，"惟自忖羸疾之躯，断难更肩艰巨。诚以国计所关，不容再误，至一身罪谤，固所不虑也"①。但是，袁世凯偶尔也称赞部下所提有关他复出的建议"实获我心"。从这些情况看，袁世凯是言不由衷的，他在观望和等待局势赋予他契机。

1910年夏秋之间，日俄密谋第二次签订日俄密约，进一步蚕食中国东北主权，因之而带来的边疆危机使得朝廷很希望与外国结盟，于是开始酝酿发起第二次中美德结盟，与美国、德国结盟本来是袁世凯在被罢免之前提出的倡议。因而，当此之时，为推进这一外交活动，清廷起用袁世凯的问题也被迫提上日程。1910年8月17日，摄政王载沣连发上谕，命世续辞去军机大臣，吴郁生毋庸在军机大臣上学习行走，以毓朗、徐世昌为军机大臣，另任命唐绍仪署邮传部尚书，盛宣怀为邮传部右侍郎并帮办度支部币制改革事宜。众所周知，徐世昌和唐绍仪都是北洋派的核心人物。因此，一时之间，国内报纸纷传袁世凯即将复出的消息。

当时还有传言说，载沣之弟载涛亲自给袁世凯说情："开缺军机大臣袁项城，前在北洋锐意进取，现值整顿各项要政之际，置之闲散，未免可惜，曾商由枢府授意其公子袁参议电达乃翁，促其出山。"当时也有传言说袁世凯将重返军界出任"督练军政大臣"；甚至有传言说，袁世凯接到密诏正准备回京参加内政改革与外交的大讨论；也有传言说，在载涛和徐世昌的说服下，袁世凯有可能接替已经故去的鹿传霖的军机大臣的遗缺；诸如此

① 骆宝善、刘路生主编：《袁世凯全集》卷18，河南大学出版社2013年版，第438页。

种传言不一而足。

尽管有诸多的传言，但袁世凯还是迟迟未能复出，这实际上也是朝廷中的反对派和国外的抵制势力从中作梗造成的。在袁世凯回籍养病之后，他的政敌们并没有放过对他的排斥忌讳，特别是在野的梁启超、康有为等维新派可谓对袁世凯恨之入骨，因而，他们得知袁世凯被罢免后，曾致函民政部尚书、肃亲王善耆，希望他劝说摄政王载沣，加重对袁世凯的惩处力度，宣布袁世凯的罪状。康有为说，像袁世凯这样的朝秦暮楚之人，即便不明正典刑，最起码也应革职拿问，交直隶地方严加管束。康有为等人还在报纸上发表文章为摄政王载沣罢免袁世凯辩解、叫好，说摄政王罢免袁世凯既不是排汉，也不是排外，更不是反对立宪，而是为朝廷清除奸党佞臣。康有为还说，袁世凯此人嘴上喊着立宪，但并不是真的支持立宪，只不过是"欲藉宪政以自卫"罢了。

反对派们甚至批判袁世凯提出的中美德结盟是媚外主义，是在拿中国的利益来讨好外国人。维新派以及政敌虽然频频上书建议摄政王严惩袁世凯及其党羽，但是，为国内外形势所迫，摄政王又不得不在起用袁世凯的问题上小心应对。

在袁世凯复出的问题上，日本方面是极力反对的，并在不断地制造舆论。当摄政王载沣起用徐世昌、唐绍仪以及袁世凯有可能复出的传闻甚嚣尘上之时，日本舆论则发出一片担忧之声。《大阪朝日报》发表文章称，清朝军机大臣及邮传部尚书突然更迭，于日本政界来说，系应关注之事，清廷的这一人事任免"岂非由其间有一种政治的外交的阴谋以进退之耶"？指出徐、唐均属袁党分子，均为亲美派人物，这一新的人事任命系亲美派运动的结果，因此，《大阪朝日报》以一种颇为骇人听闻意味地告诫摄政王载沣用人须慎重，"误满洲之政局者，实袁、徐、唐三人也"，责骂唐绍仪"喜弄小智小黠，往往不免起波澜于平地"[1]。同时，日本媒体又担心自己频繁地报道此事会不会使袁世凯复出成为现实。为避免这一情况发生，日本

---

① 参见《北京官场之小移动》，《大阪朝日报》(中七月十五日)，《日本报纸评论中国译件（清末）》，乙.F35。

的一些媒体又放言说，徐世昌晋身军机大臣，唐绍仪成为邮传部尚书，并不意味着袁世凯就真能复出，以徐、唐二人的晋升武断地认定袁世凯即将复出未免有些突兀。

日本舆论还说，摄政王载沣当初罢免袁世凯虽然暧昧，但经历了一个复杂的过程，政府如果突然起用他且让他占据重要职位，恐怕没有想象的那么简单。"袁党卷土重来之说"不足信，"不过其党中人故意播扬，中央政府初不挂齿牙也；然项城党人乃声言当道有意起用，袁则自重不出，以糊涂世间耳"，并抨击某些国家之所以盼望袁世凯复出，"一则由政略上之利害；一则由谬信项城才识过甚"。①

日本报纸掩耳盗铃，不愿看到也不愿意相信袁世凯能够复出，但知道袁世凯是中、美、德三国同盟的始作俑者，担忧美德两国在袁世凯复出的问题上向清廷施加影响，因而对袁世凯的中、美、德结盟主张大肆抨击。一些文章指出，以美国为后援牵制日、俄两国的满洲政策，"创自袁世凯之为外务部尚书、徐世昌之为东三省总督、唐绍仪之为奉天巡抚之日，以及梁敦彦之为外务部尚书、锡良之为东三省总督，依旧绍述不改，即如军机处大臣中称为有力之那相、世续二人向与美国无甚因缘者，亦附和雷同，一意依赖焉，以冀一变满洲局面"②。

文章还忧虑地说，袁世凯目前虽然没有复出，但随着袁世凯党羽的被起用，清廷中亲美势力的增长以及美国政府的施压，摄政王载沣向亲美的方向转变是有可能的，日本政府必须保持高度警惕。

对于日本方面干涉袁世凯复出的问题，美国驻华公使中文秘书丁家立曾经在1910年10月14日向美国政府汇报说："日本人正在积极活动，反对召回袁世凯。"丁家立的报告中还说，日本政府一方面反对袁世凯复出，一方面其驻华公使伊集院又私下写信给袁世凯，向其表白日本没有干涉他

① 参见《中国政界及袁项城》《东京日报》（中九月六日），《日本报纸评论中国译件（清末）》，乙.F35。
② 《中国承认日俄协约》，《大阪朝日报》（中六月十九日），《日本报纸评论中国译件（清末）》，乙.F35。

复出的事情，否认日本报纸所说的日本驻华公使曾向清廷抗议，反对袁世凯复出之事。但是，袁的政敌毓朗却告诉美国驻华公使嘉乐恒说，日本反对召回袁世凯，反对赋予他太大的权力，日本方面的意思是，如果袁世凯复出，必须置于载沣的权力之下。载沣的亲弟弟载涛在回忆录中也曾谈到袁世凯的政敌善耆曾经与日本人川岛浪速合作，派密探前往彰德刺探袁世凯的动向。载涛在回忆录中写道："袁住在彰德洹上村之时，善耆对他并不放心。那时，日本人川岛浪速是善耆的警察顾问，亦即是他的心腹之人。川岛手下秘密侦探对袁的行动，随时都有密报。这种报告，善耆曾经给我看过。"[1]

从这些来看，日本方面反对袁世凯复出的情况是真实存在的。况且，袁世凯提出东三省改革计划，主张中美德三国同盟共抗日俄，并且在 1908 年到 1909 年初派唐绍仪到美国开展三国结盟的外交活动，这都引起了日本的忌惮。现在虽然时过境迁，但要捍卫日本的在华利益，日本政府反对袁世凯复出也就不足为奇了。

在袁世凯复出的问题上，日本人予以反对，美国人则是主张起用的，特别是驻华公使嘉乐恒积极促动，希望袁世凯出来挽救危局。这让反对袁世凯复出的摄政王载沣有些左右为难，但是，1911 年辛亥革命的爆发，南方局势急如星火，已经容不得他再犹豫了。

1911 年 10 月间，武昌起义后武昌军政府随即成立，如何逆转形势让清廷万分着急。隆裕皇太后六神无主，宣统皇帝年少无知，众人便把目光聚集在摄政王载沣身上。在当月的一次御前会议上，摄政王载沣问道，南方形势危急，该怎么办，何人可以扭转形势？庆亲王立即向载沣提出，应该让袁世凯复出，他是镇压革命党的不二人选，但遭到摄政王载沣的反对。载沣说，前番有意让他出任东三省总督，他不干，此人看来是有野心的。但那桐说，袁世凯复出不会危及朝廷，自己愿以身家性命担保。摄政王载沣一听这话，立即斥责：你拿什么担保，脑袋吗？[2]

---

[1] 载涛：《载沣与袁世凯的矛盾》，全国政协文史资料研究会编：《晚清宫廷生活见闻》，文史资料出版社 1982 年版，第 81 页。

[2] 参见侯宜杰：《袁世凯评传》，河南教育出版社 1985 年版，第 131 页。

那桐看到摄政王载沣发了脾气，也使起了性子说自己年岁大了，干不动了，要求辞官告老还乡。庆亲王奕劻作为袁世凯的重要盟友也称病辞朝。摄政王召开御前会议寻求解决危机的办法，但朝中的大佬们称病的称病，辞官的辞官，这让摄政王载沣很是无可奈何，然而，南方军情吃紧，必须尽快想出应对之策。载沣无奈，只得再开御前会议，奕劻进一步阐述理由说："当前的危难局面，本人年老力衰，已经难以有所成当，而袁世凯却不同，他正年轻，且很有魄力，北洋新军又是他一手编练出来的，如果让他复出奔赴湖北，剿杀革命军，是必操胜券的，如果在起用袁世凯的问题上一味地拖延，只能使局面更加不可收拾，且东交民巷的一众外国使馆也主张起用袁世凯，所以本人有此主张。"对于奕劻之说，载沣很有些迟疑，不放心地问："你能担保没有别的问题吗？"奕劻回答："这个不消说的。"生性懦弱、毫无主见的载沣看到奕劻坚持甚力，且美德英等国对袁世凯很重视，自己也想不出对付当前局面的妥善方案，只好对奕劻等人说："你们既这样主张，姑且照你们的办""但是你们不能卸责。"起用袁世凯的事就这样决定了。有人问那桐：你们这样做，不是加速大清灭亡吗？那桐回答说："大势今已如此，不用袁指日可亡，如用袁，覆亡尚希稍迟，或可不亡。"①

一些王公大臣闻讯，均埋怨载沣先不该放虎归山，此次尤不应引狼入室。恭亲王溥伟立见载沣，载沣虽很后悔，但还是说："袁四有将才，且名望亦好，故命他去。"溥伟说袁久蓄异谋，不能引虎自卫。载沣默然良久，始言奕劻、那桐再三力保，或者可用。溥伟退而出主意说："纵难收回成命，可否用忠贞智勇之臣，以分其势。"载沣问为谁。溥伟答："叔监国三年，群臣臧否，自在洞鉴。"载沣急忙说："都是他们的人，我何曾有爪牙心腹。"②

溥伟听到载沣此话，很无奈，知道形势无可挽回，只好摇头叹息。于载沣而言，他起用袁世凯也是情势所逼，不得已而为之。自当摄政以来，他的权力实际上已经被奕劻、那桐、徐世昌等人架空了，现在大清又面临危难，他才不得不起用袁世凯。他明白，反对袁世凯复出的人也是像他一

---

① ②　侯宜杰：《袁世凯全传》，群众出版社 2013 年版，第 187 页。

样并没有什么良策的。如果不起用袁世凯，那么革命党怎么办，岌岌可危的大清江山该怎么办？众人皆知，摄政王载沣一直对袁世凯没什么好感，但身在高位，他不能不为大清的安危考虑，诚然，起用袁世凯将危及自己的权力，但相比革命党要革大清王朝的命，出于维护王朝统治的目的，他也只好将希望寄托在袁世凯身上。在载沣的妥协面前，袁世凯的政敌们也曾经设想让袁世凯出山镇压革命军，最终不论成功还是失败都要设法诛杀他：如果袁世凯镇压革命成功，则要设法解除兵权，然后设法诛杀他；如不成功，则直接说他镇压革命党不力，这样杀他也让支持袁的人心服口服。

国际红十字会在外国军队的保护下处理武汉长江边上的死尸

尽管袁世凯的政敌们盘算得很美好，但是袁世凯真的掌握大权后，形势却不是他们所决定的了。武昌起义的当月中旬，摄政王几番思量，终于下达了一道谕令，任命袁世凯为湖广总督，由他负责剿抚革命乱党。谕旨上说，所有湖南、湖北的军队及各路援军都归袁世凯调遣，荫昌、萨镇冰所带之水陆各军，亦得会同调遣，并告诉他要力顾大局，不要推辞。奕劻以为袁定然高兴，赶快派阮忠枢到彰德去劝驾。[1]

那么，接到这个任命的袁世凯是什么态度呢？前番摄政王载沣有意让袁世凯出任东三省总督，他没有接受，此番他当然也不会接受这个任命了。袁世凯接到谕旨后，立即写了奏折，委托彰德府发往北京。

---

[1]　参见侯宜杰：《袁世凯全传》，群众出版社2013年版，第189页。

袁世凯在奏折中说，接到朝廷的谕令，实在感愧万千，回想臣世受皇恩，实在无以报答，臣虽然在乡里养病，然一天不敢忘记朝廷大事，现在时局艰难，臣本应站出来帮助朝廷解危济困，然而"臣旧患足疾，迄今尚未大愈。去冬又牵及左臂，时作剧痛。此系数年宿疾，急切难望痊愈。然气体虽见衰颓，精神尚未昏瞀。近自交秋骤寒，又发痰喘作烧旧症，益以头眩心悸，思虑恍惚。虽非旦夕所能就愈，而究系表证，施治较旧恙为易。现既军事紧迫，何敢遽请赏假。但困顿情形，实难支撑。已延医速加调治，一面筹备布置。一俟稍可支持，即当力疾就道"①。

摄政王载沣看过奏折，知道这是袁世凯的推托之词，但是形势急迫，也不好计较。10 月 18 日，摄政王载沣在袁世凯的奏折中批复道，汉口事情紧迫，迅速调治力疾就道，以副朝廷优加倚任之至意。

袁世凯看到摄政王这个批复，等于看到了载沣的底牌，知道形势所迫，朝廷迫切地希望他出来力挽狂澜，便开始谋划起自己的盘算。10 月 19 日，袁世凯在安阳致电内阁，声称世凯病弱之躯，怎么承受朝廷的重任呢？然世凯世受皇恩，不敢计较个人利害得失，只有竭尽全力，报答朝廷的深恩，但是，湖北兵变，军队被革命党掌握，臣认为应当立即组织得力军队去弹压，总不能赤手空拳去湖北吧。

于是，袁世凯又奏请清廷批复他在直隶、河南、山东等省招集部旧12500 人，作为湖北巡防军与起义军作战，同时要求朝廷拨款 400 万两，作为镇压革命军的费用。袁世凯此举意在向载沣表明，他还是愿意为朝廷效力的，但是兵马未动，粮草先行，必须得给钱给物给枪，才好镇压湖北叛军。袁世凯还一面致电正在湖北前线的荫昌说"王师宜策万全。稍有失利，大局益危"，一面告诫北洋将领"乱党颇有知识，与寻常土匪为乱情势迥有不同，且占据武汉，负隅之势已成，诚有不可轻视者"。②

---

① 天津图书馆、天津社会科学院历史研究所编：《袁世凯奏议》，天津古籍出版社 1987 年版，第 307 页。

② 李宗一：《袁世凯传》，国际文化出版公司 2006 年版，第 175 页。

袁世凯答复出山，还有一个前提就是把自己的亲信旧部调到身边，因此，他在电报中又奏请将已开缺的王士珍、张锡銮、倪嗣冲调到自己的身边听候差遣，并且要求朝廷批准冯国璋、段芝贵、陆锦、张士钰、袁乃宽等到彰德筹商一切。显然，袁世凯是想把心腹爱将都调到身边，以便于自己指挥使用，也有利于巩固自己的权力。这一切要求，摄政王载沣都一一照准。

有了这些前奏，袁世凯该出山了吧，但是他仍以"调治疾病"和"筹备布置"为由，在彰德迟迟未动——既未前往湖北赴任，也未进京面御。这个情况让摄政王载沣丈二和尚摸不着头脑，不知道袁世凯葫芦里究竟卖的什么药，只好请徐世昌前往彰德劝说袁世凯，希望他尽快赴任。徐世昌本是袁世凯的把兄弟，徐到彰德后，二人经过密商，决定演一出双簧。什么双簧呢？

袁世凯还是老主意，他让徐世昌向朝廷奏报，说袁世凯正在调治疾病，即便如此，也不忘整军备战，因此，他还不能立即南下督师。袁世凯明白，他不南下，北洋军各将领就不肯为朝廷出力作战。果然，当汉口革命军攻占主要据点刘家庙后，清军并不肯出战。

袁世凯还让徐世昌告诉载沣，要求朝廷在1912年召开国会，组织责任内阁，宽容武昌事变的革命党人，解除党禁，给予袁世凯军队指挥全权，提供充足兵费，等等。

湖北孝感，医院外的清军骑兵

徐世昌回京后将这六项条件一一向载沣做了说明。袁世凯虽借故拖延，但不断发展的革命形势却不等人，急得团团转的摄政王载沣只好接受袁世凯提出的条件。10 月 27 日，摄政王载沣连发四道上谕：一、调荫昌"回京供职"；二、授袁世凯为钦差大臣，"所有赴援之海陆军并长江水师，暨此次派出各项军队，均归该大臣节制调遣"，并保证"此次湖北军务，军谘府、陆军部不为遥制，以一事权"；三、拨出内帑银一百万两为湖北军费；四、第一军交冯国璋督率，第二军由段祺瑞接任督率。

　　从这个上谕的内容来看，袁世凯想要的都得手了，湖北的军权也完全控制在袁世凯一党之手，计谋得逞，袁世凯很惬意地同意赴湖北就任。10 月 28 日，袁世凯电告摄政王载沣说，准备于 30 日南下赴任，同时，他以钦差大臣、湖广总督的身份连连发布命令，调兵遣将，为镇压革命军做准备。袁世凯首先任命王士珍负责襄办湖北军务，由他负责招募新兵 12500 名，将这些新兵充实到湖北巡防营负责驻守京汉铁路沿线，作为北洋军的后援。接着，他又任命倪嗣冲为河南布政使，命其在河南招募新兵，进驻到皖北颍州，以保证北洋军侧翼的安全。同时，袁世凯还电令冯国璋指挥的第一军立即向汉口的革命军发起进攻。正当袁世凯准备南下，并向革命军发起进攻之时，形势发生了新的变化。

　　10 月 29 日，山西太原也爆发了革命。当天，驻扎在滦州的新军第二镇统制张绍曾和第二混成协协统蓝天蔚等联名向朝廷发出通电，要求清廷改组皇族内阁，召开国会，实行宪政。同时，驻扎在石家庄、被革命党人吴禄贞所控制的新军第六镇公然宣称要与山西和滦州军队联合推翻清廷。这样的局面使得清廷的满族大员、皇亲贵胄一片慌乱，纷纷携带家眷逃亡天津躲避。在如此混乱的局势下，隆裕皇太后六神无主，准备挟带小皇帝逃亡承德避难。这些新的变化也使袁世凯感到吃惊，他并不愿意看到清廷很快垮台，那样，他将失去讨价还价的工具。当他得知革命党人吴禄贞计划"夺彰德，断后路"，北洋军有腹背受敌的危险时，为了摆脱危机，袁世凯迅速采取了下列四项措施。

　　第一，袁世凯一边致电庆亲王奕劻，让他劝说隆裕太后和宣统皇帝，不要被局势所吓而逃离北京，一边让赵秉钧进京劝说奕劻，请奕劻调动姜桂题所部毅军进驻北京城，防范革命党挑动新军在京师发生叛乱。同时，他请奕劻奏请朝廷，让赵秉钧代理民政大臣，控制北京巡警，安定北京局势。

革命军在就餐

第二，派自己的亲信周符麟刺杀挑动新军叛乱的吴禄贞。周符麟原是北洋新军的正兵，曾多次受到袁世凯的提拔，已经官至第六镇第十二协协统，但周符麟在1910年被吴禄贞解职，因此，周符麟对吴禄贞怀恨在心。接到袁世凯的密令后，周符麟在1911年11月7日成功刺杀吴禄贞，使北洋军第六镇重新又回到袁世凯的手中。

第三，袁世凯通过徐世昌授意潘矩楹逼迫张绍曾离开北洋新军第二十镇。潘矩楹曾经是新建陆军随营学堂的学生，后被袁世凯保送到日本留学。回国后，在袁世凯和徐世昌的关照下，一路升迁至第二十镇第四十协协统。张绍曾在滦州通电要求清廷改组皇族内阁时，潘在联名之中，但是，现在有了袁世凯与徐世昌的授意，潘矩楹立即改变态度，立即胁迫张绍曾离开北洋新军。此时张绍曾已听说吴禄贞被刺的消息，心中很是害怕，便离开军队躲到天津租界去了，接着袁世凯又鼓动清廷任命张绍曾为宣抚大臣，使其前往武昌一带向革命军表明朝廷的"德意"。潘矩楹排挤张绍曾后被袁世凯任命为第二十镇统制。根据袁世凯的旨意，潘矩楹把二十镇调离滦州，分别驻扎在新民、昌黎、永平、山海关等地，从而使"滦州兵谏"得以瓦解。[①]

第四，袁世凯于 10 月 30 日南下，他到湖北孝感后，亲自督促北洋军向驻扎在汉口的革命军发起进攻，仅用一天时间便攻入了汉口，对革命军进行了疯狂的屠杀。

革命军通过铁路转移

袁世凯攻克汉口后，又迅速扑灭了北方军队的一次起义，使清廷摆脱了一次严重危机。趁此之际，袁世凯把京畿的军权也控制到了自己手里，迫使清廷按照他的意志改组内阁，摄政王载沣接受了他提出的许多条件。11 月 1 日，摄政王载沣宣布解散皇族内阁，任命袁世凯为内阁总理大臣，总理朝廷军国大事，同事宣布实行英国式的君主立宪政体，朝廷不再过问政事。这样，袁世凯获得了大清王朝的最高权力，于是，他的"足疾"不治而愈，心满意足地前往北京就任内阁总理大臣之职，组建自己的内阁。

摄政王没有想到，他优柔寡断地"引狼入室"起用袁世凯，最终葬送了大清王权。当然，起用袁世凯也是无奈之举，当时摄政王对袁世凯还没有完全失去信心，因为有奕劻等人的力保，再加上起用后袁世凯说了许多维护王权、反对革命的话。为了增强谎言的感染力，袁世凯的眼中闪烁着泪光，哽咽地说："余深荷国恩，虽时势至此，岂忍负孤儿寡妇乎！"此外，载沣更联想到，当初罢黜袁世凯的时候，朝中反对袁世凯的人皆要求杀掉袁世凯，

---

① 参见李宗一：《袁世凯传》，国际文化出版公司 2006 年版，第 177 页。

但自己还是饶了他一条性命。现在当此国家有难之际，他在想即便袁世凯不知恩图报，想必也不会捅刀子吧，但袁世凯还是捅了刀子。他出山后，很快便攫取了朝廷大权，其所作所为让摄政王载沣既恨又无奈。袁世凯组阁后，立即调冯国璋控制了北京的军权，原来皇室掌握的禁卫军也被袁世凯夺去了大权。接着，他又逼迫隆裕太后发布懿旨，解除了载沣的摄政王之职，懿旨中说"嗣后用人行政，均责成内阁总理大臣"。袁世凯由此垄断了末世清朝的最高权力。后来更让载沣和隆裕太后无力回天、欲哭无泪的是，在革命党的权力许诺下，袁世凯断然提出了清帝逊位的要求。

四、促动南北和谈

对于袁世凯的复出，英美等国是积极支持的。早在袁世凯被罢黜之初，英美等国就不断向清廷施压，要求袁世凯复出。

就英国政府而言，其对袁世凯的支持显然是有目的的，那就是希望袁世凯成为维护英国特权的代理人。辛亥革命爆发后，革命党人是否会承认清廷与英国签订的条约是个未知数，而清廷的腐朽已不可能维持其统治地位，政权崩溃只在旦夕。在这样的情况下，要维持英国在华的特权利益，英国方面认为袁世凯是可以扶植并依靠的不二人选，正如英国记者莫里循所观察的那样，清政府腐败透顶，"所面临的前景是黯淡的"[1]，而革命党人虽然攻势凌厉，但势力仅局限于中国南部，只能造成南北对峙的局面，而要收拾这种局面非袁世凯莫属。当时在华的一位英国作家也指出：当革命爆发的时候，"英国的外交部坚决支持袁世凯的东山再起"。莫里循也在他的私人信件中说：袁世凯拥有独裁的权力，"是唯一可望从目前动乱中恢复

---

① ［澳］骆惠敏编：《清末民初政情内幕：泰晤士报驻北京记者、袁世凯政治顾问乔·厄·莫理循书信集：1895—1912》上册，刘桂梁译，世界知识出版社1986年版，第761页。

秩序的一个人"①。

对于袁世凯的复出，美国人也是相当高兴的。我们知道，袁世凯是主张与美结盟共抗日俄的发起者，因而美国对他更多了一层好感，为推动他的复出不遗余力。辛亥革命爆发后，美国驻华公使嘉乐恒就告知清廷说，要维持统治秩序，袁世凯是不二人选。而在袁世凯复出后，嘉乐恒在给国内的电报中兴奋地说，袁的复出于美国来说是一个很有希望的奇迹。

嘉乐恒认为，在中国的官员中，袁世凯是"惟一有所作为"的人。因此，嘉乐恒建议美国应援助袁世凯的内阁政府，给予贷款上的支持，因为他认为袁世凯稳定中国局势最迫切需要的是钱，而大清海关的关税已被用于过去的赔款和贷款担保，"袁说如果没有钱支付地方部队的军饷，他们将会起义或解散。但整个国家似乎都在等待袁"②。

袁世凯确实需要钱稳定局势，然而，美国的一些政客认为在中国政局不确定的情况下，应采取中立政策。因此，在接到嘉乐恒的电报后，美国国务卿在 11 月 18 日复电认为，向袁世凯提出贷款是不合时宜的，贷款的原则只能是"限制在短期借款，并用于政府的一些急务上，包括镇压非政治性的骚乱，提供赔款基金和其他与外国有关的事情，而不能用于战争目的。贷款应在中国内部各派别之间严格中立，因此应得到各个不同政治派别代表的支持，并且应安排某种监督措施，诸如设立一名外国董事，确保资金的合理使用。并且，由于此类贷款主要为了保护共同利益，因此它们应面向所有与中国有重要关系的国家的国民，可以由本国或其他最有利益关系的国家首先倡议发起"。③

---

① ［澳］骆惠敏编：《清末民初政情内幕：泰晤士报驻北京记者、袁世凯政治顾问乔·厄·莫理循书信集：1895—1912》上册，刘桂梁译，世界知识出版社 1986 年版，第767 页。

②③　崔志海：《美国政府对辛亥革命态度的再考察》，见中国社会科学院近代史研究所政治史研究室、苏州大学社会学院编：《晚清国家与社会》，社会科学文献出版社 2007 年版，第 386 页。

革命军与清军作战后留下的废墟

显然，美国政府在支持袁世凯的问题上存在着极大的投机心态。但是，嘉乐恒积极支持袁世凯的立场并没有改变，他对美国政府的中立观望态度颇为不满，并继续极力劝说美国政府支持袁世凯，强调支持袁世凯的重要性。11月21日，他在写给国务院的信中说："局势没有任何的改善，其中最重要的因素是政府需要钱""没有获得军饷的部队有转变为土匪的危险，帝国的形势已经相当混乱。在许多省份，推翻被承认的权力部门已导致他们中一些人的无法无天和犯罪行为。"①

12月6日，嘉乐恒再次向美国政府提出，希望美国批准他以驻华公使馆的名义向袁世凯提供300万两白银的贷款。嘉乐恒建议说："随着袁的影响越来越显著，他为急于资金所苦。在此关键时刻，没有财政的支持，他在任何地方都不能拢住军队，谈判也将失败，随之而来的是血腥的混乱。"②

但是，塔夫脱与诺克斯仍然坚持认为在中国形势还不完全明朗的情况下，美国可以私下里向袁世凯表示好感，但表面上仍然要保持中立，不能给革命党找到抗议的借口。因而，美国国务卿在12月7日复电嘉乐恒，向其表明了美国仍应坚持中立的立场。

美国政府想等一等、看一看中国局势的发展变化，不给各国指责美国

---

① ② 崔志海：《美国政府与清朝的覆灭》，《史林》2006年第6期。

违反中立原则的口实，但嘉乐恒仍然坚持己见。12 月 11 日，嘉乐恒致电美国国务院，详细陈述支持袁世凯的好处，强调革命党不会有前途，袁世凯才是能改变中国命运的人。嘉乐恒说，中国朝廷在袁的控制之下，但是，袁世凯不希望中国陷入内战，他试图控制中国整个局面，但是，他需要钱改变现状，因为没有钱，他的内阁政府随时可能会垮掉，况且，现在革命党暴乱的形势之下，袁世凯也不可能从个人渠道筹到钱，要镇压革命军就需要筹款支持兵饷，否则，士兵们有可能会发生抢劫，那样中国的局势将会更加混乱，美国人在中国的利益将遭受威胁。

嘉乐恒在电报中还分析了如果美国一味地保持中立，将不符合美国的利益，中国的局势也会变得十分糟糕。如果等到中国的局势不利于美国时美国再行干预，那样将把美国带到复杂的国际局面之中，中国的命运和世界的和平也会被卷入其中。

嘉乐恒希望改变美国政府的态度。12 月 27 日，他再次致电美国国务院，说英国、德国等国的驻华公使都希望美国能够放弃中立政策来支持袁世凯。嘉乐恒说："英国公使告诉我，他昨晚与袁讨论了最近给唐的电报中的问题。日本公使今天访问我，他对达成协定没有任何希望，认为局势正在变得愈来愈糟，对国际局势表示极大的担忧，希望主要国家共同确定某种可行的政策路线，日本政府希望有这样一种合作。德国公使今天也拜访了我，他认为无政府状态即在眼前，唯一的解决办法是给袁钱的支持，袁是目前唯一可看到有力量和品质恢复秩序的人。"①

在嘉乐恒数次发电希望美国政府放弃中立政策的同时，英国政府于12 月 8 日致函美国国务院，希望美国与英国、法国、德国一道支持袁世凯，为其提供贷款。英国政府还提出了要袁世凯保证各国在华利益，才可能得到贷款的建议。美国政府认为目前情况下，要袁世凯承认各国的在华利益

---

① 崔志海：《美国政府对辛亥革命态度的再考察》，见中国社会科学院近代史研究所政治史研究室、苏州大学社会学院编：《晚清国家与社会》，社会科学文献出版社 2007 年版，第387 页。

这个建议是可以的，但是在革命党与清朝的内战形势未有结果之前，向袁世凯提供借款为时尚早，这样容易引起日本、俄国及革命党的反对，因而，在 12 月 11 日给英国方面的复函中，美国政府仍然指出向袁世凯提供借款时机尚不成熟。

对于美国政府的态度，英国方面并不死心，于 12 月 18 日再次致函美国国务卿，希望美国政府改变态度。但是美国政府仍然坚持其中立政策，表示美国政府相信自己的判断，在局势还不明朗的情况下，给中国提供任何借款都是不合适的，除非满足两个条件，即在中国的派别之间严格中立及有利益关系国家的广泛参与。美国还称美国政府虽然在上述条件下倾向于赞成向中国提供财政援助，但这一政策的结果必然不鼓励美国公民贷款，除非保证此类贷款符合上述条件，同时还指出在上海南北和谈达成之前，北京当局要求的财政援助照会只会阻碍而不是促进和谈的解决。

在英国政府致函美国之后，德国政府也于 1912 年 1 月 31 日就中国发生的局势征询美国的意见，询问是否可以与美国一道向袁世凯政府提供借款。美国国务卿诺克斯在 2 月 3 日的复函中说，美国政府重申中国发生内战以来的主张，对中国提供借款，暂时是不合时机的，在向中国提供借款的问题上，各国应在革命党与清朝政府之间保持共同而严格的中立政策。2 月 24 日，美国代理国务卿在给驻华公使的电报中重申了这一态度，美国政府认为，在一个代表全中国的混合临时政府稳固建立之前，或者如果贷款没有得到中国南北两个实际政权的赞同，对中国的任何贷款一般来说都是不合时机的。

总而言之，在中国局势尚不完全明朗之前，虽然英、美、德等国驻华公使主张积极扶持袁世凯，为其提供贷款，由其继承清朝统治地位，取消不确定的南京临时政府，但投机心态使美国坚持了"局外中立"政策。即便是清朝皇帝宣布逊位，南京临时参议院选举袁世凯为南京临时政府大总统之时，美国政府仍然认为局势不明朗，不主张立即向袁世凯提供借款。1912 年 1 月 19 日，嘉乐恒向美国政府汇报了南京临时参议院选举袁世凯为临时政府大总统的情况，希望美国政府承认南京临时政府。南京临时政府外交总长王宠惠也呼吁美国政府承认南京临时政府。1月20日，美国国务卿电示嘉乐恒，表示美国对中国南北政府的新的指示"将取决于相关事实和合法性的考虑，使馆对此应加以很好的考虑并提供确定的情报"。1月23日，美国国务卿诺克斯再次电示嘉乐恒，提出针对中国的局势，嘉乐恒应派丁家立前往南京考察，美国政府的行动须等丁家立的考察结果来决定。对于辛亥革命与袁世凯政府，美国政府始终坚持其观望的投机心态，根本目的无疑是为维护自己的特权利益，通过对中国形势的判定，然后下注，进而操纵南北和谈以控制中国政治命运。

在辛亥革命爆发之前，列强在外交上关注的同时，实际上也试图对革命党采取军事行动。1911年10月10日武昌起义爆发后，时为湖广总督的瑞澂逃跑了之，他最初是躲进了停靠在英国炮舰后面的"楚豫"号兵舰，以寻求保护。瑞澂逃跑后，曾跑到英国驻汉口总领事馆向总领事葛福提出："要求英王陛下的军舰提供帮助，阻止起义军渡江。"葛福接到求援，即向英国驻华公使朱尔典致电请示，朱尔典则电告英国驻华海军司令对清朝尽量予以援助。

瑞澂在向英国求助的同时，又派人向德国驻汉口总领事求助。瑞澂致函德国驻汉口总领事说，武昌起义是"义和团的复活"，具有排外性质，德国军舰应打击革命军，将这一"排外运动"扼杀在摇篮之中。德国驻汉口总领事听信了瑞澂的话，准备让停泊在汉口的德国军舰对革命军进行炮击。但是，德国驻汉口总领事向德国驻华公使汇报这一情况后，德国驻华公使否决了对革命军的军事行动。

湖广总督瑞澂

为什么呢？因为自义和团运动之后，列强各国曾协定：凡在中国采取军事行动，必须经各国一致同意方可实施。实际上在辛亥革命爆发的第三天，各国驻汉口领事召开了一个领事团会议，就如何应对辛亥革命的发生进行讨论。在会议上，德国与英国领事都主张对革命军采取军事行动，协助清军镇压革命军，但法国、美国、俄国都表示反对，认为应根据各国协定，保守中立。

武昌起义爆发后，事实上革命党也在利用外交途径阻止各国帮助清军。10月13日，军政府照会驻汉口的英、日等国领事，请各国严守中立，不得容留和帮助清朝官员，更不得帮助清廷镇压革命。各国领事接到照会后，美国、日本领事表示同意，英法俄三国态度暧昧，德国表示反对，声称是否帮助清朝是德国的事情。

在各国公使中，虽然英国态度暧昧，日本表示会保守中立，但都明确向革命军政府提出，不得侵犯他们的在汉利益。日本驻汉领事松村贞雄警告湖北军政府都督黎元洪，不得占领大冶矿山。修筑京汉铁路的法国工程师则命令将所有机车及车厢调到北方，以免为革命军所用。10月12日，江汉关英籍税务司苏古敦将海关所有的小火轮都集中在租界江面。武昌起义次日，清第八镇统制张彪带领残部逃到汉口郊区刘家庙，派人到临近的日租界请日人寺西秀武（湖北军事顾问）代为筹划反击起义军。寺西建议张彪：集合现有两营多兵力，许以重赏，亲自带领，由刘家庙渡江到青山，绕至洪山，乘夜入宾阳门，诈称响应，袭取湖北军政府所在地咨议局。因张彪胆怯，此计未能施行。[①]

与此同时，列强以保护各自租界和侨民安全为由，纷纷将停泊在中国其他港口及驻远东的舰队和陆战队派来汉口。到1911年11月9日，法国驻华公使馆高拉尔德致陆军部长称："汉口：约一千名海军士兵和二十多

---

① 参见冯天瑜：《列强对辛亥首义的态度》，《湖北大学学报（哲学社会科学版）》2011年第2期。

艘战舰。"①列强又陆续派陆军到武汉驻扎，其人数统计如下：俄国277人，日本500人，德国100人，美国160人，意大利30人，法国也计划派150人来华。②

列强各国在派出军舰向武汉集结的同时，也在关注着事态的发展变化，我们知道，各国在应对中国局势的问题上因为自身的利益不同而持不一样的态度。日本答应革命军政府不帮助清廷，会恪守中立，但是，又担心革命军难成气候，态度也是颇为矛盾的：日本毕竟与清廷签订了诸多的不平等条约，在中国获得了巨大的特权利益，因而，骨子里还是倾向于清廷的，但又担心腐朽的清廷难以继续统治下去；日本是很不希望革命党在中国建立民主共和政府的，但又不愿在革命形势不明朗的情况下站在革命党的对立面。

因此，日本政府一方面表示不会支持清廷，一方面"认为应先静观局势的发展一段时期，再考虑采用适当的手段去对付才是明智的"。于是，日本政府也抱着等一等、看一看的心态采取了"保守中立"的外交姿态。抱着这种心态，日本方面一直密切关注着中国局势的发展。日本驻汉口领事馆甚至让日军军舰在武汉的江面上游弋，将中国的局势即时告知日本国内，同时也把日本在武汉的日侨安全问题视为重中之重。武昌起义爆发的第二天，日本驻汉口总领事松村贞雄就向日本外务省报告了武昌革命起义的情况，报告中说：

> 十月九日下午，在本地俄国租界秘密制造炸弹的革命党员被发现，二人被捕。随即，武昌有二十余人被捕。至今晨，道台发出照会表示，因武昌发生暴动，命军舰在江面警戒……十日晚十一点左右，武昌炮兵队一部发起暴动，火烧总督衙门及布政使衙门。总督乘军舰逃往中游。武昌城内，交通断绝，故详情不明。目下，有"隅田"舰停泊在

---

① 章开沅等主编：《辛亥革命史资料新编》第7卷，湖北人民出版社2006年版，第371页。
② 参见冯天瑜：《列强对辛亥首义的态度》，《湖北大学学报（哲学社会科学版）》2011年第2期。

本地,"对岛"舰当于今、明两日内载司令官到达,对在武昌本邦人,尽力采取保护措施。①

松村贞雄在报告中还说,在战事发生之初,武昌的日本侨民的人身及财产安全并未受到伤害,但后继情况还有待细心观察。

但是,日本政府"保守中立"没多久,其急于干涉中国内政的野心便暴露出来。1911年12月1日,中国的局势已经非常不利于清廷,日本在给英国外交大臣格雷爵士的外交函中说,日本政府认为,现在的中国局势已经使得各列强不应在中国保持旁观者的态度了,为维护各国的在华利益,各国应采取适当的手段,"挽救中国局势的惟一最好办法是,一方面放弃空洞而不切合实际的共和制度理想,另一方面要清廷废除独裁制度,开始尊重汉人的权利,建立一个实际由汉人治理的政府,但名义上仍在清朝的统治之下"。外交函还说:"我们这样做,是为了让两派首先停止争战,接着进行妥协。至于对未来的保证,在中国拥有重大利益的列强,应当利用他们的力量,一致维持清廷的存在,而又同时尊重汉人的地位。"②

格雷收到日本的外交函即致电驻华公使朱尔典询问情况,于是朱尔典与日本驻华公使伊集院就中国局势进行了沟通。朱尔典于12月8日将沟通的情况向格雷做了汇报,汇报说,经当面询问,日本驻华公使伊集院断定,中国"如果不能实现和平解决,必然代之以武装干涉"③。

日本急于干涉中国内政,却遭到英国方面的反对。英国人说此举有违义和团运动后各国对中国的协定。除英国之外,美、法、德都对日本的野心表示反对。基于此,日本不敢过于违背各国的意见自行其是,这才放弃武装干涉的计划,在继续保持"中立"的名义之下,寻找新的干涉对策。

面对中国摧枯拉朽的革命形势,英国虽然不主张采取武装干涉行动,

---

① 日本外务省外交史料馆《外务省记录1门政治6类诸外国内政1项亚细亚》,《关于清国革命动乱的情报》(湖北省之部)第一卷第105页,聂长顺译。

② 章开沅等主编:《辛亥革命史资料新编》第8卷,湖北人民出版社2006年版,第121页。

③ 章开沅等主编:《辛亥革命史资料新编》第8卷,湖北人民出版社2006年版,第149页。

但对中国的形势发展却十分关注。英国很希望中国"建立君主共和立宪政体"，但发现当时的革命形势，要实现君主立宪政体"断无可望"。英国在军事上也不看好清廷，英国驻华武官报告称："以兵法观之，（清）似无可望。"①

实际上，英国反对日本武装干涉中国局势还有一个更深层次的原因，那就是以英国为首的英法俄协约集团与以德国为首的德奥同盟正在重新瓜分世界，在欧洲发起一场帝国主义战争，当时已无力对中国实施军事干预。为了抗拒德国在欧洲、中东和北非的进逼，英国已经把它在远东的大部分兵力调回欧洲。在亚洲，英国要维护自己的特权利益，只好采取守势，英国政府感到如果此时出兵干涉日近灭亡的清朝政府，不仅会使革命烈火烧及全国，而且会使日本、德国趁机在长江流域扩大其势力。于是，无力出兵的英国便表示反对其他列强干涉中国的内政，英国外交大臣格雷甚至警告日本，不得对华采取单独行动。

辛亥革命爆发后，对中国领土野心沟壑难填的俄国也是希望对中国采取军事行动的。沙皇政府认为，当此辛亥革命内乱之际，正是俄国吞并蒙古、满洲和新疆以实现其"黄俄罗斯"计划的良机。沙皇政府为此拟订了一个军事计划，企图以保护其侨民为由出兵中国。但是，俄国又从世界政治格局的角度考虑到，如果俄国单独出兵中国，会不会引起英法美等国的不满，因此，在这个问题上，还是应该与英法保持一致，这样才不至于让盟友关系破裂。

在日、俄、英一度试图出兵中国之时，法、德、美又是什么态度呢？就法国而言，其当时在华的兵力相对较弱，因而也无力进行军事干预。法国外交部和驻华公使都对这一点看得很清楚，分析后认为："简而言之，在中国，没有哪个列强不能在朝夕之间整整齐齐地摆出多于我们的军事力量。连葡萄牙都派出了配备有炮兵的六百人增援它的澳门殖民地。英国和德国在中国甚至有集结军队的基地，俄国、日本、美国则随时准备派出大量军

---

① 冯天瑜：《列强对辛亥首义的态度》，《湖北大学学报（哲学社会科学版）》2011 年第 2 期。

队。法国却相反，它能支配的军队只能代表一下它的国旗，或者挡一阵突如其来的攻击，并不能真正地保护我们的侨民。"①虽然法国无力进行军事干预，但又不想眼睁睁地看着他国乘干涉之机获取更多的特权，只好与英国一样采取"恪守中立"的政策。

至于德国，因为在辛亥革命爆发前就曾希望通过与清廷的"合作"来达到攫取特权利益的目的，因而，辛亥革命爆发后，德国仍然是倾向于清廷的。德国驻华公使在给其国内的报告中说："大部分东亚德侨，尤其是寓居北方者，对于清室政府表示同情之心，实较对于革命党人为多。"②

此时英法两国是德国在欧洲和远东的竞争对手，德国也很希望通过清廷来牵制英法等国，因此辛亥革命爆发后，德国一如既往地支持清廷，并派出军官帮助清廷训练军队，以增强镇压革命的力量。再者，德国认为，中国长期战乱才符合德国维护其在华利益的目的。但是，德国与美国都不愿看到日本在中国的不断扩张，反对日本出兵干涉，独占厚利。当然这也是因为美国在中国的兵力薄弱，知道美国无法从军事干预中得到好处。在美国政府看来，外国的军事干预只会导致日本这类国家在华势力的扩张和加强，这显然不利于美国在华势力的发展。因此，10月14日，美国国务院远东司司长兰斯福德·米勒起草了一个对华政策备忘录，其中除了强调利用亚洲舰队及租界保护在华美国人的生命财产外，另外明确了三点：一是在中国争斗的两派之间保持"严格的中立"；二是反对某个外国的单方面干涉；三是遵循各国一致确定的"共同方针"，共同商定"一致行动"的原则。③

美国政府倡导"一致行动"原则有三个目的：一是遏制日本独占侵华利益的野心；二是缓和列强各国侵华利益的矛盾；三是便于各国达成一致，共同应对中国局势。这是美国人的设想，当然，作为革命先驱的孙中山在

---

① 章开沅等主编：《辛亥革命史资料新编》第8卷，湖北人民出版社2006年版，第256页。

② 中国史学会：《辛亥革命》第八册《辛亥革命与列强态度》，上海人民出版社1981年版，第433页。

③ 参见冯天瑜：《列强对辛亥首义的态度》，《湖北大学学报（哲学社会科学版）》2011年第2期。

获悉武昌起义爆发的消息后立即对列强的态度做出判断：美、法二国，则当表同情革命者也，"德、俄二国，则当反对革命者也；日本则民间表同情，而其政府反对者也；英国则民间同情，而其政府未定者也。是故吾之外交关键，可以举足轻重为我成败存亡之所系者，厥为英国；倘英国右我，则日本不能为患矣。予于是乃起程赴纽约，觅船渡英" [1]。

革命党领袖孙中山

孙中山的判断是基于列强各国的政体差异做出的，他并未有与列强各国政要接触的机会，因而其判断既主观又简单，也有些盲目的乐观。在中国局势动荡、革命党面对内外压力之时，革命党人除了向列强示好外，能积极促动的便是加强革命党与列强的联系。实际上关于这一点，自武昌起义后，在上海的革命党人就在积极谋划着。

10月24日，同盟会会员宋教仁、陈其美、叶惠钧、叶楚伦等人在《民立报》馆开会，研究上海起义事项。上海要光复，与外国人交涉是不可避免的事情。宋教仁在考虑外交总长的人选时，一时拿不定主意。最后考虑再三，认为曾经做大清外交公使的伍廷芳是十分合适的人选。

伍廷芳有过留学英国的经历，后来又做过两任驻美公使。辛亥革命前，

---

① 广东省社会科学院历史研究室、中国社会科学院近代研究所中华民国史研究室、中山大学历史系孙中山研究室合编：《孙中山全集》第一卷，中华书局1981年版，第565页。

伍廷芳对清王朝已经失去了信心，称病告假，寓居上海。现在，革命党人感觉到，处理外交事务，与洋人交涉，急需各国对革命的支持。但是，伍廷芳虽然对清廷不满，但他毕竟是一个为清朝当差 30 多年的封建官僚，在担任驻美公使期间，也曾经奉命捉拿过孙中山。寓居上海后，与革命党也没有来往，他会同意支持革命吗？宋教仁、陈其美都没有把握，但是时不我待的革命形势又不容许他们做过多的考虑，便毅然前往拜见。

1911 年 11 月 3 日，陈其美转托的上海自治公所总董、商团联合会会长李平书前往伍廷芳寓所，劝驾他出任上海新政府外交总长。李平书说明来意后，伍廷芳并没有答应，说自己年老体衰不能就任。但是，李平书苦苦规劝，对于老朋友的规劝，伍廷芳实在有点抹不开面子，才答应接受职务。11 月 4 日，上海光复，两天后，上海都督府宣告成立，伍廷芳也正式走马上任。[①]

伍廷芳毕竟是有外交经验的，对于一个新生政权，最棘手的问题就是外交交涉。当时的革命党代表人物对此有一个共识，都认为新政府要成立，必须得到各国的承认，必须建立与各国的沟通管道，建立外交关系。

在武昌起义的第三天，湖北军政府派外交司长胡瑛以湖北军政府都督的名义照会驻汉口的各国领事，宣布新政府的外交政策："对各友邦，益敦睦谊，以期维持世界之和平，增进人类之幸福，所有国民军对外之行动，特先知照，免致误会。一、所有清国前此与各国缔造之条约，皆继续有效。二、赔偿外债照旧担任，仍由各省按期如数摊还。三、居留军政府占领地域内之各国人民财产，将一律保护。四、所有各国之既得权利，亦一体保护。五、清政府与各国所立条约，所许之权利，所借之国债，其事件成立于此次知照后者，军政府概不承认。六、各国如有助清政府以妨害军政府者，概以敌人视之。七、各国如有接济清政府战事之物品者，搜获者一概没收。"[②]

---

① 参见张礼恒：《伍廷芳的外交生涯》，团结出版社 2008 年版，第 159 页。

② 辛亥革命武昌起义纪念馆编：《湖北军政府文献资料汇编》，武汉大学出版社 1986 年版，第 593 页。

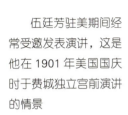

伍廷芳驻美期间经常受邀发表演讲，这是他在 1901 年美国国庆时于费城独立宫前演讲的情景

上述七条外交声明，实际上脱胎于 1906 年同盟会制定的《革命方略》中的"对外宣言"。军政府的外交政策在维护国家主权方面虽然也存在着严重缺陷，但是列强无法从中找到军事干涉的借口，这有助于中国革命向纵深发展。

1911 年 10 月 14 日，湖北军政府外交官员夏维松、胡瑛分别拜会各国领事，要求各国领事承认革命军为交战团体。为此，各国领事再次在汉口召开领事团会议，讨论正在发生的革命形势。经过讨论，各国领事于 10 月 18 日联合发出声明，正式宣告在清廷与革命军之间保持中立。对此，胡瑛等人专门到各国领事馆表示感谢，同时声明革命军政府将采用必要手段对付那些阻碍军政府的自由行动者。

外国在汉口宣布中立，这对准备发起起义的上海是一个鼓舞。但是被革命党任命为上海军政府外交总长的伍廷芳感觉到，上海的情况要比武汉复杂得多，上海毕竟是列强汇聚之地，列强的态度直接关系到新生的革命力量的生死存亡，况且当时帝国主义在华势力大都集中在上海。在上海光复的前一天，伍廷芳即照会各国驻上海领事加派警力保护租界。照会说："照得敝国久受满洲政权专制政权之虐政，自武昌民军起义以来，四方响应，已得最上之结果。上海为各国通商、中西荟萃之区，居民不下百数十万，加之近来内地各省避难迁来者，与日俱增。本军政府以目下上海银市败坏已达极点，为维持商务、保守和平起见，拟即日占领上海，以安市面。惟念上海租界辽阔，本军政府现在军事旁午之际，势难代谋，请贵领事即加派警队，格外防守，实为德便。"[1]

上海光复后，伍廷芳再次对外发表声明，阐释民军行动的目的，是为了推翻清政府，而非排外，并宣称会全力设法保护外国在华利益不受侵害，之前的一切条约、赔款、借款等均由护军都督府承担。除此之外，护军都督陈其美、民政总长李平书等也一再发布命令，禁止持枪士兵进入租界，以保护在上海的外国人的生命和财产安全。

上海光复时，革命党采取的是妥协的软弱外交，没有也不可能提出反帝要求。当然，伍廷芳、陈其美、李平书等人这样做，也是出于现实考虑，出于自身的生存考虑，目的就是争取列强对他们的承认。

1911 年 11 月 12 日，伍廷芳以 14 省反清独立政府的名义，发表了"致各友邦请承认中华共和国电"。伍廷芳说："今者吾民族振臂一呼，群而争自由，于是纷纭尘扰，奄奄将亡之王族朝代中，实有一种自由而开通之民族崭然发现，此即吾全国四万万人之民主精神也。"[2]

电文中，伍廷芳希望列强各国从中外关系的前景考虑，弃旧立新，尽快承认新生的革命政权。但是，各帝国主义列强并没有对伍廷芳的呼吁做出回应。因为他们在观望，他们知道，此时的中国局势还不明朗，武昌起义后，尽管许多省份相继高举义旗，但派系斗争激烈，力量分散。在清王朝方面，虽然革命的烽火已使旧王朝面临焚火殆尽的局面，但是，旧的力量仍在苟延残喘。为避免在未来的中国政治中陷入不利地位，狡猾的帝国主义采取了暂时"中立"的观望姿态，静待形势的发展，然后谋取最大的利益。

五、南北和谈

列强的观望也不是没有道理的。自上海光复后，杭州、镇江、苏州等

---

[1] 张礼恒：《伍廷芳的外交生涯》，团结出版社 2008 年版，第 160 页。

[2] 伍廷芳著，丁贤俊、喻作凤编：《伍廷芳集》（上），中华书局 1993 年版，第 368 页。

地也相继宣告独立，沪、浙、苏连为一体，革命党人在长江下游地区的势力得到了巨大的增强。但是，在这种形势下，革命党人都在思考着该由谁来主持全国局面的问题。此时，被封为鄂军大都督的黎元洪认为，武昌为首义之区，他竭力建议革命政府设在湖北，同时，他又以革命元勋自居，要求出任临时大总统一职。1911 年 11 月 10 日，即武昌起义后的一个月，黎元洪在通电全国已独立省份的电文中说，请各独立省份，派代表赴鄂，组织临时中央政府，"以政府成立，照会各国领事，转各公使，请各本国承认，庶国基可以粗定"。[①]

对于黎元洪的通电，全国的一些独立省份表示赞同，并决定派代表赴鄂议事。但是，在黎元洪通电发出后不久，主持上海革命政府工作的革命党人陈其美也发出了通电，请各省派出代表前往会商组织临时政府之事，并要求各省承认伍廷芳为临时政府外交代表。在当时，要讨论的问题有很多，毕竟革命胜利来得有些突然，诸如革命临时政府的地址选在哪里；未来国家建立什么样的政体，是采用总统制还是内阁制，是建立民主共和还是宪政国家——这些问题都需要确定。

黎元洪像

黎元洪在武汉发出通电后，陈其美在上海也发出通电，革命阵营内的

---

① 朱育和等：《辛亥革命史》，人民出版社 2001 年版，第 393—394 页。

意见一时难以统一。最后，各省代表经过讨论达成一致意见，政府设在武汉，议会设在上海，并决定在武汉议定临时政府各项事宜。

革命党原本准备于 1911 年 11 月 30 日在汉口议定临时政府事宜，可是当各独立省份代表抵达汉口之时，形势发生了新的变化——汉口在北洋军的猛烈进攻之下失守了，袁世凯军队对武昌的猛烈炮轰也使得武昌随时都有可能沦入敌手。袁世凯毕竟是政治老手，他当然明白这次革命绝不是偶然发生的，更不是单靠武力就能解决的。于是，他采取了"又打又拉"的手段：一边对革命军进行武力镇压；一边通过招抚的形式，通过谈判来招抚革命党。袁世凯在复出之时向摄政王载沣提出的六项条件中就有"宽容武昌事变诸人"和"解除党禁"两条。过了几天，他又指示幕僚刘承恩致书黎元洪，转达他"早息兵争，以安百姓"的一片心意。

但是，袁世凯知道，革命党是反清的，因而在写给黎元洪的信中很有些维护汉族利益、同情革命的口吻，"况兵者汉人，蹂躏者亦汉人，我汉人胡为自相屠戮""阁下及诸英雄……或则有要求，即转达项城，筹策维护。诸公槃槃大才，不独不咎既往，且可重用共襄国事也"[1]。

北洋军攻占汉口之时，袁世凯还曾于 11 月 4 日亲自到滠口。他一面与萨镇冰、冯国璋等将领密商，一面发出通告招抚革命党。他在让刘承恩致黎元洪的信中表示，希望与革命党和谈，实行君主立宪，早日结束动乱局面。但是，黎元洪接到信后表示，拒绝君主立宪，声称革命党只希望在中国建立共和政体。黎元洪在回信中还说，如果袁世凯同意并帮助共和，将会被推举为"第一位之中华共和总统"，并让刘承恩、蔡廷幹转告袁世凯掉转枪头，推翻清王朝。

但是，袁世凯并不死心，他北上组阁后，再次派刘承恩、张春霆到汉口，于 11 月 20 日与黎元洪派出的代表孙发绪、曾广为会谈，谈判地点设在俄国驻汉口领事馆。俄领事敖康夫为增强俄国在袁世凯与革命党之间的影响力，积极居中调停，谈判中，刘承恩表示："宫保（袁）之意以为鄂军

---

[1] 黎澍：《辛亥革命与袁世凯》，中国大百科全书出版社 2011 年版，第 62 页。

此举系改良政治起见，现今政府所有皇族执政之员均已更换，将来政治改良进步必易，定可为君主立宪之国。至于前次所云必须另建民主一节，终非完美办法。已闻某国已准备十万精兵，借口保护东亚邻邦，并有向某亲王云及包为平治地方并保皇室平安等语。倘故为激烈之要求，恐惹起惨烈之干涉或许保护之事，则中国前途大有可危。是以命我前来向诸公恺切劝谕，不必为过激之举，早日和平了结为是。"孙发绪当即反驳说：清政府已失全国之信任，袁宫保向来明达，如此大事已定之时，必欲推戴清廷为君主，不独鄂省一方面不表同情，恐各省国民及热心志士亦将不能俯就。好在我等虽不认清廷为君主，必仍保其安富尊荣。至于外人干涉等语，此系恐吓小孩子之话，况国际公法载有明文，岂堂堂袁项城素称大人物而不明此理！①

革命党与袁世凯两方的代表进行了 5 个多小时的辩论，但谈判毫无结果。刘承恩于当晚向袁世凯做了电告。袁世凯与革命党的这次谈判，采用了不同渠道同时进行的方式，他一面让刘承恩以君主立宪为条件与黎元洪谈判，一面又让自己的幕僚杨度与革命党秘密接触。

杨度曾经留学日本，与革命党多有交集，他利用这种关系向革命党人展开了政治游说，希望他们赞成君主立宪。但是，袁世凯也感到民主共和是民心所向，当时的形势对革命党越来越有利，因此他又表示可以赞成民主共和，但需推举袁世凯为第一任革命大总统。

需要说明的是，在革命浪潮到来之时，大多数普通人在革命与传统封建势力面前仍然倾向于拥护传统的保守势力，革命党人担心没有群众基础的革命会遭遇失败，因而并不敢率领人民大众将封建势力彻底扫除干净。这种心态正好被袁世凯利用。在他的政治攻势之下，一些革命党人与大部分民众认为，袁世凯是拯救中国的有力力量，因而甘愿推举袁世凯为总统，以换取革命的早日"胜利"。袁世凯看透了这种心理，但是，受限于他所处的地位，在承诺没有兑现之前，他还不想公开亮出支持革命的旗号。他心中知道应该支持革命，但是口中不能讲这样的话，只好"于各方面密遣心

① 参见李宗一：《袁世凯传》，中华书局 1980 年版，第 182 页。

腹，竭力运动，己则扬言共和政体如何不宜于今日之中国，实则一俟运动成熟，遂尔实行"①。

虽然如此，袁世凯还是与革命党主要人物进行了秘密接触。在梁士诒、杨度的介绍下，袁世凯组阁时接见了刚从刑部大牢释放出来的同盟会会员汪精卫，对汪精卫表示，他本人其实早就同情革命。后来，袁世凯又指令袁克定和汪精卫结拜为兄弟，几次拉拢汪精卫为自己效力。当时报给袁世凯的一份说帖中曾有记载，袁克定向汪精卫提出了解决时局的三个条件：一、推举袁世凯为民国总统；二、实现"南北统一"；三、袁世凯对蒙藏用"皇帝名义"。袁克定要求汪精卫与革命党相商，征求意见。

同时，根据袁世凯的授意，杨度还伙同汪精卫于 11 月 15 日宣布成立"国事共济会"，上书清廷资政院，向隆裕皇太后请旨，除了建议同革命党停战外，还"请旨召集临时国民议会，议决君主民主问题，以期和平了结"。在此以前，唐绍仪也"曾拟一折，请国民大会决定君主民主问题，服从多数之取决，清廷不允"。由此可见"国民大会"是袁党一系的主张，而所谓"国民大会"就是企图制造一个机构，推举袁世凯为临时总统，使袁既能取得中国最高统治者的地位，又不致蒙篡权的恶名。正如唐绍仪在稍后南下议和时所说："开国会之后，必为民主，而又和平解决，使清廷易于下台，袁氏易于转移，军队易于收束，窃以为和平解决之法，无逾于此也。"②

11 月下旬，资政院三次集会，讨论杨度的陈情书。除范源濂、刘泽熙等少数人赞成杨度的主张外，多数人都不同意讨论这一重大问题，有的人认为应先请袁世凯到院说明"到底主剿主抚"。双方辩论十分激烈，以致会上秩序大乱，各派到了几近动武的地步，也使得一些议员愤然散去。其后，资政院因不足法定开会人数，再未集会。同时，成立并召开"国民大会"的主张也遭到南方革命党人的谴责。汪精卫致电上海和武昌军政府，请求承认该主张。武昌无回电，上海《民立报》发表社论直斥为"无聊之共济

---

① 中国史学会编：《辛亥革命》第八册，上海人民出版社 1981 年版，第 546 页。

② 李宗一：《袁世凯传》，中华书局 1980 年版，第 183 页。

会"，说当今革命将告成功之际，"中国为君主为民主，尚欲开会解决耶？"并严正声明："共济会之说，非吾全国共和党人之同意也。"①袁世凯的计谋不能得逞，"共济会"只得宣布解散。

袁世凯对革命党人的"和平"攻势，接连遭到挫折，便认为必须在军事上给武昌以打击，挫伤革命军领导人的锐气，诱和政策方能收效。于是，他一面攀请朱尔典出面促成和谈，一面则密令冯国璋攻击汉阳。11月21、22日，北洋军第十一协和第八协由蔡甸、驼罗口两处渡过汉水，经过六天激战，于27日攻陷汉阳。次日，袁世凯电令冯国璋停止攻击，仅隔江炮击武昌，进行精神战。②

这样的局面，让革命党人认识到定都武汉实在是不合时宜的事情，因而，建都于何处更成为首要问题。11月30日，有人提出建都上海，这个建议立即遭到了革命元勋章太炎的反对。他于12月1日发表宣言说："近见某报以武昌危急欲于上海设临时政府，鄙人绝不赞成。无论云、贵诸省，去此甚远，不能辐凑；且上海政府之说一成，则援鄂之心自懈。武昌不守，江左其能安乎？托庇荫于外人商场之下，又无一人足以任首领者，正如附赘县疣，安能为国人瞻仰耶？今日仍宜认武昌为临时政府，虽认金陵且不可，况上海边隅之地？"③

在章太炎发布此宣言的第二天，革命又有了新的动向——南京光复了。于是，一些代表又提出建都南京的倡议，其中革命党主要领导人黄兴是积极的倡议者。

12月2日，在上海的各省代表讨论建都地点问题，黄兴、宋教仁、章太炎、江苏都督程德全、浙江都督汤寿潜都到会参加，大家在建都一事上争论得不可开交。最后，大家还是听取了黄兴的意见。12月4日，留沪代表决议以南京为临时政府所在地。同一天，武昌的各省代表也决议将临时

---

① 参见《民立报》1911 年 11 月 22 日。

② 参见李宗一：《袁世凯传》，中华书局 1980 年版，第 183 页。

③ 朱育和等：《辛亥革命史》，人民出版社 2001 年版，第 395 页。

政府设在南京，并决定把会议地点搬到南京，由 10 省以上的代表到南京后，即开始酝酿临时大总统的选举。

革命党人黄兴

此时，袁世凯认为北洋军对武昌的威胁使形势于己已经非常有利，便再次祭出了和谈的大旗。他于 12 月 5 日发出南北议和的通电，建议黎元洪停战并派唐绍仪南下谈判。革命党则推举伍廷芳为代表，到汉口谈判。此时，列强也感觉到出面调停的时机到了。

袁世凯发出通电之后，英国驻华公使朱尔典认为应抓住此一时机，增强英国的影响力，他指示英国驻汉口领事戈飞出面调停，促成南北和谈。根据朱尔典的指令，戈飞来到革命军政府向黎元洪阐明现实情况，指出革命军是无法抵挡北洋军的凌厉攻势的，在严酷的现实面前，和解才是解决南北问题的办法。黎元洪等人也明白这个现实，同意实现武汉的局部停战并进行南北和谈。

我们知道，南北和谈中最大的分歧是政体问题：起初黎元洪坚持民主共和，而袁世凯则主张君主立宪。在革命党看来，"实行共和制是确保消灭朝廷的关键，而且是唯一能满足人民愿望的办法。我们在战斗，因为我们认识到，如果把当今皇帝保留下来，即使仅在外表上保留满人的影响，就总会有危险，而永无和平和安全可言"①。

双方意见的不统一，使和谈陷入僵局。英国当然也是希望中国按照英国的模式实行君主立宪的，这样就可以从政体上影响中国。面对南北和谈出现的僵局，作为袁世凯老朋友的朱尔典频繁地接触袁世凯，帮助他出谋划策。朱尔典积极拜会各国驻华公使，鼓动他们与英国一道支持袁世凯，敦促南北和谈取得成功。最终各国公使采纳了朱尔典的建议，于12月15日向南北双方发出了一个联合照会，照会中说："顷奉各该国政府命令，拟不用正式公文，敬陈议和大臣之前：现在所办之事，系拟议各款，以复回中国和平。中国现在仍然争战，各该国视为中国地位危险，有碍治安，即于各国实在利益亦属有碍，并致极危险之地位，各国以向确守中立，现虽不用正式公文，仍应请两方议和大臣注意，须早日解决和局，以息现争，谅两方亦具同此意。"②

从照会的内容看来，各国公使对促进南北和谈采取了不偏不倚的态度，但实际上，字里行间是警告革命党应向袁世凯妥协的。由此看来，英国等列强此时已撕掉此前"中立"的面具，赤裸裸地干涉起中国的内政来了。

为促进南北和谈，英国决定向袁世凯提供借款，其外交大臣格雷说："除非现在给予袁政府临时的金融援助，否则，在袁的国库已枯竭的情况下要想在目前的停战以后，与革命军达成一个解决问题的协议，可能性甚小。"③

朱尔典据此提议英、法、美、德四国财团应该向袁世凯提供一笔借款。但是，这个举动遭到革命党人的反对，革命党试图通过抵制英国商业来阻止四国财团对袁世凯的扶持。因此，英国也有所顾忌，不敢公然与革命党为敌。

①　［澳］骆惠敏编：《清末民初政情内幕：泰晤士报驻北京记者、袁世凯政治顾问乔·厄·莫理循书信集：1895—1912》上册，刘桂梁译，世界知识出版社1986年版，第815页。

②　中国史学会：《辛亥革命》第八册，上海人民出版社1981年版，第213页。

③　林海龙：《英国与武昌起义后的南北和谈》，《华南师范大学学报（社会科学版）》1990年第2期。

于是，格雷、朱尔典经过苦思冥想，最后想出了一个两头都不得罪的办法，即向革命党申明，各国若向袁世凯提供贷款，会首先"通知汉口与上海的革命党，说明借款的目的系促进和谈，并取得他们的同意"①。

但是，英国这一伎俩仍然遭到革命党的反对。革命军政府向英国方面表示，如果英国与其他列强向袁世凯提供借款，就视同帮助袁世凯，站在了反对中国革命的行列，那么革命党人将在长江流域发起大规模的抵制英国运动。这让长江流域的英国商人立即群起而反对政府的借款计划，在压力之下，格雷、朱尔典与四国财团试图借款给袁世凯的计划未能得逞。

南北议和北方
代表唐绍仪与革命
党领袖孙中山

在南北和谈的过程中，革命党人不仅成功抵制了袁世凯的君主立宪主张，顶住了列强的压力，而且以实际行动开启了民主共和的第一步。在12月底的国会选举中，孙中山以12票赞成、1票反对的绝对多数当选为中华民国临时大总统，并于1912年1月1日宣誓就职。为了使刚成立的中华民

① 孙瑞芹译：《德国外交文件有关中国交涉史料选译》第3卷，商务印书馆1960年版，第208页。

国获得列强的承认，伍廷芳奉孙中山之命，在电告各国的《宣告各友邦书》中指出：中华民国以前"满政府与各国缔结之条约""所借之外债及所承认之赔款""各国国家或各国个人种种之权利""各国人民之生命财产"都一概承认，并"更深望吾国得列入公法所认国家团体之内，不徒享有种种之利益与特权，亦且与各国交相提挈，勉进世界文明于无穷"①。

共和初成，支持袁世凯搞君主立宪的英国政府并不甘心，仍在设法破坏。在外交上，英国鼓动他国不承认南京临时政府的合法地位；在财政上，列强设法卡南京临时政府的脖子。晚清的中国海关一直被英国人控制着，因此英国便将经受长江流域及华南各省海关的收入通通严加控制。朱尔典在致格雷的电中指出，英国方面将采取措施，预防通商口岸脱离清政府而落到革命党人手中，以免他们将关税收入用于军事用途或其他迫切需要。革命党人要求把关税收入放在新政府的银行里，双方均不得动用。而把持中国海关的英国人却坚持"关税一定要存入总税务司或领事账内，最好存入汇丰银行""等列强承认新政府后再作处理"②。

王宠惠——中国近代第一张大学文凭获得者

---

① 广东省社会科学院历史研究室、中国社会科学院近代史研究所中华民国史研究室、中山
大学历史系孙中山研究室合编：《孙中山全集》第二卷，中华书局 1981 年版，第 11 页。
② 中国近代史资料丛刊编辑委员会：《中国海关与辛亥革命》，中华书局 1983 年版，第 330、
331 页。

在英国的阻挠下，其他列强也纷纷表示不承认民国政府。1月11日，孙中山还亲自致电法国政府，希望"两个姊妹共和国能建立友好关系"。随后，王宠惠又分别致电美国国务卿和英国外交大臣，盼即承认民国政府。2月，黎元洪派专使访问了日本驻汉口总领事，"希望日本国政府能在此时率先承认中华民国"。黄兴则分别致函日本元老井上馨和山县有朋，请求他们"鼎力扶助民国，早邀各国之承认"。2月8日，孙中山接见了美国记者麦考密克，孙中山说："我们有政府，但不合法，我们不能继续这样下去，……我们需要的是承认，你们应该承认我们。"但是，所有这些努力都失败了。英法方面都未给予任何答复，美国则于2月10日由美国驻华使馆参赞邓尼正式告诉孙中山，美国是绝不会承认南京政府的。日本则更不用说了，它是反对中国实行共和政体最卖力的国家。日本外务大臣内田康哉曾经说过："中国行共和政治对日本不利，所以我们反对，必要时，日本将以武力维持中国的君主政体。"但日本的干涉行动遭到其他列强的反对，它不得不谋求与俄国在满蒙问题上的一致，即在承认新的共和政府上采取一致立场。俄国本来就野心勃勃，对日本的意思自然心领神会，认为"俄国和日本应特别利用目前的有利时机，以便巩固自己在中国的地位；并消灭最近几年来中国政府所追求的政策"。结果两国商定，将坚持不予承认。俄国外务大臣宣称，"只要日、俄两国政府能显示出强硬态度，对中国共和政府不予承认，其他列强恐亦不会急于承认。至少法国政府将同俄国政府采取同一立场"。[①]

列强各国对革命党在外交、政治和财政上的压制，使新成立的南京临时政府处境十分困难。"革命派首领们进行军事的和政治的斗争的主要困难是款项问题。"[②]

外交、政治、财政均处于孤立无援的境地，革命党人不得不与袁世凯继续进行南北和谈，这就为袁世凯窃取革命果实提供了条件。

---

① 朱育和等：《辛亥革命史》，人民出版社2001年版，第420、421页。

② 《英国蓝皮书有关辛亥革命资料选译》下册，胡滨泽，中华书局1984年版，第466页。

南北和谈的关键在于建立一个什么样的政体，不管是袁世凯还是革命党，甚至列强各国对此都甚为关注。本来，英国人支持中国建立君主立宪政体，但是革命形势的新变化使英国人明白，在政体问题上与革命党人过多争论并不能带来什么好处，英国人需要的是袁世凯坐上中国最高当权者的宝座，这才符合英国的利益，也就是说，英国只要帮助袁世凯当上临时大总统就可以了。

　　在政体问题上，日本方面则仍然认为在当时的情况下，中国实行民主共和是不现实的。日本《朝日新闻》驻北京记者神田正夫在给英国《泰晤士报》记者莫里循的信中说道："共和形式的政府至少在现阶段对中国不适合……如果中国盲目地被共和制的华丽理论所迷惑，而不加考虑地采用它，其自然的结局是寡头政治的专制政府以及领袖之间的摩擦，并导致中华帝国的崩溃。"①

　　日本驻华公使伊集院也照会袁世凯说，日本政府在任何条件下都不会接受中国建立一个共和政府，并威胁道，日本政府在必要时将出兵中国。日本此举显然有与英国对着干的意味，这让英国大为不满，为此，英国政府电示驻日公使麦克多纳，要其向日表达不满。毕竟英日是同盟关系，而且日本在经济上有赖于英国，因此，对于英国的抗议，日本不得不掂量掂量，并在此问题上向英国妥协。

　　迫于英国的压力，日本也只好与英国保持同一立场，同意中国建立共和制政府，随后，其他列强也表示赞同。英国方面与袁世凯在君主立宪与民主共和问题上的让步，满足了革命党人希望建立民主共和政体的愿望，从而也有力地推动了南北议和。

　　英国方面不忘抓住时机，在革命党与袁世凯之间周旋：一方面，以外交承认为诱饵要求革命党推举袁世凯为临时大总统；另一方面，借助革命

①　［澳］骆惠敏编:《清末民初政情内幕:泰晤士报驻北京记者、袁世凯政治顾问乔·厄·莫理循书信集:1895—1912》上册，刘桂梁译，世界知识出版社1986年版，第808页。

党的力量，逼迫清帝退位，让袁世凯名正言顺地登上临时大总统的宝座。

袁世凯就任中华民国大总统后，与各国驻华公使合影

为帮助袁世凯登上中华民国大总统的宝座，英国公使朱尔典表现得相当积极。在与各国驻华公使的密谋下，朱尔典散布舆论说，如果不是袁世凯登上总统宝座，南北战争仍将持续下去，到那时，各国为保护本国侨民不得不出兵干涉，并表示只有在袁世凯出任临时大总统后，中华民国才能得到各国承认。

这样的要求，让革命党的头头脑脑相当无奈。对于袁世凯其人，革命党人实际上是非常厌恶的，但是，形势所逼，他们明白，只有在袁世凯的帮助下，才能推翻帝制，真正建立共和，新政府也才能得到各国的承认，因此大总统的宝座只能让给袁世凯。革命党设想，袁世凯当选总统必须受制于国会、宪法。伍廷芳、陈其美呼吁：与其南北混战，招致列强干涉，使中国有再次被瓜分的危险，不如让袁世凯当总统，早日结束兵戎相见的局面，实现中国的统一及革命党人抛头颅、洒热血所追求的民主共和国的目标。①

对于革命党人向袁世凯的妥协，朱尔典万分高兴，对促进南北和谈更为活跃了。1912 年 1 月 11 日，他在和袁世凯的密友的私人谈话中指出："袁世凯博得了各国的信任。并且列强指望他能同革命党取得妥协。"金融

---

① 参见林海龙：《英国与武昌起义后的南北和谈》，载《华南师范大学学报（社会科学版）》1990 年第 2 期。

界也放出消息，如果袁世凯组织临时政府，将会得到英、美、法、德四国财团的一笔借款，"伦敦金融界预料中国局势将因皇朝地位的解决而很快定下来。他们还预见将出现一个在袁世凯治下的半共和式的独裁政权。伦敦金融界已准备一笔大借款以协助这个混乱国家的改组"①。

事已至此，孙中山也感到无能为力，于1月14日提出只要袁世凯能够使清帝逊位，他愿意辞职并推举袁为总统。袁世凯也放弃了建立君主立宪政体的主张，派私人秘书告诉朱尔典："中国大部分地区既然都已宣布赞成共和，所以决定立即接受这个不可避免的命运。"南北和谈的成功似乎指日可待。②

当然，革命党同意南北议和并推举袁世凯为民国大总统，也是形势所迫。自袁世凯复出以来，革命党在北洋军的打击下处境艰难。虽然南方一些省份相继宣布起义独立，站在了民主共和一边，但整个北方仍在北洋军的控制之下，革命军在北洋军的打击下也是节节败退。南京共和政府根基不稳，孙中山知道自己在临时总统的位置上坐不踏实，况且，刚刚成立的南京临时政府"没有固定的财政来源，也不能控制其治下各省的财政。事实上各省各行其是，也不希望有什么中央政府"。在外交上，以英国为代表的列强各国不承认南京共和政府的合法地位。当时，列强甚至宣称，新政府办公地应设在北京，否则各国将出兵保护他们的使馆和侨民的安全。可以说，整个形势对革命党是相当不利的。虽然说自辛亥革命爆发后，美国是宣布中立的，但骨子里也是倾向于支持袁世凯的。日本也是反对革命党的民主共和政府的。绝望之中，孙中山只有选择与袁世凯妥协一途了。

六、抛弃了宣统皇帝

革命党人在南北和谈的问题上让了步，同意推举袁世凯为民主共和政

---

① ［美］李约翰著，孙瑞芹、陈泽宪译，《清帝逊位与列强（1908—1912）》，江苏教育出版社2006年版，第380页。

② 参见胡滨译：《英国蓝皮书有关辛亥革命资料选译》上册，中华书局1984年版，第280页。

府临时总统，袁世凯随即开始了迫使清帝逊位的步伐。

辛亥革命后，民国的寻常百姓也可以由此走入禁宫游览了

　　似乎是王朝终结的象征，1912年1月16日的北京城，天气异乎寻常地寒冷，天空中刮着阴沉的风，所到之处都冷飕飕的。紫禁城养心殿的炭火盆在太监们的侍弄下仍然努力闪烁着幽蓝的火焰，似乎是在这个隆冬里与刻骨的寒流做着最后的抗争。年幼的溥仪不会想到历史正在改写，但是，他的功课停了，少年不知愁滋味，这一刻他倒显得少有的轻松。天寒地冻，没有蚂蚁可寻，他就和一群太监玩木偶戏，溥仪的兴致很高，但是，预感到王朝末日来临的太监们全然无精打采，不知自己的未来该何去何从。

　　隆裕太后在养心殿想心事，想着混乱的朝局。这时总管太监张德前来面奏，说内阁总理大臣袁世凯求见。隆裕太后忙让太监们把正在玩耍的溥仪抱到龙椅上，准备听听袁世凯会说些什么。在养心殿，年幼的溥仪眼睛骨碌碌地转着，龙椅上的他不会考虑到王朝即将发生的变故，更不会考虑到自己的未来，毕竟这也不是他这个年纪的人该考虑的事情。他和隆裕太后看着跪在殿前的这个矮胖的老头，只见袁世凯满脸泪痕地跪在地上。袁世凯一边抹眼泪一边对隆裕太后说，自己对不起大清王朝，可是革命形势来得太凶猛了，他实在无力挽回大清王朝的命运，希望隆裕太后能够接受皇帝退位的安排。革命党坚持要求共和，政府"饷无可筹，兵不敷遣，度支艰难，计无所出""常此迁延，必有内溃之一日，倘大局至此，虽效周室之播迁，已无相容之地""臣会同国务大臣，筹维再四，于国体改革，关系至重，不敢滥逞兵威，贻害生灵；又不敢妄事变更，以伤国体"，只得要求"皇太后、皇上召集皇族，密开果决会议""速定方针"。[①]

袁世凯又说，他已经与南方革命党谈妥了，将优待皇室，皇帝只要交出国家政权就可以了，皇帝仍然可以住在紫禁城且保留皇帝的名号，这跟历史上的亡国之君不是一回事儿。袁世凯说到这里已是泣不成声，在隆裕太后面前连连磕头，以头碰地，一副很无奈、很悔恨的样子。隆裕太后听到这里也是泣不成声。

袁世凯止住了哭声，语调低沉地说了句让隆裕太后魂飞天外的话：请看法国革命史，如果皇帝能够及早顺从人民的意志，何至于路易的子孙被杀得一个不剩！袁世凯话音刚落，隆裕太后放声大哭，太监七手八脚地前来抚慰，现场大乱。在太后哭得死去活来的当口，袁世凯悄然退下；而溥仪还在想着他的木偶戏，也一溜烟儿跑出了养心殿。

对于自己在隆裕太后面前一番声泪俱下的表演，袁世凯自认为是成功的。可是，他从宫里出来的时候，发生了谋刺他的事件。当他行至东华门外时，革命党人张先培向他发起袭击。这个事件对袁本是坏事，可是它恰恰发生在此时，使得事件有利于袁并为袁所利用。在皇族亲贵中，良弼、载泽、载涛、铁良、溥伟、善耆等人都是主战派，他们对议和衔恨刺骨，把袁看作逆臣、革命党的奸细，时刻想设法除掉。载泽还奏劾袁"前借口军饷不足，不能开战，后颁内国短期公债，勒捐亲贵大臣，合内帑黄金八万两，款近千万，仍不开战，是何居心"。隆裕太后被他们说得将信将疑。袁则命人制造"革命党人已经遍布于北京城"的谣言，大肆欺骗恐吓。革命党人袭击袁世凯事件，正好使谣言得到了证实，使隆裕太后消除了心头的疑虑。袁并不以此为满足，也没有为隆裕派特使前往慰问所感动，又利用被袭事件，来了个从此称病不入朝，把逼宫的任务交给了赵秉钧、胡

① 参见李宗一：《袁世凯传》，国际文化出版公司 2006 年版，第 195 页。

惟德等人，自己躲在幕后操纵指挥。这样做对他有两个好处：一是赵秉钧等人与他的身份不同，没有在公开场合下许过愿，发过誓，尽可在逼宫问题上放手去干，如此一来，清帝退位的工作就可加速完成；二是他自己不出头露面，可以掩盖世人耳目，免落篡夺清朝政权的骂名。①

第二天，隆裕太后主持召开了一次王公会议，讨论如何应对形势。在会议上，当初本来就反对袁世凯的恭亲王溥伟此刻可谓义愤填膺，他大骂袁世凯，大骂皇族中那些与袁世凯狼狈为奸的人。溥伟说，袁世凯就是曹操，当年保全袁世凯的那些人简直就是贼子，是列祖列宗的罪人，真真罪该万死。

晚年的隆裕太后

溥伟的怒不可遏使王公会议的场面有些混乱，朝中的一些王公贝勒则慌忙劝他，说此刻不是埋怨谁的时候，得向前看，得想出对策。要想对策"向前看"，大清的王公大臣们一时陷入无语之中，每个人都拿不出主意。大家都明白，事已至此，革命党在南方咄咄逼人，袁世凯趁机逼宫，谁能有力挽狂澜的好主意？片刻的寂静之后，袁世凯的老朋友庆亲王奕劻说话了，现在他在皇族中辈分是最高的了，庆亲王是主张清帝逊位的，认为事已至此，无可挽回。奕劻话未说完，就遭到了溥伟等人的反对，溥伟说他

---

① 参见侯宜杰：《袁世凯全传》，群众出版社 2013 年版，第 239、240 页。

勾结汉人，贪污腐化，才使大清王朝落得个如此局面，溥伟等少壮派扬言要杀了奕劻这个吃里爬外、出卖祖宗的人。

奕劻听此一言慌忙从紫禁城里逃出，回到庆王府躲了起来，王公会议不了了之。

溥伟

几天之后，隆裕皇太后再次召集贵族开会，仍然是讨论小皇帝的逊位问题，担心遭到攻击的庆亲王奕劻这一次没敢露面。其他王公大臣虽然表示接受皇帝退位的要求，但大家心里都明白，当前局势下如果与革命党对抗，"胜了固然好，要是败了，连优待条件不是也落不着了吗"？依《优待条件》退位，虽无政权，尚有尊号；强硬到底，一旦失败，就会蹈英法君主上断头台的覆辙。怎么办？

溥伟坚定地说："优待条件不过是骗人之谈！袁世凯急于做大总统，拿优待皇室做交易，自古天无二日，国无二主，卧榻之侧岂容他人鼾睡？不要对袁世凯抱任何幻想，覆巢无完卵，亡国之君只有死路一条！"一席话说得王公们垂头丧气。是啊，现在袁世凯抛出优待条件很可能是个诱饵，一旦皇室交出政权，谁能保证袁世凯会恪守这个条件？但坚持抵抗，要兵没兵，要钱没钱，怎么办？

两难之中，肃亲王善耆向隆裕太后提了一个建议，认为既然抵抗没有胜算，那就退回东北，继续保留清政权，等待时机，第二次入主中原。即便不能再次入主北京，在龙兴之地继续做东北领袖，总比受中华民国的优待要强。

肃亲王善耆

　　肃亲王善耆对形势做了分析，他说，虽然军权掌握在袁世凯手里，但北京的巡警部队仍然由清廷贵族控制，禁卫军虽然由袁世凯的嫡系冯国璋统领，但禁卫军中大多数官兵都是满人，保护皇上安全离开京师应该没有问题。再者，东三省总督赵尔巽与掌握奉天军权的张作霖仍然都还是效忠于大清皇帝的。南满和北满的特权虽然被日俄所占据，但日俄均为君主体制的国家，跟清皇室关系密切。肃亲王表示他已经跟日本军方取得了一致，经过他们的努力，日本外务省已经电令日本驻奉天领事，保护可能迁来的清皇室。但大家知道，这一计划风险很大，除了溥伟赞成，谁也不敢表态。

　　清皇室的犹豫不决是袁世凯所不愿意看到的，他感到应该向那些冥顽不灵的人施加压力。1912年1月25日，袁世凯再次来到紫禁城，第二次通知隆裕太后，皇帝退位应尽早决定，如果仍拖延不决，待革命党将清室优待条件交给国会讨论，到那时会是什么样的情况，还能否享受到优待，那不是他袁世凯所能左右得了的。

　　也就在袁世凯拜见隆裕太后的当天，北京城里传来一声爆炸，声言要坚决维护皇室地位、反对袁世凯的满族将领良弼在爆炸中身亡。有消息传到紫禁城说，良弼之死乃革命党刺杀所致。这个情况使胆小怕事的隆裕太后惊出一身冷汗，一些王公大臣也只好不情愿地同意清帝逊位，并于1912

年 2 月 12 日发布了退位诏书。

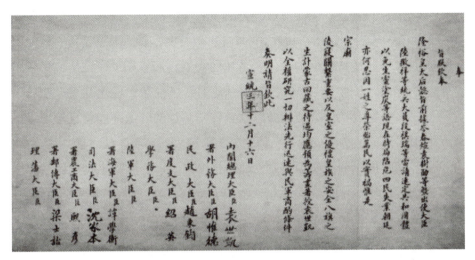

清帝退位诏书

在清帝退位的当天，袁世凯便以"全权组织临时共和政府"的名义，向各国驻华公使通告了清帝逊位之事。2 月 13 日，孙中山根据约定在南京宣布辞去临时大总统，并发表了辞职咨文和推举袁世凯为临时大总统的咨文。2 月 15 日，共和政府改选袁世凯为临时大总统，至此，大清王朝正式退出历史舞台。

清帝逊位，袁世凯成为民国临时大总统，让一直关注着此事的美国驻华公使嘉乐恒非常高兴。他得到袁世凯的通报后，立即致电美国国务卿诺克斯，要求美国政府不失时机，立即支持袁世凯出任临时大总统，承认临时共和政府。2 月 13 日，嘉乐恒在给国务院的译送有关清帝逊位诏书等文件时，向诺克斯致电说明："这些文件具有深远意义，标志大清王朝及其统治的终结，标志进入了一个新的时代，虽然这个新时代的性质还难以确定，但他将无疑标志着他们国家的管理重新回到汉人手中。"[①]

---

① The American Minister to the Secretary of State, February 13, 1912, Papers Relating to the Foreign Relations of the United States, 1912（Washington: Government Printing Office, 1918）, p.52.

接到嘉乐恒的致电后，美国政府随即在 2 月 29 日通过一项决议，庆贺中国共和政府的成立。在此前后，美国亚洲舰队司令训令在中国沿海的美军舰艇，在悬有中华民国国旗的中国舰艇敬礼时应该回礼。5 月 6 日美国政府询问驻华公使嘉乐恒关于应否承认的意见，回答是"应该从速承认"。6 月间，袁世凯内阁中许多成员为反对他的专横独裁而提出辞呈，政局因之动摇。为稳定政权，继任国务总理兼外交总长的陆徵祥向美日等国提出承认民国的请求。美国根据这一请求于 7 月 20 日照会英、法、俄、德、日、意、奥等国政府，询问是否愿意立即承认民国政府，并指出美国民意都主张立即承认，美国政府不便久违民意。但是，各国复电都不赞成立即承认，认为时机未到。俄国主张要等到中国政府正式成立才能承认。法国同意俄国的主张，还强调在新政府对外国在华权益和条约未予正式保障之前不能承认。英国则借口袁世凯政府没有履行条约义务的能力而未予承认。至于日本，它的理由更多：中国当前的政治组织，只不过是临时性质，尚无建立持久政府制度的基本法规，而且目前政权也不够稳定，如果此时承认，不仅妨碍中国正在进行的行政改革，也不利于各国利益。[①] 在这种情况下，美国政府决定等中国临时政府结束，宪法颁布后再予承认，以维护共同行动的原则。

由此可见，对于清王朝的覆灭，美国的驻华外交官们和美国政府没有表现出任何的惋惜；几乎从武昌起义爆发后，清王朝就被美国政府抛弃了。1913 年 2 月 19 日，美国国会议决承认中华民国，这是列强承认中华民国的先声，继美国之后，英、法、德等列强也相继承认了中华民国的合法地位。

---

① 参见吴东之：《中国外交史：1911—1949 年中华民国时期》，河南人民出版社 1990 年版，第 6 页。

参考文献

1. 陈霞飞主编:《中国海关密档:赫德、金登干函电汇编 1874—1907》第七卷,中华书局 1995 年版。

2. 王宏斌:《赫德爵士传:大清海关洋总管》,文化艺术出版社 2000 年版。

3. 卢汉超:《中国第一客卿:鹭宾·赫德传》,上海社会科学院出版社 2009 年版。

4. [英] 赫德:《这些从秦国来——中国问题论集》,叶凤美译,天津古籍出版社 2005 年版。

5. [英] 魏尔特:《赫德与中国海关》下册,陈敖才等译,厦门大学出版社 1993 年版。

6. 中国近代经济史资料丛刊编辑委员会:《中国海关与义和团运动》,中华书局 1983 年版。

7. [澳] 西里尔·珀尔:《北京的莫理循》,檀东鍟、窦坤译,福建教育出版社 2003 年版。

8. 王文兵:《丁韪良与中国》,外语教学与研究出版社 2008 年版。

9. 何大进:《晚清中美关系与社会变革》,江西人民出版社 1998 年版。

10. 史学双周刊社编:《义和团运动史论丛》,生活·读书·新知三联书店 1956 年版。

11. 王彦威纂辑,王亮编,王敬立校:《清季外交史料》,书目文献出版社 1987 年版。

12. 胡秋原编：《近代中国对西方及列强认识资料汇编》（第五辑，第一分册），中国台湾"中央研究院近代史研究所"1972年版。

13. ［美］迈克尔·H.亨特：《意识形态与美国外交政策》，褚律元译，世界知识出版社1999年版。

14. 黄定天：《东北亚国际关系史》，黑龙江教育出版社1999年版。

15. 王玮、戴超武：《美国外交思想史》，人民出版社2007年版。

16. ［苏］C.B.戈列里克：《1898—1903年美国对满洲的政策与"门户开放"主义》，高鸿志译，黑龙江教育出版社1991年版，第57页。

17. ［日］信夫清三郎编：《日本外交史》（上下册），天津社会科学院日本问题研究所译，商务印书馆1980年版。

18. ［苏］B.阿瓦林：《帝国主义在满洲》，北京对外贸易学院俄语教研室译，商务印书馆1980年版。

19. 《俄国对外政策档案》（中国部分）。

20. 丁名楠等：《帝国主义侵华史》（第二卷），人民出版社1986年版。

21. 梁碧莹：《梁诚与近代中国》，中山大学出版社2011年版。

22. 清华大学校史研究室编：《清华大学史料选编》第一卷，清华大学出版社1991年版。

23. 李喜所主编，刘集林等著：《中国留学通史》（晚清卷），广东教育出版社2010年版。

24. 潘乃穆、潘乃和编：《潘光旦文集》第3卷，北京大学出版社1995年版。

25. 刘真、王焕琛：《留学教育：中国留学教育史料》第一册，台北编译馆1980年版。

26. 王奇生：《1872—1949中国留学生的历史轨迹》，湖北教育出版社1992年版。

27. 孙石月：《中国近代女子留学史》，中国和平出版社1995年版。

28. 中国近代经济史资料丛刊编辑委员会主编：《中国海关与英德续借款》，

中华书局 1983 年版。

29. 中国社会科学院近代史研究所编：《沙俄侵华史》第四卷上册，中国社会科学出版社 2007 年版。

30. 陈诗启：《中国近代海关史·晚清部分》，人民出版社 1993 年版。

31. 孙修福主编：《中国近代海关史大事记》，中国海关出版社 2005 年版。

32. ［日］谷寿夫：《机密日俄战史》，1978 年日文版。

33. ［英］安德鲁·马洛泽莫夫：《俄国的远东政策（1881—1904）》，商务印书馆编译组译，商务印书馆 1977 年版。

34. 许珏：《复庵遗集》，台北成文出版社 1970 年版。

35. 穆景元：《日俄战争史》，辽宁大学出版社 1993 年版。

36. 夏良才主编：《近代史研究》专刊，《近代中国对外关系》，四川人民出版社 1985 年版。

37. ［苏］鲍·亚·罗曼诺夫：《日俄战争外交史纲（1895—1907）》，上海人民出版社编译室俄文组译，上海人民出版社 1976 年版。

38. ［俄］谢·尤·维特：《俄国末代沙皇尼古拉二世：维特伯爵的回忆》，张开译，新华出版社 1983 年版。

39. 杨公素：《晚清外交史》，北京大学出版社 1991 年版。

40. ［日］满史会编著：《满洲开发四十年史》上册，王秉忠主编校、王文石等译，东北师范大学出版社 1988 年版。

41. ［日］井上清：《日本帝国主义的形成》，宿久高等译，人民出版社 1984 年版。

42. 褚德新、梁德主编：《中外约章汇要（1689—1949）》，黑龙江人民出版社 1991 年版。

43. 徐世昌：《退耕堂政书选编》，黑龙江人民出版社 2011 年版。

44. 徐凌霄、徐一士：《凌霄、一士随笔》（二），山西古籍出版社 1997 年版。

45. 广东省档案馆《申报》广东资料选辑编辑组：《申报：广东资料选辑六

（1902.1—1907.6）》1995 年版。

46. 中国台湾"中央研究院近代史研究所"编印：《教务教案档》(第七辑第
　　二册)，1980 年版。

47. 王立新：《美国传教士与晚清中国现代化》，天津人民出版社 1997 年版。

48. 庚裕良：《广西人民反洋教斗争》，广西人民出版社 1986 年版。

49. 顾长声：《传教士与近代中国》(增补本)，上海人民出版社 1995 年版。

50. 王绍坊：《中国外交史：鸦片战争至辛亥革命时期（1840—1911）》，河
　　南人民出版社 1988 年版。

51. 李志刚：《基督教与近代中国文化论文集》(二)，台北宇宙光出版社
　　1994 年版。

52. ［美］马士：《中华帝国对外关系史》中册，张汇文等译，生活·读
　　书·新知三联书店 1958 年版。

53. ［美］伊恩·罗伯逊：《社会学》下册，黄育馥译，商务印书馆 1991
　　年版。

54. 杨芝泉：《连州教案：披着宗教外衣的帝国主义分子侵入广东的史料之
　　一》，见《广州文史资料》第五辑，1962 年版。

55. 中国第一历史档案馆、福建师范大学历史系编：《清末教案》，中华书
　　局 1998 年版。

56. 广西师范大学出版社组织整理：《美国驻中国广州领事馆领事报告
　　（1790—1906）》第 24 卷，广西师范大学出版社 2007 年版。

57. 李定一：《中美早期关系史》，北京大学出版社 1997 年版。

58. 中国第一历史档案馆编：《光绪宣统两朝上谕档》，广西师范大学出版
　　社 1996 年版。

59. 侯宜杰：《二十世纪初中国政治改革风潮》，人民出版社 1993 年版。

60. 沈云龙主编：《近代中国史料丛刊续编》第 13 辑（125），台北文海出
　　版社 1974 年版。

61. 潘崇：《清末五大臣出洋考察研究》，中国社会科学出版社 2014 年版。

62. 沈云龙主编：《近代中国史料丛刊正编》第9辑（82），台北文海出版社1964年版。

63. 沈云龙主编：《近代中国史料丛刊三编》第58辑（571），台北文海出版社1966年版。

64. 章开沅等主编：《辛亥革命史资料新编》，湖北人民出版社2006年版。

65. 张謇研究中心，南通市图书馆编：《张謇全集》第六卷，江苏古籍出版社1994年版。

66. 故宫博物院明清档案部编：《清末筹备立宪档案史料》，中华书局1979年版。

67. 苑书义等主编：《张之洞全集》第11册，河北人民出版社1998年版。

68. 章开沅：《张謇传》，中华工商联合出版社2000年版。

69. 陈旭麓主编：《宋教仁集》下册，中华书局1981年版。

70. 绍英撰，张剑整理：《绍英日记》，国家图书馆出版社2009年版。

71. 张国刚：《德国的汉学研究》，中华书局1994年版。

72. 郑匡民：《西学的中介：清末民初的中日文化交流》，四川人民出版社2008年版。

73. 杨家骆主编：《清光绪朝文献汇编·清光绪朝中日交涉史料》，台北鼎文书局据1932年故宫博物院排印本影印。

74. 戴鸿慈：《出使九国日记》，岳麓书社1986年版。

75. 广西师范大学出版社编：《美国政府解密档案（中美关系）中美往来照会集（1864—1931）》第10册，广西师范大学出版社2006年版。

76. 故宫文献特刊：《袁世凯奏折专辑》第七册，台北广文书局有限公司1970年版。

77. 上海图书馆历史文献研究室编：《历史文献》第六辑，上海古籍出版社2004年版。

78. 上海图书馆编：《汪康年师友书札》第一册，上海古籍出版社1986年版。

79. 鸽子：《隐藏的宫廷档案：1906年光绪派大臣考察西方政治纪实》，民族出版社2001年版。

80. 蔡凤林：《日俄四次密约》，中央民族大学出版社2008年版。

81.《日本外交文书》，第40卷，第1册，日本国际联合协会发行，昭和三十五年版。

82. 吴心伯：《金元外交与列强在中国（1909—1913）》，复旦大学出版社1997年版。

83. 罗香林：《梁诚的出使美国》，香港大学亚洲研究中心1977年版。

84. 吉林省社科院《满铁史资料》编辑组编：《满铁史资料》第2卷"路政篇"第1分册，中华书局1979年版。

85. 郑曦原编：《帝国的回忆——〈纽约时报〉晚清观察记》，生活·读书·新知三联书店2001年版。

86. 孙瑞芹译：《德国外交文件有关中国交涉史料选译》第3卷，商务印书馆1960年版。

87. 载涛：《载沣与袁世凯的矛盾》，全国政协文史资料研究会编：《晚清宫廷生活见闻》，文史资料出版社1982年版。

88.［美］李约翰著：《清帝逊位与列强（1908—1912）》，孙瑞芹、陈译宪译，江苏教育出版社2006年版。

89. 吴心伯：《金元外交与列强在中国》，复旦大学出版社1997年版。

90. 侯宜杰：《袁世凯评传》，河南教育出版社1985年版。

91. 中国人民银行总行参事室编：《中国清代外债史资料》，中国金融出版社1991年版。

92. 王彦威纂辑，王亮编，王敬立校：《清宣统朝外交史料》，书目文献出版社1987年版。

93. 王铁崖：《中外旧约章汇编》，生活·读书·新知三联书店1957年版。

94. 赵润生编：《爱国主义教育丛书：保路运动》，中国国际广播出版社1999年版。

95. ［美］弗雷德里克·V.菲尔德：《美国参加中国银行团的经过》，吕浦译，商务印书馆 1965 年版。

96. 《清实录》第六十册，中华书局影印本 1987 年版。

97. 宓汝成：《中国近代铁路史资料》第二册，中华书局 1984 年版。

98. 李书纬：《少年行：1840—1911 晚清留学生历史现场》，广东人民出版社 2016 年版。

99. 徐家宁：《老照片》第 67 辑，山东画报出版社 2009 年版。

100. 苏联外交部：《帝国主义朝代的国际关系》第 2 编，第 18 卷，第 91 号文件，莫斯科 1938 年版。

101. 戴执礼：《四川保路运动史料》，科学出版社 1959 年版。

102. 侯宜杰：《袁世凯全传》，群众出版社 2013 年版。

103. 天津图书馆、天津社会科学院历史研究所编：《袁世凯奏议》，天津古籍出版社 1987 年版。

104. 李宗一：《袁世凯传》，中华书局 1980 年版。

105. 李宗一：《袁世凯传》，国际文化出版社公司 2006 年版。

106. ［澳］骆惠敏编：《清末民初政情内幕：泰晤士报驻北京记者、袁世凯政治顾问乔·厄·莫理循书信集：1895—1912》上册，刘桂梁译，世界知识出版社 1986 年版。

107. 上海社会科学院历史研究所编：《辛亥革命在上海史料选辑》，上海人民出版社 1981 年版。

108. 中国史学会：《辛亥革命》第八册，上海人民出版社 1981 年版。

109. 张礼恒：《伍廷芳的外交生涯》，团结出版社 2008 年版。

110. 辛亥革命武昌起义纪念馆编：《湖北军政府文献资料汇编》，武汉大学出版社 1986 年版。

111. 伍廷芳著，丁贤俊、喻作凤编：《伍廷芳集》(上)，中华书局 1993 年版。

112. 朱育和等：《辛亥革命史》，人民出版社 2001 年版。

113. 黎澍：《辛亥革命与袁世凯》，中国大百科全书出版社 2011 年版。

114. 广东省社会科学院历史研究室、中国社科院近代史所中华民国史研究室、中山大学历史系孙中山研究室合编：《孙中山全集》，中华书局 1982 年版。

115. 中国近代史资料丛刊编辑委员会：《中国海关与辛亥革命》，中华书局 1983 年版。

116. 胡滨译：《英国蓝皮书有关辛亥革命资料选译》，中华书局 1984 年版。

117. 崔志海：《美国政府对辛亥革命态度的再考察》，见中国社会科学院近代史研究所政治史研究室、苏州大学社会学院编：《晚清国家与社会》，社会科学文献出版社 2007 年版。

118. 吴东之：《中国外交史：1911—1949 年中华民国时期》，河南人民出版社 1990 年版。

119. ［苏］赫沃斯托夫编：《外交史》第二卷，大连外语学院俄语系翻译组译，生活·读书·新知三联书店 1979 年版。

120. 张国淦：《北洋述闻》，上海书店出版社 1998 年版。

121. 骆宝善、刘路生主编：《袁世凯全集》卷 18，河南大学出版社 2013 年版。

122. 福田忠之：《清末五大臣出洋政治考察与明治日本》，浙江工商大学日本文化研究所《日本思想文化研究》编委会编：《日本思想文化研究》2007 年第 9 期，日本国际文化工房 2007 年版。

123. 李宗侗：《五大臣出洋于北京第一颗炸弹》，《传记文学》第 4 卷第 4 期，传记文学杂志社 1964 年发行。

124. 崔志海：《关于美国第一次退还部分庚款的几个问题》，《近代史研究》2004 年第 1 期。

125. 张华腾：《袁世凯对东北问题的关注与东三省改制》，原载于《中国边疆史地研究》2010 年第 2 期。

126. 周厚清：《日俄战争中清政府的局外中立与列强态度》，《惠州大学学报（社会科学版）》2000 年 9 月。

127. 亮建：《伯驾与早期中美关系》，《经济与社会发展》2008 年第 10 期。

128. 唐金花：《连州教案与中美交涉》，硕士学位论文，中山大学，2009 年。

129. 梁大伟：《司戴德满洲开发计划研究》，博士学位论文，吉林大学，2014 年。

130. 刘冬梅：《1905—1911 年清政府的联美制日政策》，博士学位论文，吉林大学，2006 年。

131. 崔志海：《光绪皇帝和慈禧太后之死与美国政府的反应》，《清史研究》2009 年第 1 期。

132. 张卫东：《粤汉铁路建设述论》，《社会科学动态》2018 年第 8 期。

133. 陈新光：《威尔逊退出六国银行团初探》，《文教资料》2007 年 4 月号下旬刊。

134. 崔志海：《海军大臣载洵访美与中美海军合作计划》，《近代史研究》2006 年第 3 期。

135. 崔志海：《美国政府与清政府的覆灭》，《史林》2006 年第 6 期。

136. 冯天瑜：《列强对辛亥首义的态度》，《湖北大学学报（哲学社会科学版）》2011 年第 2 期。

137. 日本外务省外交史料馆《外务省记录 1 门政治 6 类诸外国内政 1 项亚细亚》，《关于清国革命动乱的情报》（湖北省之部）第一卷第 0105 页，聂长顺译。

138. 林海龙：《英国与武昌起义后的南北和谈》，《华南师范大学学报（社会科学版）》1990 年第 2 期。

139. 尹虹：《安奉铁路改筑始末》，《党史纵横》2002 年 12 月。

140. 马陵合：《“浦口条件”：近代中国铁路借款模式的变与不变》，《中国经济史研究》2003 年第 1 期。